领你走进西藏

一部学术探险与拓荒的经典

亚欧丛书　EurAsia Series

1

梵天佛地

第四卷

江孜及其寺院

第一册　佛寺总论

[意] 图齐　著
魏正中　萨尔吉　主编

上海－罗马　SHANGHAI-ROMA
上海古籍出版　地中海与东方学国际研究协会
SHANGHAI CLASSICS PUBLISHING HOUSE　ISMEO - INTERNATIONAL ASSOCIATION OF MEDITERRANEAN AND ORIENTAL STUDIES

译者说明*

本册所描述的图版均指的是《梵天佛地》第四卷、第三册的图版。

关于本册引用的[后藏志],译者核对了图齐使用的写本,并参考了西藏人民出版社 1983 年出版的藏文本,对其中的不一致之处以译者注的形式给出。

本册涉及的后藏地名若原著提供了藏文转写,则予以保留,没有藏文转写的尽量依据其他资料予以还原。

对于本册涉及的天众尊号,尽量予以直译,例如,将 Śiva 译为湿婆,将 Maheśvara 译为大自在天;再如,观音依据原著给出的不同转写而翻译为大悲(观音)、观音、观自在、世自在等;关于 Ākāśagarbha 和 Gaganagañja,藏译分别译作 nam mkha'i snying po 和 nam mkha' mdzod,而汉译佛经中均译为虚空藏(菩萨),鉴于两位菩萨往往同时出现,为了对此加以区分,译者随顺藏译,将 Ākāśagarbha 和 nam mkha'i snying po 译作虚空藏(菩萨),而将 Gaganagañja 和 nam mkha' mdzod 译作虚空库(菩萨)。

本册涉及十万佛塔的部分,有如下改动:

关于题记中的塑画师名录据实地考察而有较多增补改动,改动之处附有译者注。

原著描述壁画和天众时的参照系不尽一致,译者依据实地考察,尽量改为以塑像和壁画所处方位描述,并对原著中方位、左右等的误置予以直接改正。

关于该部分涉及的天众尊号,若不全,据壁面榜题补全,若榜题

* 译著凡例见第一卷。

有误，则以原著的修正或相关文献为准；原著描述壁画的一组天众时有简略和不全之处，为保持体例一致，据相关文献或实地考察予以补足；原著所涉部分图版有误置现象，据实地考察予以修正。改动之处均附有译者注。

译本增补了十万佛塔各层示意图，以及原著中有图版说明的各佛殿的平面示意图，并在图中相应位置标示出图版序号。

译本在全书末尾将图齐寻获的十万佛塔塔志写本影印刊布。

目　　录

前　言 1

1937 年,在赞助我 1935 年考察的皮契尼尼(Piccinini)的支持下,我开始了又一次藏地考察。如本卷内容所示,此次考察的收获远超以前的历次调查,因此,我首先应当感谢挚友皮契尼尼,他对此次意大利皇家学院在雪域寒地的考察给予了睿智捐助,让我得以发现诸多日益凸显其研究价值的印藏文化古迹。

皮契尼尼教授在医学研究领域留下了坚实的足迹,但他延续了意大利悠久的人文传统,持续慷慨支持与其研究领域相关甚远的诸多学术活动。自然,意大利从事西藏研究有先天优势,正是意大利
人以毫不虚构的方式首度让欧洲了解到倾情于灵性生活的藏人的 2
灵魂和信仰[1]。像德西德里(Desideri)那样的著作永远不会过时,也不会因岁月的流逝而降低其学术价值。

我也应该感谢我的旅途良伴和得力合作者马拉伊尼(Maraini),他负责我研究的文物古迹的拍摄,其水平之高有目共睹。本卷第三册图版亦全部由他安排。

我没有发表考察日记,在我之前参访过江孜的人对此地已有记述,无需赘言。我所关注和研究的是前人未及注意之处,即那些散落在这些地区、日渐圮废的艺术古迹,以及从它们身上折射出的研究藏地政治、宗教、艺术史的信息。该卷包括了诸多初次寻获的新资料。

从阿里到卫藏,地理的辽远并未造成文化的殊异,我们依然面对的是同一宗教和艺术世界,同一灵性整体。

---

[1] G. Tucci, "L'Italia e l'esplorazione del Tibet", *Asiatica*, 4, 1938, pp. 435 – 446.

依次叙述科学考察中发现材料的《梵天佛地》系列丛书从其诞生之日起已逾六个寒暑，如今迎来了它的第四卷。

我正在开垦的是处女地，并且面对至今仍难获取的浩如烟海的藏文文献，每时每刻都有新的窗口为我打开，因此最好回过头来扪
3 心自问：已经完成的工作是否在某些地方还值得商榷？带着这一目的，我重新仔细阅读了业已出版的《梵天佛地》系列丛书，所幸的是，总体上无需大的增补和修订。但是，我发现在某些细节上仍有疏漏和不准确的地方。因为该丛书是一个整体，最好对其完善。对于阅读过前几卷的读者，我建议你们参考本卷第二册附录，那里对所有疏漏和未完善之处均作了补充修正〔1〕。

因此，前面的工作已被修钦(zhu chen)作了校订，我很乐意担当自己的修钦。

朱塞佩·图齐
1938年12月12日

〔1〕 译者注：图齐的补充修正在汉译中已随文改正。

第一章

1937 年所调查遗迹的重要性 5

一、锡金—江孜商道及其遗迹

锡金—江孜商道许多人已经走过[1]，也不乏描述它的书籍，但其中的信息如此稀少，使人以为此地几乎没有任何能与西藏西部的发现相媲美的具有重大历史或考古价值的遗迹。1937 年，当我动身时，只打算能够搜集一些文献资料，没奢望有太多的考古发现，也不认为此次新考察会解决我在藏族艺术发展史上仍不能释然的许多疑团，更无法想象我在这条为人熟知的西藏商道之一沿途所发现的东西。

当时我已经知道商道的起点即锡金，是近来才被藏传佛教征服
的地区，而且在拉尊（lha btsun，十七世纪）于那些地区弘法之前，印 6
藏间的直接交流没有经由这条商道。编年史和传记记载表明，克什米尔和尼泊尔是佛教及与之相随的印度文化进入藏地并使印藏间长期保持精神联系的两个地区。但是，我的考察却证明，位于锡金和江孜之间的这些地方尽管远离古代的通衢大道，同样也很早就受到佛教文明浪潮的席卷。早期建造、而今大多只存留遗迹的寺院曾经不乏辉煌壮丽的艺术，并且对于藏传佛教思想和仪式的形成和发展都具有极其重要的意义。

有文献可资印证。我们将看到我发现和研究的一些原始材料有助于重建此地的历史，尽管未必完整，但至少使我们能更好地了解某些历史事件、阐释萨迦派(sa skya pa)的兴衰及虔诚的王子在后

---

[1] 除非有误，地名均据印度测量局(Survey of India)标注的地名拼写。在关于历史地理的第三章给出了正确的拼写形式。
译者注：对于文献有据可查的藏文地名，译者均给出藏文转写。

藏(gtsang)修建的部分重要大寺的壮丽。

遗憾的是考察范围不大,因为数量和质量难以同时兼顾。

假如此次调查成果能成为未来学者的指南——他们循着我的足迹,在时间和经费上都比我充裕——那么,我的辛苦就得到了回报。不过,这只有西藏当局对外开放门户后才可能:但愿不会太迟。因为,坦
7 率地说,这些古迹的保护状况简直不敢恭维,无论官方还是喇嘛都没有意识到它们的重要价值,而且大多已在1904年的英藏战争中遭到破坏。

佛寺和神殿中历经数世纪而免遭劫难的那些壁画,仍面临着被白灰覆盖和被藏地业已开始的追新狂热所鼓动的粗鄙匠人的绘制所排挤的危险。

对历史文献中有迹可寻的众多寺院,我将着重介绍最值得研究的萨玛达(sa ma mda')、艾旺(Iwang)、雪朗(zho nang)和江孜(rgyal rtse)诸寺[1]。对于那些旅途所见近建或新建却众所周知的寺院——因其一入藏地就映入视线,而且临近印度、不避生人,更易接待访客——我将不去研究[2]。

---

[1] 印度测量局地图将 Shonang 拼作 Shomang。Survey of India, *Bhuthān and Tibet. Punāka, Tsang, and Ü Provinces*, No. 77 H, Gyantse, Published under the direction of Brigadier R. H. Thomas, D.S.O., Surveyor General of India, 1930.

[2] 例如,地图上有一座寺院标为噶举寺(Kaju Gompa),但它应该叫下亚东寺(gro mo smad),为便于与亚东西北面的另一座寺院上亚东寺(gro mo stod)相区别。西藏的这一片土地又被称作春丕(chu 'bi),而藏人则将其称之为亚东(gro mo)。两寺分属不同教派,下亚东寺属于噶举派(bka' brgyud pa),更具体地说是其中的支派,依据其创建者名为巴日巴('bar ras pa),该喇嘛的传记和道歌题名为: *rje btsun 'bar ras pa rgyal mtshan dpal bzang po'i rnam thar mgur 'bum dang bcas*[至尊巴日巴·坚赞贝桑波传及道歌集],其分为四章,传记作者为坚赞贝(rgyal mtshan dpal)。另一座寺院属于格鲁派,因著名的瑜伽士亚东格西(gro mo dge bshes)长期驻锡并最近圆寂于此而名声远扬,1935年我在普地(Poo)见过此人,他经常在巴什尔(Bashahr)的理帕(Lippa)附近的闭关处静修。寺院真名为东嘎寺(dung dkar),即白螺寺,因其上方岩石形状奇特远看像海螺而得名。众所周知,在印藏传统观念中海螺象征吉祥。Survey of India, *India and Adjacent Countries. Assam, Bengal, Bhuthān, Bihār and Orissa and Sikkim*, Sheet No. 78, Darjeeling, Revised edition published under the direction of Brigadier R. H. Thomas, D.S.O., Surveyor General of India, 1931.

无论称之为春丕(chu ’bi)还是亚东(gro mo)，整个地区只是近代才归属西藏，甚至在地理上也与西藏无关。真正的西藏，广袤无 8
垠的高原，始于帕里(phag ri)，但此地除距村庄约三百米前有一座称为桑珠拉康(bsam ’grub lha khang)的小殿外，没有古老建筑的痕迹。神殿现在属于竹巴噶举(’brug pa bka’ brgyud)，传统认为其建造者是本地著名的竹巴噶举瑜伽士唐敦杰瓦(thang ston rgyal ba)。简陋而保管不善的殿内保存有大约是十五世纪的壁画及若干可能源自印度的法物：一尊观音铜像和两块经书护板(glegs shing)。

真正的考古区域始于堆纳(dud sna)：地图上遍布的地名与西藏研究者不能忽视的人、物、事息息相关。我们进入了和前藏(bdus)齐名的后藏(gtsang)，二者均为藏文化的历史地理中心。

后藏(gtsang)范围或因历史变迁而难以界定，据诸多地理著作记载，后藏北界为雅鲁藏布江(gtsang po)，即布拉马普特拉河(Brah- 9
maputra)；东边抵达哲古措(gri gu tsho)；南边与不丹、锡金和尼泊尔交界；西边大致囊括南起尼泊尔边界的吉隆(skyid rong)，北至雅鲁藏布江一线的整个右侧地区。

本卷的体例与上卷一致，即对每座佛寺给出详细记述，其不仅旨在作为日后有志参访我所探究诸地者的指南，同时也为无法前往藏地者提供大致情况。

二、这些遗迹对藏族艺术史的重要性

细致研究这些寺院及其内藏珍品，对大乘佛教图像学的重要性毋庸置疑。我们即将描述的成百上千塑绘身像所代表的或是已知天众的新样式，或是尚未知悉的部组，这比迄今出版的图集有更明显的优势：后者只是一系列彼此毫无关系的形象，而孤立的形象往往只是一种抽象，它失却了其象征意义使之嵌入既定成就法中的精神联系。对我们而言，由于每间佛殿供奉的是特定的怛特罗部组，是某一证境的可视化表达，所以我们面对的每一尊像都从属于与其有严格和必然内在联系的象征组织体系。从图像，更准确地说，从图像组合我们可以追溯启示它们以及借助它们将既定的观修状态 10

或特定的仪式阶段转化为视觉形式的仪轨论书。这通过研究绘有此类形象的可能是最重要的古迹江孜十万佛塔(sku 'bum)就会十分清楚,十万佛塔有助于我们直接触及印藏密教中的宗教心理学,而且使我们知悉艺术如何被其驾驭指导。

江孜十万佛塔不仅在藏地家喻户晓,而且被认为是雪域最大的佛塔。我还不能确定江孜人的这一骄傲是否名副其实,但我得承认,许多游历过整个藏地、有条件将其与其他地方古迹相比较的僧人和朝圣者也同意这一说法。

十万佛塔的重要性体现在两方面：建筑及其壁画。

从建筑角度而言,十万佛塔属于吉祥多门塔(bkra shis sgo mang mchod rten),系印藏文献中记载的八塔之一。在《梵天佛地》第一卷对藏地佛塔的论述,以及同期木斯(Mus)对婆罗浮屠(Barabuḍur)的
11 研究之后[1],重复此类建筑的象征性毫无意义。对佛塔象征性的起源我亦不想多费笔墨,木斯已作过分阶段研究,我更愿意涉及晚期佛教、尤其是激发该非凡藏地古迹建造的密教赋予这些建筑物的心理学价值和宗教含义。

藏地建筑引人入胜之处不仅在于建筑轮廓线的俊美：它们时而以非凡胆识延续峭拔山势,时而以结构的象征性唤起大地的神性；而且周围的金子般的峭壁、承托它们的平坦驶入天边的静卧高原、默祷般的肃穆、宝石般的碧空更彰显出建筑的庄严伟岸。

在西方,营造仅仅指以无羁的想象力去构想和丰富大自然的造化,只有音乐才意味着体味宇宙的生命、与万物永恒的律动无间融合;对藏民族而言,建造则是重建世界,我指的当然是宗教建筑。十万佛塔的建造者就重建了世界,此种重建并非指物质结构方面,因为它毫无意义;而是观念上的构建,是使其生机勃勃的力量的缠结,

---

[1] P. Mus, "Barabuḍur. Les origines du stūpa et la transmigration. Essai d'archéologie religieuse comparée", *Bulletin de l'École Française d'Extrême-Orient*, 32, 1932, pp. 269 – 439; 33, 1933, pp. 577 – 980; 34, 1934, pp. 175 – 400; P. Mus, *Barabuḍur. Esquisse d'une histoire du bouddhisme fondée sur la critique archéologique des textes*, Hanoi-Paris, Imprimerie d'Extrême-Orient-Librairie Orientaliste P. Geuthner, 1935, 2 vols.

是使其具有丰富多变形相的心力的演示。世界是从本识、从清净光明衍生而来的虚妄分别,前者通过某种内在的需要将自身转变为具象,由一生多,并在诸有为法上折射、映照自身,最终成为自己的对 12
立面和牢狱,即物质。

当我们在塔内右旋礼拜佛殿时,就获准进入创造的奥秘:百千天众有时对我们施以慈愍,有时对我们怒目而视,在形象的象征中传达心识力量的汹涌躁动。

换言之,十万佛塔是一个融摄了无数壁绘曼荼罗(maṇḍala)的巨大曼荼罗,它们以等值的象征表达了特定的密法传规,这些传规教授我们世界的生成,指明世界如何再次将自身摄入法界。

解脱意味着自己与本识一体,而这种同体由灭除虚妄幻化(māyā),即必然与无为对立的有为之国而实现。此种灭除是对世界生起次第的觉知,因为净治由觉知而生:去了解因复杂的结构将自己隐藏在无尽虚妄分别之后的本识,就是意味着去调伏它,从而从有为世界超越至无为境界,这就是决定十万佛塔建筑的宗教心理学。十万佛塔最顶层佛殿中供奉的金刚持(Vajradhara, rdo rje ’chang)所象征的本识以无尽的光明——是其娆动和自身在变易无常世界中的化现——映照自身,同时,对掌握其行相的修法者而言,光明也是去染还净的方式。有多种解脱之道不足为奇:真如的显现是无尽的,所 13
以其化现也是不可计数。每个有情或每种有情都以从一变成多的某一方式而有隐秘的、不可避免的因缘;我们每一个人都属于一最初分离为五、象征性地以五佛代表的五部之一。离整个源头越远,我们居于其中的世间显现就越复杂,铸模于世间显现上的心识力量的构造也越复杂,其必须通过般若之光的净化才能对治。相应地,佛法对应于不同的有情、不同的根器,也有各种法门。每个曼荼罗表现的是某一既定生起和特定传规的图示,它以其对世界生起的揭示给予我们战胜和超越它的线索。

因此,十万佛塔是世界的图式,是成就法的集成,即传统上代表一切有情都可企及的至上真谛、佛所开示的密意图集。

十五世纪上半叶,当十万佛塔在虔诚的法王令下修建时,藏地已意识到系统编纂大乘佛教内明文集的必要。众多上师都曾试图

编辑能够使众生脱离六道轮回、提升至更高境界的一切成就法的大
14 全。至今仍作为萨迦派仪轨论书基石的 *sgrub thabs rgya mtsho*［成就法海］的编纂正是基于这一目的[1]。在此集成中，大乘佛教天众是按照其内在象征意义而诠释的，并被当作使修法者超凡入圣的观想基础。十万佛塔修建前不久，藏传佛教最伟大的人物之一布顿(bu ston)就撰写了关于最重要怛特罗部组的曼荼罗的文丛，大师的论著一定是十万佛塔建立者的指南，这不是我的假设，而是无可争辩的事实。正如我们在各殿题记中所见，题记不仅反复提到布顿的名字，而且成段引述其著作，这足以证明十万佛塔营造者的灵感来自布顿。

就像布顿在夏鲁(zha lu)建立的寺院，十万佛塔是仪轨的视觉综合，如同文本是仪轨的话语表现。佛塔的每一层都有怛特罗宗教心理学为救度有情而构想的众多成就法一目了然的象征性诠释，它是以具象身形代替词汇语句的 *bka' 'gyur*［甘珠尔］或 *bstan 'gyur*［丹珠尔］。

15 这些成就法集和十万佛塔与载有布顿所述题记的夏鲁寺一样，源于藏传佛教僧团理顺上师论师间时有抵牾的学说的同一动机和希求。布顿在编排经论、定型 *bka' 'gyur*［甘珠尔］和 *bstan 'gyur*［丹珠尔］的同时，也力图拟定一种仪式轨则，超越各种异见，基于清净传承，建立正统观点。艺术也受此影响，在这些密教传规中，暗含在象征表达中的真谛需转化为曼荼罗图解：组成曼荼罗天众的数目、身色和标识被精确确定，缺乏可靠依据的观点被剔除。因此，在布顿时代，正如经论变得更确定、传统更可靠，图像表现也通过弃除一切任意和模棱两可，在更坚实的印藏传统上重塑的方式得以更新。

---

〔1〕 *chos rgyal sku 'bum chen po'i dkar chag*［法王十万大佛塔志］说："此美妙天宫本质同于契经、［所作集］、［成就法海］。" *sgrub thabs rgya mtsho*［成就法海］对应于 *bstan 'gyur*［丹珠尔］中的 *sgrub thabs kun las btus pa*［成就法集］，参见 Cordier III, pp. 20－66, n. 95－340。［丹珠尔］，释怛特罗部(rgyud 'grel)，du 函。其补遗参见 Cordier III, pp. 251－266, n. 14－86。lu 函。另一部成就法集(sādhana)亦冠名为 *sgrub thabs kun btus*，其包括十一函、两个附录，在德格刻板，但传承上属于萨迦派，并且与前者几乎一致。译者注：［丹珠尔］中的［成就法集］指的是札巴坚赞(grags pa rgyal mtshan)翻译的二百四十六种成就法，参见《西藏大藏经总目录》第 3400 至 3644 号，补遗中的大部分成就法德格版阙。

因此，置于藏传佛教演变特定历史阶段大框架下的十万佛塔获得了新的意义，其中的壁画价值亦在于此，它们展示出后藏十四、十五世纪的艺术流派及其繁荣中心、所循传统、杰出大师，正是首次发 16
现于江孜的诸画师名录，给我们提供了重建藏族绘画史兴衰变迁的极其重要的资料。

三、江孜题记中的塑画师名录

塑画师名录见载于题记。题记不仅有各殿供奉的天众尊号，而且载有许多极为重要的其他信息，它们组成使我们准确比定塑绘天众及艺术家所取传统的权威指南。我对此作了完整翻译，既为方便无法顺畅阅读藏文的人，也因其为我们所知甚少的藏地题记的典范。它们体例一致，散韵相杂，对每间佛殿所表现的曼荼罗作了准确描述。题记以皈敬颂开始，随后是塑像——位于佛殿供奉的曼荼罗中央，佛殿亦由此得名——名录；接着逐一综述各墙壁画：墙壁的位置根据十万佛塔的中轴线而定，每面墙都对应于十万佛塔面朝四方的四面〔1〕；天众名录结束后通常出现的是施主名录，以及塑画师 17
名录。题记通常都以偈颂体的愿文(praṇidhāna, smon lam)结束，内容是祈愿供施眷属和一切有情均得到解脱或果位。

在偈颂体题记中也遵循同样的体例；乏善可陈的修辞技巧和风格体现出很少提及其名的撰写者对藏地各大寺院至今尚在研究的檀丁(Daṇḍin)著作中修辞格律的熟悉程度〔2〕。

因此，题记的重要性是全方位的：其不仅是文字资料，也不仅是一流的图像学指南，而尤在于其中所含的历史和艺术信息。正是从题记上我推导出十万佛塔的建造年代，尽管缺乏确切纪年〔3〕，但这些题记证实这一伟大工程是十五世纪的江孜法王饶丹衮桑帕巴

〔1〕 例如，佛殿的东壁恰好对应于十万佛塔东面，依此类推。

〔2〕 这种固定的体例在藏地一直流行，例如，由该地区封建领主札巴坚赞(grags pa rgyal mtshan)修建的夏鲁寺(zha lu)的题记即是如此，该题记由布顿撰写，收录于其文集 tsa 函。

〔3〕 我发现的塔志中有一个纪年：火羊年(me lug)，见第四章。

(chos rgyal rab brtan kun bzang 'phags pa）发起创建的。我将法王的
18 详细资料收集在讨论年代的章节中，请参阅。不过，十万佛塔是一件集体的善业，江孜法王统治的整个地区的僧俗官员都参与了其修建：高僧、达官及乡绅没有对法王的倡议充耳不闻，他们各尽所能，为庄严此注定成为法王治域的美饰、流芳百世的工程做出了应有的贡献。

题记中的施主有时为法王本人，有时为宫廷高官或大喇嘛，有时为低级文武官员，有时则是全体村民。

从题记中摘录的塑画师名录更为重要，迄今为止藏族艺术史都是匿名的。对于我们研究的佛寺而言，我们的确不知庄严佛寺的塑画师为谁，我们拥有一系列作品，其中一些出类拔萃，如我在西藏西部所见，但缺乏艺术家的任何信息。如今我们首度获知了塑画师的名字，从而能够开始对十五世纪上半叶西藏中部，特别是后藏最具传播和影响力的画派及其风格和大师们有一个大致的了解。

以下名录是见载于题记中的画师名字和籍贯：

艾旺寺：坚赞札(rgyal mtshan grags)。

19 江孜祖拉康(gtsug lag khang)：岗桑(gang bzang，参见图版72)、尼木桑日(snye mo bzang ri)的仁钦札(rin chen 'grags)、班觉(dpal 'byor)。

在江孜十万佛塔题记中的画师名字最多[1]：

1. 嘉(rgya)衮噶瓦(kun dga' ba)：第一层第三间佛殿。
2. 吕杰康(nyug rgyal khang)格迥（沙门）协饶贝桑波(shes rab dpal bzang po〔pa〕)：第一层第四间佛殿；第二层第五、第六间佛殿；第三层第十二、第十三间佛殿。
3. 拉孜(lha rtse)塔尔巴瓦(thar pa ba)：第一层第五、第六间佛殿；第二层第十六间佛殿；第三层第二十间佛殿；第四层第五间佛殿；八山底层第1[2]、10号壁面。
4. 格隆（比丘）桑杰桑波(sangs rgyas bzang po)：第一层第五间佛殿。

〔1〕 译者注：此处依据实地考察而有较多增补改动。
〔2〕 译者注：原书未记。

5. 协饶贝(shes rab dpal)，可能与第 2 同：第一层第八间佛殿。
6. 拉孜顿日(don ri)敦巴(导师)顿珠桑波(don grub bzang po)：第一层第九、第十、第十四间佛殿；第三层第十、第十四、第十五间佛殿。
7. 拉孜格隆(比丘)：第一层第九间佛殿。
8. 扎西桑波(bkra shis bzang po)：第一层第十间佛殿。
9. 桑丹(bzang ldan)协饶嘉措(shes rab rgya mtsho)：第一层第十二间佛殿；第二层第十间佛殿。
10. 拉孜夏才(lha rtse shag tshal)扎西(bkra shis)，可能与第 8 同：第一层第十五间佛殿。
11. 乃宁(gnas rnying)坚赞巴(rgyal mtshan pa)：第一层第二十间佛殿。
12. 拉孜德庆(lha rtse bde chen)南卡沃色(nam mkha' 'od zer)[1]：第二层第一间佛殿。
13. 拉孜德庆(lha rtse bde chen)的格瓦(dge ba)：第二层第二间佛殿；第四层第六间佛殿。
14. 洛略格玛(blos slos dge ma)：第二层第三间佛殿[2]。
15. 拉孜格年(dge bsnyen，居士)(是否与第 7 相同?)：第二层第三间佛殿；第四层第十二间佛殿；塔瓶第四间佛殿[3]。
16. 觉囊(jo nang)贡却桑波(dkon mchog bzang po)：第一层第十九间佛殿[4]；第二层第四间佛殿；第三层第七间佛殿；塔瓶第四间佛殿[5]；八山底层第 1、6、7 号壁面[6]。
17. 嘉塘(lcags thang)桑丹桑波(bsam gtan bzang po)[7]：第二层第

[1] 译者注：据第三层第十九间佛殿题记判断，可能还有第三层第二、第五、第八间佛殿中的一间。
[2] 译者注：原书写作拉孜德庆格玛(lha rtse bde chen dge ma)的洛卓饶色(blo gros rab gsal)：第二层第三间佛殿；第四层第六间佛殿。
[3] 译者注：原书写作塔瓶第一间佛殿。
[4] 译者注：原书未记。
[5] 译者注：原书写作塔瓶第一间佛殿。
[6] 译者注：原书未记第 7 号，增加第 9、10 号。
[7] 译者注：据第三层第十九间佛殿题记判断，可能还有第三层第二、第五殿、第八间佛殿中的一间。

四间佛殿。

18. 尼木桑日(snye mo bzang ri)完钦查布(ban chen skyabs pa)：第二层第七、第十一间佛殿；第三层第九间佛殿[1]。

20 19. 乃宁(gnas rnying)赞勒(btsan ne, tsan ne)：第二层第九、第十一、第十二间佛殿。

20. 喇嘛衮(bla ma mgon)：第二层第十一间佛殿。

21. 南卡贝(nam mkha' dpal)：第二层第十二间佛殿。

22. 尼木雅德(snye mo g.yag sde)赞(btsan)：第二层第十三间佛殿。

23. 乃宁(gnas rnying)（僧人）班觉仁钦(dpal 'byor rin chen)：第二层第十五间佛殿；第三层第一、第十六间大殿[2]。

24. 仁钦贝朱(rin chen dpal grub)：第四层第二间佛殿；塔瓶第一间佛殿[3]。

25. 乃宁(gnas rnying)索南班觉(bsod nams dpal 'byor)[4]：第二层第十五间佛殿；塔瓶第一间佛殿。

26. 拉孜宗雪(lha rtse rdzong shos)贝钦(dpal chen)：第三层第三间佛殿。

27. 拉孜卡萨(lha rtse khab gsar)卓杰旺秋(khro rgyal dbang phyug)：第三层第四间佛殿。

28. 夏才(bshag tshal)曲迥扎西(chos skyong bkra shis)：第三层第十五间佛殿。

29. 拉孜夏才(lha rtse bshag tshal)扎西桑波(bkra shis bzang po)：第三层第十七间佛殿，疑与第10同。

30. 拉孜萨垅(lha rtse bsa' lung)勒巴(legs pa)：第三层第十九间佛殿。

---

〔1〕 译者注：原书增加第三层第十一间大殿。

〔2〕 译者注：原书未记第三层第一、第十六间大殿；增加"或仁钦班觉(rin chen dpal 'byor)：第四层第一间佛殿"。

〔3〕 译者注：名字出现于第一层第十六间大殿；第三层第十一、第十九间佛殿；第四层第二、第十二间佛殿；塔瓶第一、第二、第四间佛殿，根据题记，应为曼荼罗图像学专家及绘制壁画的监督者。

〔4〕 译者注：原书未记乃宁(gnas rnying)。

31. 拉益坚赞(lha'i rgyal mtshan),上第 23 人之子[1]:第四层第一间佛殿;塔瓶第二间佛殿[2]。

32. 卡喀(mkhar kha,即随后提到的具瑞卡喀(dpal ldan 'khar dga'))顿珠查布(don grub skyabs):第三层第六间佛殿[3];第四层第二、第八、第十间佛殿;塔瓶第二间佛殿[4]。

33. 乃宁(gnas rnying)贝培(dpal 'phel):第一层第十七间佛殿[5];塔瓶第三间佛殿,八山顶层第 1、5、12 号壁面。

34. 卡喀('khar dga')桑仁(sangs rin)[6]:第三层第十一间大殿[7];八山底层第 5 号壁面。

35. 仁钦班觉(rin chen dpal 'byor):第一层第十六间大殿[8];第四层第一间佛殿[9]。

36. 拉孜伦珠(lhun grub):八山底层第 8、9 号壁面。

37. 坚赞(rgyal mtshan):第一层第十六间大殿[10]。

38. 洛那格玛瓦(slo na dge ma ba):第二层第十三间佛殿[11]。

39. 仁钦查布(rin chen skyabs):第三层第十九间佛殿[12]。

艺术家青史留名的愿望及在题记中记录其名字的做法在印藏艺术中并非新事。我们知道在印度有镌刻塑师名字的雕塑,但因绘

[1] 译者注:题记中说壁画由仁钦班觉父子以及拉益坚赞完成。

[2] 译者注:塔瓶第二间佛殿的题记清楚表明拉益坚赞的身份是雕塑家。

[3] 译者注:原书未记。

[4] 译者注:原书增加八山顶层第 1、2、4、5、11 号壁面,明显是混淆了列表中的第 32 和 33 号。

[5] 译者注:原书未记。

[6] 桑杰仁钦(sangs rgyas rin chen)。

[7] 译者注:原书未记。

[8] 译者注:图齐将其与班觉仁钦认作同一人,并且未记第一层第十六间大殿。

[9] 译者注:从此以下四人为原书未记的画家。

[10] 译者注:可能与第一层第二十间佛殿的坚赞巴(rgyal mtshan pa)是同一个人。

[11] 译者注:可能与第二层第三间佛殿的洛略格玛(blos slos dge ma)是同一个人。

[12] 译者注:据第三层第十九间佛殿题记判断,可能绘制了第三层第二、第五、第八间佛殿中的一间。

画无存,不敢断言西藏中部寺院的这种做法是否在印度早已流行。多罗那它(Tāranātha)的著作中保存着一些印度画家的名字,除了基
21 于古老传统外,他的资料来源可能还包括一度留存于佛殿和寺院中的题记。总之,出现如此众多的艺术家名字,或标示着西藏人文主义曾有的短暂兴旺。

绘画不再只被看作一种虔诚的行为,艺术家意识到自己不只是工具更是创造者,知道经手的作品中镌刻着自己的灵魂和智慧的印记。这不仅意味着一次艺术革命,而且是一次心理革命。在这些题记中我们欢呼个性的展现,虽然他们这样做无疑有罪,触犯了教法中弃除一切执著的规定,但企图藉此不朽的创造物的自豪,使人暂时忘了自己只是梦幻泡影。

四、殿中画作的重要性和特点

如此多的画派只能产生于创造力非常活跃的时期。佛教已在藏族民众中广泛传播;获得蒙古王子分封的萨迦王朝幻想恢复藏区业已衰落的政治一统——朗达玛(glang dar ma)的灭法及随之产生的动荡消解了松赞干布(srong btsan sgam po)及其继位者拥有的国力和扩张力;著名上师和瑜伽士迸发出新的宗教热忱;领主们和各
22 个家族也竞相以佛殿寺院美饰自己的领地,并以艺术品庄严它们。在十四、十五世纪众多使我们心仪的寺院创建时期,萨迦派仍然是全藏最为强大的教派,止贡噶举('bri gung bka' brgyud)和噶玛噶举(karma bka' brgyud)还未能动摇其霸权。其他教派则以某一方面见长,它们以拥有伟大论师和瑜伽士为荣,但并未建寺收徒,而是以弟子信众对高僧大德人格魅力的自发追随为根基。萨迦派已经建立起一个或多或少拥有有效世俗权力的教廷,其高级官员的宗教权威得到自身政治权力以及蒙古汗王封赐的支持;况且,他们中许多人在汉地度过一生的大半时光,蒙古宫廷的长期驻留激发了本土建筑的营造:尽管山水远隔,却欲与中原建筑相媲美。因此,萨迦座主大力扶持艺术,通过萨迦座主获得蒙古分封的领主僚臣们亦争相仿效。在当时的氛围下,修建寺院或佛殿既是宗教上的供养,也是政

治上的考量。如果我们检阅上述名录就会发现题记中记载的艺术家几乎都来自萨迦(sa skya)、拉孜(lha rtse)和觉囊(jo nang)周边地区,只有为数很少的艺术家来自江孜附近,尤其是乃宁(gnas rnying)地区——我们随后会看到,直到格鲁派兴起,乃宁一直是藏文化的主要中心之一——当时萨迦是西藏的宗教和政治权威所在,自然而 23
然,工匠和艺术流派在它周围繁盛。

但,正如前述,如果没有出于宗教热忱,且怀抱创造优美物品,并从中看见自身信仰和品味的热望的全体人民的参与,如果缺乏有能力鉴赏艺术家的工作并由衷地欣赏其作品的全体人民的参与,如此满室琳琅的佛寺塔廊的成倍增加就无法实现。

绘画——不再是匿名的,可以归于已知的作者和明确可考的年代,即十五世纪前二十五年——具有非凡的重要性,因为它是地道的藏族绘画第一次登台亮相。与更古的作品相比,其更有个性,具备了自身的面貌以及赋予藏地绘画以独特风格的线条、色彩及构图。在研究西藏西部的壁画时我已经指出其最早的绘画作品受到了印度的启导,如备值关注的玛朗寺(mang nang)的一些小佛殿还保存着印度或更有可能是克什米尔艺术家的杰作。当然,这些艺术家曾经工作过的地方不只是玛朗寺,藏地还未发现其他印度风格的壁画并不能说明什么问题,因为其中大多已经在古格国王慷慨重建原来的佛殿时消逝了。玛朗小寺的幸运在于其既非位于扎布让(tsa pa rang),也非处于托林寺(tho ling)。扎布让和托林寺是古格王国的两大主要文化中心,通常比小山村更可能经受大规模的改造。

在前一卷我们已经看到古格最古老的画作,无论是壁画或唐 24
卡,都受到印度主题的影响,与汉风弥漫的近世画作有着明显不同的特征。其如此独特且如此接近印度原型,我当时建议称它为古格流派,其地域大致限定在古格王国,时期大致是从仁钦桑波时代到森格朗杰(seng ge rnam rgyal,约1580-1640年)灭亡古格王国[1]。显然这是一个逐步演进的流派,它与藏地的其他事物一样

[1] L. Petech, *A Study on the Chronicles of Ladakh* (*Indian Tibet*), Calcutta, J. C. Sarkhel at the Calcutta Oriental Press, 1939, pp. 137-150.

发展缓慢，虽然其间体现出越来越浓的藏风，但在色彩、总体布局、场景构架中却一直未曾偏离原初的印度启示。

今年的考察和对后藏寺院画作的研究能够修正我在《梵天佛地》第三卷第二册导论中得出的结论吗？

当然，在对江孜、日喀则(gzhis ka rtse)和萨迦地区所有寺院做过精详研究之前，我还不能给出明确的答案。但毋庸讳言，萨玛达(sa ma mda')、艾旺寺(Iwang)、江孜祖拉康(gtsug lag khang)和十万佛塔包含的如此丰富的资料已经能够得出若干相当可信的结论。这些
25 佛寺为我们保存的画作确实展示了一个风格独特的流派，它们与古格艺术无疑具有许多共通元素，但总体上却表现出在其他影响下发展、在迥然不同的环境下形成的独立潮流。在这里，虽然印度的启示容易发现，却并非唯一，其不再直接延续来自印度的原动力，某些元素暴露出截然不同的艺术理念和描画技巧。

五、画作中的汉风影响

不应忘记这种艺术是以萨迦寺——一方面维持与印度的关系，另一方面与汉地建立持续将近两个世纪的文化和政治关系的寺院——为中心形成的。尽管汉地的影响没有进入古格，对西藏中部却不能一概而论。从五世达赖喇嘛时期起，藏地绘画受到日趋深重的汉风影响，此种影响在乾隆(1736－1796年)对西藏实施有效治理后达到鼎盛。但在此之前的萨迦座主时期，藏汉两地间已有影响力不可低估的交流，甚至
26 有据可考藏地也确实存在汉族艺术家，如据 *myang chung*［后藏志］，夏鲁王子为了修建和装饰由布顿倡建的夏鲁寺就曾经邀请蒙古和汉地的艺术家入藏[1]。因此，或如此例通过邀请大师赴萨迦教廷，或派遣藏族艺术家前往内地，当时藏地的艺术流派得以学习和模仿

〔1〕 第257叶背面：shar rgya hor gyi yul las bzo bo mkhas bos 从东方汉蒙地区召请善巧工匠。参见 *chos rje thams cad mkhyen pa bu ston lo tsa ba'i rnam par thar pa snyim pa'i me tog*［遍知一切法主布顿译师传·掬花］，*bu ston thams cad mkhyen pa'i bka' 'bum*［遍知布顿文集］，sa 函，第14叶正面。

汉风。毫无疑问，汉地对本卷涉及的若干作品施予了影响：例如，江孜祖拉康中绘有萨迦班智达(sa skya paṇḍita)行迹的神殿、罗汉殿及十万佛塔第一层第十六间大殿的壁画。

一般来说，汉风在净土场景——作为信众困顿尘世生活的慰藉和善业果报而想象的僧人、菩萨成群穿行于美妙天界中的和谐丰富的影像——尤为突出。尽管画面中人物众多，并且艺术家因担心在人物间留下太多空白而填满花草和轻盈跃动的云彩，但不同的人群并非肃穆静止地紧靠叠加，而是在走动、跪拜、发愿、供养、交谈，画面拂动着超乎寻常的生命气息。画师有时极为娴熟地以精美的描画成功战胜
程式化的量度规则，笔下的天众不再如固定图谱，乏味统一，其标识 27
色彩意义也不再如字母表般不可更改，而获得了内在生命浓烈丰富、超越世俗肉体的有情的宁静安详。造型有时如此纯洁可爱，似乎艺术家想要传其神而绝非传其形。当从天界降至尘世，生活为艺术家提供了各色人物，这正是他们想尽力表现的；其并非抽象的僧俗形象，而是具体的此人或彼人；画师以寥寥数笔传形传神，使其栩栩如生；有时画得过于传神，结果成了极富表现力的漫画（图版 204、205）。

这些画作和西藏西部画作的差异在天界和传说场景中尤为突出，只要仔细观察就不会忽略。西藏西部的艺术家在表现佛传故事时，往往以藏区风光为背景：白墙红檐鳞次栉比的藏式小房、疏落有致的小树、怡然自得的田园风景。这是一种本土艺术，其原动力来自印度，由与印度中心随其地域或多或少保持的联系所滋养，然后独立发展，限制在游离于萨迦政权时代西藏中部所感受的文化潮流之外的古格王国。相反，在后藏，大幅绘画——我指的不是曼荼罗——的背景是汉式的，或至少从中可联想起汉风主题：风景、山峦、宫宇、花草，以及垂布天空的游云，使人情不自禁想到与我们的净土(Sukhāvatī)壁画有许多相似之处的敦煌净土场景。

六、印式风格的画作

来自汉地并肯定得到萨迦僧人鼓励的这种影响，并没有使追随 28
原初印度灵感的艺术流派销声匿迹，其竞争力并不在于宏大构

图,它们甚至完全不处理此类题材。这些艺术流派仍然严格地遵循着清净的宗教绘画传统,远离一切世俗的污染并且回避一切缺乏图像学和象征性价值的元素。这些画派专门绘制曼荼罗:或以仪轨图式表现,或将其中有固定配列的天众分解于平行布局的长壁中。

在这些小心翼翼地遵循图像学规则的画作中,艺术家没有任何选择的自由,他不能依凭其天才作任何改动,最多只能在空白处填充一些程式化的小树或点缀些花草,显得羞涩而稀疏。不过,无论单个的形象如何面无表情、墙壁上排列的无量天众如何千篇一律,这些壁画自有其独到之处:色彩善巧配合,生动华美,在阳光下奇妙交融、虹光闪烁。一些题记将其正确地比拟为彩虹,里面的基本色调为红、绿、黄、蓝,而几乎完全避免半色度和半色调。

这些画作要求艺术家精通仪轨:每一主要的怛特罗都有不同的
29 阐释传规,由此衍生的仪轨所遵循的特定曼荼罗的表达方式也常常各有分别,这就是为什么通常是俗人的画师只是重现由精通怛特罗仪轨的僧人为他们专门预备的曼荼罗图式。换句话说,僧人勾勒出不同形象配列的顺序,并且设计出艺术家必须分毫不差遵循的图式,这种图式称之为庄严(bkod pa)。布顿撰写的夏鲁寺(zha lu)壁画题记几乎都记载有绘制图式,或至少指导、监督艺术家遵照仪轨论书的图像学规则的僧人名字。

有时怛特罗体系如此复杂、关于曼荼罗的比例和特点的学说如此不同,那么,专业僧人的意见就绝对必要了。十万佛塔塔瓶供奉大日如来(Vairocana)的第一间殿中的题记就是很有启发性的事例:如该例所示,需要从若干传规中简择遵从一个。解决这种疑问的是教证均具无上权威的人士,而非艺术家。但具体到十万佛塔,任务多少变得简单些,因为显然法王及其堪布都认定要遵从布顿编纂的仪轨论书。

在题记中,壁画通常被称作 ri mo。这个词更具有图画的意思;
30 而绘画行为本身,即在壁画中固定仪式象征的系列曼荼罗,被称之为 ri mo'i bkod pa, ri mor bkod pa byed pa。

一面墙上的整个绘画称作 logs kyi ri mo'i zhing khams,或简称

zhing khams，直译为“国土”，即“佛土”或“净土”，其被视作修法者在甚深禅定中达至的超验境界的投射，修法者于此境界受用隐秘大乐，并将自身提升至象征易解、密意尽揭的不可言诠的世界。

七、画师及画作

题记不吝给予画师以极高赞誉，称他们为 ri mo mkhas pa，有时也称之为 pir[1] thog，’bri phrug 和 lag bde mkhas（据布顿）。绘制本身称之为 lag pa’i ’du byed，艺术总称为 bzo sbyangs。只有艾旺寺(Iwang)壁画称之为 snum ’tsher，照壁画通常的技法，可能指壁画经过树脂抛光。

由上述名录可见，画师少数为僧人，绝大多数应当是俗人，因为缺少本不该缺失的宗教头衔。总之，在藏地，艺术也走出寺院，在俗人间传承。有些技艺父子代代相传，使他们的故乡因此而声名远播。某些家庭传习此业长达数世纪，例如江孜附近乃宁(gnas rnying)的 31
一个家族就有今天后藏技艺最高的画师。

从题记来看，画师似乎都不是单独工作，大师总是有弟子作其助手。古鲁(guru)教导弟子，使他们终日随侍左右，习惯和他一起工作，并通过自己的经验和他们亲身融入艺术的这个过程，历练培养那种只有直接参与创作才能具备精到的感知力。在此情况下，通常不提及弟子——整个东方师道如此深厚，以至不敢忝列己名于传授艺术法门或某种技艺的业师尊号中。作品若有殊荣，皆归于大师，弟子以有幸作助手为荣。有时发现父子或兄弟(sku mched)一起工作，但如此表述的关系很模糊，因为密教中，亲属不只是血缘关系，而更主要的是精神的亲缘：每个弟子都是大师的儿子，同门受教使他们彼此成为兄弟。

---

〔1〕 据劳弗尔，这是汉语“笔”的借词。B. Laufer, “Loan-words in Tibetan”, *T’oung Pao*, 17, 1916, p. 509, n. 229.
译者注：劳弗尔文章的汉译参见赵衍荪译，《藏语中的借词》，北京：中国社会科学院民族研究所少数民族语言研究室编印，1981 年。

八、交融催生藏族绘画的各种元素

因此，江孜存在两种主要艺术倾向：以特定图像学为主的印式风格，以及尤其在宏大构图中体现的汉式风格。同时，我们正面对
32 着一种艺术的首度成熟，其尽管受到如上影响，却有突出特点，打上了藏民族审美感的清晰烙印。造就藏地宗教精神与文化的印度和汉地因素在艺术中也有显现，可容易地看出印度样式存留几何，以及多少承自汉地；有时两种元素共存于一幅画作，但这并不意味着藏族艺术家只是将二者简单叠加或移植于其作品，而不按照自己的不同审美感和描绘宗教体验的独特手法予以变通。因此，江孜画作就成为藏族艺术生成期非常显著的证据：这些流派不再像此前按照印度、汉地或于阗样式来创作，而是展示出自己已经具备的独特品味且创造出别具一格的艺术样式。换言之，一个真正的藏式风格已经诞生，使刻板遵从印度、汉地或于阗风格的旧有流派湮没无闻。正是这三种风格影响了藏族艺术家，而后者以后学仿效先进的态度忠实追随；而且，这种艺术是宗教艺术，只表现宗教主题，不能偏离这些轨则。弟子谨遵大师教法，旨在不差分毫地将其再传给弟子。
33 宗教艺术一度被认为源于神圣，凡人不能任意改动。摒弃旧传统、向新思想和新潮流敞开大门从而产生独特个性的藏族艺术需要文明极度兴盛、与其他地区文化交流频繁的时刻的到来，恰如萨迦派掌政时代。这在此前并未出现，无论在文献中，还是在本卷随后谈到的一些遗迹中。从萨玛达(sa ma mda’)和艾旺寺(Iwang)的塑像来看，移植于中亚的汉风影响非常显著，在此，藏族艺术家——假设他们均为藏族——只沿袭了中亚模式。如果从塑像转到壁画，就发现两种截然不同的风格，一方是萨玛达寺前殿、艾旺寺大殿的印度风格，一方是艾旺寺右边佛殿的中亚风格。这里借用中亚一词指流行在中亚的汉族风土艺术，其尽管没达到地道的汉族艺术的高度，却延续了汉族艺术传统。

艾旺寺(Iwang)绘画和塑像的中亚依赖性非常明显，不必进行详细比较和核实，假如笔法、色彩和表现的类似还不足以说明问题，还

有题记为明证，其中画师指明其仿照了李(li)，即于阗风格(li lugs)，以便将自己的画作与其他艺术家在印度佛殿中仿照印度风格(rgya lugs)的画作相区别。

当西藏西部的绘画在克什米尔艺术家的影响下成形之际，在西藏中部则一开始就有双重影响：一是通过尼泊尔而来的印度影响； 34
另一是中亚尤其是于阗影响，后者在萨迦时期则被地道的汉风所取代。藏族传统以各种方式铭记于阗在藏传佛教思想和文化传播中起到的重要作用，这不仅在于初期吐蕃赞普成功地征服于阗后开始的接触，更得益于 *rgyal rabs gsal ba'i me long*［王统世系明鉴］[1]和一些授记性质的文献所记录的于阗僧人的实际进入，例如众增(Saṅghavardhana)授记[2]、于阗国授记[3]，以及最近被托马斯(Thomas)翻译和研究的一些其他授记[4]。

我们知道，寺院不仅传授义理仪轨，也有教授沙弥绘画和雕塑的艺术学派。随着于阗僧人的到来，于阗的佛教文化进入藏地，自然而然艺术流派也随之进入，由此形成了独特的艺术学派，如艾旺寺(Iwang)题记所见。这种影响并不仅仅产生于上述授记所记载的时期(七至八世纪)。近代研究和新发现都倾向于认为，吐蕃的政治影响和佛教在于阗保持的时间比前人认为的长得多[5]，两地之间的

---

〔1〕 译者注：汉译参见刘立千译注，《西藏王统记》，北京：民族出版社，1987 年。

〔2〕 译者注：*Arhatsaṅghavardhanavyākaraṇa* (*dgra bcom pa dge 'dun 'phel gyis lung bstan pa*)［阿罗汉众增授记］，《西藏大藏经总目录》第 4201 号。

〔3〕 译者注：*Kaṃsadeśavyākaraṇa* (*li'i yul lung bstan pa*)，《西藏大藏经总目录》第 4202 号。

〔4〕 F. W. Thomas, *Tibetan Literary Texts and Documents Concerning Chinese Turkestan*, London, The Royal Asiatic Society, 1935, part I (*Literary Texts*) pp. 41 – 87.

〔5〕 F. W. Thomas, *Tibetan Literary Texts and Documents Concerning Chinese Turkestan*, p. 76. 托马斯也提到了 J. L. Dutreuil de Rhins, *Mission scientifique dans la Haute Asie* (*1890 – 1895*), Paris, E. Leroux Éditeur, 1898, deuxième partie (*Le Turkestan et le Tibet. Étude ethnographique et sociologique* par F. Grenard), pp. 49 – 50; M. A. Stein, *Ancient Khotan. Detailed Report of Archaeological Explorations in Chinese Turkestan*, Oxford, Clarendon Press, 1907, vol. I, pp. 181 – 182.

接触持续了若干世纪。

35 萨玛达(sa ma mda') 和艾旺寺(Iwang) 就有这种接触的明显证据,即使没有题记,绘画甚至雕塑也会很清楚地告诉我们,中亚的艺术流派在制作它们的匠师中占绝对的统治地位。对于这一点无须赘述,因为形象是最清楚的证明,待随后讨论这些佛殿时对此再作详述。

汉风的影响只是较晚才被感知,肯定不会早于萨迦同蒙古帝国的政治关系开始稳固之前。

真正的藏族艺术流派从这三个不同的艺术灵感诞生,并且于十五世纪左右在夏鲁寺(zha lu)、江孜祖拉康(gtsug lag khang) 和十万佛塔确立了自己的地位。

九、雕　　塑

与绘画同时,藏族造型艺术得以形成。我调查的西藏中部寺院充满体形大小不一的泥塑,石雕从未被尝试,而在早期的佛寺中木雕却颇为丰富。藏地并非缺乏可雕的石材,而是缺乏传授此种技艺的外来匠师;无论是什么原因造成,木雕取代了石雕,而更多的则是泥塑像、纸浆制像、青铜造像。泥塑像一词不完全准确,它们通常以
36 木头为架构,其上覆抹草泥的混合物,然后再涂薄薄的白灰一层,便于上色。今天这类塑像被称为 bzo sku,但江孜十万佛塔的题记多将其称为 lde sku 或 sku gzugs 'bur du gtod pa,而塑师被称为 lha bzo mkhas pa 或 lde sku mkhas pa。

题记中保留了许多塑师的名字:

萨玛达:玛底(Mati),印度人[1]。

江孜十万佛塔:

1. 尊巴(brtson pa):第一层第四间佛殿。
2. 赞巴(tshan pa 或 tsan pa):第一层第八间佛殿;第二层第一、第十一间佛殿。

---

[1] 译者注:依图齐随后的论述,其可能为尼泊尔人。

3. 拉孜(lha rtse)索南坚赞(bsod nams rgyal mtshan)：第一层第九间佛殿；第三层第六间佛殿[1]。
4. 拉益坚赞(lha'i rgyal mtshan)：第一层第十四、第十六、第十九间佛殿；第二层第二、第四、第十五、第十六间佛殿；第三层第一、第十六间大殿；塔瓶第二间佛殿[2]。
5. 格西坚协(dge shes rgyal she)：第一层第十五间佛殿。
6. 达那(stag na)塑师：第二层第八间佛殿。
7. 拉孜江卡(rgyang mkhar)塑师：第二层第十间佛殿。
8. 拉孜德庆(bde chen)[3]南卡桑波(nam mkha' bzang po)：第二层第十二间佛殿；第三层第十四、第十五、第十七[4]、第十九、第二十间佛殿；第四层第五、第六、第八、第十间佛殿。
9. 拉孜措波(mtsho po)贝拉(dpal la)[5]：第三层第三间佛殿。
10. 卡喀(mkhar kha)…玛达萨(ma ta sa)：第一层第五间佛殿[6]。
11. 卡喀(mkhar kha)文殊师利(Mañjuśrī)：第三层第十一间大殿；第四层第十二间佛殿[7]。

拉益坚赞(lha'i rgyal mtshan)除了作为塑师，也是画师。

塑师也与画师一样，来自萨迦周围由寺院资助和政治势力鼓励下而形成的艺术流派。然而，总的来说，十万佛塔的塑像远不及壁画，塑像缺乏气韵；图像规则完全束缚了艺术家，因此表现不出扎布让(tsa pa rang)的塑像身上所看到的平和——当然也有例外，如萨玛达寺(sa ma mda')的某些塑像，对图像规则的遵守并没有损害形象的庄严肃穆——与扎布让相比，这些天众显得冷漠疏远，与生活格格不入，但他们不为情动、静气凝神，仿佛是对发愿和出离的默召。富丽的 37

[1] 译者注：原书未记。还可能有第一层第十四间佛殿。
[2] 译者注：原书未记第一层第十六、第十九间佛殿；第二层第二间佛殿；第三层第一、第十六间大殿；塔瓶第二间佛殿。
[3] 译者注：原书未写德庆(bde chen)。
[4] 译者注：原书写作第十六间大殿。
[5] 译者注：图齐认为该画师名字有脱漏，而写为 dpal…
[6] 译者注：原书未记该塑师，从实地考察看，此处题记漫漶，因此该名字很可疑。
[7] 译者注：原书未记该塑师。

宝座、刻划得一丝不苟的衣饰，增加了他们使人敬畏和景仰的威严。

位于江孜大寺中罗汉殿(arhat)和萨迦殿中的雕塑更加引人入胜：吐蕃三赞普和传承金刚持(rdo rje 'chang)教法的诸上师表现得比较写实，其中能感受到艺术家为赋予这些人物在图像学规则下其他塑像难以做到的写实性所作的努力。在汉风培养下开创了藏人肖像画的风尚，以写实再现每位上师的个性，而不再以象征符号来标示圣者，每个人都有自己独特的、足以辨识的与他人毫不雷同的相貌。

38

十、建　筑

寺院建筑无甚值得特殊关注之处。当然，与在西藏西部占优势的仁钦桑波所建造的古老神殿相比，尽管平面布局无大变化，但可以看出一定的发展。不仅规模扩大了，而且新的建筑元素丰富了佛寺。最早的神殿由一个方室组成，或附带前殿，或没有前殿；有时正壁设龛用以供奉主尊，有时内殿绕以礼拜回廊。在西藏中部，寺院的规模渐趋扩展；最为简单的艾旺寺(Iwang)有一座中心佛殿和两座侧殿，其他寺院则扩充有前殿、庭院和楼阁。

萨玛达寺(sa ma mda')已为两层，每层设两间佛殿，前殿变得开阔而庄严；寺前有宽阔庭院，庭院周围的走廊开有小殿。

江孜祖拉康(gtsug lag khang)建筑重复这一模式，但庭院消失且整座建筑崛起如堡垒。萨玛达寺的前殿在此变成了僧众集会的经堂('du khang)；顶阁(dbu rtse)高踞于其他建筑，俯瞰底层顶部回廊及侧边佛殿。在此例中，民居影响了宗教建筑：宫殿样式引起佛寺的变化。

39

十一、萨迦派的重要性

通过对西藏中部宗教遗迹的研究，可以得出另一结论。今天，格鲁派(dge lugs pa)在此地区享有支配地位，该派通过达赖喇嘛统治全藏的拉萨离此不远，而且通过根敦珠巴(dge 'dun grub pa)的努力成为格鲁派营垒的扎什伦布寺(bkra shis lhun po)距此亦只有三四天的里程。然而格鲁派只是续用它之前各个教派的寺院,并且于我所讨论的地方也无力兴建任何新的或重要的寺院。我调查过在本卷中研究的寺院,都曾经盛极一时,惜今天已被放弃或荒废;放弃,是因无人照管,荒废则是因为丧失了曾经使它声名卓著的思想光芒和高贵精神。这些寺院绝大多数都是萨迦派修建和装饰的,今天格鲁派僧人举行课诵的佛殿,如江孜祖拉康(gtsug lag khang)怙主殿(mgon khang)中的宝帐怙主(gur mgon)塑像足以昭示佛殿的萨迦派渊源。在萨迦派领导的很长一段时期内,艺术得到了极大繁荣,无数证明其开明捐助的作品得以完成。江孜法王追随萨迦的榜样也在情理之中,因为其不仅当过萨迦的领主,而且通过与萨迦法王有姻亲关系的夏鲁(zha lu)王子联姻而与萨迦建立了亲属关系。

第二章

40 资　料

一、古代历史文献的散佚

有关后藏地区的历史资料匮乏且零散。当这些不同的地区被统一到拉萨教廷的麾下时，随着这些土地上拥有特权和封地的家族的倒台，地方志也渐趋散佚。寺志的命运与前者相差无几，它们或毁于战争及劫掠，或被经常光顾寺院的祝融吞噬。而且，新教派的兴起也多少有意地让敌对教派的荣耀及其记载这些教派的文献湮没无闻。江孜附近一度成为宁玛派(rnying ma pa)弘传中心之一的乃宁寺的寺志就是其中一例：大约在十九世纪该寺改宗格鲁派后，寺志中关于藏地历史的第一章因其叙事方式可能不完全合乎正统，或至少不为强势教派接受而被完全删除，因此，今天只能在私家藏
41 书中找到这部非常有价值的著作的全本，而在撰写刻印它的寺院中则再无可能，也许，这一章的刻板本身业已毁坏。

格鲁派排挤不合其口味的历史文献的另一例子可从 *myang chung* [后藏志]的命运见其一端，该书是我们如今研究的整个地区最重要的方志，今已很难觅其抄本，拉萨委派管理这一地区的官员——堪布(mkhan po)或宗本(rdzong dpon)——尽职地将其全部收缴[1]，只有两三部抄本得以在一些不愿将其示人的贵族手中留存。原因很清楚。[后藏志]的作者对宁玛派、噶举派(bka' brgyud pa)，以及布顿创立的夏鲁派(zha lu pa)抱有极大的同情，但他对格鲁派

---

[1] 这是发生在几年前的事，在达斯的[拉萨之旅]中还能清楚地读到拉萨发布的这项命令。S. C. Das, *Journey to Lhasa and Central Tibet*, London, John Murray, 1902, p. 88.

几乎只字未提，虽然他晚于宗喀巴(tsong kha pa)和根敦珠巴(dge 'dun grub pa)。该书对古代教派推崇备至，并且将该地区历史上的兴衰荣辱归于现今占优势的教派能容忍却不喜欢的那些教派。

我们只能从通史——如对该地区记载甚少的 *rgyal rabs gsal ba'i me long*［王统世系明鉴］、生活于该地区的圣者僧徒传记、我抄录和翻译的题记、寺志，以及民间传说中搜寻相关资料。

二、［后藏志］ 42

撇开西藏研究者耳熟能详的 *rgyal rabs gsal ba'i me long*［王统世系明鉴］，虽然其中对后藏的简短记述散见各处；也暂且不考虑题记，尽管它们提供了我们该册研究的江孜著名古迹建造者的宝贵资料，首先不得不提的是 *myang chung*［后藏志］[1]。［后藏志］是简称，藏族也如此使用，原书标题很长：*myang yul stod smad bar gsum gyi ngo mtshar gtam gyi legs bshad mkhas pa'i 'jug ngogs*［年楚河上中下三域稀有语之善说·学者津梁］[2]。myang chung 意为小年楚河，年是藏族对后藏绝大部分地区的总称[3]。该书之所以称为小(年楚河)是便于与广本相区别。广本可能被精心保存于江孜日绰(ri khrod)书库的法王饶丹衮桑帕巴(rab brtan kun bzang 'phags pa)的抄本中。我尽管一再坚持，却未能得见，显然是由于以上提及的原因。

该书作者不详[4]，跋文亦已散佚，书肯定没有写完，因为我收集到的两部抄本都在记述桑珠孜(bsam sgrub rtse)、即日喀则的中途就嘎然而止。

---

〔1〕 译者注：此处的汉译采用了国内对该书通常的称呼，myang chung 本义为小年楚河，参见图齐随后所述。

〔2〕 译者注：该书已由西藏人民出版社出版，拉萨，1983 年，汉译参见佘万治译，《后藏志》，拉萨：西藏人民出版社，1994 年。

〔3〕 myang 更准确应为 nyang，如我们在下一章谈及该地的历史地理时的解释。

〔4〕 译者注：今西藏人民出版社出版的《后藏志》所记作者为觉囊派的达热那特，即多罗那它(Tāranātha)。

成书时间也难以判断，如果书中第 213 叶提到的竹巴噶举('brug pa bka' brgyud)的拉尊(lha btsun)是在锡金的弘法者，其肯定晚于十七世纪上半叶。

无论作者是谁，他肯定不属于任何一个教派，并且对所有教派
43 都不偏不倚：叙述一切传说、信奉一切圣迹、平等尊奉一切上师。然而书中对噶举派及其支派，以及宁玛派还是有所推重。对萨迦派的记载虽然笔墨相较前者为少，但有一定的分量。如前所述，对格鲁派则只字未提。

我有两部抄本，一本为家住江孜附近的一位高官所有，以草体(dbu med)抄写：年代不太古老，但相当准确。另一抄本是在我要求下的转抄，并经仔细核对，其底本相当古老，同样为草体，属于另一官员。书中充斥红色注释，凡是对于难懂的段落都作了解释，对于叙述之中简单提及的历史都进行了详细的注释，其不分章节，历史事实、神话和传说交织在一起，但对于有心的读者来说，它所提供的一流信息是在其他著作中无法找到的。

该书对每一村落和每一佛寺都有明确记述，对重要佛殿则予以详述，并且列举了殿中的塑像和经藏。总之，该书确实是此地名胜古迹的指南，是对驻锡于此、弘扬教法的印藏大师的准确追忆。

显然，*myang chung*［后藏志］的编撰者手头可资利用的资料丰富，其中大部今已散佚或难觅踪迹，尤其是他所提及的各种寺志。
44 例如，比较乃宁寺志与［后藏志］的相关章节，很清楚作者没有遗漏任何重要信息，并且有意识地选择更值得关注的东西，正确地将其编排在著作的整体架构中。唯一的不足是内容过于庞杂，与主题关系不大的叙事过于冗长，有时文脉不太清晰。

三、乃宁寺志

接下来是乃宁寺寺志(dkar chag)，其标题为：*skyes bu dam pa rnams kyi rnam par thar pa rin po che'i gter mdzod*［正善士夫传记宝

库][1],该寺历史正是通过驻锡并执掌寺院的堪布生平故事而得以记述。

该书分为 ka 和 kha 两册：前者 16 叶,内容是对藏族历史的简述,从远古到古格的第一代国王,对莲花生(Padmasambhava)详尽笔墨;后者 88 叶,包含寺院的编年史和历任堪布传记,其第一部分止于第 40 叶,作者为德勒噶巴温波南卡(bde legs ga pa dbon po nam mkha'),是该书最初和最古的核心[2],其后由喇嘛德勒绛贝嘉措(bde legs 'jam dpal rgya mtsho)和本波南卡桑波(dpon po nam mkha' bzang po)于水马年增补完成[3]。 45

四、第二手资料

圣迹志中含有一些零散有用的信息,其尽管偏晚,但相当重要,因为圣迹志的作者遍游各地,颇有见识地保存了传统中最有价值的信息。

例如,康巴喇嘛衮斯・钦则旺波(khams kun gzigs mkhyen brtse'i dbang po)撰写的 *dbus gtsang gi gnas rten rags rim gyi mtshan byang mdor bsdus dad pa'i sa bon* [卫藏圣迹略志・正信种子][4]。

另一例子是康巴著名喇嘛敏珠诺门汗(smin grol no mon han)所著的世界地理手册 *'dzam gling chen po'i rgyas bshad snod bcud kun gsal me long* [世界广说・情器世间明鉴]中的一章：西藏万户章(bod yul khri skor gyi le'u)[5]。该书有些地方显示出某种源自意大

---

[1] 译者注：以下简称 *gnas rnying* [乃宁寺志]。

[2] 该部分结束于仁钦洛卓贝桑波(rin chen blo gros dpal bzang po)的传记。此人曾为法王饶丹衮桑帕巴的祖父、大司徒(tai bsvi tu, tai si tu)帕贝('phags dpal)的上师,其生卒的饶迥纪年,即水鸡年(chu bya)和水牛年(chu glang)肯定对应于 1333 和 1373 年,这意味着该书以其传记结束的这部分年代应该稍晚。

[3] 第 85 叶提到大司徒衮噶帕巴(tai si tu kun dga' 'phags pa)是江孜法王的父亲,生于 1357 年,因此,水马年应为 1402 年。

[4] 译者注：汉译参见刘立千译注,《卫藏道场圣迹志》,北京：民族出版社,2000 年。

[5] 该章对应于瓦西里耶夫在其[西藏地理]一书中所译西藏地理文献。V. P. Vasil'eva (edited by), *Geografija tibeta*, Sankt Peterburg", Tipografija Imperatorskoj Akademii Nauk, 1895.

利的地理观，可能受惠于十八世纪进入西藏的传教士所遗留的一些资料，也可能受耶稣会在中国出版的论著的影响。

然而，十万佛塔塔志中几乎找不到任何信息：该书的确非常罕见，当我得到它时，白居寺的僧人们都甚为惊奇，因为他们从来没有听说过此书。其未署作者姓名，字体为草体(dbu med)，相当古老，题名为：*chos rgyal sku 'bum chen po'i dkar chag*［法王十万大佛塔志］〔1〕。实际上，它所包含的内容还比不上解释壁画内容的题记，其中既没有记载画师名字，也没有记载供养壁画和佛殿的施主名字。

最后是一本极其流行的著作，在当地家喻户晓，耳熟能详。该书以戏剧的形式讲述了当地一位女英雄囊萨(a ce snang gsal)的命运。根据传说，囊萨姑娘出生在江孜附近，而在江孜东南一个名叫日朗(ri nang)的小山谷中度过了她的大半生。该书题名为：*rigs bzang gi mkha' 'gro ma snang 'od 'bum gyi rnam thar*［高贵空行母囊萨文邦传］，瓦德尔(Waddell)对该书有简述〔2〕。

---

〔1〕 译者注：经核对图齐写本，［法王十万大佛塔志］实乃晋美札巴('jigs med grags pa)著 *rgyal rtse chos rgyal gyi rnam par thar pa dad pa'i lo thog dngos grub kyi char 'bebs zhes bya ba bzhugs so*［江孜法王传·成就信之稼穑之雨霖］中之一部分内容：西藏人民出版社，1987 年，第 101－169 页。
图齐后来收集到了［江孜法王传·成就信之稼穑之雨霖］的两部抄本，并在［西藏画卷］中对有关江孜历史的相关部分进行了翻译，参见［E. De Rossi Filibeck, *Catalogue of the Tucci Tibetan Fund in the Library of IsIAO*, Rome, Istituto Italiano per l'Africa e l'Oriente, 2003, vol. II, p. 338, nos. 694, 695; G. Tucci, *Tibetan Painted Scrolls*, Roma, La Libreria dello Stato, 1949, vol. II, pp. 662－670］。

〔2〕 L. A. Waddell, *The Buddhism of Tibet or Lamaism with its Mystic Cults, Symbolism and Mythology, and in its Relation to Indian Buddhism*, London, W. H. Allen and co., 1895, pp. 553－565.

第三章

历史地理 47

一、年　　地

江孜(rgyal rtse, rgyal mkhar rtse)位于以年(nyang)而著称的后藏地区。

该地区包括称为金线(gser gzhung ri mo)的整个年楚河(nyang chu)河谷,以及其支流流经区域[1]。河名拼写形式不定,有时写作myang,有时写作nyang,尽管发音一致,但可能nyang的拼法更准确。myang为“品尝”之意,其看来是书面语形式。据*myang chung*[后藏志]所载传说[2],帝释天(Indra)在此地曾给莲花生(Padmasambhava)一瓶甘露,咒师则让他的二十五个弟子品尝。而在江孜十万佛塔题记、*gnas rnying*[乃宁寺志]和其他文献中我们更常见的是nyang[3]。 48

---

〔1〕 该河发源于岗桑波(gangs bzang po),关于此点,见下面。据印度测量局地图,这条河的两个支流分别叫热龙河(ra lung chu)和涅如河(nye ra chu),但为我提供信息者对此一无所知。Survey of India, *Bhuthān and Tibet. Punāka, Tsang, and Ü Provinces*, No. 77 H.

〔2〕 第5叶。

〔3〕 据*mdo rgyud zab mo'i chos kyi lung rjes gnang dbang khrid thob yig gzhan pan rin chen dbang rgyal lhag bsam pun da ri ka'i 'phreng bas spud pa*[甚深显密教法随许灌顶教指受法录・利他增上意乐宝王・白莲鬘饰]第58叶所引,在班禅洛桑曲吉坚赞贝桑波(pan chen blo bzang chos kyi rgyal mtshan dpal bzang po)的文集(gsung 'bum)中收录的*nyang stod skor la phebs pa'i lam yig tshig bcad*[年楚河上游地区游历指南]用的就是这一拼法,但我在扎什伦布寺刻印的一世班禅的文集中却无法找到。此外,这一拼法亦出现于布顿教法史中。

译者注:洛桑曲吉坚赞贝桑波一般被认定为四世班禅。布顿教法史的汉译参见郭和卿译,《佛教史大宝藏论》,北京:民族出版社,1986年。

很可能它是最早定居于此的部落的族称。至少对我而言，这一点在同一著作中有所暗示，即，尝过甘露的莲花生的弟子们的后代沿此河定居，被称为 myang myang (nyang nyang)。

年地的东界始于岗瓦桑波山(gang ba bzang po)或岗桑波山(gangs[1] bzang po)[2]，顺年楚河而下，直抵日喀则北部该河与雅鲁藏布江(tsang po)汇合处的玉瓦东(yu ba gdong)[3]。整个年地分为上、中、下三部：年堆(nyang stod)、年巴(nyang bar)、年麦(nyang smad)。

这只是依于河流的走向所进行的地理上的划分，而非政治概念上的。藏人习惯于使用这样的三分法来区分每一大区域。但整个年地亦可分成许多有特定称谓的小地区：至少我们可以通过阅读 *myang chung*［后藏志］得知。其虽然简洁，但给出了年地不同地区的人民、集市和主要产品。应予以特别关注的是该书区分了牧民
49 ('brog pa)驻区和定居中心，以此强调定居民和游牧民之间的自然族群分野。

年堆(nyang stod)始于岗桑波盆地，北达日朗(ri nang)地区的邦噶(spang dkar)[4]，直抵香布孜古(sham bu rtse dgu)，据知情者告知，后者位于紫金(rtse chen)附近。

年堆的主要集市(tshong 'dus)数世纪以来有所变动：从前在江若(rgyang ro)的萨玛(sa ma)，可能就是现在的萨玛达(sa ma mda')；

---

[1] 与雪山(gangs ri)一词混淆。

[2] 参见该书第 39 页注释 1。比例为百万分之一的印度测量局地图中没有标出该山的名字。Survey of India, *Bhuthān and Tibet. Bumtāng, Punāka and Trongsa Provinces. Tsang and U Provinces*, No. 77 L, Yamdrok tso, Published under the direction of Colonel E.A. Tandy R. E., Officiating Surveyor General of India, 1924. 在另一幅地图中，该山位于热龙和打隆宗(stag lung rdzong)之间。Survey of India, *India and Adjacent Countries. Assam, Bengal, Bhutān, Bihār and Orissa and Sikkim*, Sheet No. 78, Darjeeling, Revised edition published under the direction of Brigadier R. H. Thomas, D.S.O., Surveyor General of India, 1931. 在 4 英里比 1 英寸的地图上(77L)，其被标注为 Nodzin Kangsa，即：gnod sbyin gang bzang = Yakṣa Pūrṇabhadra（满贤药叉）。

[3] *myang chung*［后藏志］，第 12 叶。

[4] *myang chung*［后藏志］，第 12 和 69 叶。

后来移至乃宁(gnas rnying)；今天——众所周知——则在江孜，刚好位于白居寺(dpal 'khor chos sde)附近。

牧民则生活在三个主要的牧区，即江若(rgyang ro)、宁若(nying ro)和康热(gang ro)[1]。

要准确界定这些地区十分困难：但据我现场搜集的信息，江若(rgyang ro)大约包括地图上冲巴涌曲(Trumbayung Chu)[2]和涅如藏布(Nyera Chu)之间的整个地区。宁若(nying ro)位于曲隆河(Chulung Chu)和地图上标示的年楚河(nyang chu)之间，后者于果西(sgo bzhi)汇入涅如藏布[3]。康热(gang ro)位于冲巴涌曲的左岸，如前所述，藏人——至少是我所访谈的——将其称为江若曲。

主要产品有三种：帽子(zhva mo)、鼓(rnga mo)[4]、氆氇(snam bu)。

年巴(nyang bar)从萨马萨(sa ma sa)延伸至嘎恰噶(gab phya 50
dkar)，两地都距杜琼('dus byung)不远[5]，以前集市在杜琼附近的土故(Thugu)，今在杜琼。

牧区有三个：江(rgyang)、吉(dkyil)、芒(mang)，未能比定。

主要产品有：毯子(sle'u)、褥子(grum ze)[6]、毛毡(phying)。

年麦(nyang smad)则从未能比定的咔堆('khor stod)至年楚河与雅鲁藏布江的交汇处，集市最早从距夏鲁不远的古尔莫(gur mo)移到了夏鲁，与夏鲁寺很近，后来又到了桑孜(bsam rtse)，即日喀则。

牧区为卓垅(sgro lung)、嘉巴(lcags pa)、热(ra)。

主要产品有腰带(ske rags)、哔叽(ther ma)[7]、藏靴(ltar zon = lham)。

位于帕里(phag ri)附近沿珠穆拉日(Jomolhari，地图上标示为Chomolari)一带的地区曾叫桂域(mgos yul)，别的文献亦拼为 'gos

---

[1] 参考西藏地名中的常见后缀 ru，“划分、地区、翼”。

[2] 地图上如此，但当地人称其为江若河(rgyang ro chu)。Survey of India, *Bhuthān and Tibet. Punāka, Tsang, and Ü Provinces*, No. 77 H.

[3] 译者注：原文如此，参见图齐随后的记述。

[4] 译者注：原文如此，据今出版的藏文本为牦牛尾(rnga ma)。

[5] 拼写形式不定，有时作 'du chung，有时作 'dul chung。

[6] 即 grum tse。

[7] 哔叽是一种质量最好的织物，常用来缝制僧衣。

yul。这是一个大的封地，传统认为该地因赞普热巴巾(ral pa can)时分封于此的家族而得名。赞普将该地作为采邑分封给其大论(blon po chen po)桂·赤桑('gos[1] khri bzang)[2]。该领地直抵帕里，亦称桂帕里(mgos phag ri)或桂域堆松(mgos yul stod gsum)，包括门格河(mon skyer chu)[3]、嘎拉湖(skar la[4])和止仓扎穆('bri 'tshams rdza smug)之间的区域，后者大致位于多庆(mdo chen)和岗巴宗(gam pa rdzong)之间。

51 很清楚，桂域位于江若(rgyang ro)南部，其如传统所述，可能以封至此地的贵族得名。

传说试图为年地赋予神奇的光环，它详细地讲述了莲花生于此示现的神变，而且还将西藏中部历史和文明的曙光归至莲花生时代，因此许多本土传统丢失了，或根据新兴教派的利益和愿望而被改造。不难想象此地苯教兴盛，佛教传播缓慢而逐渐取代本土信仰。*myang chung*［后藏志］和 *gnas rnying*［乃宁寺志］都对长期反对佛教渗入的苯教信仰、神祇和大师们进行了追忆。很可能［后藏志］所列由莲花生消除恶兆、使其转换为佛教圣地的年堆十三座山应归于苯教信仰。此种叙事是藏地常见的本土信仰转换为佛教信仰的又一例证，尤其在莲花生的时代，佛教传播地区所发生的常见现象在藏地亦一再重复，我所指的是将本土神话和传统吸纳改造于新兴宗教中的缓慢过程。

以下列出十三座有恶兆(ltas ngan)的山[5]。我尽力依靠熟知
52 此地、通过经商或朝圣而遍游全域的人的经验来比定它们。他们提供的情况大体一致，因此，他们表述的信息比较可靠[6]。这些山岳

[1] mgos.

[2] *gnas rnying*［乃宁寺志］，第 3 叶背面。亦参见图森译 *padma thang yig*［莲花遗教］。G.-C. Toussaint (traduit par), *Le dict de Padma*, Paris, Librairie E. Leroux, 1933, p. 398.

[3] 这条河流经不丹的帕罗宗(Paro Dzong)，因此多将其称之为帕罗河(Paro Chu)。

[4] 地图上标注为 Kala。

[5] *myang chung*［后藏志］，第 8 叶背面。

[6] 这些信息在我 1939 年的调查中得到了证实。

尽管不再像过去那样神圣，但由于江孜人不仅知道它们的名字，而且还能指出它们的大致位置，至今仍然颇为知名。

1. 洛布江孜山(nor bu khyung rtse)，位于江孜—日喀则道上年楚河左岸的群若豁卡(Choroshika)附近。
2. 色莫(ze mo, sre mong)瓦东山(va gdong)，位于杜琼('dus byung)山谷。
3. 重孜山('brong rtse)，位于重孜附近。
4. 长玛山(drang ma'i ri)，位于紫金(rtse chen)和重孜之间。
5. 北东山(sbal gdong)，位于紫金。
6. 香布孜古山(sham bu rtse'i dgu'i ri)，位于紫金西面的山谷。
7. 止贡赞普山(rje gri gum btsan po'i ri)，据神话中的同名赞普命名，系紫金所在地。
8. 邦隆吉山(spang lung gi ri)，同样位于紫金附近。
9. 扎廓山(rtsa 'khor)，位于江孜西北年楚河右岸，面对紫金。
10. 江孜山(rgya mkhar rtse'i ri)，江孜城堡所在地。
11. 孜囊吉山(btsas rnams kyi ri)，位于江孜—拉萨道附近的日不顶(Treding[1])的上方。
12. 大孜囊吉山(btsas rnams kyi ri che)，位于孜囊吉山附近。
13. 曲拉佐伯山(chu rag btsogs po'i ri)，位于曲惹(Chure)村上面。

传说这些有恶兆的山都通过莲花生变成了祥瑞圣山，这只能理解原来属于苯教的圣地为佛教所取代了。其中一些名字，如江(khyung，琼)和孜(btsas)，都能回想起苯教神话中的神祇。不仅如此，*myang chung*［后藏志］，甚至 *gnas rnying*［乃宁寺志］仍收录有苯教著名的大师和瑜伽士，他们的名望延续至这些书籍编辑的年代。甚至还提到一座苯教寺院，即位于达孜(stag rtse[2])附近的雍仲尼夏寺(g.yung drung nyi shar)，其中苯教最伟大的上师之一苯西琼那(bon bzhi khyung nag)的传承不断。 53

[1] 译者注：图齐在《梵天佛地》第四卷，第二册，第 434 页说："地图上将 Treding 拼作 Traring。"

[2] 地图上拼作 Takse。

看来，那些为全藏输送大臣、王子、学者、译师和瑜伽士而名垂青史的名门望族，如果祖籍不属于此地，至少也早已定居此地——有时是由于全藏最高政治当局的分封。

这样，桂氏(mgos)家族将桂域和江若(rgyang ro)上部地区，即从帕里(phag ri)开始延伸，沿着珠穆拉日山脉，一直到乃宁地区的这片土地，送给了赤松德赞(khri srong lde btsan)的经师和根本上师嘉·绛贝桑瓦(rgya 'jam dpal gsang ba)的后裔嘉氏(rgya)家族[1]。年堆(nyang stod)也在很大程度上成了佛教大师辈出的哲氏('bre，'dre)[2]、
54 琼氏(khyung)家族的领地。而在年麦，节氏(dpyal)和介氏(lce)是望族，后者与萨迦联姻，在十三至十四世纪期间权势逼人，并且从萨迦教廷获得了夏鲁及其相邻地区的封地。十万佛塔的创建者江孜法王家族也许最早来自江孜谷地的江热(lcang ra)。

佛教逐渐在年地(nyang)兴旺起来：教派的传播渐至高潮，以寺院作为其声望的标记；来自印度的上师通过译注经论，保持信仰的鲜活，使教法常新；瑜伽士在遍布山岩的修行洞中实践怛特罗成就；著名论师诠注佛语，弘扬教法之微言大义。

二、年 堆 诸 寺

列出藏传佛教史上多少重要而为方志所称载的寺院不无裨益。传说常常不乏渲染，但一般而言，*myang chung*［后藏志］所含的大部分信息来源于各种编年史和方志，而且精炼准确，看来相当真实。

---

〔1〕 参见本册第 97 页。

〔2〕 这两个词的发音相同。'bre 为正确的拼写形式，布顿用过。参见奥伯米勒所译布顿教法史。E. Obermiller (translated by), *History of Buddhism* (*Chos-ḥbyung*) *by Bu-ston*, Heidelberg, O. Harrassowitz, 1932, part II (*The History of Buddhism in India and Tibet*), p. 206. 哲('bre)和琼(khyung)这两个词同时还见载于古代吐蕃的军事领土区划名录中。F. W. Thomas, *Tibetan Literary Texts and Documents Concerning Chinese Turkestan*, p. 277. 此外，据 *bka' thang sde lnga*［五部遗教］中的第五部（托马斯，前揭书第 277 页）记载，哲氏('bre，'dre)家族还拥有年若(nyang ro)。

我列出这些地方，但不求过细，并且归纳当地僧人讲述给朝圣者的传说和记录要点，以此对这些地方的历史地理提供一份相当有用的资料，重构印度测量局(Survey of India)地图中常有讹误的地名拼 55
写，从而对史传中常见的许多地名进行更精确的比定。但不能过于轻信以此方式搜集的资料，尽管它们已在江孜经由可信的知情者的帮助而证实其具有确定的价值。我从中获取信息的书籍是那些称扬当地荣光的方志，因此，它们也可能过于热情地将别处发生的事件归于年地和其寺院。一个典型的例子是它们尽力将孜德(rtse lde)在塔波寺(ta pho)召集的法会定位于达孜附近的达热(rta ra)[1]。

也可能为了抬高本寺声誉，寺志作者——其作品，连同其他许多资料，是 *myang chung*［后藏志］的信息来源——想象藏传佛教史上的著名人物曾传法驻锡于己寺，他们对其所述无任何文献可征，对其所撰述的资料的历史可靠性亦不作任何考虑，导致对这些人物实际活动地域的误置。但是，此种情况极少发生，如我已述，通常我们的资料是很好的指南，可以据此着手研究。不过，将来当藏文文献更加广为人知，进入藏区更加容易的时候，还得回头检视这些资料。

在论述各地之前，需要注意传统记载：一些寺院建于藏传佛教前弘期(snga dar)，一些建于后弘期(phyi dar)[2]。 56

传统记载中藏传佛教历史上一系列著名寺院被归于前弘期，更准确而言，归于赤松德赞(khri srong lde btsan)和热巴巾(ral pa can)在位期间，即：

赤松德赞时期：

1. 达热寺(rte re, rta ra)，位于达孜(stag rtse)[3]。
2. 德普寺(bde bu)，位于泽普(btsas phu[4])。

---

[1] 参见《梵天佛地》第二卷，第 18、21 页。
译者注：查今 *myang chung*［后藏志］藏文原文第 124 页，对此叙述亦不是十分清楚，但从上下文看，作者并未将法会定位于达热，而且，［后藏志］在第 203 页再次提及此次法会，明确说明法会在阿里举行。图齐所据［后藏志］因将注文混入了正文，导致其理解上的偏差。

[2] 参见《梵天佛地》第二卷。

[3] 地图上拼作 Takse，但随后说达热寺在白朗(pa snam)附近。

[4] 地图上拼作 Saopu。

3. 且达寺(bye mda'),位于泽普和江孜山阴间的山谷(rong),今已圮毁。
4. 江浦寺(rkyang phu),位于江若(rgyang ro)[1]。
5. 巴伍寺(ba 'ug[2]),位于嘉卡(rgya mkhar)。

热巴巾时期:
1. 拉穷寺(lhag chung),位于白岗(spos khang)下面[3]。
2. 拉多贝垅寺(lha do sbas lung),位于重孜附近。
3. 多吉丹寺(rdo rje gdan = 第 166 叶背面的 mag gde lding)[4]。
4. 嘉垅寺('ja' lung),位于白岗(spos khang)。
5. 噶浦寺(ga phud),位于洛布江孜(nor bu khyung rtse)附近[5]。

57 后弘期所建寺院:
1. 紫金(rtse chen)。
2. 协噶江孜(shel dkar rgyal rtse)[6]。
3. 江热(lcang ra)[7]。
4. 色札亚垅(se brag g.ya' lung)和降日色札(byang ri se brag),位于白朗(pa snam)附近。

myang chung[后藏志]对圣迹的描述始于年楚河(nyang chu)的发源地[8]、岗桑(gang bzang,有的著作拼作 gangs bzang)附近的热

---

[1] 即地图上的 Samada。
[2] 重孜西南,地图上拼作 Bhadu Gompa。
[3] 即达孜北面山谷。
[4] 译者注:图齐据写本第 166 叶背面中的 mag dge sdings kyi dgon pa rdo rje gdan zer ba 而认定多吉丹寺即玛格顶寺,今出版 *myang chung*[后藏志]藏文写作 mag dge sdings kyi gong tsam gyi dgon pa rdo rje gdan zer ba 玛格顶寺略上方之寺称多吉丹寺,从上下文看,应以后者为是。
[5] 参见前述以此为名的山。
[6] 即地图上的 Gyantse。
[7] 即地图上的 Changra。
[8] 正如前述,在印度测量局地图上,年楚河并不流经热龙(rva lung),而与冲巴涌曲(Trumbayung = rgyang ro chu)平行,这既不符合 *myang chung*[后藏志]的传统,亦与我搜集的信息相悖。Survey of India, *Bhuthān and Tibet. Punāka, Tsang, and Ü Provinces*, No. 77 H.

龙(rva lung)地区[1]。

山西面遇到的第一个地方是噶莫垅(ga mo lung)，附近的一个山洞作为莲花生的修行洞(padma'i sgrub phug)被介绍给朝圣者，同时还有一眼叫做才曲玛(tshe chu ma)的圣泉。在洛堆(lho stod)的古鲁拉康寺(gu ru lha khang)中，保存有一尊观音像(spyan ras gzigs)，其最初发现于宁若(nying ro)那推(sna thod[2])地区的森格普满曲(seng ge phug sman chu)[3]。

接下来是江孜—拉萨道上的热龙(rva lung[4])，位于咔若山口之前，叫做翁塘('om thang)的平原的边缘[5]。 58

热龙(rva lung)建立之前，整个地区为牧区('brog)，称为库勒(khu le)[6]。

热龙寺(rva lung)一直被认为是噶举派(bka' brgyud pa)最为重要的中心之一，直至今日，该寺仍以嘉氏(rgya)家族瑜伽士藏巴嘉热(gtsang pa rgya ras pa)的长期修行地为荣[7]。这位圣者的出生地今

---

〔1〕 gang bzang 在有的著作中拼作 gangs bzang，这座山被称作哈沃山(ha 'o)，参见 *myang chung*［后藏志］第 14、20 叶，然后，山名——可能是本土名称，先于佛教——被岗桑波(Pūrṇabhadra, gang(s) bzang po)取代，此山名与年地因莲花生及其弟子们品尝甘露而得名的传说同时产生，并且将其与满贤药叉(Yakṣa Pūrṇabhadra)的驻地相等同，之所以称贤雪山(gangs bzang)是因为给全区带来富饶丰腴的年楚河发源于此。

〔2〕 地图上标为 Napte。

〔3〕 传说莲花生的另一修行洞在拉萨道上咔若(mkha' ro)山口附近。

〔4〕 地图上拼作 Ralung。

〔5〕 *myang chung*［后藏志］，第 19 叶背面。

〔6〕 传说此地有一座宇妥培(yol thog 'bebs)创建的叫做莫(rmog)的佛殿。

〔7〕 他是竹巴噶举('brug pa bka' brgyud)最杰出的人物之一。*myang chung*［后藏志］收集的传说说他是松赞干布时派往唐朝迎请觉沃(jo bo)释迦牟尼佛像的叫做拉噶(lha dga')和鲁噶(klu dga')的两位力士之一的后裔(第 37 叶以后)。赤松德赞时，拉噶家族分成两支，其中一支诞生了桑耶寺堪布、译师巴·赛囊(sba gsal snang)，西部西藏编年史中拼作 san gsal snang：A. H. Francke, *Antiquities of Indian Tibet*, Calcutta, Superintendent Government Printing, 1926, part II (*The Chronicles of Ladakh and Minor Chronicles*), pp. 32, 83 – 87；兄弟嘉·桑喜(rgya sang shi)的一支则诞生了创建乃宁寺(gnas rnying)的嘉·绛贝桑瓦(rgya 'jam dpal gsang ba)。后者的一支迁居至达蔡(stag tshal)，其中诞生了迎请阿底峡(Atīśa)前往

称作冲萨(khrungs sa[1])。龙马(lung dmar)之下的西边，地图上标注的 Shuto 可能就是赛多(gzhis stod)[2]，其附近是一位被认作普贤(kun tu bzang po)转世的著名苯教大师的出生地，是康区苯教徒的朝圣地。

地图上标注为 Kekochutsen 的村子可能就是指吉奎(skyid khud)，其地有镇顿塔哲(dran ston mtha' bral)创建的一座寺院[3]，紧邻其
59 地有一处温泉(chu tshan)。朝江孜方向再走一点，有卡莫色寺(kha mo ze)，是噶玛拔希(karma pakshi)的一位以色乌顿(ze'u ston)著称的弟子的驻锡地[4]。

下一站是果西(sgo bzhi)，即四门之意[5]，之所以这样命名，是因为从此有四条通衢：东方的热龙道(rva lung)因其通往拉萨，称为法路；南方的宁若道(nying ro)因运送不丹的木材而称为木路；北方的多嘉道(rdo lcags)称为铁路；西方的嘉札道(rgya grags)称为青稞路。旁边流经的河流的右侧就是宁若。正是在宁若的东面苯教流传甚广。将佛教传入此地的是堆龙(stod lung)仁钦宁波(rin chen snying po)的弟子琼康巴钦波(khyung khams pa chen po)，后者于此创建了顶普寺(sding phu)，因此亦称顶普巴(sding phu pa)。此地还有两座寺院(dgon pa)：哲莫寺('bras mo dgon pa)[6]、查乌龙寺(gra'u lung, gra bo lung)。回到年楚河岸后遇上的寺院是哲钦波·协饶巴('bre chen po shes rab 'bar)的驻锡地且芒寺('chad mang)[7]。

卫藏的嘉·尊追森格(rgya brtson 'grus seng ge)；一支则定居于后藏库勒(khu le)，嘉氏(rgya)家族的瑜伽士藏巴嘉热(gtsang pa rgya ras pa)就诞生于该支。

〔1〕 地图上拼作 Trungsa，位于江孜—拉萨道上。Survey of India, *Bhuthān and Tibet. Punāka, Tsang, and Ü Provinces*, No. 77 H.

〔2〕 *myang chung*［后藏志］，第 41 叶背面。

〔3〕 寺院墙壁上绘有表现其转世之一，年堆(nyang stod)达孜(stag rtse)附近的满隆(man lung)上师行迹的壁画。

〔4〕 可能由其诞生地色乌塘(ze'u thang)得名，地图上拼作 Setan。Survey of India, *Bhuthān and Tibet. Punāka, Tsang, and Ü Provinces*, No. 77 H.

〔5〕 *myang chung*［后藏志］，第 49 叶背面。

〔6〕 *myang chung*［后藏志］，第 53 叶。

〔7〕 *myang chung*［后藏志］，第 58 叶。

不远处有色乌塘(ze thang, ze'u thang)和宇妥培(yol thog 'bebs)所建的查塘寺(gra thang)[1],位于地图上嘉日东(Gyaridung)西面的平原。在此之南为嘉且(brgya phyed)的耶佐(ye mdzod)[2]。然后是曲弥寺(chu mig)[3],当地传说未将其与那塘(snar thang)附近的曲 60
弥寺相混,而认为该寺是古代藏传佛教最有名的圣地之一,也是最活跃的讲修中心之一,其中有一尊印度班智达念智称(Smṛtijñānakīrti)亲手所作的雕塑。

圣迹志接下来描述地图上标注为玛曲(Mra Chu)的河谷中的班准('ban gron),但似乎尽人皆知该河流为日朗浦曲(ri nang phug chu),以日朗(ri nang)山谷而得名,该山谷因其为著名藏戏囊萨姑娘(a ce snang gsal)的发生地而在藏族传说中很有名[4]。此地方高耸入云的大山叫日沃切(ri bo che)[5]。河右岸北面的山谷有努玛曲垅(nu ma chos lung),可能就是地图上所标示的 Nurshika。西面不远有林热寺(gling ras kyi dgon pa),寺西则为仁庆岗(rin chen sgang)[6]。谭岗(Tangan)上部的山谷坐落着绛林贡波('jam gling mgon po)修建的著名寺院勒珠寺(las drug dgon pa)。邦噶(spang dkar)有上面所提藏戏中日朗山官的官寨。日朗山谷中的坚垅寺(spyan lung)今已圮毁,俗称阳谷寺(pho lung)的色城寺(gser phreng)和俗称阴谷寺(mo lung)的孜垅寺(rdzi lung)情况一样,知情者告知这些圮废的寺院位于努玛曲垅上部山谷。

撇开圣迹志仅仅提及名字的那些小地方,我们到达了一座相当有名的寺院,其坐落于从东北俯瞰江孜的西达(gzhi bdag)山腰处的 61

---

[1] *myang chung* [后藏志],第 57 叶背面、第 58 叶正面。可能就是翻译 *Candravyākaraṇasūtravṛtti* [旃陀罗声明经注]的查塘寺(gra thang)。Cordier III, p. 512, n. 6. *bstan 'gyur* [丹珠尔],释经部(mdo 'grel),po 函。译者注:《西藏大藏经总目录》第 4458 号。

[2] *myang chung* [后藏志],第 59 叶。

[3] *myang chung* [后藏志],第 59 叶。

[4] L. A. Waddell, *The Buddhism of Tibet or Lamaism*, pp. 553 – 565。本册前揭第 30 页。

[5] *myang chung* [后藏志],第 66 叶背面。

[6] 位于江孜附近。

小山谷中，地图上仅将其简单标注为 Gompa，山谷叫桂波垅(rgod po lung)[1]，寺名则由饶丹衮桑帕巴(rab brtan kun bzang 'phags pa)命名为日绰甘丹(ri khrod dga' ldan)，也称江噶贡玛(rgyang[2] dkar gong ma)。寺经重建，无任何有价值之东西，但有其历史重要性，其可能由与阿底峡(Atīśa)和尊追森格(brtson 'grus seng ge)同时代、精于金刚手(phyag rdor)灌顶传承的译师班那沃('ban sna bo)创建，该寺至今仍供奉金刚手。

紧接着就是江孜(rgyal rtse)，当地传说认为其是法王贝考赞(chos rgyal dpal 'khor btsan，朗达玛之孙)的驻地[3]，原称协噶江孜(shel dkar rgyal rtse)。如前所述，*myang chung*［后藏志］没有提到十万佛塔，但对祖拉康记述详细，描述准确而有价值；而且，［后藏志］还对位于宗山(rdzong)城堡的宫殿记述周详，也记述了达波钦波囊钦・衮噶帕巴(bdag po chen po nang chen kun dga' 'phags pa)在其三十四岁(1390 年)时修建的寺院。

寺院历经磨难，损毁严重，壁画已荡然无存，仅余部分精雕细琢的柱头。寺院旧称桑佩仁波切林(bsam 'phel rin po che'i gling)，
62 供奉有释迦牟尼大像；今称拉康沃(lha khang 'og)。据载寺中还有诸宝所成的八大佛塔(mchod rten)，可能就是今位于山顶(rtse)最后一间佛殿供案上堆放的佛塔。壁画表现的是三十五忏悔佛、摩利支天('od zer can ma)、多闻子(rnam thos sras)、瞻巴拉('dzam bha la)、萨迦派上师传承次第，惜今已荡然无存。走廊绘有不空见佛(mthong ba don ldan)、燃灯佛(mar me mdzad)、弥勒佛(byams pa)、极乐世界(Sukhāvatī)、不动佛(Akṣobhya)妙喜世界(Abhirati, mngon dga' ba)、药师佛、阿罗汉(Arhat)等，以及善财童子(gzhon nu nor bzang)的故事。怙主殿(mgon khang)绘有宝帐怙主(gur mgon)。寺中保存有一幅应饶丹衮桑帕巴之令创作的表现众多天众的大型缎制唐卡(thang ka)；另有一幅为白居寺制作的幡，可能就是今天江孜

〔1〕 *myang chung*［后藏志］，第 70 叶。

〔2〕 译者注：今西藏人民出版社所出 *myang chung*［后藏志］藏文本写作 rgyan，第 45 页。

〔3〕 参见《梵天佛地》第二卷，第 10 页。

展佛节上看到的[1]。

江孜附近年楚河右岸的山谷中还矗立着另外一座著名的寺院，在 *myang chung*［后藏志］作者生活的时代已经圮毁，此即且达寺(bye mda' dgon pa)。传说该寺是赤热巴巾(khri ral pa can)在位期间由嘉·绛贝桑瓦(rgya 'jam dpal gsang ba)提议修建。据说，哲钦波·协饶巴('bre chen po shes rab 'bar)曾在此召集过法会，而且热(rva)译师在此存放过从印度携来的大约一百部写本[2]，知情者认为寺院位于江孜以北的山谷中。

myang chung［后藏志］的作者走到了年堆(nyang stod)的边界，也就是江若区(rgyang ro)，他在提及了今无法比定的桂域('gos yul)止仓寺('bri mtshams)后，便开始记述我们比定为萨玛达诸寺(sa ma 63
mda')的江浦寺(rgyang phu)，作者认为该寺由松赞干布(srong btsan sgam po)创建。接下来是我们将予以详述的折贵寺('bras khud)、嘉乃寺(rgya gnas)和叶玛寺(g.ye dmar)，后者即艾旺寺(Iwang)。

其他地方——一些在 *myang chung*［后藏志］作者时代已经圮废——是：江若奎穷寺(rgyang ro gud chung)、多庆寺(do chen)、多穷寺(do chung)、芒垅寺(mang lung)，后者在地图上标注为 Toktri Gompa。下一站是雪朗寺(zho nang)。色顶寺(gser lding)位于康马(khang dmar)东北的山谷中，由熏奴沃(gzhon nu 'od)创建[3]，并且是曲古沃色(chos sku 'od zer)的驻锡地[4]，传说他是释迦师利(Śākyaśrī)的转世。

距此不远，河对面离那衮(Nagon)大约两英里的地方曾为朗巴

---

[1] *myang chung*［后藏志］，第 81 叶。

[2] *myang chung*［后藏志］，第 97 叶以下。

[3] *myang chung*［后藏志］，第 106 叶。

[4] 曲古沃色是熏奴贝(gzhon nu dpal，亦以 gser lding pa gzhon nu 著称)的弟子，后成为元成宗完泽笃(Öljäitü，1294－1307 年)的帝师(原文如此——译者注)。参见晋美南卡('jigs med nam mkha')的蒙古佛教史。G. Huth (hrsg. und übers.), *Geschichte des Buddhismus in der Mongolei*, Strassburg, K. J. Trübner, 1896, Zweiter Teil (*Nachträge zum ersten Teil. Übersetzung*), pp. 161－162; P. Pelliot, "Les systèmes d'écriture en usage chez les anciens Mongols", *Asia Major*, 2, 1925, p. 287.

庞塘寺(glang pa phang thang)[1],系翱(rngog)译师最著名的弟子之一琼·仁钦札(khyung rin chen grags)的驻锡地,该地今有一座小的尼寺。接着是释迦师利创建的萨丕寺(sa phud),今已圮毁,位于少岗(Sakang)以南大约半英里,从此进入范围延伸至乃宁附近的龙那(lung nag)地界。少岗西面朗巴垅(glang pa lung)山谷中有帕顶寺(phar lding),可能就是地图上标注的 Porten,其为乃宁寺的属寺(lag)[2]。接下来记述的龙那的另一座寺院是朗巴色顶(glang pa
64 gser lding),位于少岗前面,至今从路上可见[3]。我们在 *gnas rnying*［乃宁寺志］中经常读到的勒堆寺(las stod)或勒堆贡却卡寺(las stod dkon mchog mkhar)位于矗立于此著名地域的城堡中,其废墟至今可见,寺中保存有弥勒护(Maitrīpā)以其鼻血(shangs mtshal)绘制的智慧怙主(ye shes mgon)唐卡。接着 *myang chung*［后藏志］来到了乃宁——其后我们将对此详述。

过了乃宁,河谷中另一个值得一提的地方是囊萨姑娘(a ce snang gsal)的出生地培贵(pas khu),地图上标注为 Penchoka。然后到了江热(lcang ra)[4]。古时这是嘉·绛贝桑瓦(rgya 'jam dpal gsang ba)的领地,后来被霍尔(hor)即元朝皇帝布施给了饶丹衮桑帕巴(rab brtan kun bzang 'phags pa)的祖父[5]。显然土地的转赠应由其时统治西藏的萨迦座主完成,但他们又从蒙古汗王处接受封地,因此其领主的每一项特权都冠以蒙古汗王的名义。这样,江热被这位王子作为嫁妆给了妻子白玛(padma),即夏鲁古尚(sku zhang)或阿尚(a zhang)的女儿[6]。

曾被皇帝迎请至汉地的印度班智达舍利弗足(Śāriputrapāda)在

---

〔1〕 *myang chung*［后藏志］,第 110 叶。

〔2〕 *myang chung*［后藏志］,第 111 叶。

〔3〕 可能是 Langgnin。

〔4〕 *myang chung*［后藏志］,第 134 叶,但在第 92 叶正面却拼作 lcags ra。参见图版 396、397。

〔5〕 *myang chung*［后藏志］,第 136 叶。

〔6〕 译者注:原文如此,*myang chung*［后藏志］藏文原文在此的记述亦不太清楚,依据上下文,可能是指饶丹衮桑帕巴的祖父娶夏鲁古尚的女儿白玛为妻时,江热作为白玛的陪嫁被夏鲁古尚转赠给了饶丹衮桑帕巴的祖父。

此地待过[1],他可能是与饶丹衮桑帕巴(rab brtan kun bzang 'phags pa)同时代的人。 65

江热(lcang ra)北部有两座寺院：岗地(gangs)附近的协乌寺(she'u)和岗地的康热寺(gangs ro)。

接着就到了紫金(rtse chen),亦称香布孜古(sham bu rtse dgu),其为环绕江孜山谷北边的小岩山,上有一座城堡和寺院群遗迹,传统认为由藏族传说中的止贡赞普(gri gum btsan po)创建。紫金寺由帕巴贝桑波('phags pa dpal bzang po)所建,据圣迹志,噶玛拔希(karma pakshi)在前往汉地的途中向妥懽帖睦尔皇帝(Toġon Temür,1333－1370年)提出了修建新寺的请求,征得皇帝同意后,帕巴贝桑波在四十八岁时开始修建寺院。寺院曾迎请过布顿的转世、著名的衮噶洛卓(kun dga' blo gros)[2],内中所供众多法物中有原供于止仓寺('bri mtshams)的班钦释迦师利(Paṇ chen Śākyaśrī)所造度母像(sgrol ma)。

这些寺院现已圮毁,但在 *myang chung*［后藏志］中有准确记述。

然后是重孜('brong rtse)[3]。此地因有一位在达斯(Das)藏地探险期间给予其帮助,后被拉萨当局严惩——因对外族人的开明殷勤——的教证双全的大堪布而闻名[4]。其中一座寺院由传统认为

---

〔1〕 *myang chung*［后藏志］,第79叶和138叶。
舍利弗足(Śāriputrapāda)可能就是舍利弗(Śāriputra)或舍利弗主(Śāriputrasvāmin),*Chinnamuṇḍāvajrayoginīsādhana*［金刚瑜伽女断首成就法］和 *Ugratārāpūjāvidhi*［郁伽度母供养仪轨］两部论书的作者。Cordier III, p. 117, n. 3; p. 183, n. 25. *bstan 'gyur*［丹珠尔］,释怛特罗部(rgyud 'grel), phu 函, zu 函。
译者注：此两部论书德格版阙。

〔2〕 *myang chung*［后藏志］,第141叶以下。

〔3〕 *myang chung*［后藏志］,第148叶。

〔4〕 关于其逝世,参见河口慧海的［西藏三年］第一章。Ekai Kawaguchi, *Three Years in Tibet with the Original Japanese Illustrations*, Madras-Benares-London, Theosophist Office-Theosophical Publishing Society, 1909, pp. 15－20. 地图上没有标注重孜,但该地多少对应于地图上的 Sangge,达斯在［拉萨之旅］中拼作 Dongtse。S. C. Das, *Journey to Lhasa and Central Tibet*.

66 属于吐蕃王室的重孜拉尊('brong rtse lha btsun)所建。

附近的拉多寺(lha do)，亦称贝垅寺(sbas lung)由赤松德赞(khri srong lde'u btsan)创建[1]，后由乃宁寺堪布曲吉仁钦(chos kyi rin chen)重建。

重孜北面，沿河流的左岸前行，就到了康马寺(khang dmar)，传说其就是赤松德赞(khri srong lde'u btsan)的大臣止仁董赞(sgri rings ldongs btsan)修建的同名寺院[2]。

三、年　　巴

myang chung［后藏志］接着记述了重孜北面拥有众多佛殿的胜境孜乃萨寺(rtsis gnas gsar)[3]。除了怙主殿(mgon khang)，有东西两间大殿，东殿由赤松德赞(khri srong lde'u btsan)所建，*myang chung*［后藏志］作者时代又称霍尔丕(hor phigs)[4]，今因其供奉有莲花生加持的般若佛母像而称为般若佛母殿(yum chen mo'i lha khang)。西殿由赤热巴巾(khri ral pa can)所建，称为孜乃萨殿，即
67 "（在）乃萨计算"之意[5]，因为在该殿计算过赤热巴巾所建一千零

---

〔1〕 *myang chung*［后藏志］，第152叶。

〔2〕 *myang chung*［后藏志］，第152叶背面。
译者注：原书写作松赞干布(srong btsan sgam po)的大臣止仁迥赞(sgri rings ljongs btsan)修建，今 *myang chung*［后藏志］藏文本将大臣名写作卓仁董赞(sgro rings ldong btsan)，第95页。

〔3〕 *myang chung*［后藏志］，第153叶正面。巴考在其［玛尔巴传］中误译为 rRcis le Neuf。J. Bacot, *La Vie de Marpa le 'Traducteur' suivie d'un chapitre de l'*Avadāna *de l'Oiseau Nīlakaṇṭha*, Paris, Librairie Orientaliste P. Geuthner, 1937, p. 8.

〔4〕 但两部写本均误写为：phig。另一间大殿称之为嘉丕(rgya phigs)。众所周知，phigs 的意思是屋顶。rgya phigs = 汉式屋顶，hor phigs = 蒙式屋顶。我手头的 *rgyal rabs gsal ba'i me long*［王统世系明鉴］写本第135叶写作 rgya phugs。总之，phigs 或 phugs 词根一致，参考 phibs。

〔5〕 乃宁寺也被称为孜乃宁(rtsis gnas rnying)，因为此处亦计算过赤热巴巾下令所建佛寺，参见 *gnas rnying*［乃宁寺志］，第3叶正面。很可能我们面对的是一个巧妙的词源：rtsis 也是乃萨附近一个山谷的名字。

八座佛寺是否足数。该殿亦称嘉丕(rgya phigs)[1],殿中主像为大日如来(rnam par snang mdzad),围绕有 *Kosalālaṅkāra* [俱差罗庄严]中所出金刚界曼荼罗(Vajradhātumaṇḍala)天众。

重孜过后,杜琼('dus byung)山谷中的重要地方是嘉卡垅(rgya mkhar lung)[2]、金卡垅(skyin mkhar lung)[3]、玛格顶(mag dge lding)。平原上的阿莫杜琼(ar mo 'dul chung)对应于地图上 Drojung Dzong[4]。其附近有前弘期的四座古寺:南面的哲拉康(sbre lha khang)、西面的江都拉康(rkyang 'dur lha khang)、北面的萨迦拉康(sa skya lha khang)[5]、东面的哲拉康(sbre lha khang)[6]。在金顶(skyin lding)和古尔顶('gur lding)两个紧挨的地方,拉吉嘉那(lha rje rgya nag)家族声名显赫[7]。

杜琼山谷的玛格顶寺(mag dge lding)如前所述,由热巴巾所建。

---

[1] 译者注:经核对图齐所用写本,此处写作 rgya phibs(第 157 叶正面),与今出版 *myang chung* [后藏志]藏文一致(第 98 页)。

[2] 杜琼('dus byung)见 *myang chung* [后藏志],第 161 叶。有时两部写本读作 rgyal mkhar。但 rgya mkhar 的可能性更大,因为江孜题记有这样的写法。

[3] 两部写本在第 158 叶写作 skyil mkhar,在第 163 叶写作 skyi mkhar。
译者注:今 *myang chung* [后藏志]藏文本在相应的地方写作 skye mkhar(第 101 页)、skyi mkhar(第 99、102 页)。

[4] 有时亦写作 'dul byung。
译者注:原书写作 a rmo 'dul chung。

[5] 译者注:今 *myang chung* [后藏志]藏文本写作 ngang skya lha khang,第 101 页。

[6] *myang chung* [后藏志],第 162 叶背面。如果文献无误,有两座哲拉康:前者亦称哲东塘噶丹拉康(sbre gdong thang dga' ldan lha khang),可能对应于从江孜出发,抵达杜琼山谷之前,河左岸的一座小禅院噶丹拉康(dga' ldan lha khang)。sbre 可能就是 'bre。关于 'bre,参见本册第 36 页注释 2。
译者注:今 *myang chung* [后藏志]藏文本写作 'dre lha khang,第 101 页。又,写本比今 *myang chung* [后藏志]藏文本多出一句话,据写本题注,其顺序似乎应为 lho na 'bre lha khang < 'bre wa gdong thad 'ga' (thang dga') ldan gi (gyi, ni) lha khang 'di yin/ nye log grong gi sgre (sbre?) shar zer > / nub rkyang 'dur lha khang/ byang na sa skya lha khang shar na sbre lha khang rnams yod do/。

[7] *myang chung* [后藏志]第 166 叶背面。

myang chung［后藏志］第 167 叶认为是曲古沃色(chos sku ’od zer)所建,藏传佛教认为其是释迦师利(Śākyaśrī)的转世,该寺亦以多吉丹寺(rdo rje gdan)著称[1],其由班钦拉益旺波(paṇ chen lha’i dbang
68 po)应江孜法王饶丹衮桑帕巴(chos rgyal rab brtan kun bzang ’phags pa)的请求而建,江孜诸王子每年均到此朝拜,已成定制。

嘉卡(rgya mkhar)有松赞干布时期所建的巴伍拉康(ba ’ug lha khang),地图上标作 Bhadu。附近的江都寺(rkyang ’dur)是曲古沃色等众多著名上师的驻锡地[2]。由此进入年麦(nyang smad),即年地下部。

四、年 麦 诸 寺

河的左岸再往北走就是洛江达若(nor khyung stag ro)。撇开沿途的小地方径直往前,就到了焦若(cog ro)[3],地图上标作 Choroshika。*myang chung*［后藏志］的作者在卫(dbus)、香(shangs)、年三地的焦若中确定后者就是大译师鲁益坚赞(klu’i rgyal mtshan)的出生地[4],本地人也这样认为。焦若之前有洛布江孜(nor bu khyung rtse),其附近有一座历史可追溯至前弘期的寺院。

往回走到河的对岸,就到了地图上标作 Takse 的达孜(stag rtse),其境内达蔡(stag tshal)之地矗立着一座名叫门卓(smon ’gro)的城堡。门卓译师玛尔巴・多吉意希(mar pa rdo rje ye shes)曾在此生活过。在达蔡,更准确地说,叫做达蔡宇嘉(stag tshal yol lcags)的村中出生了三宇(yol):宇顿钦波曲旺(yol ston chen po chos dbang)、宇长松(yol drang srong)、宇妥培(yol thog ’bebs)。不远处是满隆寺

---

〔1〕 译者注:图齐此说源于其将多吉丹寺和玛格顶寺等同,见本册第 38 页,注释 4。

〔2〕 *myang chung*［后藏志］,第 170 叶。

〔3〕 *myang chung*［后藏志］,第 174 叶。

〔4〕 在他翻译的经论的译跋中,这一名字的拼写并不固定:cog gru, lcog ro, cog ro。
此后的寺院及其教派的情况参见奥伯米勒所译布顿教法史。E. Obermiller (translated by), *History of Buddhism* (*Chos-ḥbyung*) *by Bu-ston*, part II (*The History of Buddhism in India and Tibet*), p. 208.

(man lung),坐落于达孜东面的同名山谷中,镇顿塔哲(dran ston
mtha' bral)大部的讲著活动于此进行[1]。接下来,就到了仁庆岗村 69
(rin chen sgang)南面的札玛寺(brag dmar),其亦可追溯至前弘期。

达孜东北前行数百米远,有赤热巴巾所建的年措拉康(nyang 'tsho lha khang)[2],阿底峡(Atīśa)于此举行过法会。附近众多寺院中有一座拉穷寺(lhag chung), *gnas rnying* [乃宁寺志]对其有记述,它是赤热巴巾圆满计划中的一千零八座佛寺之后所建[3]。在仁庆岗村附近,几乎靠近白岗(spos khang)山谷入口,还能看到拉穷寺的一些残垣断壁。离此不远是传承苯教著名大师苯西琼那(bon bzhi khyung nag)教法的雍仲尼夏寺(g.yung drung nyi shar)。然后到了布顿大师曾经生活过一段时间的色札亚龙(se brag g.ya' lung)[4],其位于河右岸,乃萨(gnas gsar)东北石山上今色拉珠德(se ra sgrub sde)禅院下方。

记述完白朗雪布(pa snam zhol po)附近的曲顶寺(chos lding),
以及河右岸的桑顶寺(bsam ldings)后[5],紧接着就是白朗。民
间传说认为格萨尔王(ge sar)的一些故事发生在此地,巴曹译师
楚臣杰波(pa tshab lo tsā ba tshul khrims rgyal po)和多吉杜迥(rdo
rje bdud 'jom)生活于此,他俩以二白朗巴(pa snam pa)著称[6]。巴
曹白朗(pa tshab pa snam)位于河的左岸,与嘎东寺(dga' sdong)隔岸 70
相望[7]。嘎东寺先以修学 *Guhyasamāja* [密集],后以精研律藏

---

[1] 翱·多德(rngog mdo sde)的弟子,参见白玛噶波(pad ma dkar po)的 *chos 'byung bstan pa'i padma rgyas pa'i nyin byed* [佛法源流·教莲盛开之日],第 140 叶正面。

[2] *myang chung* [后藏志],第 181 叶正面。

[3] 是否我们面对的又是一个巧妙的词源? lhag 有剩余之意。

[4] *myang chung* [后藏志],第 188 叶以下。
译者注:藏文所提人物为卫巴顿·释迦(dbus pa ston shā kya),图齐将其比定为布顿。

[5] *myang chung* [后藏志],第 190 叶背面。

[6] *myang chung* [后藏志]作者将附近的达热误认为是孜德举行法会的地方,参见本册第 37 页。
译者注:原注有误,参见同页的译者注。

[7] *myang chung* [后藏志],第 204 叶。

(vinaya) 而闻名，和佛密 (sangs rgyas gsang ba) 合作翻译大量经论的巴曹译师楚臣杰波的主要活动地也是这里[1]；后来从印度求法归来的丁译师楚臣迥乃(steng lo tsā ba tshul khrims 'byung gnas) 也驻锡于此，讲经说法[2]；寺内供奉有一尊以东印度纯铜所造弥勒像(byams pa)。之后记述的是塔尔巴林(thar pa gling)，其由译师节・曲桑(dpyal chos bzang) 创建[3]，后由弟子白玛坚(pad ma can) 扩建。白玛坚新建了一间佛殿，并安立了一尊大菩提像(byang chub chen po)，像座靠背来自尼泊尔。塔尔巴寺在夏鲁以南几英里处，其在藏传佛教史上是一个重要的文化中心，布顿也曾在此待过很长一段时间，寺院后来衰落，并且被毁，噶玛丹迥(karma bstan skyong) 对其进行过重建[4]。

白朗和夏鲁之间的古尔莫村(gur mo) 为该地区的古代集市，寺院位于同名村庄中，由赤松德赞(khri srong lde btsan) 的大臣介・拉桑札(lce lha bzang grags) 创建[5]，释迦师利(Śākyaśrī) 曾莅临该寺，今已圮毁。

下一站是距夏鲁几百米之遥的坚贡寺(rgyan gong)，由洛敦・多吉旺秋(lo ston rdo rje dbang phyug) 创建[6]。之后，就是西藏中部
71 最著名的寺院之一夏鲁寺(zha lu, zhva lu)，藏传佛教史上最伟大的人物之一布顿仁波切(bu ston rin po che) 生活于此，并在此完成其大部分论著。布顿学派以此寺得名，至今不衰，即夏鲁派(zha lu pa)。

---

[1] 他们所译的经论，参见 M. Lalou, *Répertoire du Tanǰur d'après le catalogue de P. Cordier*, Paris, Bibliothèque Nationale, 1933, p. 194。
译者注：图齐此处将楚臣杰波的梵文比定为 Śīladhvaja，并由此作注。

[2] *myang chung*［后藏志］，第 210 叶。

[3] *myang chung*［后藏志］，第 218 叶。

[4] *myang chung*［后藏志］，第 224 叶背面。

[5] *myang chung*［后藏志］，第 225 叶。
生于介氏家族，该家族在松赞干布、赤松德赞和赛那勒(sad na legs) 在位期间，先后诞生了数位内相(nang blon) 和译师(*myang chung*［后藏志］，第 248 叶背面)。关于该寺，参见 E. Obermiller (translated by), *History of Buddhism (Chos-ḥbyung) by Bu-ston*, part II (*The History of Buddhism in India and Tibet*), p. 203。

[6] E. Obermiller (translated by), *History of Buddhism (Chos-ḥbyung) by Bu-ston*, part II (*The History of Buddhism in India and Tibet*), p. 205.

夏鲁寺的主要佛殿之一是金殿(gser khang),围绕其建有许多佛殿。称为达奔(mda’ ’bum)的内殿(gtsang khang)可追溯至洛敦·多吉旺秋(lo ston rdo rje dbang phyug)及其近住弟子(nye gnas)介尊·协饶迥乃(lce btsun shes rab ’byung gnas)时代,后者曾前往菩提伽耶(Bodhgayā),并成为无畏作护(Abhayākaragupta)的弟子,返藏时迎请了一尊卡萨巴尼观音像(Khasarpaṇa),后供奉于夏鲁寺,成为夏鲁寺的主尊。南边的佛殿供奉有班智达念智称(Paṇḍita Smṛtijñānakīrti)的本尊大悲观音像(thugs rje chen po)。

正如前述,这些地方自古以来是介氏(lce)家族的领地,尤其当介·阿麦钦波桑杰意希(lce a mes chen po sangs rgyas ye shes)的两个女儿分别嫁给了萨迦座主众生怙主恰那(’gro mgon phyag na)和其子答麻八剌饶其达(Dharmapālarakṣita)之后,家族势力更为强大。正是通过此种联姻,阿麦这一头衔就变成了古尚(sku zhang)。

按照布顿的建议,古尚·札巴坚赞(sku zhang grags pa rgyal mtshan)下令对夏鲁寺进行了彻底的重建和装饰,那次他邀请了蒙古和汉族艺术家[1]。

夏鲁寺众多精美佛殿中最重要的之一是丹珠尔拉康(bstan ’gyur 72
lha khang),殿中存放有布顿编辑并经仔细校订的 *bstan ’gyur*［丹珠尔］,这是第一部准确编定的［丹珠尔］,其功应归于夏鲁寺的这位伟大学者。

myang chung［后藏志］作者转到卓玛日(sgrol ma ri)附近最早属于宁玛派和噶举派的桑珠孜(bsam sgrub rtse)[2],其地建有扎什伦布寺(bkra shis lhun po)。作者于此结束了对西藏中部地理的记述,尽管充满了传说和赘述,但总体而言,无疑是对全藏政教生活至关重要地区的历史和宗教兴衰情况记述最为丰富的资料之一。

---

〔1〕 *myang chung*［后藏志］,第 257 叶。布顿撰写了该殿题记,后收录于前述其文集中: *zha lu’i gtsug lag khang gi gzhal yas khang nub ma shar ma lho ma rnams na bzhugs pa’i dkyil ’khor sogs kyi dkar chag*［夏鲁祖拉康之无量宫西东南面曼荼罗目录］, tsa 函。

〔2〕 *myang chung*［后藏志］,第 273 叶及 323 叶正面。
译者注: 原文如此。

第四章

73
十万佛塔及其他古迹的年代

一、萨迦座主世系

我们有可能对十万佛塔和江孜白居寺祖拉康给出一个大致确切的年代吗？换句话说，我们能否确定治理江孜、发心修建塔寺的法王饶丹衮桑帕巴(chos rgyal rab brtan kun bzang 'phags pa)的年代？

由于后藏(gtsang)长期处于萨迦座主控制之下，诸领主也从萨迦座主处获得其封地，因此首先要重建萨迦大喇嘛们的世系，并尽可能地确定他们的年代(参见表一)。此项工作并非无望：因为——尽管没有得到萨迦世系编年，至少于我而言[1]—— *deb ther sngon po*［青史］保留了一份简洁但非常有用的名录，以饶迥纪年记载了
74 每位喇嘛的生卒年。一些年代已为人所知，如萨迦寺创建年代(1073 年)、萨钦・衮噶宁波(sa chen kun dga' snying po)的生卒年(1092－1158 年)、萨迦班智达的生年(1182 年)。这些年代见载于 *vaiḍūrya dkar po*［白琉璃］，因其可靠性，已由乔玛(Csoma de Körös)发表[2]。

在一些情况下可以核对汉文史料，有助于佐证我们根据藏文史料建立的年代的准确性。

据《佛祖历代通载》第二十一卷记载[3]，八思巴('phags pa)于

---

〔1〕 1939 年的考察期间我找到了萨迦世系史，将来，我打算对此详细研究。译者注：［G. Tucci, *Tibetan Painted Scrolls*］。

〔2〕 提请注意乔玛计算的年代总是要晚两年。

〔3〕《大正藏》第 49 册，经号 2036，第 707 页下栏。

至元十七年十一月二十二日圆寂〔1〕，即 1280 年，与藏文史料吻合。唯一不同之处是二者对生年的记载不同。因为据汉文史料，他于四十二岁圆寂，那么，他应该生于 1239 年〔2〕，而不是 *deb ther sngon po*［青史］所说的 1235 年。与其他汉文史料对照也清楚表明其生年为 1239 年：比如汉文史料说他于中统元年（1260 年）受封为国师（藏人一律将此拼写为 gu shri）〔3〕，时年二十二岁，由此，我们也得出相同的生年〔4〕。 *75*

同书记载公哥罗于泰定四年即 1327 年示寂〔5〕。他就是公哥罗古罗思监藏班藏卜(kun dga' blo gros rgyal mtshan dpal bzang po)〔6〕，他已于延祐三年（1316 年）受封为帝师（藏人一律将此拼写为 ti shri）〔7〕。

公哥罗亦中纳思监藏班藏卜（kun dga' blo'i 'byung gnas rgyal mtshan dpal bzang po）在泰定五年即 1328 年被任命为帝师〔8〕，此人可能就是藏文史料仅载其去过汉地的喇嘛衮噶雷必迴乃洛卓坚赞贝桑波（bla ma kun dga' legs pa'i 'byung gnas blo gros rgyal mtshan

〔1〕 伯希和业已述及。P. Pelliot, "Les systèmes d'écriture en usage chez les anciens Mongols", p. 286.

〔2〕 据汉族算法，包括起始年。对照《释鉴稽古略续集》，《大正藏》第 49 册，经号 2038，第 906 页中栏。

〔3〕 P. Pelliot, "Les 國師 Kouo-che ou 'Maitres du Royaume' dans le Bouddhisme Chinois", *T'oung Pao*, 12, 1911, p. 671.

〔4〕 译者注：中国学者一般认可藏文史料的可靠性，即八思巴生于 1235 年。

〔5〕 《大正藏》第 49 册，经号 2036，第 734 页中栏。

〔6〕 萨迦世系表，第 16 位。
"藏"有两种发音，即 cáng 和 zàng。从汉文来看，它在这里对译的是 mtshan 和 bzang。据汉译"罗古罗思"，blo gros——今发音为 lotrö——中的后加字 s 在当时是发音的。

〔7〕 《大正藏》第 49 册，经号 2036，第 730 页中栏。
《释鉴稽古略续集》第 911 页和 913 页中，其名字为公哥罗班藏卜(kun dga' blo dpal bzang po)。藏文将国师和帝师拼写为 gu shri 和 ti shri，因第二个音节受到了梵文 śrī 的影响。

〔8〕 《大正藏》第 49 册，经号 2036，第 734 页中栏。
与《释鉴稽古略续集》第 913 页中记载的公哥卜是同一人，其在公哥罗古罗思监藏班藏卜圆寂之后被任命为帝师。

dpal bzang po)[1]。因此,如果他不是藏文史料中未提的别的喇
76 嘛,他应该就是衮噶伊实巴绸拉实嘉勒灿巴勒藏布,其名字在《元史》卷三十"泰定帝二"记为公哥列思巴冲纳思监藏班藏卜,完全对应于藏文。《元史》记载他于泰定四年即1327年被泰定帝封为帝师[2],这意味着公哥罗古罗思监藏班藏卜(萨迦世系表中的第16位)圆寂的当年,帝师封号就授予了其同父异母兄弟衮噶雷必迴乃洛卓坚赞贝桑波(kun dga' legs 'byung gnas blo gros rgyal mtshan dpal bzang po)[3]。

如是,《元史》卷二十七所记索诺木藏布(唆南藏卜)就是(衮噶)索南桑波(kun dga' bsod nams bzang po)[4],其圆寂于返藏途中。

由这些萨迦喇嘛们回推,《元史》所记皇庆元年即1312年即帝师位的藏布班巴两(藏不班八),无疑就是萨迦世系表中的第14位桑波贝(bzang po dpal)。妥懽帖睦尔(顺帝)于1333年所封帝师公哥儿监藏班藏卜只能是萨迦世系表中的第21位kun dga' rgyal mtshan dpal bzang po[5],封其为帝师的诏书已由沙畹
77 (Chavannes)发表[6]。

此外,关于绰理哲瓦,忽必烈闻其盛名,遣使阔端,欲得一见,但因其已经涅槃(nirvāṇa)而作罢[7]。绰理哲瓦只能是萨班(sa skya paṇ chen)。从藏文史料中得知,萨班已于1244年前往阔端处,但上引文献说绰理哲瓦是八思巴的叔叔,因此,绰理哲瓦只能是chos rje ba的汉文对译[8]。

因此可以重建由藏地史家取自萨迦编年史料的世系。*deb ther*

---

[1] 萨迦世系表,第20位。

[2] 如果认为是同一人,时间只差一年。

[3] 《元史》卷三十三记至顺元年,即1330年所封帝师年扎克策实喇可能就是南卡雷(nam mkha' legs)。

[4] 萨迦世系表,第15位。

[5] 《大正藏》第49册,经号2036,第735页中栏。

[6] É. Chavannes, "Inscriptions et pièces de chancellerie chinoises de l'époque mongole", *T'oung Pao*, 5, 1904, p. 442. 比较《释鉴稽古略续集》第914页。

[7] 《大正藏》第49册,经号2036,第725页下栏。

[8] 通常的形式为chos rje, rje bo。但从同时代的文献和题记来看,经常加上现已不用的pa或ba: bzang po pa, rgyal mtshan pa等等。

sngon po［青史］所用的饶迴纪年很容易核查，因为其通常给出了每位座主的世寿。此世系亦对照了布顿所撰萨迦世系[1]，后者的优点在于由同时代的人所撰，其生活于当地领主与萨迦有联姻的夏鲁，很方便收集到准确资料。一些补充材料可以从晋美南卡（'jigs med nam mkha'）所著、胡特（Huth）翻译的蒙古佛教史[2]、松巴堪布（sum pa mkhan po）的文集，以及隆多喇嘛（klong rdol bla ma）的 *bstan pa'i sbyin bdag byung tshul gyi ming gi rnam grangs*［教法施主名录］ 78
中找到[3]，后者对藏族史而言是一部极其重要的著作。不应忽略的是五世达赖喇嘛的［西藏王臣记］[4]，我以后会指出该论著的世系与布顿和熏奴贝的有些不合，但此处我们不能沿用其说法。因为一方面，该书对达尼钦波桑波贝（bdag nyid chen po bzang po dpal）诸子的记载与布顿不一致，而后者与他们同时代；另一方面，熏奴贝的叙述详尽而准确，其权威性加重了布顿资料的分量。总之，五世达赖喇嘛的［西藏王臣记］尽管是研究藏族历史的一流著作，但有时不及 *deb ther sngon po*［青史］可靠，而且该著的文学色彩尤浓。

二、夏鲁和江孜王子

我们用以确定某些绝对年代点的另一坐标是夏鲁王子世系，他们与萨迦和法王饶丹衮桑帕巴的家族都有联姻，通常冠有皇帝颁敕的古尚（sku zhang）头衔。

---

［1］ *sa skya'i gdung rabs*［萨迦世系］，见 *bu ston thams cad mkhyen pa'i bka' 'bum*［遍知布顿文集］，sa 函。

［2］ G. Huth (hrsg. und übers.), *Geschichte des Buddhismus in der Mongolei*. 译本中的年代总是有一年之差，参见 P. Pelliot, "Le cycle sexagénaire dans la chronologie tibétaine", *Journal Asiatique*, 1［11e série］, 1913, p. 655。

［3］ *klong rdol bla ma'i gsung 'bum*［隆多喇嘛文集］，'a 册，第 12 叶背面。

［4］ *gangs can yul gyi sa la spyod pa'i mtho ris kyi rgyal blon gtso bor brjod pa'i deb ther rdzogs ldan gzhon nu'i dga' ston dpyid kyi rgyal mo'i glu dbyangs*，见［五世达赖喇嘛文集］，dza 函。
译者注：汉译参见郭和卿译，《西藏王臣记》，北京：民族出版社，1983 年；刘立千译注，《西藏王臣记》，拉萨：西藏人民出版社，1992 年。

79 我重建的列表根据的是 *myang chung*［后藏志］（参见表二）[1]。

根据 *myang chung*［后藏志］的记述，江孜法王家族世系如下（表三）：

表三　江孜法王家族世系表

1）囊钦帕巴贝(nang chen 'phags pa dpal[2])
他于木蛇年修建江孜宫，三十三岁时娶白玛诺吉(pad ma nor bskal)。

2）囊钦帕巴仁钦(nang chen 'phags pa rin chen)，他的兄弟

3）玛桑达波(ma zangs dar po)[3]

4）达波钦衮噶帕巴(bdag po chen kun dga' 'phags pa)[4]
铁马年三十四岁时修建江孜寺，娶降赛桑姆贝(byang sems bzang mo dpal)，亦称雍玛吉桑姆(yum ma gcig bzang mo)[5]

5）法王饶丹衮桑帕巴(chos rgyal rab brtan kun bzang 'phags pa) 生于土蛇年

6）囊钦饶觉(nang chen rab 'byor)

依据同一资料[6]，我们得知囊钦帕巴贝任命其兄弟帕巴仁钦为江热(lcang ra)的管家(gnyer pa)，后者迎请布顿至该处。

另一方面，从该著中我们还得知囊钦帕巴贝三十三岁娶夏鲁古尚・衮噶顿珠(zha lu sku zhang kun dga' don grub，夏鲁王子世系表中的第 15 位)的女儿白玛诺吉为妻，衮噶顿珠如布顿撰写的夏鲁题记所述，扩建了夏鲁寺。同书也告诉我们布顿于三十一岁，即 1320 年——因其生于 1290 年[7]——到夏鲁寺，时值札巴坚赞(grags pa

〔1〕 第 253 叶。
〔2〕 母名为玛吉拉姆(ma gcig lha mo)，参见五世达赖喇嘛的［西藏王臣记］，第 100 叶。
〔3〕 五世达赖喇嘛的［西藏王臣记］，第 100 叶。
〔4〕 母名为玛吉贝姆(ma gcig dpal mo)，参见五世达赖喇嘛的［西藏王臣记］，第 100 叶。
〔5〕 十万佛塔题记经常提及这一名字。
〔6〕 *myang chung*［后藏志］，第 136 叶背面。
〔7〕 铁虎年。除乔玛(Csoma de Körös)出版的年表外，另见 *chos rje thams cad mkhyen pa bu ston lo tsa ba'i rnam par thar pa snyim pa'i me tog*［遍知一

表二　夏鲁王子世系表

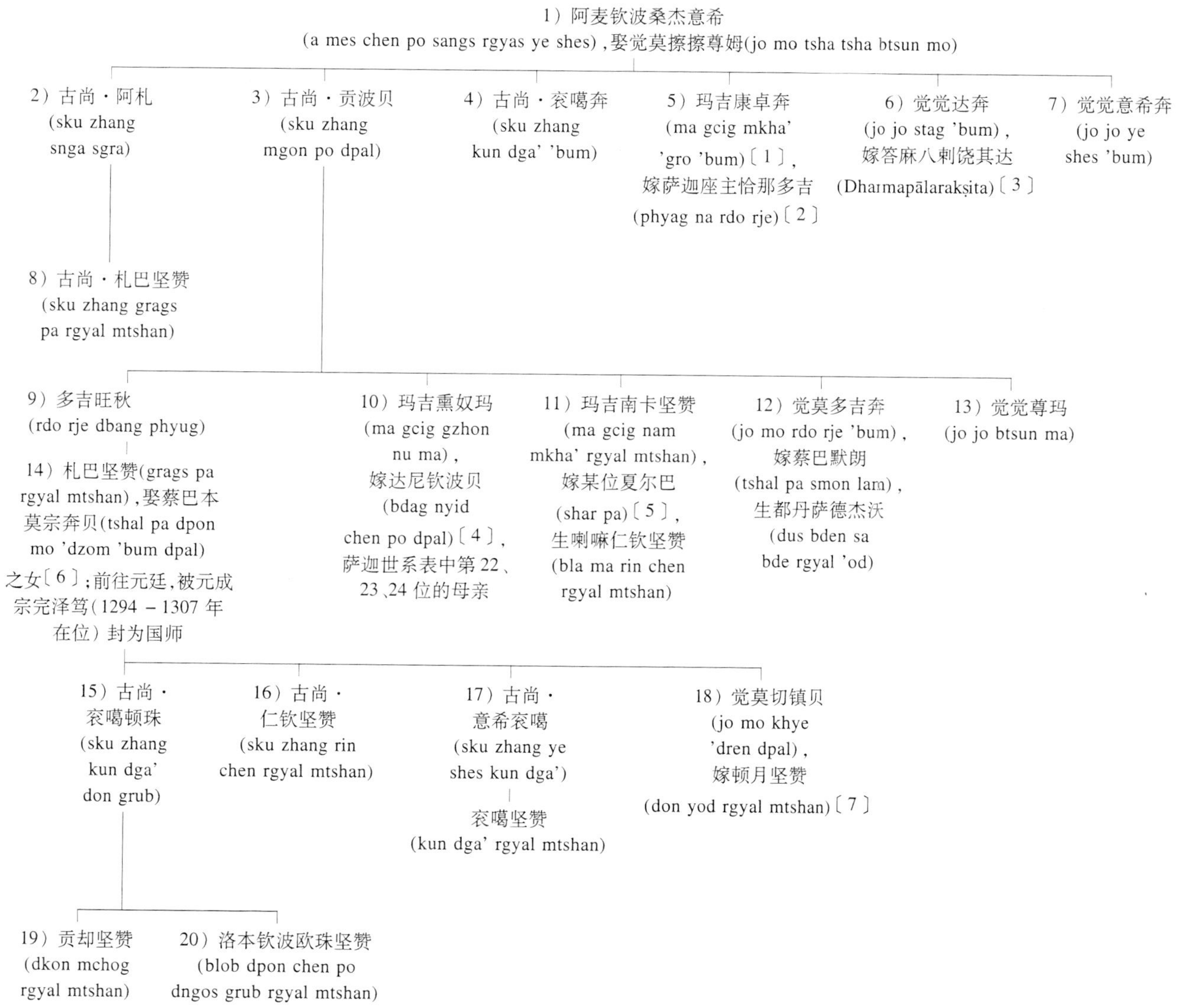
1）阿麦钦波桑杰意希
(a mes chen po sangs rgyas ye shes)，娶觉莫擦擦尊姆(jo mo tsha tsha btsun mo)
2）古尚・阿札
(sku zhang
snga sgra)
3）古尚・贡波贝
(sku zhang
mgon po dpal)
4）古尚・衮噶奔
(sku zhang
kun dga' 'bum)
5）玛吉康卓奔
(ma gcig mkha'
'gro 'bum)〔1〕，
嫁萨迦座主恰那多吉
(phyag na rdo rje)〔2〕
6）觉觉达奔
(jo jo stag 'bum)，
嫁答麻八剌饶其达
(Dharmapālarakṣita)〔3〕
7）觉觉意希奔
(jo jo ye
shes 'bum)
8）古尚・札巴坚赞
(sku zhang grags
pa rgyal mtshan)
9）多吉旺秋
(rdo rje dbang phyug)
10）玛吉熏奴玛
(ma gcig gzhon
nu ma)，
嫁达尼钦波贝
(bdag nyid
chen po dpal)〔4〕，
萨迦世系表中第22、
23、24位的母亲
11）玛吉南卡坚赞
(ma gcig nam
mkha' rgyal mtshan)，
嫁某位夏尔巴
(shar pa)〔5〕，
生喇嘛仁钦坚赞
(bla ma rin chen
rgyal mtshan)
12）觉莫多吉奔
(jo mo rdo rje 'bum)，
嫁蔡巴默朗
(tshal pa smon lam)，
生都丹萨德杰沃
(dus bden sa
bde rgyal 'od)
13）觉觉尊玛
(jo jo btsun ma)
14）札巴坚赞(grags pa
rgyal mtshan)，娶蔡巴本
莫宗奔贝(tshal pa dpon
mo 'dzom 'bum dpal)
之女〔6〕；前往元廷，被元成
宗完泽笃(1294－1307年
在位)封为国师
15）古尚・
衮噶顿珠
(sku zhang
kun dga'
don grub)
16）古尚・
仁钦坚赞
(sku zhang rin
chen rgyal mtshan)
17）古尚・
意希衮噶
(sku zhang ye
shes kun dga')
衮噶坚赞
(kun dga' rgyal mtshan)
18）觉莫切镇贝
(jo mo khye
'dren dpal)，
嫁顿月坚赞
(don yod rgyal mtshan)〔7〕
19）贡却坚赞
(dkon mchog
rgyal mtshan)
20）洛本钦波欧珠坚赞
(blob dpon chen po
dngos grub rgyal mtshan)

---

〔1〕据五世达赖喇嘛的[西藏王臣记]，第58叶正面。

〔2〕萨迦世系表，第10位。

〔3〕萨迦世系表，第13位。

〔4〕萨迦世系表，第14位。

〔5〕夏尔巴是萨迦旁系的称呼。

〔6〕*myang chung*［后藏志］，第256叶。

〔7〕萨迦世系表，第23位。

rgyal mtshan) 王子当政，后者的妹妹嫁给萨迦的达尼钦波桑波贝(bdag nyid chen po bzang po dpal，1262－1322 年)[1]后，生了衮噶尼玛坚赞波(kun dga' nyi ma'i rgyal mtshan po，卒于 1322 年)和另外两个儿子[2]。札巴坚赞的一个女儿、亦即衮噶顿珠的妹妹嫁给了萨迦的顿月坚赞(don yod rgyal mtshan，1310－1344 年)[3]。因此，娶衮噶顿珠之女、从顿月坚赞处获得高位的囊钦帕巴贝肯定生活于这一时代[4]。既然从 *myang chung* [后藏志]我们得知囊钦帕巴贝于木蛇年建江孜宫时正值四十八岁[5]，几乎可以肯定该饶迥纪年就是 1365 年，由此可推出其生于 1318 年，1350 年娶衮噶顿珠之女。 80

这些年代可通过与《元史》纪年的对应而得到印证。从 *myang chung* [后藏志]我们得知衮噶顿珠之父札巴坚赞从元成宗完泽笃(Öljäitü，1294－1307 年)手中获得封地[6]。同书记载帕巴贝在四十八岁——据我们计算为 1365 年——从妥懽帖睦尔手中领受囊钦封号[7]，后者在位期间为 1333－1370 年。 81

切法主布顿译师传・掬花]，*bu ston thams cad mkhyen pa'i bka' 'bum* [遍知布顿文集]，sa 函，第 4 叶背面。布顿六十二岁时、即 1351 年在萨迦拜访了曲吉坚赞(chos kyi rgyal mtshan)。同书第 23 叶正面记载他与汉地大转轮王(cakravartin)妥懽帖睦尔和印度法王布尼玛拉(Puṇyamala)是同一时代的人，后者也许是尼泊尔玛拉(Malla)王朝的一个国王。参见 Ssanang Ssetsen [Saγang Sečen], *Geschichte der Ost-Mongolen und ihres Fürstenhauses.* Aus dem Mongolischen übersetzt, und mit dem Originaltexte, nebst Anmerkungen, Erläuterungen und Citaten aus andern unedirten Originalwerken herausgegeben von Isaac J. Schmidt, St. Petersburg-Leipzig, N. Gretsch-C. Cnobloch, 1829, pp. 113, 155。

译者注：萨囊彻辰著作的汉译参见道润梯步译校，《新译校注〈蒙古源流〉》，呼和浩特：内蒙古人民出版社，1980 年。

[1] 萨迦世系表，第 14 位。

[2] 萨迦世系表，第 22、23 和 24 位。

[3] 萨迦世系表，第 23 位。

[4] *myang chung* [后藏志]，第 135 叶正面。

[5] *myang chung* [后藏志]，第 75 叶背面。

[6] *myang chung* [后藏志]，第 256 叶。

[7] *myang chung* [后藏志]，第 140 叶背面。

这样可以轻松确定囊钦帕巴贝之子衮噶帕巴的生年。*myang chung*［后藏志］载其于铁马年即1390年建江孜寺[1]，由此确定他生于1357年，既然从同书我们得知他三十四岁当父亲[2]，其子法王饶丹衮桑帕巴的生年，即土蛇年[3]，只能是1389年。如果这一年代正确，那么，［后藏志］所述修建江孜祖拉康的土狗年应为1418年[4]，而绘有曼荼罗的大无量宫(gzhal yas khang chen po)，即寺院的顶层完成于木蛇年（1425年），据［后藏志］，法王时年三十七岁。据塔志作者，十万佛塔建于火羊年（1427年）法王三十九岁时。

上述年代亦可从 *myang chung*［后藏志］另一处记载得到证实，其中提及法王的祖父囊钦帕巴贝曾邀请曲杰喇嘛索南坚赞贝桑波(chos rje bla ma bsod nams rgyal mtshan dpal bzang po)，后者生活于1312－1375年。其与十万佛塔第二层第四间佛殿题记中所述释迦意希(shā kya ye shes)为圆满衮噶坚赞贝桑波(kun dga' rgyal mtshan dpal bzang po)的心意而建此佛殿的记载并不矛盾，因为其中并没有说后者就是萨迦的同名喇嘛（1310－1358年）[5]。
82 提及如此显赫的人物名字通常应冠有法主(chos rje)或帝师头衔，即使其名字的敬语前缀仲(drung)说明我们面对的是一位大人物，因而暗示他就是萨迦座主衮噶坚赞贝桑波[6]，但也有可能是佛殿施主实行了上师生前许下的誓愿，而在法王手中才得以圆满。我比定的这一年代亦与第四层第二间佛殿所述萨迦喇嘛衮噶扎西坚赞(kun dga' bkra shis rgyal mtshan)前往明廷朝觐明成祖的记载相合[7]。

统治江孜地区数代的地方王朝的创建者是帕巴贝桑波('phags

---

[1] *myang chung*［后藏志］，第75叶背面。

[2] 译者注：藏文仅提及其三十四岁建江孜寺。

[3] *myang chung*［后藏志］，第77叶背面。

[4] *myang chung*［后藏志］，第80叶背面。

[5] 萨迦世系表，第21位。

[6] 萨迦世系表，第21位。囊钦帕巴贝的一个儿子是著名的喇嘛，叫衮噶洛卓坚赞贝桑波(kun dga' blo gros rgyal mtshan dpal bzang po)。

[7] 萨迦世系表，第33位。

pa dpal bzang po)[1]。他很小的时候就服务于萨迦喇嘛,从十六岁开始在细脱喇章(bzhi thog bla brang)工作[2],从事过各种职务,因书写才能超群而被任命为本益(dpon yig)[3],但我们对这一职位的 83
确切职能一无所知,其极有可能相当于一等秘书或秘书长之类的工作,考虑到萨迦所获取的实权,该部门肯定非常完备。五世达赖喇嘛特别提及帕巴贝桑波的能力完全胜任其职务,说他尤其精通 gtam, yig 和 rtsis,亦即表达、写作和计算。帕巴贝桑波的第一种才能,即语言组织表达能力使他在处理棘手任务和担任使节方面脱颖而出。据同书叙述,他曾两次被派往蒙古元廷[4]。第一次他得到封其为止仓('bri mtshams)和岗嘎(gangs dkar)即前述岗桑山一带领主的诏书,第二次则获得囊钦称号。为了纪念恩师节敦钦波 · 帕杰瓦(dpyal ston chen po 'phags rgyal ba),根据藏地普遍实行的弟子取用师父姓名的做法[5],他在本名贝桑波(dpal bzang po)之前加上帕巴('phags pa)一词。囊钦在萨迦教廷中是一个显赫的职位,系仿照编年史中所提吐蕃赞普的内相(nang blon)一职而设。萨迦教廷有四大显贵(bla brang nang):贡觉(gon gyo)、林仓(gling tshangs)、夏喀 84
(shar kha)[6]、顿('don)[7],他们的上司——可能作为总管和顾问——称为囊钦[8]。

该家族通过与当时颇有权势的夏鲁古尚(sku zhang)家族的联

---

〔1〕 译者注:此句后原书写有"据 *myang chung*[后藏志](第 79 叶),帕巴贝桑波于其三十岁,即 1318 + 30 = 1347 年,从大乘法王(theg chen chos rgyal po)——但据五世达赖喇嘛的[西藏王臣记](第 100 叶),则是从元朝皇帝——手中获得了囊钦、土官(thus dkon)和司徒(si tu)的封诰('ja' sa)"的字句,经核对,[后藏志]所述史实对应于饶丹衮桑帕巴,而非其祖父帕巴贝桑波。

〔2〕 *myang chung*[后藏志],第 134 叶以后。该喇章在萨迦仍存,尽管变动较大。

〔3〕 因为 dpon 对应于 drung,该词即为 drung yig pa,今意为"秘书"。

〔4〕 译者注:[西藏王臣记]中并未提及帕巴贝桑波前往元廷。

〔5〕 结合师徒两人姓名的做法称为 mtshan gyi zur bcug。

〔6〕 该家族的成员之一曾娶夏鲁多吉旺秋(rdo rje dbang phyug)的姊妹为妻。

〔7〕 译者注:今 *myang chung*[后藏志]藏文写作 'dam。

〔8〕 *myang chung*[后藏志],第 135 叶背面。

姻而声望倍增[1]。

三、萨迦僧人与元廷

夏鲁王子的权势来自几个方面。首先，如我们随后的简述，夏鲁是忽必烈封赐给八思巴的十三万户(khri skor)之一，正因如此，夏鲁万户长在其领地内有至高无上的权力；其次，他们成功地通过婚姻所构筑的姻亲关系而提升自己的声望，此种联姻包括萨迦座主及其他门当户对的家族。我们可举蔡巴(tshal pa)家族为例，多吉旺秋的姊妹嫁给了蔡巴家族，而札巴坚赞又娶了蔡巴的本莫宗奔贝(dpon mo 'dzom 'bum dpal)。以其在卫(dbus)的祖居地得名的蔡巴亦为元朝在西藏划分的十三万户之一，当八思巴以吉沃(rje bo)的称号从忽必烈手中接受了西藏封地时，他们也被推举或确认为万户长(khri
85 dpon)。乔玛(Csoma de Körös)根据 *vaiḍūrya dkar po*［白琉璃］把这次分封的时间定为1253年，但其中恐怕有误，因为据藏文文献，当年八思巴只有十九岁；据汉文文献，甚至只有十五岁。另一方面，其他资料将此次分封系于1265年八思巴首次从西藏返回元廷时。

其时，忽必烈分封给八思巴的十三万户，并不包括全藏，而只是卫藏地区的一部分。十三万户的名单见载于文献，例如，五世达赖喇嘛所举如下[2]：

后藏：

洛(lho，热龙以南)

降(byang，热龙以北)

古尔莫(gur mo，日喀则和夏鲁之间)

---

〔1〕 sku是敬语前缀，参考托马斯出版文书中的 sku yon = yon bdag。F. W. Thomas, "Tibetan Documents Concerning Chinese Turkestan. II: The Śa-cu Region", *The Journal of the Royal Asiatic Society of Great Britain and Ireland*, 1927, pp. 832, 838. zhang 等同于 zhang blon。

〔2〕 除以下所引隆多喇嘛(klong rdol bla ma)的 *bstan pa'i sbyin bdabyung tshul gyi ming gi rnam grangs*［教法施主名录］外，亦可参考 *gnas rnying*［乃宁寺志］，kha 册，第27叶。

曲弥(chu mig,那塘附近)

香(shangs,日喀则以北,雅鲁藏布江对岸)

夏鲁(zha lu,日喀则以南一天路程)[1]

前藏:

甲玛(rgya ma)

止贡('bri gung,拉萨东北)

蔡巴(tshal pa,拉萨西)[2]

塘波切瓦(thang po che ba,达垅) 86

帕竹(phag gru,前藏东南)

雅桑(g.ya' bzang,洛札[lho brag]附近)[3]

前后藏之间:

羊卓(yar 'brog)

从名单可见,给予八思巴的领地仅相当于卫藏的一部分而已[4]。

然而,随着八思巴第二次前往元廷并准备动身返回西藏之际,这些领地得到了大幅的增加,他从忽必烈手中得到了包括更大疆域

---

〔1〕 据 *gnas rnying* [乃宁寺志],十三万户的划分相当不同:阿里(mnga' ris)为一个万户(这意味着混淆了万户和区[chol kha]);洛和降为两个万户;曲弥和夏鲁为两个万户;第六个由扎(sbra)、贝(ber)、琼(khyung)组成。
译者注:此处的阿里采用了其本义,即"直属土地人民",指的应是萨迦万户,参见王森著,《西藏佛教发展史略》,北京:中国社会科学出版社,1997 年,第 239 页。

〔2〕 *gnas rnying* [乃宁寺志]写作 mtshal pa。

〔3〕 隆多喇嘛(klong rdol bla ma)用恰域(bya yul)和达垅(stag lung)代替塘波切瓦和雅桑。*gnas rnying* [乃宁寺志]与其一致,但说最后两个万户由恰域、达垅和拉萨组成。
文献对十三万户的记载各异。例如,桑杰彭措(sangs rgyas phun tshogs)的 *dam pa'i chos kyi byung tshul legs par bshad pa bstan pa'i rgya mtshor 'jug pa'i gru chen* [正法源流·入善说教法大海之舟]第 162 叶所记后藏万户为洛、降、曲(弥)、夏(鲁)、拉(萨)、香;前藏的万户中,达垅代替了塘波切瓦。

〔4〕 隆多喇嘛(klong rdol bla ma)在其 *bstan pa'i sbyin bdag byung tshul gyi ming gi rnam grangs* [教法施主名录]也说万户仅限于卫藏而已(第 5 叶正面)。晋美南卡('jigs med nam mkha')的著作也区分了两地。G. Huth (hrsg. und übers.), *Geschichte des Buddhismus in der Mongolei*, Zweiter Teil (*Nachträge zum ersten Teil. Übersetzung*), p. 147.

的三区(chol kha gsum)：

乌斯藏(dbus gtsang)法区

朵堆(mdo stod)人区

朵思麻(mdo smad)马区

根据其他记载[1]，玛域(mar yul)、古格(gu ge)和布让(pu hrangs)
87 组成第一区，即阿里三围(mnga' ris bskor gsum)；后藏的两个地区(ru)，即叶如(g.yas ru)和约如(g.yon ru)，以及前藏的乌如(dbu ru)和夭如(g.yo ru)组成第二区；而朵甘思(mdo khams)即东藏组成第三区[2]。

萨迦获得的广袤领地产生了如何治理的难题：即如何将那些在吐蕃王朝崩溃后自治的寺院领主和王子置于中央集权之下。

元朝皇帝采用的是多封众建的制度，我之所以称元朝皇帝是因为萨迦利用的是他们已经实行的方式，这也从汉文文献中得到了印证[3]。我们甚至可以在 *myang chung*［后藏志］中找到证据，该文献提及夏鲁万户长札巴坚赞从完泽笃那里得到了 hu shri，即国师的封号[4]，在他之前，薛禅皇帝(se chen)即忽必烈将夏鲁万户封给了他的家族[5]。如果萨迦能对江孜诸王子等颁赐封号，他们则是作为皇帝的代理而实行的，这可从他们颁赐的取自蒙古职官的司徒(si tu)或土官(thus dkon)的封号和文书中见其端倪[6]。总之，这些颁

---

[1] *dam pa'i chos kyi byung tshul legs par bshad pa bstan pa'i rgya mtshor 'jug pa'i gru chen*［正法源流 · 入善说教法大海之舟］，第 163 叶。

[2] chol kha 源于蒙语，参见 P. Pelliot, "Notes sur le 'Turkestan' de M. W. Barthold", *T'oung Pao*, 27, 1930, pp. 20－21。

[3]《卫藏图识》，参见 J. H. von Klaproth, "Description du Tubet, traduite du chinois en russe par le Père Hyacinthe, et du russe en français par M. ***; revue sur l'original chinois, et accompagnée de notes", *Nouveau Journal Asiatique*, 4, 1829, p. 117.

[4] 第 257 叶正面。
译者注：此说有误，写本及今出版藏文本均为 hu shri du dben shas（第 161 页），汉译本译作"护使都元帅"（第 92 页）。

[5] *myang chung*［后藏志］，第 257 叶背面。

[6] 来自汉语大司徒的 si tu 或 tai situ。B. Laufer, "Zur buddhistischen Litteratur der Uiguren", *T'oung Pao*, 8, 1907, p. 397; B. Laufer, "Loan-words in Tibetan", p. 529, n. 302.

赐在大多数情况下与其说是创建一个新的贵族阶层,不如说是承认其既有地位,并且以中央集权的印信认可或扩大重要家族已有的特 88
权。因此,这些领地都是地方小政权的世袭财产。

我们看到阿麦钦波(a mes chen po)将夏鲁万户(khri skor)留给了次子,其长子则得到了夏鲁千户(stong skor)。即,次子可能继承了他的整个权力,长子则获得其治下的城邑或首府。

对藏区的新划分显而易见是出于军事目的,因此需要清查户数(sde rtsis)[1],这项工作由八思巴执行,但显然冠以元朝皇帝的名义,后者有清查新征服地区户数的习惯[2]。

寺院没有被排除在清查户数之外,因部分寺院有军事化倾向,并且越来越多地卷入政治,元朝皇帝想首先清查寺数、僧数、寺产也就在情理之中。其时进行的清查包括每个万户的僧户(lha sde)和俗户(mi sde)[3]。清查的结果保存在前引隆多喇嘛(klong rdol bal ma)的短论中[4]:

拉麦(la smad),南部, 1999 户数(dud grangs)[5]

拉堆(la stod),北部, 2250 户数

曲弥(chu mig), 3350 户数(hor dud grangs)[6] 89

夏鲁(zha lu), 3892 户数

称为十六列(leb)的降卓(byang 'brog)和羊卓(yar 'brog), 850

---

〔1〕参见五世达赖喇嘛的[西藏王臣记],第 60 叶。

〔2〕G. Vernadsky, "The Scope and Contents of Chingis Khan's *Yasa*", *Harvard Journal of Asiatic Studies*, 3, 1938, p. 353.

〔3〕*myang chung* [后藏志],第 253、257 叶。

〔4〕*bstan pa'i sbyin bdabyung tshul gyi ming gi rnam grangs* [教法施主名录],第 5 叶正面。

〔5〕其表述参见 S. C. Das, *A Tibetan-English Dictionary with Sanskrit Synonyms*, Calcutta, The Bengal Secretariat Book Depôt, 1902, p. 629。

〔6〕十万佛塔题记的施主名录中也有蒙古人,例如,塔瓶题记中的仓帖木儿(tshang thi mur)。
译者注:原书写作蒙古户数(famiglie mongole),此处并非实指蒙古人的户数,而是按照蒙古标准计算的户数, hor dud 等同于 dud,参见图齐的修正:[G. Tucci, *Tibetan Painted Scrolls*, vol. I, p. 14]。

户数[1]

止贡('bri gung)及卓('brog)，3300－3600户数

蔡巴(tshal pa)，3700户数

帕木竹(phag mo gru)，2438户数

雅桑(g.ya' bzang)，3000户数

甲玛(rgya ma)和恰域(bya yul)，5980户数

达垅(stag lung)，500户数

因此，藏区由领主贵族阶层治理。首先是十万佛塔题记中提及的十夫长(bcu dpon)，之后是百夫长(rgya dpon)，接着是千户长(stong dpon)，然后是万户长(khri dpon)。将三区划分为十三万户显然是基于蒙古的行政系统[2]，并且如后者一样具有军事功能。蒙古军队也以十、百、千、万为单位，因此对全藏的划分可能由每个区域的军事资源和它们在战争时所能提供的兵员决定，这意味着以上提及的各级官员实际上有军事职能。通过在藏地实施这一行政体
90
系，元朝皇帝使吐蕃王朝时期同样出于军事目的而使用的古代领土区划再次发挥作用，尽管有改动和增补。吐蕃军队的领土区划在*pad ma thang yig*［莲花遗教］中有所提及，其中非常重要的一章对其进行了记述和罗列[3]，此处我们面对的同样是一次出于军事目的的清查，为的是大约估计一下各个家族或区域在需要时所能提供的兵员。

萨迦时期各级官员的首脑是十三万户长之上的本钦(dpon chen)，这一职位不是终身制，而是有任期的，也可以连任，如注释中的列表所见[4]。

---

[1] leb ni bcu drug zer pa yod hor dud phyed dang brgyad brgya'o.

[2] G. Vernadsky, "The Scope and Contents of Chingis Khan's *Yasa*", pp. 350, 353.

[3] 第五部。该部分由托马斯翻译。F. W. Thomas, *Tibetan Literary Texts and Documents Concerning Chinese Turkestan*, pp. 276－288. 至今在卫藏仍可见到如(ru)的划分痕迹。

[4] 以下是根据 *deb ther sngon po*［青史］(nga 册，第6叶正面)和五世达赖喇嘛的［西藏王臣记］(第60叶)给出的历代本钦名单：

释迦桑波(shā kya bzang po)

这就意味着三区的划分仅是名义上的，萨迦的霸权在八思巴至索南坚赞(bsod nams rgyal mtshan)这段短时期内仅限于卫藏[1]。不可忽视这样就形成了双头政治：一方面，藏区名义上的首脑萨迦座主实际上只参与宗教事务[2]；另一方面，本钦负责处理政治和军 91

衮噶桑波(kun dga' bzang po)，被蒙古人谋害
尚尊(zhang btsun)
秋波冈噶波(phyug po sgang〔五世达赖喇嘛写作 ban〕dkar po)
降(秋)仁(钦)(byang〔chub〕rin〔chen〕)
衮(噶)熏(奴)(kun〔dga'〕gzhon〔nu〕)
熏旺(gzhon dbang)
降(秋)多吉(byang〔chub〕rdo rje)，发生止贡之乱
阿迦伦(ag len)，布顿诞生；烧毁止贡寺
熏旺(gzhon dbang)，再任
勒巴贝(legs pa dpal)
森格贝(seng ge dpal)
沃色森格('od zer seng ge)
衮噶仁钦(kun dga' rin chen)
顿月贝(don yul dpal)
永尊(yon btsun)
沃色森格('od zer seng ge)，再任
杰瓦桑波(rgyal ba bzang po)，《元史》(卷三十四，第 2 页，第 10 栏)记为嘉勒斡藏布，并说他于至顺元年即 1330 年被封为乌斯藏宣慰使都(译者注：经核对《元史》，未查及嘉勒斡藏布一名，卷三十四载加瓦藏卜蘸八儿监藏于至顺元年被封为乌斯藏宣慰使都元帅)。
旺秋贝(dbang phyug dpal)
索南贝(bsod nams dpal)
杰瓦桑波(rgyal ba bzang po)，再任
旺尊(dbang brtson)，被大司徒降秋坚赞(tai si tu byang chub rgyal mtshan)击败
南卡丹(nam mkha' brtan)
札巴坚赞(grags pa rgyal mtshan)
贝奔(dpal 'bum)
洛钦(blo chen)
札旺波(grags dbang po)。

〔1〕 第一任本钦就是卫藏本钦，参见 *deb ther sngon po*〔青史〕第 6 叶正面。给予杰瓦桑波的封号也限于卫藏之内。

〔2〕 正如 *deb ther sngon po*〔青史〕第 6 叶正面所说：bla mas bla ma'i bya ba mdzad。

事事务[1]。因此，萨迦从元朝皇帝手中获得的权力相当有限，尽管他们的封号十分尊贵，而且，如 *deb ther sngon po*［青史］所载，本钦直接从皇帝处获得印信或封赐。

因此，两个权力间不可避免的冲突使得藏地摆脱蒙古影响的强
92 大的中央权力无法形成。各个领主也野心勃勃，利用历任本钦的失误和弱点，建立敌对政权，如帕木竹巴(phag mo gru pa)的降秋坚赞(byang chub rgyal mtshan)[2]、止贡巴('bri gung pa)、蔡巴(tshal pa)、噶玛巴(karma pa)，他们中的一些人相继得到元末或明初皇帝的扶持，成功地对藏区实行了有效而短暂的治理[3]。

看来，忽必烈对藏地和萨迦僧人的政策并非出于单纯的信仰。通过任命萨迦僧人为自己的上师，以及将藏区供养给他们，他实际上也把全藏纳入了其伟大帝国的轨道，并且设法避免形成将藏地从他的干预和绝对统治中分离出去的势力。

这一政策也可从频繁封赐重要僧人为帝师和国师中看出：由此产生各教派的敌对，此种敌对在元末明初达至高潮。

看来江孜王子虽未进入十三万户，但没有逃过萨迦教廷的政治影响：帕巴贝桑波正是从萨迦开始获得其声望。

---

〔1〕 dpon chen rims su bskos pa rnams kyis 'jig rten gyi bya ba mdzad de.

〔2〕 G. Schulemann, *Die Geschichte der Dalailamas*, Heidelberg, C. Winter's Universitätsbuchhandlung, 1911, p. 56.

〔3〕 据五世达赖喇嘛的［西藏王臣记］第 61 叶记载，各蒙古王子都尽力讨取重要大寺座主的欢心，以将藏地纳入自己的利益范围：蒙哥(mon gor)信奉止贡巴，薛禅（即忽必烈一支）信奉蔡巴，旭烈兀(hulagu)信奉帕木竹巴(phag mo drug pa, drug 应是与其发音相同的 gru 之误，有时写作 grub，如十万佛塔第四层、第五间佛殿的题记，但更准确和原初的形式应为 *deb ther sngon po*［青史］等所载的 phag mo gru)。

第五章

萨玛达诸寺 93

一、概　　况

首先值得一提的是位于萨玛达的寺院,或更应称作萨玛达诸寺:其中一座位于印藏商道左侧,离村庄1500米处;另一座在路边,离附近平房向江孜方向往下半公里处。

印度测量局地图把两座寺院的位置弄颠倒了〔1〕,它将路上折贵寺('bras khud)的所在标为江浦寺,实际情况刚好相反,但还是让我们先从江浦寺说起。

江浦寺在历史上有载,因地图上的 Kyangphu 不过就是 *myang chung*［后藏志］和 *gnas rnying*［乃宁寺志］所称的 rkyang phu。尽管对其创建者说法不一〔2〕,但传统一致将其视作藏地最古老的寺
院之一。不管怎样,寺院的最早遗存已荡然无存,我们如今所瞻礼 94
并将仔细考察的建筑属于十四世纪,即萨迦派政教权力扩张的时期,也是其历任座主给予藏传佛教强有力推动的时期。

寺院布局展现了最早期佛寺的所有特点:高大的院墙环绕着各个神殿、大殿、僧房,这种院墙就是我在前卷中所说的 lcags ri〔3〕,但不是由日晒风干的土坯砌筑,而看起来是用水混合粘土,以棱石块

---

〔1〕 Survey of India, *Bhuthān and Tibet. Punāka, Tsang, and Ü Provinces*, No. 77 H.

〔2〕 *myang chung*［后藏志］第7叶背面认为建寺者为赤松德赞(khri srong lde btsan),同书第100叶又说该寺由松赞干布(srong btsan sgam po)所建。后者的可能性极小。

〔3〕 译者注:《梵天佛地》第三卷,第一册,第13页。

料进行加固而成的坚固一体的大墙[1]。墙内有仆役和护卫的房舍，至于僧人，在我参访期间仅遇见一位负责法事的僧人，但他也不是当地人。

寺院属于整个村子，由其照管看护。尽管如此，在此地区处于主导地位的格鲁派宣称对寺院拥有所有权。然而，从环绕寺院的院
墙内壁上镶嵌的一些石刻题记来看，该寺一度是萨迦派的属寺。题
记包含对费卢波（virvapa，即 Virūpā）和曲杰衮噶坚赞贝桑波（chos
95 rje kun dga' rgyal mtshan dpal bzang po）的祈愿。费卢波是八十四大
成就者之一，被认为是萨迦派密法的祖师，该派传统将他看作其成就法的心父，因为他直接领受了金刚持（Vajradhara）开示给无我母（Nairātmyā，bdag med ma）的密法。因此，金刚持、无我母和费卢波三尊一铺的形象几乎总是出现在萨迦派的所有寺院中，通过三位尊号象征性地标示解脱教法的心髓、开示和世间化现。而衮噶坚赞贝桑波则将我们从印度拉回到藏地，因为他是萨迦派的上师之一，是前述萨迦世系表中的第 21 位座主（1310－1358 年）。

萨玛达寺的平面显然与我们在西藏西部寺院所看到的相同：其比例略有变化，院墙内的建筑有所增加，但总体布局一致。

二、江浦寺怙主殿

通过一个狭窄的小门——其两侧可见怙主殿（mgon khang）——映入眼帘的是内院：一些花草点缀其间，一面小的嘛呢经墙，以及从左至右的门廊。真正的大殿在背后拔地而起，两层，肃穆挺拔的大回廊被顶部精雕细琢的木柱分成众多门廊。

怙主殿无甚特别，其中的泥塑年代既不久远，亦无艺术性。这
类怒相天众要么是真正的艺术品，有如凶恶呼召立即见效；要么如
96 此处的仓促之作，丑陋怪异。每座大殿都有其怙主殿，即一个神秘
怖畏的"殊胜之处"（sanctum sanctorum），一般很难获准进入，内中栖居有教派的怙主和寺院的护法神。

---

[1] 这种建筑方法称为 skya, gyang。

此处左侧怙主殿可见梃杖怙主(mgon po beng)，围绕有四护门(dvārapāla)，现存三尊，第四尊已被毁坏或劫掠。梃杖怙主是怙主(mgon po)的一个身形，后者尽管是大黑天(nag po chen po)的化现，但在藏传佛教天众世界中主要以智慧怙主(ye shes mgon po)、羯磨怙主(las kyi mgon po)和世间怙主('jig rten mgon po)三种身形出现，伴之以许多特殊化身。梃杖怙主属于第二类，亦称为具善(legs ldan)，他是护贝(dung skyong)的兄弟，但被认为是天军的将军(dmag dpon)。其主要身形表现为右手持檀木槌，左手持盛满鲜血之颅器，其名字源于他所持的木槌，beng 正对应于 be chon[1]，因此他也是大梃[怙主](Mahādaṇḍa, be chon chen po)[2]。

右侧怙主殿供奉的是藏地迦利(kālī)的众多身形之一，确切而言，是吉祥天女(Śrīmatī, dpal ldan lha mo)的化现之一金刚坚固吉祥
天女(dpal ldan lha mo rdo rje rab brtan ma)，而吉祥天女就是迦利。 97
我在《梵天佛地》第三卷中已经对这位印度女神的藏文名号进行了论述，请参考该卷[3]。

我们按从左到右的礼拜顺序来参访内院。

三、江浦寺降魔殿

院中所见第一座佛殿为释迦殿(shā kya thub pa lha khang)。逼仄高耸的佛殿将我们置于一个奇幻梦魇般的世界。正壁塑像表现的是将成正觉的入定释迦牟尼，他以手触地，要求大地为其开悟作

---

[1] 译者注：通常写为 be con。

[2] 关于此尊的部众，我们可以在赤钦·阿其图·诺门汗钦波(khri chen a chi tu no mon han chen po)的 *ye shes mgon po beng dmar gyi bsnyen sgrub las gsum gyi rnam par bshad pa bdud sde rab tu 'joms pa'i gnam lcags 'bar ba'i 'khor lo* [红色智慧梃杖怙主念、修、羯磨三事解说·摧破魔军霹雳焰轮]中找到很多信息，ga 函。

译者注：赤钦·阿其图·诺门汗钦波指的就是第八世热振活佛洛桑意希登巴饶杰(rva sgreng sku phreng brgyad pa blo bzang ye shes bstan pa rab rgyas)。

[3] 《梵天佛地》第三卷，第二册，第 49 页以后。

证，作为此种呼召的回应，地母从山川震动的大地中出现。

周围是兴奋莫名、躁动不安的魔军天众：半人半兽的奇异身形，胸腹露出狰狞面容的魔怪。激发艺术家创作灵感的是着力描绘佛陀一生这一重要行迹的佛传，但佛传作者的想象力似乎滋养了藏人将其对自然法则和贪欲迷乱冲动的朦胧本能转化为怪异怖畏象征的天然倾向。

无可否认，艺术家在其作品中成功地表现了创作之初唤醒出自
98 混沌潜意识深处的躁动不安的世界的那一刹那所掌控他们的一切恐怖。他们意欲在一单幅构图中表现两个场景：魔军进攻的时刻和降魔成道的时刻。这样他们在其创作中达到了强烈的对比，增加了作品的艺术价值：一方面是暴躁忿怒的魔众，一方面是平和微笑的佛陀，由此塑像所表现的是一出使觉悟者超脱迷乱冲动和充满困顿艰涩的生命轮回而达至解脱的舞台剧。

藏文佛传称此场景为魔变（bdud kyi cho ’phrul，图版 1 –7）。

紧接着是另一间小殿，供奉有不动佛及其传统眷属（图版 8）。

四、江浦寺祖拉康前殿和第一间佛殿

我们来到了祖拉康。在进入其各间佛殿之前，我们先在目前用作村子储藏室的前殿稍作停留。承托样式精美的柱头托木的高柱使前殿显得高大雄伟（图版 9、10），其内仍可见一度装饰墙面的壁画的显著痕迹（图版 11、12）。壁画表现的是五佛，构图的宏大，与线条的完美和色彩的协调相得益彰，而艺术家并未沉溺于冗余的装饰。诸佛雄伟高大，身形庄严，占据了壁面的大部空间，其所戴宝冠
99 几乎达到天顶。他们安详俯视，犹如从天而降，通过光影交错而映于壁面。周围是跪拜发愿的天众，菩萨色彩精炼和谐，面露微笑，虔诚围绕主像。这些壁画可回溯至藏族艺术最为繁荣的时期，使人想起印度技法和风格——或者就藏地而言，至少让人想起玛朗(mang nang)的壁画——以至于它们看起来似乎创作于与印度有着紧密文化联系的一个时期。这也能从历史文献中得到证实，其将寺院的初创者归于仁钦桑波的弟子曲吉洛卓(chos kyi blo gros)，由此确立了

这些艺术品与发现于西藏西部的艺术品的同时代关系。

图像学上这些壁画没有提供任何新的元素，它们的重要性仅体现于艺术方面。

第一间佛殿门上所绘最后一身喇嘛如题记所示为曲杰衮噶坚赞贝桑波(chos rje kun dga' rgyal mtshan dpal bzang po)。

让我们步入祖拉康。

第一间佛殿称作 gtsang khang[1] lho，即南殿，这一名字源于该殿的方位。如果有壁画，它们或业已消失，或被散乱堆放 *bka' 'gyur*
[甘珠尔]各种抄本的粗制书架所掩盖。这些抄本以古藏文[2]写于 100
厚纸上，*bstan 'gyur* [丹珠尔]因其形制较小——出于尊重传统，木刻本亦如此——而容易辨认，其函数相当少，这可以理解，因[甘珠尔]已成为特定仪式所需的集成，或在僧众举行集体法会时念诵，或为祈雨或消灾而念诵，所以僧人总是需要几部抄本，而[丹珠尔]则仅供学问僧研习。

供案上满是造像，部分肯定来自印度，例如图版 13 中的造像，其制法与随后佛殿中的另一尊像极其相似，可能出于同一艺术家之手。铜像表现的是金刚萨埵(Vajrasattva, rdo rje sems dpa')，腿部断裂处以粗制铜环连接。

佛殿给人的印象是曾遭劫掠，造像在野蛮的破坏中或裂为碎片，或被掳走，仅有莲座留存，这很可能发生于藏史经常提起的霍尔部落的某次入侵期间。

供案之后的大型基座上矗立着一座美轮美奂的佛塔(图版 14－18)，里面可能装藏有某位上师的灵骨。塔为铜制镏金，以浮雕的技法表现了金刚界曼荼罗(Vajradhātumaṇḍala)三十七尊及其所有部
众，而四尊环围大日如来的较大佛像中，有一尊已被掠走。 101

作品制作得极为精美，金属在艺术家灵巧的双手下弯曲自如。从盛开的莲花中涌现而出的天众的纤细身躯回绕有蜿蜒曲折的藤蔓。

这可能不是一件尼泊尔艺术品(哪怕是早期的)，而是一件由尼

---

[1] gtsang khang = dri gtsang khang, gandhola = gandhakuṭī.

[2] brda rnying.

泊尔传至藏地的晚期波罗时代的孟加拉艺术品。

五、有关曲洛的题记与佛殿的创建

紧接着，右边的另一间佛殿称作 gtsang khang chen mo byang，即北大殿。正壁可见三尊塑像：中为燃灯佛(Dīpaṅkara, mar me mdzad)，右为弥勒(Maitreya, byams pa)，左为释迦牟尼(Śākyamuni, shā kya thub pa)，即象征佛法不断传承的三世佛(dus gsum sangs rgyas)。

周围高大挺拔的塑像代表清净佛土的随侍，他们在世间化现慈悲，种植善根，引导有情达至最后的解脱（图版 19、20）。他们就是贤劫(Bhadrakalpa, bskal bzang)诸菩萨的缩影，即八大菩萨(byang sems brgyad)。贤劫诸菩萨有一千或九百九十六位，也可缩减成十六，甚至八大菩萨〔1〕。

102 门两侧有两身大像，他们是八或十护方神(phyogs skyong)中的火天(me lha)与水天(chu lha)。

图版 21 中的造像值得特别关注，它与寺院中所见怙主(mgon po)的通常形象非常不同。藏人以浓墨重彩创作的怖畏形象通常与人性无关，而展现的是本身无法和谐构成的原始力量，但在萨玛达造像中我们看到了更多的人性。如此图所示，造像表达的不再是某种无序的原始力量，诚然，他还不具人形，但其形象已人性化。他是忿怒力量的表达，但以我们所能理解的外貌显现。该像与其说与印度怙主造像有关，不如说与汉地护法典型造像的联系更多，并从后者获得了直接的灵感。

但最值得关注的是该殿中存留的三个像座（图版 22）：两尊造像已不见，可能在寺院惨遭劫掠——其痕迹仍历历可见——期间被掠走或毁坏。仅存一尊观音像（spyan ras gzigs，图版 23）〔2〕。从像

---

〔1〕 参见本册第 101、181 和 187 页。

〔2〕 在 1939 年调查期间，我注意到该像已不在此寺，好像被移供到了折贵寺('bras khud)。

座上部的铭文得知另两尊造像表现的是金刚手(phyag na rdo rje)和文殊('jam dbyangs)。因此,三尊造像表现的是至今在藏地广泛供奉的事部三怙主(rigs gsum mgon po)。

造像略显呆板僵硬,表现力较差,我们面对的虽然是一件印度 103
作品,但肯定不属于黄金时期。该作品创作时,波罗艺术的辉煌已成遥远的记忆。面部是整个造像最无价值之处,表情的缺乏由某种具破坏性的黄色涂料进一步强化,并与身体其他部位的亮丽铜色构成强烈反差,但藏人每年以金粉涂抹重要神像面部已成惯例,此种技法称之为 zhal gser。

我已经说过,每个像座的上部都刻有偈颂体铭文(图版 24),非常值得研究,因为其中保留了古藏文拼写(da drag、my 等等),并且记有发愿造像的僧人和匠师名字。嵌于颂文中的僧人名字叫曲洛(chos blos),即法慧(Dharmamati),名字前冠有敬语 btsun。

结合 *myang chung*［后藏志］和其他地方收集的信息,我们能比定此人,从而彰显题记的重要性。我在重构大译师仁钦桑波的生平时述及熏奴贝(gzhon nu dpal)的 *deb ther sngon po*［青史］记载其弟子中有一位曲洛(chos blos),即曲吉洛卓(chos kyi blo gros),他跟从大译师学习金刚生起(Vajrodaya)灌顶、*Kosalālaṅkāra*［俱差罗庄严］等[1];由此我们知道该曲洛——他与米拉日巴的上师玛尔巴·曲
吉洛卓(mar pa chos kyi blo gros)毫无关系——的出生地,他的祖籍 104
是年堆江若贝邬玛(myang stod rgyang ro spe'u dmar)。年堆是我们现在讨论的地区,江若——如我们所见——是萨玛达寺周边地区,据 *myang chung*［后藏志］,贝邬玛是萨玛达寺的古称。结合这些材料,曲洛是江若贝邬玛寺的创建者,而贝邬玛寺可以比定为我们正在讨论的江浦寺(rkyang dgon pa, rkyang phu)。

上述结论似乎又与江浦寺由赤松德赞(khri srong lde btsan)创建这一传说相抵触。如果传说属实——但没有任何使人信服的文

---

[1] 据 *myang chung*［后藏志］第 100 和 101 页叶记载,仁钦桑波从迦湿弥罗返回后,曲洛两次拜谒仁钦桑波,除了学习上引经论,也学习其他经典,例如,*dpal mchog*［最上本初］;他也曾向小译师雷必协饶(lo chung legs pa'i shes rab)学法。参见《梵天佛地》第二卷,第 23 页。

献——我们必须设想萨玛达曾有两座寺院，一座由赞普创建，另一座由曲洛重建。总之，此地找不到赞普所建寺院的任何痕迹，即使曲洛所建的寺院也在萨迦时期被重建；除了铜像和前殿壁画，寺院中没有一件东西能追溯至十一世纪。所有的遗存几乎可以肯定属于十四世纪萨迦派的权势如日中天之际，即在衮噶坚赞贝桑波(kun dga' rgyal mtshan dpal bzang po)任上或其后不久。

该寺逐渐成为研习佛法的重要中心，因其驻锡的高僧大德，寺院对密法传规及其教义在整个后藏地区的传播作出了重要贡献。

正是在此地，桑噶(zangs dkar)译师帕巴协饶('phags pa shes rab)编撰了 *Vajraśekharatantra*［金刚顶怛特罗］的注疏；藏传佛教后弘期的两位重要人物，熏奴奔巴(gzhon nu bum pa)和大悲班智达
105 (Paṇḍita thugs rje chen po)曾留驻于此；传统认为，这些地区最活跃的弘法者之一、著名的迦湿弥罗班智达释迦师利(Śākyaśrī)亦居留于此，并且写作了 *rgyal sras lam rim bsdus*［菩萨道次第略摄］[1]。

如寺院嵌于围墙的石刻铭文和第一间佛殿门上题记所示，衮噶坚赞贝桑波(kun dga' rgyal mtshan dpal bzang po)随后亦驻锡于此。此地甚至有过对瑜伽部怛特罗等一些经论以及智足(Jñānapāda, ye shes zhabs)传规 *Guhyasamāja*［密集］诠释的学派：称为江(rkyang)传规[2]。

因此，我们在佛殿中发现的题记极其重要，其原因不仅在于我们至少可以确定题记本身大致的年代（十一至十二世纪），而且在于题记中涉及了一批复兴藏传佛教的人物，他们与印度上师通力协作，对藏族文明贡献至巨。其中一则题记也记载了艺术家的名字：玛底(Mati)。我们对其一无所知——至少在其他地方未发现有关他的记载，仅知其来自班左拉(pan tso ra)，但我不知道该地位于何处，也许在尼泊尔。

位于我们右手回廊的另外两间佛殿供奉的是十一面观音(bcu

〔1〕 *Bodhisattvamārgakramasaṃgraha*. 但译跋说该论译于莎鲁(sa lu)。Cordier III, p. 334, n. 15. *bstan 'gyur*［丹珠尔］，释经部(mdo 'grel)，khi 函。译者注：《西藏大藏经总目录》第 3962 号。

〔2〕 *myang chung*［后藏志］，第 101 叶。

gcig zhal）和救八难度母（sgrol ma 'jigs brgyad skyob），后者于前卷业
已讨论[1]。 106

六、大日如来的手印

我们登上二楼，该层也有两间佛殿：面对祖拉康，右侧的佛殿当地称为普明殿（kun rig lha khang），所以该殿供奉的应是我们多次提及的普明大日如来（Sarvavid Vairocana）。主尊比例最大，位于中央（图版25）。沿着墙壁，于盛开莲座上入定的是构成该部组的三十六眷属天众（图版25b－30）。他们分组围绕于其他四佛，后者与大日如来共同构成五佛，象征实相在诸法中的五分。

但该殿真的供奉的是普明（kun rig）大日如来吗？正如塔波寺，此处的主尊亦为四面，二臂，施智拳印，藏文为 byang chub mchog，梵文为 *Sādhanamālā*［成就法鬘］中经常可见的 bodhyagrī[2]。布顿对该手印描述如下：握双拳，左拳朝外，竖食指，右拳朝内，执（左拳食指）[3]。据说大日如来的这一身形在藏地少见[4]，确实，大日如来
的此种造像在日本更常见，这意味着藏地对大日如来的供奉逐渐局 107
限于某些特定的身形，对其所象征的密教体系，仅有部分确定的诠释得以流传。尽管我们对当代藏族宗教视域的认识还非常有限，但通过如今常见的大日如来的简单身形判断，似乎金刚界曼荼罗逐渐让位于普明部组，后者因其救度特征注定会在藏地弘传。

---

〔1〕《梵天佛地》第三卷，第二册，第86页。

〔2〕巴特恰利亚（Bhattacharyya）的校本误写为 bodhyaṅgī。*Sādhanamālā* I, pp. 281, 291, 294, 301.

〔3〕*dkyil 'khor gsal byed nyi ma'i 'od zer zhes bya ba'i skabs dang po las rtsa rgyud de nyid bsdus pa'i dkyil 'khor gyi bkod pa*［曼荼罗作明日光・初分中根本怛特罗真性集曼荼罗庄严］, *bu ston thams cad mkhyen pa'i bka' 'bum*［遍知布顿文集］, tsa 函，第8叶。

〔4〕A. Getty, *The Gods of Northern Buddhism. Their History, Iconography and Progressive Evolution through the Northern Buddhist Countries*, Oxford, Clarendon Press, 1914, p. 32; 2nd edition: Oxford, Clarendon Press, 1928, p. 34; C. Pascalis, *La collection tibétaine*, Hanoi, École Française d'Extrême-Orient, 1935, p. 52.

通常，天众的各种身形由其所施不同手印得以区分，手印一般是修行次第的象征，是使修法者的心意与其想获得的成就和谐共振的真言实现的印契(σφραγίς)。另一方面，大日如来是由众多曼荼罗表达的复杂证境的可视表现，每一曼荼罗都再现了证境和世间的联系，以象征的方式指示出从有为避入无为的特定次第。有时大日如来是清净恶业所致恶趣(ngan song sbyong ba)的象征；有时他被看作本识在其生起过程中的业(las)；有时他又作为第一义谛的誓言(dam tshig)、实相的可视形象，通过观想此形象而与实相合一。

换言之，大日如来的形象是不同观想境界的象征表达，因此他
108 可以以众多相异的方式表现，每一方式都由其特定的手印指明。

前几卷我们已数次遇见大日如来部组。可以说寺院越古老，表现该部组越频繁：从斯比蒂(Spiti)和库那瓦(Kunavar)的佛殿中，到扎布让，到西藏中部，也可加上我在别卷将研究的托林寺[1]。为了记述大日如来曼荼罗，我数次参阅了描述其不同部组和解释其仪轨的梵藏文献，为明晰起见，在此我将取自不同文献的信息予以综述，并借此机会修正《梵天佛地》第三卷，第一册由误读大日如来手印的藏文而导致的一些不准确之处，我所称的大日如来的手印 bodhyaṅgī 并不存在，而应读作 byang chub mchog，即 bodhyagrī[2]。

七、前几卷所述大日如来曼荼罗图示

我们遇到的各种大日如来曼荼罗可以归结如下：

1. 一面二臂大日如来，白色，施转法轮印，标识为轮。
   《梵天佛地》第三卷，第一册，第 49 页。
2. 一面二臂大日如来，施禅定印，标识为八辐法轮。
109 《梵天佛地》第三卷，第一册，第 49 页。

---

〔1〕 译者注：实际上图齐未完成对托林寺的研究。
〔2〕 译者注：汉译中已径改。

3. 一面二臂大日如来,黄色,施禅定印[1],标识为金刚杵。
《梵天佛地》第三卷,第一册,第 49 页。
Mahāvairocanābhisambodhi［摩诃毗卢遮那现等觉］,以及洛桑贝丹意希(blo bzang dpal ldan ye shes)的 *rnam par snang mdzad mngon par byang chub pa'i cho ga phan bde kun 'byung las bdag bskyed*［大日如来现证菩提仪轨·一切利乐生处之自生］。
4. 四面二臂大日如来,白色,施智拳印,标识为五股金刚杵[2]。
Vajradhātumahāmaṇḍalopāyikā［金刚界大曼荼罗出现］, *bstan 'gyur*［丹珠尔］, shi 函,第 32 叶[3]。
5. 一面二臂大日如来,白色,左手持金刚铃,右手齐胸持金刚杵[4]。
《梵天佛地》,第三卷,第一册,第 50 页。
Paramādiṭīkā［最上本初广释］, *bstan 'gyur*［丹珠尔］, ri 函,第 78 叶。
6. 一面二臂大日如来,黄色,施智拳印。
《梵天佛地》第三卷,第一册,第 50 页。
Paramādiṭīkā［最上本初广释］, *bstan 'gyur*［丹珠尔］, ri 函,第 283 叶。
7. 一面二臂大日如来,标识为轮和铃。
《梵天佛地》第三卷,第一册,第 50 页。
宗喀巴对月称(Candrakīrti)造 *Guhyasamāja*［密集］注疏的解释。
8. 四面二臂普明大日如来,白色,施禅定印。 110
《梵天佛地》第三卷,第一册,第 19－26 页。
Durgatipariśodhana［恶趣清净］。
9. 四面二臂大日如来,白色,施智拳印,标识为五股金刚杵。

---

〔1〕 译者注:据《梵天佛地》第三卷,第一册,第 43 页的相关表述,大日如来应施智拳印。

〔2〕 在此有必要对《梵天佛地》第三卷,第一册,第 40 页以下认为的该曼荼罗出自普明曼荼罗的说法进行纠正。参见《梵天佛地》第四卷,第二册,附录(二)。

〔3〕 译者注:《西藏大藏经总目录》第 2516 号。

〔4〕 译者注:原书写作右手持金刚杵,左手当胸持金刚杵。

《梵天佛地》第三卷，第一册，第 26 页[1]，金刚界曼荼罗（Vajradhātumaṇḍala）；
《梵天佛地》第三卷，第一册，第 29 页，宝部；
《梵天佛地》第三卷，第一册，第 31 页，莲花部调伏众生曼荼罗（'gro ba 'dul ba'i dkyil 'khor）[2]；
Tattvasaṃgraha［真性集］之庆喜藏（Ānandagarbha）注疏 *Tattvālokakarī*［真性光作］。

八、金刚界曼荼罗与大悲胎藏曼荼罗

以上是《梵天佛地》中所见取自不同文献的大日如来曼荼罗综述。上述图示非常简略，它们甚至无法给出诸传规对作为五佛自性身、五智自性（bde gshegs rigs lnga'i sku yi ngo bo nyid gyur pa / ye shes lnga'i rang bzhin[3]）的大日如来名号所示成就的众多阐释——以可见的方式表达于曼荼罗象征中——的概貌。

这些传规的仪轨论书基于下述根本法本：

Tattvasaṃgrahatantra［真性集怛特罗］；*Vairocanābhisambodhitantra*［大日如来现证怛特罗］；*Vajradhātumaṇḍala*［金刚界曼荼罗］[4]；*Durgatipariśodhanatantra*［恶趣清净怛特罗］；*Vajraśekharatantra*［金刚顶怛特罗］；*Paramāditantra*［最上本初怛特罗］。

111 *Tattvasaṃgraha*［真性集］与金刚界曼荼罗关系密切[5]，后者

[1] zi 函，第 121 叶为对施智拳印（byang chub mchog phyag rgya）大日如来之描述。

[2] 彼处的智拳印应为 bodhyagrī（byang chub mchog），而非 bodhyaṅgī。译者注：汉译已径改。

[3] *dkyil 'khor gsal byed nyi ma'i 'od zer zhes bya ba'i skabs dang po las rtsa rgyud de nyid bsdus pa'i dkyil 'khor gyi bkod pa*［曼荼罗作明日光 · 初分中根本怛特罗真性集曼荼罗庄严］，*bu ston thams cad mkhyen pa'i bka' 'bum*［遍知布顿文集］，tsa 函，第 1 叶。

[4] 译者注：原文如此。

[5] 关于 *Tattvasaṃgraha*［真性集］，参见《梵天佛地》第三卷，第一册，第 25 页以后。

通常被认为是前者的一品。藏地传统上将[真性集]分为三部分:根本续(rtsa rgyud)、后分续(rgyud phyi ma)、后分之后分续(rgyud phyi ma'i phyi ma),其仪轨及其配列由四位印度上师予以解释:庆喜藏(Ānandagarbha)、佛密(Buddhagupta)、无畏作护(Abhayākaragupta)和释迦友(Śākyamitra)。

桑噶(zangs dkar)译师专攻的 *Vajraśekhara* [金刚顶]与 *Tattvasaṃgraha* [真性集]有相同的定位,其整组怛特罗和仪轨都以[真性集]初分金刚界曼荼罗为中心展开。随后,它逐渐传布为一系列由根本经典启发的附属仪轨论书。

另一方面,*Vairocanābhisambodhitantra* [大日如来现证怛特罗]尤为看重大悲胎藏曼荼罗(Mahākaruṇāgarbhamaṇḍala)。

这些潮流不惟藏地才有,两种定位在日本至今仍有传布。日本真言宗(Shingon)的修法或者据 *Tattvasaṃgraha* [真性集]中的金刚界曼荼罗,或者据 *Vairocanābhisambodhitantra* [大日如来现证怛特罗]中的大悲胎藏曼荼罗。日本传规受惠于真言宗的创始人,即将金刚智(Vajrobodhi)和不空(Amoghavajra)所启唐密弘传至其本国的日僧弘法大师(Kōbōdaishi,774－835 年)[1],而藏地传规则受惠于仁钦桑波(rin chen bzang po)、阿底峡(Atīśa)、桑噶(zangs dkar)译师 112
及其弟子[2]。

西方世界主要通过日本佛教了解这些曼荼罗的事实不应使我们忘记它们都可追溯至印度一些最古老的怛特罗文献,因此在藏地亦能发现它们。

Durgatipariśodhanatantra [恶趣清净怛特罗]中的大日如来藏地

---

〔1〕 译者注:即空海。

〔2〕 关于这两种曼荼罗在日本的情况,参见 A. Getty, *The Gods of Northern Buddhism*, pp. 30－34; 2nd edition: pp. 32－36; Ryujun Tajima, *Étude sur le Mahāvairocana-sūtra* (*Dainichikyō*) *avec la traduction commentée du premier chapitre*, Paris, Librairie d'Amérique et d'Orient Adrien Maisonneuve, 1936; 大村西崖,《密教發達志》,东京,佛书刊行会,1918 年;栂尾祥云,《曼荼羅の研究》,高野村,高野山大学出版部,1927 年;栂尾祥云,《秘密事相の研究》,和歌山县高野山,高野山大学出版部,1935 年。

称为普明(kun rig)，即普明大日如来(Sarvavid Vairocana)，其仍属于金刚界曼荼罗，尽管大日如来的手印相当不同。

Paramāditantra［最上本初怛特罗］中有大日如来的数种曼荼罗。特别重要的是，其中大日如来表现为金刚萨埵。

以上是视大日如来为真谛象征、其仪轨为救度之道的传规所认可为无上开示的主要经典，而其他众多文献则被认为是同类或衍生
113 的经典，即平行或附属的开示[1]。

九、为何一个部组的曼荼罗能有许多

不要认为这些文献类组，或者毋宁说这些开示——如果置身于这些学派的精神氛围之内——中的所有仪轨都能归纳为两个根本曼荼罗，即金刚界和大悲胎藏曼荼罗。尽管这两个曼荼罗是其中最重要的，但我所引论书中的怛特罗仪轨还有许多其他曼荼罗。

怛特罗的教授之道并非在于知晓义理界定的第一义谛，而是通过现证真谛，获得成就。其开示面临一个极重要的心理学问题：如何让根器截然不同的一切有情得证自性清净光明之真谛？众生都有俱生后得的决定习气，这使得有情不可能以同样的道路获致相同的证悟。因此，佛教认为解脱之法并非以决定和平等的方式宣说给众生，而是契合听法有情的根机。怛特罗传规尤为强调有情的内在差异，由此导致开示的必然不同；这不仅需要使真谛契合异生凡夫的不同习气，而且要以有情的特定心识为顺缘，随摄受法者平易地由迷得悟。

114 这些传规大量使用移情原理：他们并不否定和压制欲望，而是将其导向灵性生活，即超凡入圣，一句话，升华它们。因此，怛特罗仪轨作为准备、引导和帮助受灌顶者获得新生，并且在其心识中再现世界生起收摄的戏剧，使用了一套甚深的曼荼罗，其与企盼得度的有情种类一样多。

---

〔1〕 同分(cha mthun)。同样，被当作 *Tattvasaṃgraha*［真性集］释续的 *Nāmasaṅgīti*［名等诵］被四位论师诠释，由此产生四种传规：文殊称('jam dpal grags pa)、胜菩提(byang chub mchog)、文殊友('jam dpal bshes gnyen)和乌仗那阿阇梨阿婆度底巴(Avadhūtipā)。

在表现众多直观表达怛特罗经典中勾勒的真谛，并使其作用于心识的曼荼罗时，这些传规的上师根据情器世间的本质和内在归属，采用了佛教怛特罗对其基本范畴的划分。第一种划分由有情分为五部——实现本识潜藏的诸法、在秘密层面以五佛表现——而产生，由此得到五重分类：即佛部（大日如来，Vairocana）、金刚部（不动佛，Akṣobhya）、宝部（宝生佛，Ratnasambhava）、莲花部（无量光佛，Amitābha）、羯磨部（不空成就佛，Amoghasiddhi）。修法者首先必须在上师帮助下确定他属于何部，从而选择相应的曼荼罗。通常每
部都有特定的曼荼罗，但是一些传规也有可能接受象征性地表现所 115
有五部的摄部(bsdus)曼荼罗。

有时，曼荼罗的选择取决于修法者意欲获得的成就，即与超越表相的三或四真实之一合一：身（kāya, sku）、语（vāc, gsung）、意（manas, thugs），许多传规还加上业(karma, phrin las)。

此外，曼荼罗的选择也可以由众生根器决定，其中密意一旦被有情了解，就能指引他们证得通过配列和形象象征表达的第一义谛。一类有情如果不对其全面细致地解释教法，就不能理解其中密意；另一类根器极高，仅需对其略示法要，即能解证；第三类则处于中间，既非一点即通，亦非驽钝不化。有缘徒众，或者说上师能指导其获得真谛正见的有情间的区分在义理中已有明示，师子贤(Haribhadra)在其*Abhisamayālaṅkāra*［现观庄严论］注中经常述及此点，但特罗上师在绘制曼荼罗——密意的直观概括——时也使用这种区分。对于第一类有情，有广大(rgyas pa)曼荼罗；对于第二类有情，有简略(bsdus)曼荼罗；对于第三类有情，有中等(bar ma)曼荼罗。

另外，考虑到一些有情由特定习气所熏习——如上所见——以 116
致无法一下将这些习气连根拔除，而只能如今日心理分析所言，将它们移至别的层面，引导至其他的活动上。一些有情执著于贪(rāga, ’dod chags)，一些有情执著于嗔(krodha, khro ba)，一些有情执著于痴(moha, gti mug)，一些有情则执著于悭(mātsarya, ser sna)。根据弟子所缠覆的习气，对每类有情都指定有特定的曼荼罗。

一些有情特别虔信某些天众也没有被忽略：即使一些是非佛教的神祇，不具有佛教天众的救度功能，也没有关系。怛特罗不惧接

受世间神('jig rten pa)，无论是八大天(lha chen)、遍入天(Viṣṇu)、楼陀罗(Rudra)，还是星曜神，重要的是有信仰。这是一种需要培养的感情，其存在于修法者的心中，是使他们缓慢渐次地攀升至最后解脱的必不可少的前提；尽管它们是较低形式的宗教体验，但却指出了一种仅需培育和陶冶的灵性，它们是通往高层的首步，是次第净治的起点。因此，不必奇怪，绘制曼荼罗时亦会顾及某类有情的习气，使他们通过对某些初见时并不正统的世间神祇的崇奉而将其导向正法之道。

117 其他的分类依手印(mudrā)决定。最近，普纪吕斯基(Przyluski)对手印及其含义进行了研究[1]。但从文献学上的讨论转至手印给受灌顶者表现的象征含义和心理真实，要说的话还有许多。在此，我不展开整个问题，对此将来会予以详述，而只想提请注意：这些教派中，手印不仅仅是特定的手势、达成修法者和以同样姿势表现的本尊间的合一并以此向后者寄达作为本尊心髓的真言(mantra)；手印也是某种确定心理准备的称号，伴之以有时能让我们入于不同观境、以此得证真谛的特殊仪轨。大手印(mahāmudrā)、陀罗尼印(dhāraṇīmudrā)、法印(dharmamudrā)和羯磨印(karmamudrā)正属于此类。手印也是标识的同义词，正如将身形以其标识(mtshan ma)代替：例如，金刚部曼荼罗中光明莹澈的主尊不动佛(Akṣobhya)以金刚杵代替。但当标识获得象征的价值，表达某种仅为受灌顶者所解的密意，手印就成为三昧耶(samaya)的同义词，即象征。最后，手印也指
118 铄乞底(śakti)，即本尊在器世间活动变化自身的能力，但特罗学派将其想象成与本尊拥抱和合的女身，通过性爱象征表达菩提的生起过程。

如果我们意识到上述情况，那么对以大日如来或其标识为主尊的曼荼罗比业已提及的还要多就不会感到奇怪。对其详细描述——列举天众，标示配列——显然不是我当下的任务，然而，由于描述十万佛塔时我们会得遇许多未遇的大日如来曼荼罗，对怛特罗文献中以大日如来为主尊的曼荼罗进行简单列表不无裨益。

---

〔1〕 J. Przyluski, "Mudrā", *Indian Culture*, 2, 1936, pp. 715 - 719.

如果这些曼荼罗出自系统的文献，而每部分又综合在一个大曼荼罗中，我也会提到这些论书中所描述的其他曼荼罗。这样，通过对印藏学派所总结的怛特罗仪轨组织的简略而总体的把握，在本册以及其他几卷中，遇到比定一个曼荼罗的情况时，利用列表可以迅速确定其所属的部类，从而可能更容易地理解不同曼荼罗的意义和价值，或多或少地意识到曼荼罗以其身形象征所想表达的成就。我们的指南是布顿文集 tsa 函，其中有成百种曼荼罗的描述，并且对每一曼荼罗都以诠释论书为据而予以详述[1]。 *119*

〔1〕 标明每一个曼荼罗在布顿论著中的具体页码会不无裨益。

十七、江浦寺的金刚界曼荼罗

尽管大日如来以众多身形表现在大量曼荼罗中，根据以上列表，除了五佛中大日如来的常见身形（一面，白色，施转法轮印），我们必须区分至少三种其他基本身形：

第一类：金刚界曼荼罗和 *Tattvasaṃgraha*［真性集］相关曼荼罗中的大日如来，多为白色，四面，二臂，施智拳印(byang chub mchog)。

第二类：*Vairocanābhisambodhi*［大日如来现证］所出大悲胎藏曼荼罗中的大日如来，黄色，一面，施禅定印。

第三类：*Durgatipariśodhana*［恶趣清净］所出，以普明(kun rig)著称的大日如来，白色，四面，施禅定印。

显然，萨玛达江浦寺的曼荼罗再现的是 *Tattvasaṃgraha*［真性集］相关曼荼罗或金刚界曼荼罗[1]。

120 二楼左面的佛殿叫马头明王殿(rta mgrin lha khang)，但该名称应为后起，因为从主像看，该殿供奉的是另一尊像。通常，每间佛殿以围绕中心或主壁主尊所展开的部众得名。很清楚，该殿供奉的是般若佛母（yum chen mo，图版 31），两侧沿墙有十尊高大庄严的立像，每边五尊（图版 32），这就是通常所有的前行仪轨需迎请来除障(bgegs)的十方佛(phyogs bcu sangs rgyas)。很难判断这些立像是否再现了某部经典中宣示的既定部组。十方佛过于常见，无法作为比定曼荼罗的确定元素。

总之，大乘佛教的整个教义暗含在此表现中：般若波罗蜜多不再是佛陀为救度众生而作的诸法皆空的开示，般若波罗蜜多就是第一义谛——并非从了别层面、而从实相意义而言——即清净本识，诸佛由其出生，佛果融摄其中。陈那(Diṅnāga)在其著名偈颂中已表
121 达过这一概念：*般若波罗蜜无二，此为智慧为如来，所立与此义相*

---

〔1〕 相应地，应该修正我在《梵天佛地》第三卷，第一册，第 17 页以后的说法，塔波寺表现的曼荼罗属于金刚界曼荼罗，尽管四面大日如来分成了四身。译者注：参见《梵天佛地》第三卷，第一册，第 17 页的译者注。

应,文道二者为其声。〔1〕

十方佛象征于无尽虚空恒常开示的教法,因在此空际法流不断('das ma 'ong 'byung ba)。

该殿以之得名的马头明王位于进门左侧殿门后,右侧为不动明王(mi g.yo ba)。

萨玛达的这座寺院可能初建于十一世纪曲吉洛卓(chos kyi blo gros)时代,如今所见应为萨迦衮噶洛卓坚赞任座主时所进行的扩建和修复,最早的遗存只有一些铜像、前殿和底层佛殿的壁画。但祖拉康二楼和院子四周回廊四间佛殿的塑像年代并不那么久远,它们丢弃了初期的神圣朴实,修饰更繁富,华丽宽大的褶裙垂曳,与其他佛陀身像的贴身袈裟形成对比。简言之,此处有无可否认的其他风 *122*
格的影响,最清楚的例子是围绕般若佛母的十方佛像,它们与中亚的技法和装饰基调明显一致,头光没有保持晚期印度风格的圆形,取而代之的是略有弧度的延伸。

各塑像间随处可见的壁画给人以相同的印象。其部分被毁,部分以新近绘制所替代,其中总有宗喀巴;但现存的表现佛、菩萨及僧人的壁画在我看来有无可否认的中亚风格。我绝非任意建立此种关联,如我在第一章中指出,在萨玛达得到的印象——借助风格比较,亦能轻松解释——将在艾旺寺以无可辩驳的方式得以证明。

十八、折贵寺的门布跋陀罗部组

继续朝江孜进发,离萨玛达村一里多处,右侧可见另一座寺院(图版33)。其在英藏战争中严重损毁,近年才得以修复。寺名折

---

〔1〕 *Abhisamayālaṅkārāloka*［现观庄严明］: Prajñāpāramitā jñānam advayaṃ sa tathāgataḥ/ sādhya-tādarthyayogena tācchabdyaṃ granthamārgayoḥ. G. Tucci (edited by), *The Commentaries on the* Prajñāpāramitās, Baroda, Oriental Institute, 1932, vol. I (*The* Abhisamayālaṅkāraloka *of Haribhadra being a Commentary on the* Abhisamayālaṅkāra *of Maitreyanātha and* Aṣṭasāhasrikāprajñāpāramitā).

贵寺[1]，今亦归格鲁派管辖。该寺的新建部分不必多说，它没有任
123 何值得关注之处。寺内主龛供有释迦牟尼，周围小龛中为十六罗汉坐像；其他墙面的壁画表现的是《梵天佛地》第三卷第二册中已经研究的十三身金刚怖畏(Vajrabhairava)[2]；一些逃过僧人尚新狂热的壁画不会早于十六世纪，其中保存最为完好的壁画之一是不动佛及其周围的一百零八化身；对面墙上为弥勒。

寺中最古老的部分是怙主殿(mgon khang)，内中供有萨迦派宝帐怙主(gur mgon)，周围供案上的小像为其部组的附属天众，即萨迦派中极为常见而其他教派中很少得遇的跛陀罗兄妹(pu tra ming sring)。此三个一组的天众包括门布跛陀罗(mon bu pu tra)或简称跛陀罗(pu tra)、跛特(bha ta)或跛特罗(bha tra)、妹妹(sring mo)。pu tra 很容易认出它是梵文 putra（儿子）的转写，该词前伴有其藏译 bu[3]；bha ta 或 bha tra 实际上指 bhrātar（兄弟）。我们即将见到，此三个一组的天众之所以被称为 ming sring（兄妹），是因为他们由同一对神祇生出。在仪轨咒语中我们发现了 Rakṣa putra, Ruṭa bhaṭa = Rudrabhrātā, Ru lu rākṣasī，如 mon 一词所示，他们是西藏边境地区族群的神祇。藏人用以指称该族群的 mon 是一种泛称，无法指出精确
124 的地理归属，但属于该部组的最古老的仪轨文书之一载有西藏西部的著名国王和弘法者降秋沃(byang chub 'od)的名字，这一事实让我们推测这些神祇是由西藏西部——即古格或其周边地区——上师的努力而被引介入佛教天众中，这似乎可以由门布(mon bu)仪轨文书中经常提及尸林玛如孜(ma ru rtse)——藏族传统将其置于迁德拉巴迦(Chandra Bhāga)山谷的桑噶(zangs dkar)和恰巴(Chamba)之间，或其周边——得以证实[4]。

---

[1] 现今，喇嘛将寺名拼作 'dre gun dgon pa，*myang chung*［后藏志］拼作 'bras khud，地图上标为 Riku。参见本册第 67 页。

[2] 参见《梵天佛地》第三卷，第二册，第 42－45 页。

[3] 门布(mon bu)意为门（巴人之）子。

[4] 八世班禅曲吉札巴丹贝旺秋(chos kyi grags pa bstan pa'i dbang phyug)的 *dpal sa skya pa'i bstan srung mgon po che chung mkhan lcam dral dur khrod bdag po dang bcas pa rnams la gtor ma 'bul ba'i cho ga 'phrin las*

跋陀罗兄妹(pu tra ming sring)是萨迦派宝帐怙主(gur mgon)部众中的一部分[1]。

宝帐怙主的起源和意义不易确定。gur 在藏语中意为帐篷，因此 gur mgon 一词的最好对译就是"帐篷的保护神"，但不要忘记在 *bka' 'gyur*［甘珠尔］中有 *'phags pa mkha' 'gro ma rdo rje gur zhes bya ba'i rgyud kyi rgyal po chen po'i brtag pa*［圣空行母金刚帐怛特罗大王仪轨］，即 *Āryaḍākinīvajrapañjaramahātantrarājakalpa*[2]。这是一部怛特罗经本，萨迦派尤为崇奉，经本中描述了五空行母(ḍākinī)成就法。藏译经名中的 gur 对应于梵文 pañjara，后者的确切含义是"笼子"，有时亦指骨笼，即骨骼；流传于藏地，尤其是萨迦派中的这一仪轨传承证明这正是密教赋予 pañjara、藏译 gur 一词的含义；这意味着宝帐怙主最初是冥神，与大黑天(Mahākāla)非常相似，在仪轨论书中他被称为金刚大黑天宝帐怙主(Vajramahākālapañjaranātha, rdo rje nag po chen po gur gyi mgon po)[3]；因此，他是尸林神，即象 125

---

myur mgyogs kyi pho nya［吉祥萨迦派对大小护法怙主、兄妹护法、尸林主等奉献食子仪轨·功业速达之使］，第 15 叶正反面（第 1161 号——译者注：作者应为札巴坚赞贝桑波(grags pa rgyal mtshan dpal bzang po)，参见［E. De Rossi Filibeck, *Catalogue of the Tucci Tibetan Fund in the Library of IsIAO*, vol. II, p. 378］)。

除《梵天佛地》第三卷，第二册，第 31 页（应为 nyi 函，而非 ti 函——译者注：已径改）所引论书，有关门布跋陀罗的其他文献有 *dpal sa skya pa'i yab chos yang phur thun mong gi bka' srung dkar bdud lcam dral gyi sgrub thabs rjes gnang dang bcas pa*［吉祥萨迦派父法金刚橛共通护法噶杜兄妹成就并随许］，*dpal rdo rje nag po chen po'i las byed pu tra ming sring gsum gyi gtor cho ga rjes gnang dang bcas pa glog gi spu gri*［吉祥金刚大黑天之造业跋陀罗兄妹三之食子仪轨并随许·电之利刃］，*rin chen gter mdzod*［大宝伏藏］，nyi 函（与上提论著非常相近）；以及昂旺绛贝德勒嘉措(ngag dbang 'jam dpal bde legs rgya mtsho)之 *gur zhal pu tra gsum gyis bzlog mdos gong dkar rdor gdan gyi zhe sol nag 'gros su bkod pa*［帐面三跋陀罗遮止灵器·贡嘎金刚座之直讲庄严］(第 1128 号)。

［1］ ming sring 是一些曼荼罗中的 ming po 和 sring mo 的合写，关于这些曼荼罗，参见我给出的列表（译者注：见书末所附插表）。

［2］《西藏大藏经总目录》第 419 号，参考第 1321、1322、1195 号。

［3］ 例如，参见衮噶仁钦(kun dga' rin chen)的 *gur gyi mgon zhi khro bcu'i bsrung 'khor rdo rje'i brag rdzong bar chag kun sel*［静怒十身宝帐怙主护

征性地帮助摧毁身体牢笼——我们由于无明而成其囚徒——之神。

很可能在藏地土壤中，新的元素逐渐渗入了宝帐怙主曼荼罗，其中一些既非印度的，最初亦不属于根本怛特罗所激发的仪轨论书。

我们在研究中屡次提及，藏传佛教并非一切悉取自印度，它也
126 从本土宗教中接受神灵鬼怪，对其改头换面，以适应佛教观念，这就是为什么在我们讨论的佛殿中有门布跋陀罗部组：他们也是冥神，因而系属于宝帐怙主；仪轨中的咒语称其为药叉(yakṣa)，他们以其身形的象征揭示了藏人恒常生活的、滋养他们想象的怖畏世界；然而，他们渐渐失去其本有特征，与护法天众(bstan srung, bstan srung ma)——存留于藏传佛教神界中，含有大量的前佛教元素——相混融。他们所获的这一新的职责由上引文献、尤其是八世班禅的仪轨论书清楚指明，后者记述在仪式圆满之际，祈愿享受供品的宝帐怙主及其一切眷属保护上师言教、捍卫圣教、光大三宝、平息灭除障碍解脱的违缘[1]。

如果这一解释正确，那么可以认定宝帐怙主的明显标识是后起的：该标识是犍稚(gaṇḍī)，即寺院中用于敲打计时的木板，它在东方诸寺中早于钟的使用。实际上它似乎是一件辅助标识，因为宝帐怙主的双手已持有自己的标识，即剑和颅器。但，最终该神的忿怒特征也影响了标识：犍稚变成惩罚谤法者的可怖棍杖。与大黑天一样
127 的宝帐怙主应该也是执掌发愿、监督誓愿承诺实现的正义之神。发愿和对保证其圆满实现的神祇的呼召构成众多苯教仪式的实质部分，一些鬼怪可能由此进入藏传佛教，即使名字有所改变。在佛教中，承诺成为誓愿，即求取无上菩提的誓愿，如果不圆满此誓愿，就将再次陷入轮回流转(saṃsāra, nivartate)，为生死业力所牵，为障碍光明的习气冥暗所噬。藏传佛教宝帐怙主的身形留存有本土宗教

法眷属金刚石寨·诸障悉除]。

译者注：作者应为衮噶索南札巴坚赞(kun dga' bsod nams grags pa rgyal mtshan)，参见[E. De Rossi Filibeck, *Catalogue of the Tucci Tibetan Fund in the Library of IsIAO*, vol. II, p. 374]。

[1] 第5叶背面。

的映像,但含义不同;他成为一种高尚、深邃的人生观的象征,以致民众一般无法理解其象征意义,并且一再生起原初混沌的直觉。

由于不断的同化,该部组变得非常庞大,这从佛殿壁画中于此可怖怙主前面列队游行的众多天众即可得知(图版 34)。虽然迄今该部组仍非广为人知,而且相关文献难以寻获,但它在我随后研究的佛寺中亦有出现,因此根据上引论书对其简要概述不无裨益。

主尊为宝帐怙主,或确切而言,为吉祥金刚(大)黑天宝帐怙主(dpal rdo rje nag po〔chen po〕gur gyi mgon po),黑色,二臂:右手持剑,左手当胸持盛满鲜血之颅器,两臂横抱犍稚(gaṇḍī)。如大多 128
数怒相神,头戴五骷髅冠,颈饰一串由五十颗滴血人头构成之项链,腰系虎皮裙,站于侏儒尸身上。他有三只眼睛。在其周围各方有五种象征——佛殿墙上则示意性地表现——即右方有十万只展翅飞鸟,左方有十万只咆哮黑狗,后方飞奔十万只饿口大开的豺狼,前方有十万仰天哀叹的黑人,上方有十万只盘旋的金翅鸟(garuḍa)。接下来,在他左侧为独髻女(Ekajaṭā)〔1〕,绿松石色,一面二臂,双手当胸持盛满甘露的绿松石宝瓶,绿松石般的发辫悬于左侧,忿怒相,金刚跏趺坐(vajraparyaṅka)。在修法中观想 trag 字从天女腹中生起,血海从中喷涌而出,海中生起 bhyoḥ 字,从中出现吉祥天女欲界自在女(dpal ldan lha mo 'dod khams kyi dbang phyug ma),骑驴,绿松石色,一面四臂,右手分持剑和颅器,左手分持羂索和三叉戟;脖子上飘动一方黑巾;上身披象皮,下身披牛皮,腰佩蛇带;正在折裂僵尸;右耳饰毒蛇和金铃,左耳饰狮子和绿松石铃;身滴鲜血,围绕有 129
象征智慧之火的炽燃身光。从两天女生起两个种子字,变成黑药叉(nag po gnod sbyin)和黑药叉女(nag mo gnod sbyin)。前者为黑色,一面二臂,右手持金色钺刀,左手掌张开高举,承托日轮,右足前伸;后者亦为黑色,一面二臂,右手持金色钺刀,左手掌张开高举,承托月轮,左足前伸。

〔1〕为了证实前述说法,我们不应忘记在独髻女的一些身形中,她被视为本土神灵:据说龙树(Nāgārjuna)在藏地发现了对她的崇拜,并由藏地将其引入印度。*Sādhanamālā* II, pp. xlv-xlvi, cviii.

从这两个神祇[1]以种子字的方式生起三个尸身，作为三个不同神灵的骑乘，这三个神灵是：

a) 凶猛阎摩门布跋陀罗(gshin rje ma rungs pa mon bu pu tra)：黑色，右手挥舞朴刀(shang lang)，左手持盛满毁誓者血髓的颅器，送至嘴边，左足前伸。

b) 恶魔门布跋特(bdud ma rungs pa mon bu bha ta)，在前者左
130 侧：黑色，右手挥舞绞刑柱(dam shing)[2]，左手持渝誓者鲜血淋漓、脉管毕现的心脏，送至嘴边，左足前伸。

c) 门莫金色快刀女(mon mo gser gyi spu gri ma)：黑色，嘴喷火焰，右手挥舞金色快刀，左手持恶人之肠，送至嘴边，右足前伸。

这五个天众形成一个系统组群：黑药叉和黑药叉女夫妇、他们的三个子女。他们饰有可怖饰物，如怒相神通常披挂的骷髅、肠子、人皮。从三兄妹(ming sring)——因源自于同一对神灵，被认为是兄妹——心间的种子字生出遍满整个世界、无所不能的力量，正是如此，他们才成为金刚大黑天(rdo rje nag po chen po)命令的执行者。其眷属为：右侧为一百位英雄领队(ru 'dren)[3]，执持行囊[4]；左侧为一百位执持棍棒的僧人和罗汉领队，以及一百位执持金刚橛(phur pa)的黑僧(ban dhe)；在他们的前面作引导的是一
131 百位黑女眷。这些天众围绕有无数使者(pho nya)，其身形为黑鸟、

---

[1] 兄妹(lcam dral)。该词总是指一对神灵，一为男身，另一为女身。他们起源为一，能够通过种子字的生起出生——尽管有兄妹关系——新的天众系列。为了突出该对神灵的这一双重特征（既由同一神灵生起，又可以再生），称他们为 lcam dral。简单的兄妹关系由 ming sring 表达，在其生起方面则由 yab yum 表达。

[2] 译者注：dam shing 可能指的就是 dar shing（旗杆）。

[3] ru 'dren 字面意为“（军队）各翼的前导”，即鬼神的前导。但其亦可能是梵文 rudra 一词的讹误。

[4] 八世班禅论著中写作 stag chas brgyan，但绛贝德勒嘉措('jam dpal bde legs rgya mtsho)论著中写作 stag chas thogs（第 1214 叶，注释 1），后者更清楚，其他领队的标识也引自该文献，代替僧人(ban dhe)的是 sngags nag phur pu thogs pa（执持金刚橛的黑巫师）。关于女眷，八世班禅论著写作 mdun gyi shul byang 'dren pa，拉尊巴(lha btsun pa)写作 gshegs pa'i shul yang 'dren。

黑狗[1]、黑人、鬣狗(lcags spyang)、野干(lce spyang),他们将渝誓者撕裂成碎片(图版35)。另一方面,从犍稚(gaṇḍī)生出一大群保护守誓者的怒相部众:有的持各种武器;有的挥舞旗帜;有的吹胫骨号;有的抛出人肠羂索;有的焚烧人油烟;有的填充人皮;有的高呼hūṃ、phaṭ 等咒语。他们周围有火焰背光。他们也伴随有护门神(sgo skyong)、栖于尸林的护方神(phyogs skyong)、刹土神(zhing skyong)、空行(mkha' 'gro)、毕舍遮(sha za)、八大天(lha)、罗刹(srin)、男女鬼(dregs)[2],以及其他怒相部众。

叙述完该殿中绘塑内容的含义,我们再看看其不应被忽略的艺术价值。很遗憾,照片无法再现色彩的柔美,以及靛蓝、水绿、弱红的和谐,而仅能对骑行各种异兽的怪异鬼神部众给出一个苍白的印象。瞠目而视的头颅及舞蹈般交织的骷髅构架的空间,凶猛禽兽撕食的尸体构成阴森恐怖的背景;前景中,怖畏部众从赤电火雨中骑行而过。

艺术家以娴熟技法和一定程度的自由构图再现了阴森的队众,从而为作品赋予了藏族艺术中通常难见的动感。但他们明显遵循了受汉风影响的中亚模式,即使不考虑某些完全的汉式造型——因 132
其表现的是汉地人物,例如,图版34中的人物可能表现的就是某位和尚(ha shang)——其笔法和色彩总体上是汉式的,例如图版35,尤其是其中的马和狮子的形象。

显然,此处我们面对的,不容置疑也是源自汉地的地方艺术。

[1] 狗,尤其是黑狗,也是怒相神或冥神的象征。E. Arbman, *Rudra. Untersuchungen zum altindischen Glauben und Kultus*, Uppsala, Appelbergs Boktryckeri Aktiebolag, 1922, pp. 255ff.

[2] 译者注:dregs 可能为 dre。

第六章

133 莎鲁、艾旺、雪朗和乃宁

一、印式风格的艾旺寺

沿着通向江孜的道路继续前行，离萨玛达几公里处可见莎鲁村(sa lu)。数间民房，其附近矗立有嘉乃寺(Gyani)[1]。

萨迦派(sa skya pa)仍辖有此地，但古迹几乎无存：仅见外墙和前殿中十四世纪的精美柱头。支撑屋顶的梁木置于狮状台檐之上，狮子伸出前爪，仿佛准备一跃而起（图版36）。风格上显示其与汉地饰狮类似，而非印度的。不乏重要性的是今嵌于墙中、刻有奇异禽兽和龙的柱头，它们是古老的兽饰风格的典型遗绪，实际上，这些图案至今仍留存于藏人——尤其是牧民——的嘎乌(ga'u)和女性饰品上（图版37、38）[2]。

134 回廊中可见五佛壁画遗痕，但殿内壁画相当晚近，从艺术上和图像学上均无甚价值。

离莎鲁不远，距道路左侧约一里处，童山间的石台地上矗立着艾旺寺(Iwang)，至少地图上如是标注，当地人和商客也这样称呼。但据 *myang chung*［后藏志］，佛寺古名应叫叶玛寺(g.ye dmar)。

我们面对的是整个地区最重要的遗迹之一，不仅因这里藏有我们即将论及的艺术品，也因传统将其与晚期佛教最伟大的人物、雪域最杰出的弘法者之一相联系，我指的是在藏地的卡切班钦(kha che paṇ chen)，即以迦湿弥罗班智达著称的论师和译师释迦师利

---

〔1〕 *myang chung*［后藏志］的拼法为 rgya gnas。

〔2〕 G. N. Roerich, *The Animal Style among the Nomad Tribes of Northern Tibet*, Prague, Seminarium Kondakovianum, 1930.

(Śākyaśrī)。传说叶玛寺(g.ye dmar)由释迦师利的前世拉吉曲降(lha rje chos byang)所建，这意味着——至少在传统上——当论师于十三世纪抵达藏地时，艾旺寺已经建立[1]。因此，建寺时间可追溯至史家所称的后弘期(phyi dar)之初。

艾旺寺由双重红墙围绕：佛寺坐落其中，分为三间佛殿（图版
39、40）。中殿规模稍大，余两间佛殿分列左右，如平行伸出之两臂。 135
整个建筑并不常见，布局亦与我们前面研究的藏地寺院无任何相同之处。该寺今属格鲁派，但有名无实，因为没有僧人，仅由一贫苦牧户照管。

当我参访艾旺寺时，开门的是一位为这座法物几近散佚的佛寺点灯的衣衫褴褛、蓬头垢面的老妪。

我一进入中殿，就为富丽堂皇的装饰和宏伟庄严的塑像所震惊：壁画中的禅定诸佛以其柔美的线条和流光溢彩的颜色构成鎏金大塑像的背景，后者金光闪耀、衣着华丽，极大地弥补了佛殿本身的空旷。主像表现的是端坐于莲座(padmāsana)、施转法轮印的佛陀。靠背(rgyab yol)凸塑有五位一组的两列平行佛陀，即十方佛（图版 41）。

主像左右，垂足而坐有六尊佛像，均施转法轮印（图版 42）。

主像表现的是不空见佛(Amoghadarśin, mthong ba don yod)，整个部组表现的是我们已经遇见过的七佛(rabs bdun)，门左右及两侧
壁是手印相同的十六立佛（图版 43、44）[2]。 136

壁画表现的是习见的忏罪仪式中所诵请的三十五佛（图版 45）。

壁画以暗红为主调的艳丽色彩绘制：陪衬诸佛的花卉纹饰及风格化的动物图案以其罕有的简约装饰空间，但整体乏善可陈，陈腐呆板的形象千篇一律，如出一辙。它们的魅力仅在于构成塑像土金色恢弘背景的色彩的和谐。

其中一身绘像虽然线条僵硬，但以其原初朴实和投射出的某种

---

[1] 藏地传说他于 1204 年入藏。

[2] 即贤劫十六菩萨，参见本册第 181 页。
译者注：原文如此，从图版看，表现的应是佛而非菩萨。

专注而与众不同：他是与立佛塑像呈同一手印的佛陀（图版46）。

可能也是建寺者的诸施主身像透露出某种写实和朴实率真的氛围（图版46b、47）。两身人物衣着华丽，转视佛像，双手合十，供花顶礼。较低处另一人物身着白袍，头戴高帽，正在跪拜。别处可见两位僧人（图版49），可能是佛寺开光典礼的参与者，他们口诵愿文，专注前行。图版46b中两身人物的衣着与今不同，使人回想起
137 表现于中亚绘画中的人物[1]。男士不饰发辫，女士也没有如今在卫藏，尤其是后藏已成时尚的繁复辫结。有一段题记，重复了两次，一段在上，一段在下，后者比前者更完整，不仅保留了施主姓名，还留有画师姓名，叫坚赞札(rgyal mtshan grags)，据其本人陈述，他以天竺样式(rgya gar lugs)绘制壁画[2]。

画师本人承认，壁画依据印度大师的样式创作，但此种风格被特别予以记录则使我们猜想其他的风格也曾被研习仿效，而且紧挨的下一间佛殿完全证实了此种假设。虽然壁画无疑反映了印度影响，塑像则让我们回想起他们与萨玛达的紧密联系，表明其渊源于遵循汉风而非印度传统的流派。相较于印度样式，诸佛形象不太纤瘦，头光不再浑圆，而是上部突起，犹如树叶。衣袍不紧贴身体，而是垂曳如钟，前部密褶，厚重感极强。此处，亦如萨玛达，我们不得不考虑汉风——通过其中亚流变——的影响，此种影响取代了印度传统，或者更准确地说，与印度传统并存，而在某些方面取而代之。

138

二、于阗风格的佛殿

右侧佛殿因其供奉主尊可称为无量寿佛佛殿(tshe dpag med)。

周围立像均着长衣，头戴冠冕，饰以珠宝，脚蹬长靴，共有十身。主尊左右各两身，其余六身三位一组，位于两侧壁（图版50）。

---

〔1〕 尤为突出的是图版48中人物的外套式样和翻领，参考 A. von Le Coq, *Bilderatlas zur Kunst und Kulturgeschichte Mittel-Asiens*, Berlin, Dietrich Reimer Ernst Vohsen, 1925, p. 39, pl. 8。

〔2〕 题记中唯一的古藏文特点是反写的元音符号 i (gi gu)。

与前一间佛殿相比,塑像的衣着及五官显示出更明显的风格。殿中塑像的确在某种程度上反映了中亚影响,但它是一种根据新的范式、在细部对多少属于传统的图像样式有所改换的艺术形式。此殿中不仅有中亚风格的影响,更准确地说是将整组图像完全译换成了这种风格,其影响直达最细微之处:从冠冕到衣着,从饰物到靴子。

壁画也揭示出相同的影响:线条刚硬,色彩更加柔和(图版53)。然而,罕有艺术家——我们确实无法知道作品是独创还是合作——达到如图版52的表达力度,后者给人一种纯净、庄严、专注的高度柔美的景象。垂至脚踝、包裹整个身体的袈裟仅将双手露在外面,手掌涂红,仿佛想立刻将信众的目光引至解脱教法;头部向肩侧
微倾,犹如对轮回有情示以慈悲。无量寿佛左侧的菩萨(图版51)具 139
有中亚一流壁画的灵动,从头饰和淡雅色调看,这明显是对中亚艺术的模仿。风格分析所得出的结论完全由少量残存可读的题记证实,题记中说这些绘画据于阗样式(li lugs)绘制。

左侧佛殿表现的是降魔变(图版54):此处我们面对的同样是魔军天众的杂乱交错,与萨玛达佛殿中的场景一致——即使不是同一水平,至少遵循了相同的构图。小格中的施主一家仿佛因看见身处如此可怖的伴众而胆战心惊,他们双手合十站立,其上方横木上悬挂的衣物表示他们给寺院的布施(图版48)。

很清楚,艾旺小寺尽管荒无人烟,但它是前往江孜道上所遇到的最值得关注的古迹之一。如果艺术风格还不足以说明问题,题记则直接表明两组艺术家同时在不同的两间佛殿创作,几同竞技,他们通过规式技法的师徒相授承继不同的风格:印度样式和中亚样式。还未成型的藏族艺术在两种风格间徘徊,但已能预见它会很快以鲜明的特色从两种潮流的融合中脱颖而出。

我所指的是壁画,对于两间佛殿的塑像而言,汉风的影响明显。
而且,第二间佛殿并不单纯是受影响的问题,其艺术家如果不完全 140
是中亚的,至少也是审慎遵循中亚艺术传统的队伍,因为于阗样式创作的壁画背景仅适合相同风格的塑像。

不易确定这些作品的年代。在可能拥有十五世纪最杰出的壁

画作品的江孜十万佛塔或白居寺中，藏地风格已见其端绪，因此艾旺佛殿无疑能追溯至此时期之前。当然，这并不意味其壁画和塑像能回溯至传统所指称的建寺年代，即拉吉曲降(lha rje chos byang)时代。很可能艾旺寺于萨迦时期，即萨迦派早期曾经重建或修复，否则无法解释这些作品与年代确定的十万佛塔中的作品的风格上的显著差异。

但该地的古老亦可由佛寺附近的一些岩画得以证实：它们让人想起拉达克的岩画，尽管类型不如其丰富。其中一些表现的是苯教的雍仲符号（图版55），其他一些表现的是骑士，很难比定所骑的动物，好像是马，但尾鬃过长（图版56）。骑士手执长矛或旗纛，头饰羽毛。别处，如图版57，两人似乎正与一角兽相击。

这些岩画的重要性在于它们是锡金—江孜商道上唯一的一处
141 发现。它们很可能是对藏史中大量记载的中亚游牧部落的奇袭的描述。

总之，这些岩画与拉达克的有相当的差异：后者不仅更古老，其中一些甚至可追溯至贵霜(Kushan)时代，而且表现的类型也丰富得多。例如，西藏中部的岩画缺少羱羊，而羱羊图案和狩猎场景在卡拉孜(Khalatse)和哲(dras)地附近岩画中最为常见。

艾旺寺过后，另一座寺院是雪朗寺(zho nang)，方志上记载雪朗寺为该地最古老的寺院之一。该地也是格鲁派的辖区。寺院有常见的围墙。祖拉康为两层，底层佛殿无甚价值，曾经过修复和重绘；顶阁(dbu rtse)虽亦有明显的修补，但宏伟庄严，主壁盘坐有七佛（rabs bdun，图版58），呈禅定姿。无论从图像学，还是从艺术角度，都没有什么新颖之处。塑像细部精致、庄严洗炼，但缺乏表现力。左壁表现五佛(rigs lnga)的绘画亦是如此，主尊一如所料，是大日如来（白色，一面，施转法轮印，图版59）。保存完好的还有宝生佛（图
142 版60）。诸佛胁侍为两身菩萨立像。上方，礼拜天众从云海中涌现，一如光色的盛宴，但线条非常刚硬，天众的面部被拉宽，形象谨遵的是造像量度经。

门左侧有三身怙主像(mgon po)，保存最好的一身可见图版61，表现的是金刚手(Vajrapāṇi)的忿怒身形六臂大黑天(mgon po phyag drug)及其明妃[1]。下部可见附属天众,上部为灌顶上师传承次第。

右壁绘画几近剥落,度母(Tārā)的精美身像仍有留存,一为白度母,一为绿度母。

三、乃宁寺的创建

乃宁寺是西藏中部最有名的胜迹之一,而且从 *myang chung* [后藏志]和寺志得知,它还是整个后藏最活跃和最古老的教法中心之一。

据寺志,寺院建于最初称为协(skyegs)的地区[2]。据资料所载当地传说,该地被赞普阿达赤热巴巾(mnga' bdag khri ral pa can)封赐给了他的经师,即嘉·绛贝桑瓦(rgya 'jam dpal gsang ba)。后者虽驻锡于桑耶(bsam yas),但被赤松德赞(khri srong lde btsan)的前任大臣桂·赤桑波(mgos khri bzang po)迎请至后藏下部弘法[3]。他在获得赞普的准许,并且得到年堆(nyang stod)的一些封地后接受了迎请。期间,老桂氏去世,长子桂·琼贵则(mgos khyung rgod rtsal)让弟弟多吉则(rdo rje rtsal)继承了后藏下部的封地;他本人则和嘉·绛贝桑瓦迁往协地,并成为后者的施主,在绛贝桑瓦的要求下,琼贵则建立诸寺,首先是包括围墙、寝殿(gzims khang)[4]、神殿的驻寺(gnas dgon)乃宁,以及乃宁附近隆塘空(lung thang khung)的静寺(dben dgon),还有附近吉果(skyid sgo)的禅修殿(sgrub khang)[5]。 143

由王室经师、桑耶寺堪布所建的乃宁寺长期以来就是宁玛派(rnying ma pa)最重要的寺院之一。即使后来格鲁派已开始掌握政

---

[1] A. Grünwedel, *Mythologie des Buddhismus in Tibet und der Mongolei. Führer durch die lamaistische Sammlung des Fürsten E. Uchtomskij*, Leipzig, F. A. Brockhaus, 1900, p. 161, fig. 135.《梵天佛地》第一卷,第 60 页。

[2] 布顿教法史中也说乃宁称之为协乃宁(skyegs gnas rnying)。E. Obermiller (translated by), *History of Buddhism* (*Chos-ḥbyung*) *by Bu-ston*, part II (*The History of Buddhism in India and Tibet*), p. 208.

[3] 参见本册第 36 页。

[4] 译者注:写本写作 gzim khang。

[5] kha 册,第 4 叶正面。

教大权，该寺仍是研习旧密(sngags rnying)的重要中心之一。但寺院的历任堪布——寺志中有他们的略传——目光远大，依当时教证双全的上师学说来建构其寺院教育，因而，在保持宁玛派鲜活传统及莲花生上师热忱信仰的同时，乃宁寺对各教派敞开大门，成为藏传
144 佛教最为繁荣的学院之一。该寺获得金刚座(rdo rje gdan)即藏地菩提伽耶(Bodhgayā)的称号可谓实至名归，其犹如将教法弘传于整个雪域的新的菩提伽耶[1]。

寺院后来由桑顶寺(bsam lding)座主、金刚亥母(Vajravārāhī)的化身多吉帕姆(rdo rje phag mo)主持[2]，因此最终由格鲁派掌控。这处昔日最为闻名的地方如今仅余多处损毁、几近倾圮的围墙，英藏战争中被僧人当作屏垒的寺院几乎被夷为平地，佛殿则是几年前得以重建。祖拉康中的长凳和临时供案上挤满了大量青铜造像，其中一些属于藏族艺术的黄金时期，少量来自于尼泊尔。

喇章(bla brang)中也留存了一件鎏金青铜靠背的精美残片。婀娜的卷草图案轻盈展开，交织成一组组柔美的涡纹，弥勒和文殊的纤细身姿从绽放妙莲中升起（图版62、63）。

显而易见，我们面对的是一件印度—尼泊尔艺术鼎盛时期的精
145 美残片[3]，如 *gnas rnying*［乃宁寺志］所载，是虔诚慷慨的历任堪布屡次邀请尼泊尔艺术队伍为其寺院创作[4]，或从印度经由尼泊尔而来的众多杰作中的一件。

毫不逊色的是图版64、65中富有象征含义的莲花。从雕有花卉图案的基座升起一上部微阔的四方形柱，柱面可见诸小塔，塔内

---

〔1〕 乃宁寺志，kha 册，第2叶：nyang stod rgya gar gyi gling/ gnas rnying rdo rje'i gdan mtshung，年堆等同印度洲，乃宁等同金刚座。同样的表述也常见于 *myang chung*［后藏志］。但江孜—日喀则道上的玛格顶寺(mag dge lding)通常也以金刚座闻名。
译者注：参见本册第36页，注释4。

〔2〕 达斯曾拜访过这位座主。S. C. Das, *Journey to Lhasa and Central Tibet*, pp. 131ff.

〔3〕 例如，参见R. D. Banerji, *Eastern Indian School of Mediaeval Sculpture*, Delhi, Manager of Publications, 1933, pl. XCIV b。

〔4〕 第16叶背面。

端坐五佛，诸佛均有其相应手印。顶部为八瓣展莲，每一莲瓣上均为胜乐(bde mchog)双身天众(yab yum)。作品工艺精湛，令人想起发现于孟加拉，并由巴特萨利(Bhattasali)和班纳吉(Banerji)发表的那些青铜莲花[1]，可能我们讨论的作品也是被早期弘法者带入藏地的。

乃宁寺留存的为数不多的作品只能使我们对其一度拥有，却永远失去的艺术宝库存有一个苍白的印象。

[1] N. K. Bhattasali, *Iconography of Buddhist and Brahmanical Sculptures in the Dacca Museum*, Dacca, Dacca Museum, 1929, pls. XV, XVI; R. D. Banerji, *Eastern Indian School of Mediaeval Sculpture*, pl. LXXII.

第七章

146

江孜白居寺

一、底层的三间佛殿

江孜(rgyal rtse)历史悠久,在留存至今的关于该地为数不多的历史文献中数次被提及。如我们所见,它是从萨迦喇嘛处得到的家族封地,虽然其领主权力逐渐日薄西山,但延续数代。在早期封建王子们的治下,古城一度似曾获得了之后不再的繁荣,正是在此期间,江孜标志性的胜迹拔地而起,成为该地无与伦比的庄严象征,至今无法替代。我指的是白居寺和其围墙内的十万佛塔。

寺院建于集市北部,由横亘山梁的围墙环绕,间杂以清军所建的后期堡塞(图版 66、67)。寺院由数座建筑物构成,英国入侵时曾遭严重毁坏,所以大部建筑为现代重建。寺中三派并存,每派均有
147 自己的札仓和堪布,他们是格鲁派、萨迦派(sa skya pa)的俄(ngor)传规,以及布顿创立的夏鲁派(zha lu pa)〔1〕。

格鲁派僧人居多,其堪布由拉萨指派,是当地的最高权威。

萨迦派和夏鲁派有各自的朱古(sprul sku),他们在江孜仅停桓数周,余下时间则在他们的其他众多属寺间走动。我在江孜逗留期间,有幸得遇这两位朱古。

江孜白居寺称为贝廓曲德林(dpal 'khor chos sde gling),或据最古老的资料,称为贝廓德庆林(dpal 'khor bde chen gling)〔2〕,自古以来它就是全藏最有名的圣迹,每个虔诚的朝圣者都渴望朝拜它。

---

〔1〕 该派以夏鲁寺得名,藏族伟大的班智达布顿驻锡于此,并在此完成了其不朽论著中的大部。参见本册第 50 页。

〔2〕 *myang chung*［后藏志］,第 81 叶。

环绕寺院的围墙开有一扇雄伟的大门，由此进入宽阔的庭院。庭院中，沿着墙壁有一行供朝圣者虔心转动的经筒。路的左侧，巨大的片石上刻有忏罪仪式中所诵请的三十五佛的浅浮雕（图版68），刻工仓促粗糙，唯一有些许图像学价值的是创建白居寺的江孜法王的草像（图版69）。

诸殿中真正仍保存有众多精美艺术品的是祖拉康，衬以厚大红 148
墙的宏伟建筑从庭院中央拔地而起，上托高高的宝瓶（gañjira），在蓝宝石般的天空下熠熠生辉。墙壁呈向上略收之势，给祖拉康以坚固结实之感。前廊肃穆敞开，引向毫不留情封锁圣殿秘密的厚重门扇。整个建筑令人敬畏，激发出想一探究竟的热切愿望。祖拉康底层为经堂（'du khang），背墙及两侧开有三间小殿。

举行重大仪式的经堂相当大，能容纳数百名僧人，殿中的黑暗仅被占据内殿整个龛位的巨大佛像反射的微光——由供案上摇曳的酥油灯光产生——些许撕破。显然，塑像的庞大损耗了其艺术价值，大像表现的是拉萨的觉沃佛（jo bo），亦头戴宝冠[1]。

据传统，塑像与著名的摩诃菩提（Mahābodhi）佛像身量一致，共用去一千克铜（khal）和一百零八钱（zho）黄金[2]。为了佛像的开光，
塑像内装藏有班智达舍利弗（Śāriputra）携至藏地的陀罗尼（dhāraṇī）。 149

佛像两侧为文殊（'jam dbyangs）和观音（spyan ras gzigs），其次是过去佛燃灯（mar me mdzad）和未来佛弥勒（byams pa），再次，左右墙有十六菩萨，每侧八位。据 *myang chung*［后藏志］记载，十六菩萨出自著名的仪轨经典 *Mañjuśrīmūlatantra*［文殊师利根本怛特罗］[3]。

---

〔1〕 拉萨觉沃佛的照片由沃尔什发表。E. H. C. Walsh, "The Image of Buddha in the Jo-wo-khang Temple at Lhasa", *The Journal of the Royal Asiatic Society of Great Britain and Ireland*, 1938, pl. VI.

〔2〕 1克约等于11公斤，1钱约等于50克。
译者注：应为八百钱黄金，藏文原文为 brgya phrag brgyad。

〔3〕 第84叶。参见 M. Lalou, *Iconographie des étoffes peintes (paṭa) dans le* Mañjuśrīmūlakalpa, Paris, Librairie Orientaliste P. Geuthner, 1930, pp. 31–32。十六菩萨是：文殊（Mañjuśrī）、月光（Candraprabha）、善财（Sudhana）、除盖障（Sarvanīvaraṇaviṣkambhin）、虚空库（Gaganagañja）、地藏（Kṣitigarbha）、离垢（Anagha）、妙眼（Sulocana）、弥勒（Maitreya）、普贤（Samantabhadra）、观音（Avalokiteśvara）、金刚手（Vajrapāṇi）、大慧（Mahāmati）、寂慧（Śāntamati）、遍照藏（Vairocanagarbha）、灭罪（Apāyajaha）。

帕巴贝桑波的首期工程仅为主殿[1]。由于发现主殿规模较小，他修改了原有布局，增建两翼向外凸出(glo 'bur)的神殿、带有回廊('khyams)的二楼及礼拜走廊('da' yab kyi 'khor yug, 'khor lam)，逐渐形成如今所见的宏伟规模。

左侧的第一间佛殿供奉的是大日如来曼荼罗，具体而言，是出自 *Tattvasaṃgraha*［真性集］第一品的金刚界曼荼罗(Vajradhātu-maṇḍala)，目的在于去除障碍解脱的根本烦恼之一贪欲，借助的方便
150 是以同样的贪欲将贪欲转变净治。如我们所见，根据有情对该曼荼罗的不同领悟，其可以有三种表现方式，即为了随摄欢喜广大有情之广大曼荼罗，为了随摄欢喜中等有情之中等曼荼罗，为了随摄欢喜简略有情之简略曼荼罗。

殿中表现的是第一种曼荼罗。中央是呈金刚界曼荼罗主尊典型姿势的大日如来：四面，二臂，双手施智拳印(byang chub mchog)。周围为其他四佛，诸佛均伴有相应的菩萨。

塑像均为彩塑，五佛形制较大，其他的形制较小。它们凸塑于墙上明显受印度风格影响的三叶拱中[2]，后者呈异常简洁的涡蔓纹饰，沿五佛周围展开。塑像精致洗炼，仍留有后期因谨遵造像量度经而逐渐消失的优雅庄严。显然，我们面对的是藏族艺术鼎盛期间、印度传统回声尚未消逝之际的作品。题记清楚宣称该殿建于江孜法王帕巴贝桑波在位期间[3]，印证了 *myang chung*［后藏志］所述的情况（图版 70－72）。

151 墙上绘满小像，构成一幅精致多彩的帷幔，上面有成倍增多的

---

〔1〕 *myang chung*［后藏志］，第 83 叶正面。
译者注：白居寺的创建者应为饶丹衮桑帕巴(rab brtan kun bzang 'phags pa)，参见图齐［后藏志］抄本第 80 叶背面，以及［后藏志］藏文第 51 页、汉译第 31 页。

〔2〕 藏文文献称其为塔(mchod rten)。

〔3〕 译者注：题记仅提及法王贝桑(chos rgya dpal bzang)，图齐将其比定为帕巴贝桑波，实际上应为扎西饶丹贝桑波(bkra shis rab brtan dpal bzang po)，他在位期间对白居寺进行了修缮，参见 *rgyal rtse chos rgyal gyi rnam par thar pa dad pa'i lo thog dngos grub kyi char 'bebs zhes bya ba bzhugs so*［江孜法王传·成就信之稼穑之雨霖］，第 292－294 页。

贤劫(Bhadrakalpa, bskal bzang)诸尊。他们不是一千身，而是九百九十六身，即二百四十九身白色金刚萨埵(rdo rje sems dpa')、二百四十九身红色金刚宝(rdo rje rin chen)、二百四十九身红色金刚法(rdo rje chos)、二百四十九身绿色金刚业(rdo rje las)[1]。其绘制得相当精准，仿佛受到了印度和尼泊尔写本细密画的影响(图版73、74)。佛殿由夏鲁古尚·曲杰南卡赞金(chos rje nam mkha'i mtshan can)开光。画师的名字保存在题记中。

佛殿中还有一套精美绝伦的蓝靛底、金汁书写的 *Prajñāpāramitā*［般若波罗蜜多］八千颂写本。用于庄重场合迎请游行的这部写本有两块经书护板(pālaka, glegs shing)，护板上镌刻的花卉涡纹中有众多附属天众伴随的五佛。

右侧佛殿供奉的是弥勒(byams pa)，其高大身像非常突出。塑像为后补，不仅因其艺术价值甚少，而且也为 *myang chung*［后藏志］所证实[2]。从这部非常有用的圣迹志中我们得知殿中主尊为十一面观音(spyan ras gzigs bcu gcig zhal)，如今均位于弥勒身像背后。十一面观音有许多成就法，因此图像表现亦有不同，该殿的观音依据龙树传规所造，据此传规的观音为千臂，其中持有特定标识 152
的四十二臂清晰可见。壁画表现的是十一面观音上师传承次第。主像左右为一排上师和班智达，造像极为精准，具有某种写实性，赋予每尊形象以特定的面容：右侧为文殊('jam dbyangs)、莲花生(Padmasambhava)、莲花戒(Kamalaśīla)、阿底峡(Atīśa)；左侧有三尊精美的塑像，岁月为其抹上了一层暗亮的釉色，愈加凸显出塑工的精巧。三位人物坐于汉式宝座上，身披饰有花卉纹案的朝服(图版75、76)，他们表现的是三位伟大的吐蕃赞普，其伟大不仅体现在文

---

[1] 据布顿 *bshad rgyud rdo rje rtse mo'i dkyil 'khor gyi bkod pa*［释续金刚顶曼荼罗庄严］，第11叶正面。
译者注：据今［后藏志］藏文第54页及布顿论著第11叶，此处所绘为贤劫千尊，东面为弥勒等二百四十九身菩萨，如同白色金刚萨埵；南面为香象等二百四十九身菩萨，如同黄色金刚宝；西面为无量光等二百四十九身菩萨，如同红色金刚法；北面为金刚藏等二百四十九身菩萨，如同绿色金刚业。

[2] 第86叶。

韬武略上，而且也体现在弘扬佛法中的地位上。他们就是藏人所称的祖孙三王(mes dbon gsum)：松赞干布(srong btsan sgam po)、赤松德赞(khri srong lde btsan)、阿达赤热巴巾(mnga' bdag khri ral pa can)。祖孙三王的此种表现在寺院中非常少见。

墙上交替绘有无量寿(Amitāyus)和金刚萨埵(Vajrasattva)（图版77、78）。

前廊左侧有一扇小门，通往供奉诸护法神的怙主殿(mgon khang)，经由一条走廊可以进入其内，走廊两侧壁画损毁严重，表现的是诸怒相护门(sgo skyong)和萨迦派护法神宝帐怙主(gur mgon)。

153 萨玛达的情形在此重演：这些佛殿均建于萨迦派权力鼎盛之际，后来才改宗格鲁派。

廊壁上前后相随的天众为：

右侧为欲界天女（'dod khams lha mo，图版81）。

左侧为白色女日月（dkar mo nyi zla，图版79）；黑魔王（bdud rgyal，图版82）；未能比定的另一身神（图版80）；以及狮面(seng ge gdong)、虎面(stag gdong)、熊面(dom gdong)、豹面(gzig gdong)四护门(sgo skyong)。

怙主殿(mgon khang)内部犹如噩梦般的世界：从向导摇曳的微光所艰难战胜的黑暗中升起诸眷属围绕的忿怒宝帐怙主(gur mgon)，四周，体内塞满稻草的牦牛、羚羊、山羊从梁上和挂有旗幡的墙上悬垂而下，历经岁月，粘满尘土，变成黑团，晃来荡去，犹如幽灵。在此怙主殿中可以呼吸到藏传佛教艺术所特有的、赋予其作品特殊魅力的怖畏气氛。

穿过这些可怕的帷帐，墙上是尸林景象：为猛禽野兽撕食的尸体，炽燃火焰中挥舞着地狱刑具的狞笑天众，他们就是我们已经讨论过的五门布跋陀罗兄妹(mon bu pu tra ming sring)。

二、道 果 殿

顶阁(dbu rtse)由一片宽阔的平台构成，对应于楼下的经堂。周围是一圈回廊(yab ring)，由细柱承托，其上的树疖无法以木工的技艺
154 掩盖。墙上表现的是出自 *Avadānakalpalatā* (*dpag bsam khri shing*)

［譬喻如意藤］中的释迦牟尼百行的系列场景。壁画为新制，但做工精良，绘制细致，色彩尤为鲜艳。

后部回廊被封闭，一位现代画师在墙上绘制有多彩的净土场景，以及一幅相当简约但值得一看的上一世达赖喇嘛像。

左右有两间佛殿。后部稍高的佛殿是真正的顶阁、大无量宫(steng gzhal yas khang chen mo)，可由两侧拾级而上。

第一间佛殿即左侧佛殿被称为道果殿(lam 'bras lha khang)。殿名指明了建殿的教派：道果(lam 'bras)是萨迦派密法的名称，意为解脱之道及所获之果。道果对应于格鲁派的道次第(lam rim)，它是有情超越诸有为法，与实相合一的禅修、净治次第。佛殿归属于萨迦派亦由正壁龛位周围的造像得以证实。他们表现的是萨迦派道果上师传承次第，中央为金刚持(rdo rje 'chang)，右为无我母(bdag med ma)，左为费卢波(Virūpā)，然后是诸萨迦喇嘛(图版 83 – 85)。

佛殿中央为据鲁益巴(lū i pa)传规之泥塑胜乐(bde mchog)曼荼 155
罗(图版 86)。胜乐曼荼罗并非绘制而成，而是将立体天众小像配列于各自的位置，这称之为 blo blangs。我在扎布让的胜乐殿发现过另一例子，并已经作了描述[1]。

仪轨要求对胜乐曼荼罗施行苯教所采用的左旋礼拜，而非传统的右旋，这可能暗示了胜乐和湿婆(Śiva)的相似性，以及藏传佛教和藏地本土信仰的交涉[2]。为便于研究，我们依据通常的顺序来描述该殿。除了以上提及的造像，从艺术性上讲壁画也相当重要，但从图像学上而言，该部组很常见。它表现的是八十四成就者，其重要性不仅在于他们圆满了赫塔瑜伽(Haṭhayoga)，坚持为了即身成就而兼修色法心法的必要性，而且在于他们融合佛教和湿婆教的尝试。

---

[1] 参见《梵天佛地》第三卷，第二册，第 7 页。

[2] 布顿的 *dpal mchog rigs bsdus kyi dkyil 'khor gyi bkod pa* ［最上本初摄部曼荼罗庄严］在描述非天(lha ma yin)曼荼罗时(第 19 叶正面)，说胜乐是非天主(lha ma yin gyi dbang bo bde mchog)，该曼荼罗中央为遍入天之轮(khyab 'jug gi 'khor lo)，东为胜乐，南为净心(thags bzang ris)，西为妙臂(lag bzang)，北为非天罗刹(lha ma yin gyi srin po)。在藏地，左旋礼拜往往与苯教、印度教等非佛教的信仰有关。

156 该部组在噶举派(bka' brgyud pa)中极为盛行，在萨迦派和格鲁派中则稍显逊色。但在此例中，最值得关注的是背景之上那些轻盈灵动且精美绝伦的身像，背景虽显程式化，但与其力图表现的奇幻灵异的世界相得益彰（图版 87－91）。

成就者或坐于虎皮，或与明妃翩翩起舞，周围的花卉植物盘曲错杂，状若虬龙，宛如梦境；色彩鲜活而不失和谐，空中轻云浮动。每尊身像都有一句简短的用藏文拼写的梵文礼赞，拼写讹误之处不少。

此处我们发现了在楼下供奉大日如来的佛殿里亦可见到的对藏族绘画史至关重要的题记。壁画下面的一行文字不仅给出了供资施主(sbyin bdag)的名字，并给出了画师本人的名字。施主是乃宁本尊·班觉仁钦(dpal 'byor rin chen)和翁则贝乔(dbu mdzad dpal mchog)，画师则为本莫切班觉(dpon mo che dpal 'byor)师徒。

左壁表现的是某位僧人一生中的各种行迹，据 *myang chung*［后藏志］，应为萨班(sa skya paṇ chen)。据同一资料，由题记证实（图版
157 94），该场景为萨班和外道辩论，即在吉隆(skyid rong)与印度教苦行者辩论并使其堕负（图版 92－96）[1]。

对面的墙壁即右壁表现的是法王的生平，即前往汉地、从元帝手中获得封地的八思巴和其梦境（图版 97－99）。

殿门两侧墙壁上表现的是作为护门的各种怒相天众，他们使此殊胜之处免遭邪魔恶障的侵扰。门右侧(mar khyu)可见萨迦派宝帐怙主（图版 100），周围是尸林和在炽燃火焰中起舞的忿怒天众。宝帐怙主曼荼罗周围是绘有花草树木等取自汉式的装饰图案的边框（图版 101），其中尤为突出的是五鬼卒(las mkhan)，即怙主的差役、我们已经讨论过的门布跛陀罗(mon bu pu tra)。怙主附近是住于天宫的多闻子(rnam thos sras)。门左侧(yar khyu)是吉祥天女(dpal ldan lha mo)，围绕有上面已经描述过的四领队（ru 'dren，图版 102）。

〔1〕晋美南卡('jigs med nam mkha')对此情节亦有记述。G. Huth (hrsg. und übers.), *Geschichte des Buddhismus in der Mongolei*, Zweiter Teil (*Nachträge zum ersten Teil. Übersetzung*), pp. 123ff. 但壁画描绘的场景不止于此，其中还经常表现萨班亲见其本尊，从其得到般若智慧，传与徒众，或造作论书。

黑魔王(bdud rgyal)持有骷髅念珠,右手持长矛(mdung ring),左手持
幡(ba dan,图版 103)[1]。白色女日月(dkar mo nyi zla)为常式(图 158
版 104):一面二臂,右手托多层须弥山,左手当胸举四大洲,颈戴九百九十九个日月构成之鬘,头饰一轮日、月及骷髅冠[2]。这两身神总是成对出现(lcam dral),并被冠以一个名字噶杜(dkar bdud)。

三、曼荼罗殿

真正的顶阁、乌策(dbu rtse)大殿规模宏大(图版 105),从宗教角度而言,是寺院最秘密和最重要的部分。殿中壁画细致展现了著名怛特罗学派的曼荼罗,堪称大乘密教的画廊。该殿是举办密教仪式,对密乘学人授予灌顶的场所,如今成为集会殿。我在江孜停留期间,当地百姓畏于长期干旱,祈望由圣言法力得降甘霖,僧众应请齐聚此处,念诵 *bka' 'gyur*[甘珠尔]。佛殿丧失了其本来作为灌顶殿的功能,这可由堆满各种经书——从[甘珠尔]、*bstan 'gyur*[丹珠
尔]到多函量论著作——几近遮盖曼荼罗壁画的笨重书架得以明 159
证。此外,沿着正壁有众多造像,少数较古,大部分年代晚近,他们完全挡住了壁画。造像中仅有一尊值得一提,这是一尊安详平和的珍贵佛像(图版 106),其身后的鎏金青铜靠背原属另一尊造像。造像和靠背看来并非藏地所制,而几乎可以肯定是尼泊尔风格。

显然,佛殿曾遭侵扰,可能发生于 1904 年英国侵藏期间。

殿门左侧和左壁前几铺曼荼罗壁画存有题记[3]。很清楚,它

---

〔1〕 译者注:图版中为右手持骷髅念珠,左手持顶端系幡之长矛。

〔2〕 该描述取自 *dpal sa skya pa'i yab chos yang phur thun mong gi bka' srung dkar bdud lcam dral gyi sgrub thabs rjes gnang dang bcas pa*[吉祥萨迦派父法金刚橛共通护法噶杜兄妹成就并随许], *rin chen gter mdzod*[大宝伏藏], nyi 函。

〔3〕 译者注:由于当时条件所限,图齐对该殿曼荼罗壁画的描述多依赖于其收集的[后藏志]写本。据实地考察,该殿壁画有损毁和重绘现象,因此和图齐描述有一定出入。此外,今西藏人民出版社出版的[后藏志]藏文本和图齐写本亦有部分不一致之处。由于时间、条件所限,译者无法对这些曼荼罗一一核对,在此提请读者注意。

们是据以前的样本，新近重绘，如壁画下的简短题记所述。第一个是 *phur pa rtsa dum gyi rgyud*［金刚橛根本怛特罗品］所出金刚部忿怒吉祥金刚童子(khro bo dpal rdo rje gzhon nu) 曼荼罗[1]，即据萨迦派传规的金刚橛（图版 107）。

该曼荼罗下面为金刚作吽(rdo rje hūṃ mdzad) 二十九天曼荼罗（图版 108）[2]，然后是金刚甘露(rdo rje bdud rtsi) 曼荼罗（图版 109）[3]。

左壁是黑阎摩敌（gshed nag，图版 110）和红阎摩敌（gshed
160 dmar，图版 111）曼荼罗。

殿门右侧的曼荼罗据题记，不是如佛殿目录所述出自 *Sampuṭa-tantra*［和合怛特罗］的金刚界曼荼罗，而是白色静相胜乐金刚萨埵(bde mchog rdo rje sems dpa' zhi dkar po) 曼荼罗（图版 113）[4]。

该曼荼罗下面是 *rdo rje gdan bzhi*［四座金刚］所出空行母(mkha' 'gro ma) 曼荼罗（图版 114）[5]，以及作吽十一天曼荼罗（图版 115）。

其他的曼荼罗如我所述，大部分被书架和造像遮挡。可见的曼荼罗也如别的曼荼罗一样，难以比定，换句话说，很难判断它们与特定的经典，或它们所象征的密教部组的联系。如果没有明确的题记，这项任务几乎是无望的，因为我们对藏地迎请的浩瀚的怛特罗经论的了解还并不完备。然而，我们有该殿壁画准确有序的描述，其保存在已经屡次提及的 *myang chung*［后藏志］中。据该书，中央曼荼罗是时轮(dus kyi 'khor lo) 身语意圆满曼荼罗，其右侧曼荼罗如下：

---

〔1〕即萨班所译 *rdo rje phur pa rtsa ba'i rgyud kyi dum bu*［金刚橛根本怛特罗小品］，《西藏大藏经总目录》第 439 号，那塘版阙。

〔2〕除了上述列表提及的金刚作吽曼荼罗，参见 *rdo rje hūṃ mdzad kyi sgrub thabs*［金刚作吽成就法］，《西藏大藏经总目录》第 3289、3359、3634 号。

〔3〕*rdo rje bdud rtsi'i rgyud*［金刚甘露怛特罗］，《西藏大藏经总目录》第 435 号。

〔4〕译者注：该佛殿可由两侧楼梯拾级而上，此处的曼荼罗位于另一侧楼梯（面对佛殿右侧楼梯）殿门的右侧。

〔5〕参考布顿 *rdo rje gdan bzhi'i dkyil 'khor rgyas pa'i sgrub thabs mi brjed par dran byed*［四座金刚曼荼罗广大成就法 · 无忘作忆］，*bu ston thams cad mkhyen pa'i bka' 'bum*［遍知布顿文集］，ja 函。

1. 八思巴(即洛卓坚赞贝桑波)传规之密集不动金刚(gsang ba 'dus pa mi bskyod rdo rje)两铺大曼荼罗[1]。
2. 觉译师(skyo lo tsā ba)传规之身部金刚怖畏(rdo rje 'jigs byed)十 161
七天曼荼罗。

由此前往左壁:

3. 智足(ye shes zhabs)传规之不动佛部(mi bskyod pa'i rigs)之密集文殊金刚(gsang 'dus 'jam pa'i rdo rje)十九天曼荼罗[2]。
4. 热译师(rva lo tsā ba)传规之金刚怖畏(rdo rje 'jigs byed)十三天曼荼罗[3]。
5. 吉祥持(dpal 'dzin)传规之红阎摩敌(gshin rje gshed dmar po)十三天曼荼罗,仍然可见,并且我们前面已经讨论过[4]。

正壁中央曼荼罗左侧:

1. *mkha' 'gro rgya mtsho*[空行海]所出十七面七十六臂嘿噜嘎(Heruka)一百零四天曼荼罗(图版 112)[5],四周为两排贤劫(Bhadrakalpa)千佛。
2. 大成就者鲁益巴(lū i pa)传规之胜乐(bde mchog)六十二天曼荼罗[6]。

---

〔1〕 译者注:此处所据并非八思巴传规,而是密集两大传规中的圣派传规。其阐释参见提婆(Āryadeva)著 *Caryāmelāpakapradīpa* (*spyod pa bsdus pa'i sgron ma*)[行集灯],《西藏大藏经总目录》第 1803 号。

〔2〕 关于密集文殊金刚(gsang 'dus 'jam pa'i rdo rje)的两部短论见布顿的 *gsang 'dus 'jam rdor gyi sgrub thabs 'jam dbyangs yid 'phrog*[密集文殊金刚成就法 · 文殊夺意]和 *gsang 'dus 'jam rdor dkyil 'khor gyi cho ga 'jam pa'i dbyangs kyi byin rlabs kyi rnam 'phrul*[密集文殊金刚曼荼罗仪轨 · 文殊加持变化], *bu ston thams cad mkhyen pa'i bka' 'bum*[遍知布顿文集], tha 函。

〔3〕 参见《梵天佛地》第三卷,第二册,第 39 页。

〔4〕 Cordier II, pp. 177 – 178, n. 103, 104, 106, 107. *bstan 'gyur*[丹珠尔],释怛特罗部(rgyud 'grel), pi 函。

〔5〕 关于该文本的俗语成分,参见 N. N. Chaudhuri (edited by), *Studies in the Apabhraṃśa Texts of the Ḍākārṇava,* Calcutta, Metropolitan Printing and Publishing House, 1935。

〔6〕 参见《梵天佛地》第三卷,第二册,第 7 页以后。

由此前往右壁：

3. 萨迦派传规之 *mkha' 'gro ma rdo rje gur*［空行母金刚帐］所出摄部
162 (rigs bsdus)和独部(rigs rkyang)之摄部五空行母(mkha' 'gro ma)曼荼罗[1]。
4. 大成就者费卢波(Virūpā)口诀传规，*rdo rje gur brtag gnyis*［金刚帐二品］所出喜金刚(Hevajra, kye rdo rje)九天曼荼罗。
5. 一切佛平等和合曼荼罗(sangs rgyas thams cad mnyam par sbyor ba'i dkyil 'khor)[2]。
6. 依有贤(Bhavabhadra)之梵本，与札巴仁钦(grags pa rin chen)密意随顺之 *dpal gdan bzhi rgyud*［四座怛特罗］所出四座诸天曼荼罗[3]。

上述就是 *myang chung*［后藏志］列举的曼荼罗，其大都今已无法看见，它们占据了壁面的中部，围绕这些主要曼荼罗的上下有许多小曼荼罗，［后藏志］随后对其亦有描述。从中央曼荼罗右侧开始，以同样的顺序直至殿门左侧，上部有：

1. 大成就者费卢波(Virūpā)传规之红阎摩敌(gshed dmar)五天曼荼罗[4]。
2. 阿底峡传授降秋沃(byang chub 'od)之密集观音(gsang 'dus spyan ras gzigs)十九天曼荼罗。
3. 163 *dus 'khor*［时轮］之密集(gsang 'dus)九天曼荼罗。
4. 金刚手大轮(phyag rdor 'khor chen)二十五天曼荼罗[5]。
5. 密集六部之密集(gsang 'dus)二十五天曼荼罗。
6. *dus 'khor*［时轮］所出幻网(sgyu 'phrul dra ba)三部之幻网四十三天曼荼罗。

---

〔1〕关于［空行金刚帐］，参见《西藏大藏经总目录》第 419 号。关于摄部和独部，参见《西藏大藏经总目录》第 1322 和 1321 号。

〔2〕《西藏大藏经总目录》第 1659、1660、1661、1663、1677 号。

〔3〕《西藏大藏经总目录》第 428 – 430 号。

〔4〕《西藏大藏经总目录》第 2017、2018 号。

〔5〕*phyag rdor 'khor chen gyi bstod pa bstod pas don thams cad 'grub pa*［讚金刚手大轮讚 · 一切义成］，*bu ston thams cad mkhyen pa'i bka' 'bum*［遍知布顿文集］，tha 函。

7. *rdo rje phreng ba*［金刚鬘］所出甘露嘿噜嘎(bdud rtsi'i heruka)曼荼罗。

以同样的顺序,下部有：

8. 暴恶金刚手(phyag rdor gtum po)五金翅鸟曼荼罗[1]。
9. 热琼巴(ras chung pa)传规之黑阎摩敌(dgra nag)十三天曼荼罗。
10. *rdo rje phreng ba*［金刚鬘］所出佛顶盖(sangs rgyas thod pa)九天曼荼罗[2]。
11. *phag mo mngon par byang chub pa*［亥母现证］所出亥母二十五天曼荼罗[3]。
12. *bde mchog sdom 'byung*［胜乐出生］所述三面六臂胜乐十三天曼荼罗[4]。
13. *dus 'khor*［时轮］所出文殊师利幻网('jam dpal sgyu 'phrul dra ba)四十五天曼荼罗。
14. *dus 'khor*［时轮］所出密集三十二天曼荼罗。
15. *dus 'khor*［时轮］所出密集十三天曼荼罗。 *164*
17. *rdo rje phreng ba*［金刚鬘］所出三甘露曼荼罗之甘露作吽(bdud rtsi'i hūṃ mdzad)曼荼罗[5]。
18. 胜乐触词(bde mchog reg tshig rnams)曼荼罗。

从中央曼荼罗左侧开始,上部有：

19. 黑行(Kṛṣṇācārya, nag po spyod pa)传规之胜乐六十二天曼荼罗。
20. 弥勒护(Maitrīpā)传规之胜乐十三天曼荼罗。

---

[1] 参见《梵天佛地》第三卷,第一册,第111页。

[2] 关于佛顶盖,参见 *sangs rgyas thod pa zhes bya ba rnal 'byor ma'i rgyud kyi rgyal po*［佛顶盖瑜伽母怛特罗王］,《西藏大藏经总目录》第424号。

[3] 《西藏大藏经总目录》第377号。

[4] 参见布顿 *bde mchog sdom 'byung gi sgrub thabs dngos grub rin po che'i gter*［胜乐出生成就法·成就宝藏］, *bu ston thams cad mkhyen pa'i bka' 'bum*［遍知布顿文集］, ja 函。

[5] 译者注：此处序号应为16,以下类推。

21. *brtag gnyis*［两品］所出一面二臂身喜金刚曼荼罗[1]。
22. 三面六臂语喜金刚曼荼罗。
23. *Sampuṭatantra*［和合怛特罗］所出具武器喜金刚十七天曼荼罗。
24. 八面十六臂心喜金刚(kye rdo rje)九天曼荼罗。
25. *sangs rgyas thod pa*［佛顶盖］所出佛顶盖二十五天曼荼罗。
26. *rdo rje phreng ba*［金刚鬘］所出拘留拘啰(Kurukullā)十五天曼荼罗。
27. 布顿所传大悲莲花网(thugs rje chen po padma dra ba)曼荼罗[2]。

下部有：
28. 铃者(Ghaṇṭāpāda, dril bu pa)传规之胜乐金刚空行母(bde mchog rdo rje mkha' 'gro ma)五天曼荼罗。
29. 翱译师(rngog lo tsā ba)传规之大幻(Mahāmāya)五天曼荼罗。
165 30. 四面八臂意金刚(thugs kyi rdo rje)曼荼罗。
31. *brtag gnyis*［两品］所出无我十五天女曼荼罗。
32. 无上度母(sgrol ma bla med)十七天曼荼罗。
33. *Sampuṭatantra*［和合怛特罗］第三品所出智慧空行母(ye shes mkha' 'gro ma)十三天曼荼罗。
34. *rdo rje phreng ba*［金刚鬘］所出金刚度母曼荼罗。
35. *rdo rje phreng ba*［金刚鬘］所出作吽明王十一天曼荼罗。
36. *rdo rje gur*［金刚帐］所出金刚大黑天曼荼罗[3]。

此外，壁面上部空间为灌顶、讲说、口诀上师传承次第。因此，该殿展现的不仅是使建寺僧团生机勃发的宗教体验，而且也展示出十五世纪左右弥散于卫藏寺院的怛特罗文化。如今并不普遍、几近

---

〔1〕译者注：原书写作 *Sampuṭatantra*［和合怛特罗］第二品所出，但该怛特罗属于胜乐，而此处为喜金刚，所以 *brtag gnyis*［两品］指的应是 *Hevajratantrarāja* (*kye'i rdo rje zhes bya ba rgyud kyi rgyal po*)［喜金刚怛特罗王］，《西藏大藏经总目录》第 417 号。

〔2〕*thugs rje chen po pad ma dra ba'i sgrub thabs thugs rje'i 'od zer 'byung ba*［大悲莲花网成就法 · 悲光出生］，*bu ston thams cad mkhyen pa'i bka' 'bum*［遍知布顿文集］，ja 函。

〔3〕参见本册第 87 页以下。

湮没无闻的密教经论在当时广为人知，以其天众庄严壁面的艺术家无需给出内中涵义，甚至不需要简短的题记；显然，艺术家是为娴于怛特罗修证、通过曼荼罗的象征性语言与其心意相契的僧人所绘。佛寺壁画总是与其得以生发的文化氛围有关。如今的僧众学识不
再，曼荼罗的绘制也极为罕见，它们让位于生死轮回图，象征变得简 166
易，适于平庸的宗教文化，新近所建佛寺壁面所绘天众亦变得贫乏，降格至更大众和慈悲的天众：度母(Tārā)和观音(Avalokiteśvara)。

曼荼罗殿周围有一圈礼拜走廊(skor lam)，墙上绘制有贤劫千佛，伴之以相应的菩萨。

右侧佛殿供有几与真人大小相近的十六罗汉塑像，称为罗汉殿(gnas brtan lha khang)。正壁供有其他塑像，表现的是语狮子文殊('jam dbyangs smra ba'i seng ge)及其眷属五身。殿门两侧的精美壁画表现的是四大天王(图版 116－118)。

尽管此间没有题记，但显然画师再次偏离了印度模式，而遵循的是中亚风格，以水绿和淡红为主的色调也让人回想起中亚风格，无疑，此处我们面对的仍是据于阗样式绘制的壁画——原因我以后将给出——其样式对四天王画像的影响持续了数世纪之久。

江孜白居寺祖拉康二楼左右侧佛殿殿门辟为三间：这并非建筑 167
家的一时兴起。在这样处处充满象征性的建筑中，任何细微之处都没有预留给匠师自由发挥，而都有其精确的涵义。殿门为三间，象征空、无相、无愿三解脱门(vimokṣamukha)。

第八章

168

十万佛塔

一、十万佛塔的总体象征

前面我们已经说过佛塔是一个曼荼罗，我们也简短提及了建塔各学派赋予佛塔的涵义。犹如同心曼荼罗叠加的十万佛塔的布局明显展示出其是以建筑方式构建的曼荼罗[1]。四方所描绘的四门通往四间大殿，曼荼罗以佛塔的托木(srog shing)为轴心，托木是无形遍满的根本识，即佛塔最顶层以金刚持所象征的第一义谛。

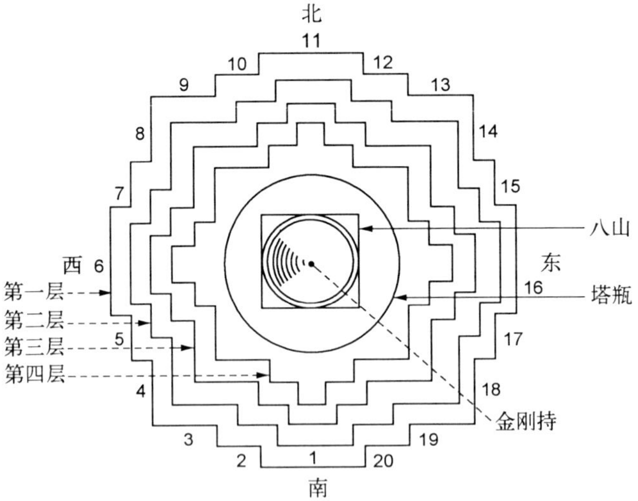

插图 1

〔1〕 图版 119、120。

塔志作者给出的象征性并非其创造。在这套丛书的第一卷中我们已经看见每座佛塔是教法心髓的建筑学表达,因此,十万佛塔层进的次第攀升被想象成其所对应的更深一步的净治。虔信礼敬 169 十万佛塔各殿者将渐次灭除罪障,并且几乎能将自己提转至佛塔象征表达的境界;虽然此种转变在现实中没有发生,但这并不重要;虽然以甚深虔信之心礼拜十万佛塔者直至今日亦没有以全新的状态走出佛塔,这也没有关系。恭敬绕塔的微薄果报不应使我们忘却该建筑物的象征意义和其以之为基石而建造并赋有的密意。该建筑物是可视的法身(chos sku),参拜佛殿意味着几乎与最高境界的合一,这也就是为何层进次第的攀升是对愈加微细难知的真谛的体 170 证。攀升者从怛特罗部组依次进升:始自事部怛特罗(Kriyātantra),达至建筑物最顶端的无上瑜伽部怛特罗(Anuttaratantra),朝拜者以此在短时间内遍访了大乘佛教所有的甚深密意和仪式。

正如绘塑,佛塔寺廊亦据固定规则所建,量度单位的不同倍增决定了单独部件的比例。此处塔志匿名作者记载的传统说量度单位是法王的肘长(khru),这比通常四指(sor mo)的量度要长。从中心到四边,每边为一百零八肘,因此直径为二百一十六肘,以此测量并建造座基。座基的术语叫月莲,因为月亮是静穆大乐金刚持的莲座,其象征引发菩提心的方便(upāya)和般若(prajñā)合一,或实相的乐(mahāsukha)空(śūnyatā)不二。座基高一肘,围绕有三层阶梯(them skas)。座基之上为象征佛的四无畏(vaiśāradya, mi 'jigs pa)的基座(khri 'degs),其上为每边分成五面(gdong)的塔座[1],每面有 171 五佛的象征[2]:象征无畏('jigs med)的狮子(大日如来),象征十力(stobs bcu)的大象(不动佛),象征四神足(rdzu 'phrul)的马(宝生佛),象征十自在(dbang bcu)的孔雀(无量光佛),象征一切无著力(asamparigraha)的金翅鸟(mkha' lding)(不空成就佛)。塔座还有双层小叠涩(bad chung)、锯齿边中叠涩(bad bar)、大叠涩和屋顶状飞出

[1] 不是所有的面都在同一直线上,而是错落有致,确切而言,共有 5×4 个墙面,构成二十间佛殿的正面。

[2] 关于五佛的骑乘,参见《梵天佛地》第三卷,第一册,第 55 页。

的飞檐(bya 'dab)等常见构件。

整个十万佛塔安立于座基之上高约三米的塔座上：南面有通向第一层佛殿入口的台阶。每层对应的每一面中央为大殿，两翼凸出(glo 'bur)有小殿，不算塔瓶和八山间的两层回廊，总共有七十三间佛殿，布局如下：

第一层：四间大殿　十六间小殿	20
第二层：对应下层大殿的顶部，无大殿，十六间小殿	16
第三层：四间大殿　十六间小殿	20
第四层：十二间小殿	12
第五层塔瓶(bum pa)：四间大殿	4
顶层金刚持小殿	1
	73

172 虽然所有题记通常指称该古迹的术语是吉祥多门塔(bkra shis sgo mang mchod rten)，但民间传统多称其为十万佛塔(sku 'bum)，这是直译，但藏文的 'bum 与汉文的“万”有同等意义，意思是极大的数目。自然，我无法统计壁画中的所有形象，但看来塔志的匿名作者承担了这一并不轻松的任务。因为他在每层结束后都给出了该层绘制的天众数目，据其统计，前四层和塔瓶的天众共有 27529 身。

二、十万佛塔第一层

十万佛塔的第一层有栏杆(lan kan, lan khan)环绕，栏杆原有两道门，南门为入口，北门为出口，今北门已经关闭。

第一层象征四念处(smṛtyupasthāna)，高八肘，周长三百四十肘[1]。遵循决定整个建筑布局的塔座的设计，第一层每边也被分成五面。如前所述，中间一面较宽而向外凸出，其余两面在右，两面在左，各

---

〔1〕 译者注：原书写作三百五十四肘，据写本 *chos rgyal sku 'bum chen po'i dkar chag*［法王十万大佛塔志］第 3 叶背面及 *rgyal rtse chos rgyal gyi rnam par thar pa dad pa'i lo thog dngos grub kyi char 'bebs zhes bya ba bzhugs so*［江孜法王传·成就信之稼穑之雨霖］第 103 页改。又，原书对各殿壁面位置的表述不尽一致，译本统一以方位命名各殿壁面。

面逐渐朝建筑物的轴心内收。这样，整层就被划分成二十个凸面；中央为大殿，左右为小殿。

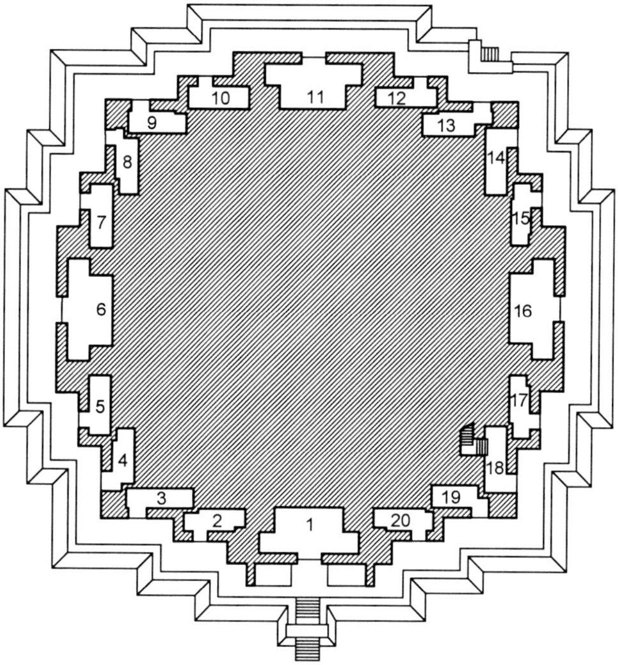

第一层

插图 2

［参考 F. Ricca and E. Lo Bue, *The Great Stupa of Gyantse*, London, Serindia, 1993, p. 224, fig. A 绘制］

十万佛塔塔志是从位于门中轴线上、朝南的第一间大殿开始描 *173*
述，然后描述东面即右侧的两间佛殿，接下来是西面即左侧的两间佛殿。遵循同一规则，其依次描述了西面、北面，东面的大殿和左右两侧的佛殿。我将以一直以来遵循的右绕顺序进行描述，对所有佛殿都依次从一至二十编号，以“大”字指出大殿。

对佛殿我不作翔实的记述，除非因其表现的曼荼罗在图像学和艺术上的重要性不允许我这样做。佛殿题记越冗长，我的记述越简洁。

让我们开始拜访十万佛塔的各间佛殿。

第一层、第一间大殿

殿中主尊为施转法轮印的释迦牟尼彩塑像，胁侍为舍利弗(Śāriputra)、目犍连(Maudgalyāyana)，然后是药师(sman bla)八佛〔1〕。墙上的壁画已部分被润色或重绘。壁画原为一组药师佛和般若佛母(Prajñāpāramitā)，以及十六罗汉。据塔志统计，总共有121尊身像。

第一层、第二间佛殿

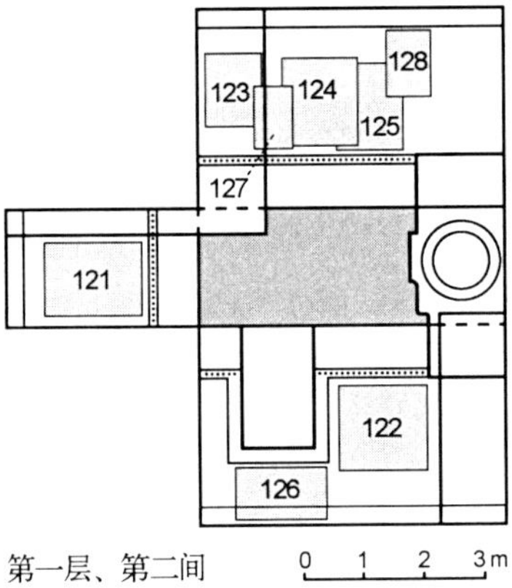

第一层、第二间

插图 3

该殿供奉的是摩利支天('od zer can ma)，东壁为三面八臂摩利支天塑像。

174

西壁绘有三面八臂黄色摩利支天，主面为人面，两侧为亥面。发髻上顶着大日如来(rnam par snang mdzad)，系以花鬘的头发中有蛇涌出(图版121)。

该天女的不同身形在成就法(Sādhana)文献中可谓广为人知。这类资料被格蒂(Getty)和巴特恰利亚(Bhattacharyya)充分利用过〔2〕，我认为后者在清楚区分摩利支天与金刚亥母(Vajravārāhī)上是正确的。

摩利支天光明的特性可以从她与大日如来的联系，以及七猪所拉之车犹如日神七马所拉之车〔3〕，尤其是她的名字摩利支(Mārīcī)，

---

〔1〕 参见《梵天佛地》第三卷，第一册，第113页。

〔2〕 A. Getty, *The Gods of Northern Buddhism*, pp. 117 – 119; 2nd edition: pp. 132 – 134; B. Bhattacharyya, *The Indian Buddhist Iconography Mainly Based on the Sādhanamālā and Other Cognate Tāntric Texts of Rituals*, Calcutta, Oxford University Press, 1924, pp. 93 – 100.

〔3〕 关于在那格浦尔(Nagpur)猪献祭给日神的记载，参见 W. Crooke, *Religion and Folklore of Northern India*, [Oxford], Oxford University Press, 1926, p. 33。

即威光一词中看出。

毋庸置疑,这就是摩利支天的本义。有关她的各种版本的陀罗尼中也可见其踪迹。其中言及:日前有天,名摩利支,有大神通自在之法;常行日前,日不见彼,彼能见日。[1] 摩利支天有阳光,特别是日出前之光,即黎明之光的含义,这点应无疑义。但是,在佛教传统中,别的象征叠加到了此核心上。在表现摩利支天的作品中,我们总能发现一个让我们理解佛教教派对其神灵世界所接纳的这位古 175
老神祇赋予了何等新含义的细部。在我看来,这就是佛塔。摩利支天发髻的中央有佛塔,并且她又位于佛塔中。总之,她与佛塔密不可分。

佛塔和阳光又有什么关系呢?显而易见,如果是真正的阳光,任何关系都没有;但如果摩利支天——而非阳光——代表与佛传有关的每次示现神变之际从佛塔中放射出来的光明,那么佛塔和阳光就有密切的关系。为了简洁起见,我仅在诸多著名例子中择取一例,即根据 *Saddharmapuṇḍarīka* [法华经] 的描述[2],由释迦牟尼伴随的多宝佛(Prabhūtaratna)在其进入涅槃之际示现自身住于宝塔中,从宝塔放射出无量光芒[3],无量光芒遍满虚空,一一光芒又出现无量菩萨。因此,我们有了神化佛陀或诸佛宏化事迹不同时刻的新例子,此种神化往往导致大乘佛教天众的不断丰富。

鉴于布顿完整描述了 *Sādhanamālā* [成就法鬘] 中的摩利支天,因此我们根据布顿提供的信息在表四中对摩利支天的图像表现进行概述[4]。

---

[1] 《大正藏》第 21 册,经号 1254 – 1257;《西藏大藏经总目录》第 564 – 566 号。
译者注:引文摘自汉译《佛说摩利支天菩萨陀罗尼经》,经号 1255。

[2] H. Kern and Bunyiu Nanjio (edited by), *Saddharmapuṇḍarīka*, St. Pétersbourg, Imprimerie de l'Académie Impériale des Sciences, 1912, p. 387.

[3] 译者注:根据文本,佛示现广长舌相,光从佛舌所出。

[4] 译者注:*skabs gsum pa bya rgyud kyi dkyil 'khor gyi rnam gzhag* [第三品事部曼荼罗安立], *bu ston thams cad mkhyen pa'i bka' 'bum* [遍知布顿文集], tsa 函。

178 从表四中可以清楚看到，摩利支天的眷属并非巴特恰利亚(Batthacharyya)或格蒂(Getty)书中所释只有四位[1]，她的眷属不止Vartāli, Vadāli, Varāli, Varāhamukhī，而是二十四或十位[2]。

不清楚这组天众是如何形成的：其中一些神是太阳运行各个时刻或其功德的神格化。如：日光黛(Arkamasi)、风黛(Markamasi，意义为生命，风息)、无见(Antardhāna)、光黛(Tejomasi)、出黛(Udayamasi)、步行黛(Padakramasi)。Padakramasi 可能是 Padakramamasi，即太阳在宇宙中的发光轨迹[3]。

很难解释这些名字：如果°masi 是正确的词形，那么这些神祇或如其他神祇一样，源自他们所象征的仪式的特定时刻，或源自圣颂中的呼召：tvam udayo 'si。即便如此，也不清楚阳性的 udayo 'si 是如何变成 udayam asi，除非这些呼召包含在语法规则常常不起作用的陀罗尼中。其他一些神祇，如阿罗(Ālo)、达罗(Tālo)、迦罗(Kālo)，即是原形词 ālo(暗指 āloka，光明)的变形，与 tārā tāre tuttāre 及其他类似的陀罗尼一样，是陀罗尼中呼召的神格化。亥首母(Varāhamukhī)的出现可以从图像学上的相似得到解释，因为摩利支天(Mārīcī)有时也有一张与猪一样的脸面。

179 此外，墙上还绘有摩利支天修法传承上师，其中萨迦班智达的画像尤为突出(图版 128)[4]。从表中看，图版 121 对应布顿所述摩利支天的第三种身形；图版 122 对应第一种；图版 123 表现的是 *Sādhanamālā*［成就法鬘］描述的怒相摩利支天[5]；图版 124、125 表

---

〔1〕 *Sādhanamālā* II, p. clxvi; A. Getty, *The Gods of Northern Buddhism*, p. 118; 2nd edition: p. 133.

〔2〕 译者注：此处的梵文转写与表中给出的不尽一致，因此未给出汉文音译。

〔3〕 比较 *Bhaviṣyottarapurāṇa*［未来往世书后分］之 *Bṛhatstotraratnākara*［广讚宝藏］中的 *Ādityahṛdayastrotra*［日天心髓讚］，第 242 页：yojanānām sahasre dve śate dve dve ca yojane | ekena nimiṣārdhena kramamāṇa namo 'stute ‖。

〔4〕 众生怙主八思巴・洛卓坚赞贝桑波('gro mgon 'phags pa blo gros rgyal mtshan dpal bzang bo)写有一部在萨迦派中广为遵循的 *'od zer can ma'i sgrub thabs*［摩利支天成就法］，见德格版 *sa skya bka' 'bum*［萨迦文集］，ba 函。

〔5〕 *Sādhanamālā* I, p. 285, n. 139.

	面数	身色	臂数	双手标识		骑乘	标识	眷属		
				右	左			名号	身色与标识	
1）布顿第14叶（图版122）	三面：左面为亥面	黄色	六	箭、金刚杵、针	弓、线、无忧树花	猪	顶饰佛塔和无忧花鬘	日光黛(Arkamasi)[1]	半荼迦花色(bandhuka)，双手持针和线	均为亥面
								风黛(Markamasi)	金色，右手持针线，左手持无忧树枝	
								无见(Anta[r]dhana)	黄色，右手持无忧树枝，左手施期剋印，持羂索	
								光黛(Tejomasi)	红色，双手持弓和箭	
								出黛(Udayamasi) 丛黛(Gulmamasi) 林黛(Banamasi) 衣黛(Tsīvaramasi)	依次同前	
								大衣黛(Mahātsīvaramasi) 亥首母(Varāhamukhī)	黑色，右手持金刚钩，左手持金刚羂索	
								步行黛(Padakramasi) 婆罗哩(Varalī)	黄色，右手持无忧树枝，左手持金刚杵	
								勇黛(Parakramasi) 婆檀哩(Badalī)	红色，双手持箭和弓	
								乌日玛玛斯(Urmamasi) 婆罗哩(Barali)	绿色，双手持针和线	
								帕多哩(Patālī)	红色，双手持针和线	
								婆达哩(Batalī)	黄色，右手持线，左手持带树枝之无忧花束	
								婆罗哩(Baralī)	黄色，双手持无忧树枝和羂索	
								亥首母(Varāhamukhī)	红色，双手持弓	
								阿罗(Ālo)	蓝色，双手持金刚钩	
								达罗(Tālo)	黄色，双手持羂索	
								迦罗(Kālo)	红色，双手持金刚链	
								萨恰拉萨目巴目塔支(Sacchalasambamudhaḍī)[2]	绿色，双手持铃	
2）布顿第15叶正面	三面：左面为亥面	黄色	六	箭、金刚杵、针	弓、线、无忧树花	猪	顶饰佛塔和无忧花鬘	只有前十位眷属		
3）布顿第15叶背面	三面：左、右为亥面	黄色	八	金刚杵与具种、箭与莲花、大莲与针线、护贝与铁钩	弓与无边[3]、广财、安止与无忧花、羂索与力游[4]	猪	头系无忧花鬘，顶髻饰以佛塔，另有大日如来与蛇	步行黛(Bādakramasi)	同前	
								勇黛(Parakramasi)	蓝色，四臂，右手持铁钩、针，左手持金刚杵、线	
								天女（摩利支天）	黄色，四臂，右手持铁钩、针，左手施期剋印，持羂索、有花之树枝	
								天女	红色，四臂，右手持箭、铁链，左手持弓、无忧树枝	
								天女	绿色，四臂，右手持羂索、铁钩，左手持铃、针线	

〔1〕 译者注：梵文转写据图齐原书，其余部分根据布顿论书有所修订补充。
〔2〕 译者注：原书遗漏。
〔3〕 译者注：布顿此处写作难陀(dga' bo)。
〔4〕 即八大龙王：具种(rigs ldan)、无边(mtha' yas)、莲花(padma)、广财(nor rgyas kyi bu)、大莲(padma chen)、安止('jog po)、护贝(dung skyong)、力游(karkoṭa)。

现的是[成就法鬘]描述的摩利支天的其他化现[1]。图版 126 – 128 表现的是布顿所述第一和第三种曼荼罗的部分眷属。

第一层、第三间佛殿

据壁画下沿的题记,该殿供奉的是调伏部多金刚手('byung po 'dul byed),即金刚手(phyag na rdo rje)的特殊化现。

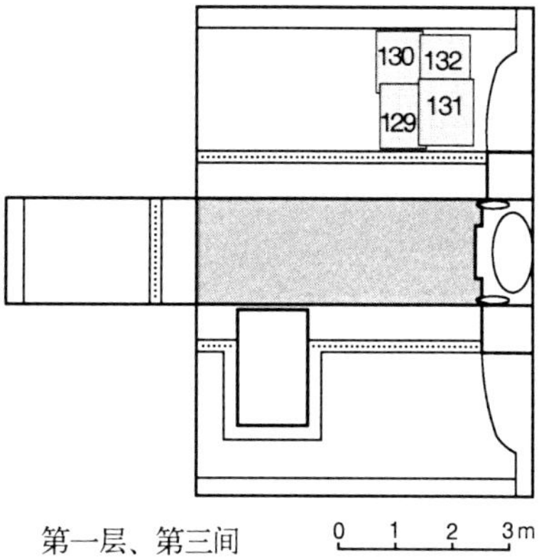

第一层、第三间

插图 4

本卷第二册中出版的题记对殿内壁画记述相当全面,因此我不作描述而请读者参看题记。我仅提醒读者:取材于事部怛特罗(Kriyātantra)的这些曼荼罗已被布顿简略描述过[2]。但看来此例中画家并未遵循布顿的图像学解释,而有其另外来源(图版 129 – 132 细部,大部表现多闻子[rnam thos sras]的眷属)。

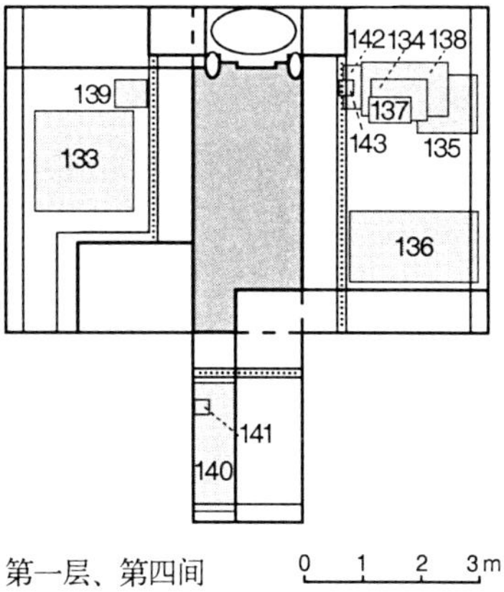

第一层、第四间

插图 5

第一层、第四间佛殿

该殿供奉的是秽迹明王(rme[3] brtsegs),即我在前卷中已记述的 Ucchuṣma。北壁塑像为秽迹明王及 180
其胁侍秽迹空行母(mkha' 'gro ma rme brtsegs)、秽迹忿怒母(khro mo rme brtsegs)。

---

〔1〕 *Sādhanamālā* I, p. 281, n. 137.

〔2〕 *skabs gsum pa bya rgyud kyi dkyil 'khor gyi rnam gzhag* [第三品事部曼荼罗安立],第 61 叶舞者金刚手(phyag na rdo rje gar mkhan)曼荼罗;第 42 叶地下金刚(rdo rje sa 'og)曼荼罗, tsa 函。

〔3〕 sme.

西壁绘有与扎布让(tsa pa rang)图像学规则相同的三面六臂秽迹明王(图版133)[1],据经中所述[2],其为绿色,由对应于四部的四秽迹明王围绕。

东壁中心图像表现的是金刚手(phyag na rdo rje)的次要身形摧破金刚(rdo rje rnam par 'joms pa)[3],是根据被萨迦派尊奉为上师的印度大成就者费卢波(Virūpā)的传规而绘。

181

---

〔1〕 见《梵天佛地》第三卷,第二册,第89页。在 *Sādhanamālā*[成就法鬘]中通常为一面二臂。

〔2〕 译者注:原书写作"多(mdo)喇嘛传规",但在《梵天佛地》第四卷,第二册中图齐对题记的翻译为"经中所述",此处根据题记:mdo nas gsungs pa'i . . . 直译。

〔3〕 蓝绿色,一面二臂,右手持交杵金刚,左手持铃靠于大腿。*bstan 'gyur*[丹珠尔]有很多该本尊的成就法,但没有一个是费卢波所传。其静相为蓝绿色,右手持交杵金刚,左手持铃靠于大腿。在其他化现中,右手持交杵金刚,左手于胸前施期剋印。据 *Vajravidāraṇamaṇḍalavidhi*[摧破金刚曼荼罗仪轨]和 *Vajravidāraṇānāmasnānavidhivṛtti*[摧破金刚沐浴仪轨释](Cordier II, pp. 330–331, n. 219, 220. *bstan 'gyur*[丹珠尔],释怛特罗部(rgyud 'grel), nyu 函。《西藏大藏经总目录》第2907、2908号),他的四位主要胁侍分别如下:

尊　号	身色	右　手	左　手
暴恶金刚(rdo rje gtum po)	紫黑	五股金刚杵	期剋印
金刚橛(rdo rje phur bu)	深绿	金刚橛	期剋印
金刚杖(rdo rje be con)	暗红	梃杖	期剋印
金刚锤(rdo rje tho ba)	深绿	锤	期剋印

但是,这些壁画中出现了 *Vajravidāraṇānāmasādhana*[摧破金刚成就法]中的部分天众(Cordier II, p. 332, n. 225. *bstan 'gyur*[丹珠尔],释怛特罗部(rgyud 'grel), nyu 函。《西藏大藏经总目录》第2914号),与前述四天众共同组成四身一组的天众:无能胜明王(gzhan gyis mi thub)、阎摩敌(gshin rje gshed)、马头明王(rta mgrin)、甘露军荼利明王(bdud rtsi'i 'khyil),右手依次持颅器、杖、莲花、交杵金刚;欲帝明王('dod pa'i rgyal po)、蓝杖明王(dbyig pa sngo)、不动明王(mi g.yo)、大力明王(stobs chen),右手依次持铁钩、杖、剑、三叉戟;金刚作吽(rdo rje hūṃ mdzad)、地下金刚、妙损明王(gnod mdzes)、大金刚(rdo rje che),右手均持金刚杵;上述天众的左手均施期剋印,持羂索。

壁画中的主尊身后绘有火焰纹背光，左右伴随有构成其眷属的十忿怒天众。右侧从上而下（图版 134、135、137）：金刚作吽(rdo rje hūṃ mdzad)、欲帝明王(’dod pa’i rgyal po)、般若究竟(shes rab mthar byed)、阎摩敌(gshin rje gshed)、不动明王(mi g.yo ba)[1]；左侧（图版 136）：莲花究竟(padma mthar byed)、蓝杖明王(dbyug sngon can)、除障明王(bgegs mthar byed)、大力明王(stobs po che)、妙损明王(gnod mdzes)[2]。上部壁画为摧破金刚上师传承次第，其中前两位就是费卢波(’bir va pa, Virūpā)和萨迦班智达(sa skya paṇḍita)。

随后可见成排的天女小像（图版 138），其左手施期剋印，右手高举并持鲜花[3]，右足前伸稍曲，她们表现的是摧破金刚(rnam par ’joms pa)的六十四位女使(pho nya mo)。

东壁南段绘有另外一些多面多臂的忿怒天众，其中有阎摩敌（gshin rje gshed，图版 139）[4]。

南壁为众多小像环围的除障明王(bgegs mthar byed)，其上可见摩利支天(lha mo ’od zer can)和密咒随持佛母（gsang sngags rjes ’dzin ma，图版 140）[5]；下部为三界自在(khams gsum dbang phyug)的精美身像（图版 141）。

题记上方还绘有供养天女(mchod pa’i lha mo)。她们在怛特罗仪式中被召请，用以携带受灌顶者的观想供养至其修法过程中所现 *182*
观之境。我们在扎布让(tsa pa rang)已经遇见过她们，因此我不再重复其意义。彼处她们均赤体，此处则身着宽摆长裙，柔美裙褶随舞韵蜿蜒曲折。每身天女都有其标识，她们在佛殿下部展开为一组优美的行列，将施主的虔信永恒于画作中（图版 142、143 细部）。

画师以精湛的技艺和协调的色彩使此殿成为整个十万佛塔中最精彩的佛殿之一。

---

〔1〕 译者注：据壁画内容补。

〔2〕 译者注：据壁画内容补。

〔3〕 译者注：据实地考察，右手标识不一，其中似有金刚杵和摩尼宝。

〔4〕 译者注：图版 139 表现的应是西壁壁画内容，东壁南段壁画实际表现的是阎摩除障(gshin rje mthar byed)及其他天众。

〔5〕 译者注：原书写作白伞盖佛母(gdugs dkar can)，据实地考察修改。

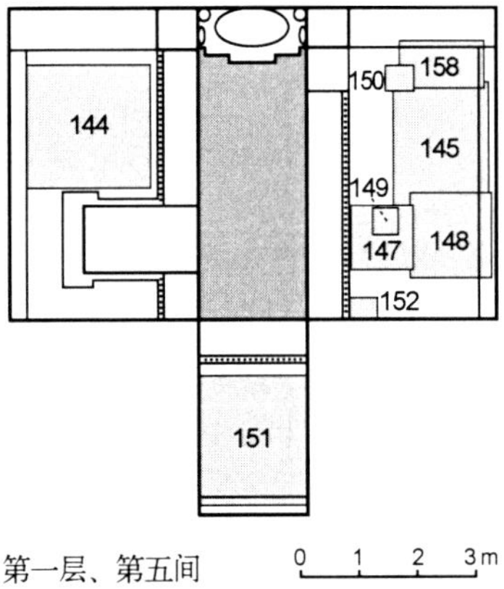

第一层、第五间

插图 6

据塔志统计，该殿共有 160 尊身像。

第一层、第五间佛殿

该殿供奉的是白伞盖佛母(Sitāpatrā, gdugs dkar mo can)，其身形众多，远远超出 *Sādhanamālā*［成就法鬘］以及图像学论书中所规定的。该殿中她以摧破诸曜(gza') 白伞盖佛母的身形出现。北壁为其塑像，四位胁侍环绕，即白色无能胜女(gzhan gyis mi thub ma)、黄色大暴恶女(gtum mo chen mo)、红色大炽燃女('bar ba chen mo)和绿色大力女(stobs chen mo)。均左手握拳靠于腿处，右手持瓶置于胸部〔1〕。

西壁绘有三面六臂白色白伞盖天女及其题记中提及的胁侍（图版 144）。

东壁主像是白伞盖天女的另一化现，白色，三面八臂（图版 145）。
183 围绕以怒相无能胜天女（gzhan gyis mi thub ma，图版 158）〔2〕，以及各种手印女（phyag rgya，图版 147 – 149、150 细部）。除了主尊在布顿论书中为千手外，曼荼罗的眷属和布顿的描述一致〔3〕。除了北壁塑像表现的四位胁侍，还有下列形象（参见表五）。

184 南壁中央绘有五面八臂白色白伞盖天女（图版 151）。根据布顿〔4〕，顶髻白伞盖佛母(gtsug tor gdugs dkar mo)的这个特殊身形是顶髻第四曼荼罗主尊，其为五面八臂，右手标识为金刚杵、剑、杵、

---

〔1〕 译者注：今殿内塑像与原书描述不一致，应为重塑。

〔2〕 译者注：原书图版为 146，其表现的应为第七间佛殿东壁壁画内容。原书对图版 158 内容的描述见本册第 128 页。

〔3〕 *skabs gsum pa bya rgyud kyi dkyil 'khor gyi rnam gzhag*［第三品事部曼荼罗安立］，第 17 叶以后。

〔4〕 *skabs gsum pa bya rgyud kyi dkyil 'khor gyi rnam gzhag*［第三品事部曼荼罗安立］，第 18 叶背面。

表五

尊　　号	身色	右手	左手
焰鬘白衣母('bar ba'i phreng ba gos dkar mo)	黄	念珠	青莲花
圣颦眉度母('phags ma sgrol ma khro gnyer can)	蓝	念珠	青莲花
炽燃金刚鬘名称('bar ba'i rdo rje phreng zhes grags)	绿	念珠	青莲花
莲花彰显金刚相 (pad ma'i mngon mtshan rdo rje mtshan)	红	念珠	青莲花
无能胜具鬘(gzhan gyis mi thub phreng ba can)	白	金刚杵	置腿部
摧破虚空金刚女 (rdo rje mkha' rnam 'joms pa mo〔1〕)	黄	宝杖	置腿部
寂静诸天供养女(zhi ba'i lha rnams kyis mchod ma)	黑	香炉	置腿部
静色大威光女(gzugs zhi gzi brjid chen mo)	墨绿	金刚链	置腿部
圣大力度母('phags ma sgrol ma stobs chen mo)	红	金刚杵	念珠
连环套金刚(rdo rje lu gu rgyud gzhan)	黄	金刚杵	念珠
金刚持明童女(rdo rje gzhon nu'i rig 'dzin ma)	白	金刚杵	念珠
明金鬘金刚手(lag na rdo rje rig ser phreng)	绿	金刚杵	念珠
藏红花宝女(le brgan rtsi dang rin chen ma)	红	交杵金刚	念珠
光照金刚顶髻称 (snang mdzad rdo rje gtsug tor grags)	白	交杵金刚	念珠
奋迅金刚女(rnam par 'gying〔2〕ba'i rdo rje ma)	绿	交杵金刚	念珠
金光妙眼女(gser 'od lta bu'i spyan snga ma)	黄	交杵金刚	念珠〔3〕

〔1〕译者注：布顿论书写作 rdo rje mkha' rnam 'joms pa，据壁面实际内容和题记改。

〔2〕bsgyings.

〔3〕这一组天众也出现在第七间佛殿的壁画中，参照图版 158。
译者注：图版 158 实际上表现的就是该殿东壁壁画内容。

轮；左手为铁钩、钺斧、矛、羂索。她的眷属如表六所示：

表六

尊　　号	身色	右　手	左　　手
奋迅金刚女 (rnam par bsgyings rdo rje ma)	蓝	金刚杵	青莲花
金光妙眼女 (gser 'od lta bu'i spyan mnga' ma)	黄	轮	上部有眼球标识之白莲
白女(dkar mo)	红	莲金刚	莲茎
金刚步(rdo rje 'gros)	绿	交杵金刚	青莲花
莲花眼(pad ma'i spyan)	红	轮	莲花
月光(zla 'od)	白	金刚杵	新月
佛吉祥(sangs rgyas dpal)	红	莲金刚	上部安坐照无边(snang ba mtha' yas)之莲花
如此眼(de bzhin spyan)			
金刚日光(rdo rje nyi 'od)			
月光金刚持(zla 'od rdo rje 'dzin)			

围绕着这些眷属有十护方神（phyogs skyong，图版 152 细部）。该殿共有 78 尊身像。

第一层、第六间大殿

该殿位于西面，因其供奉的是无量寿佛(tshe dpag med)，因此称为极乐殿(Sukhāvatī, bde ba can)。殿中端坐大像为无量寿佛，左胁
185 侍为观音(spyan ras gzigs)和大势至(mthu chen po)，右胁侍为世自在('jig rten dbang phyug)和虚空藏(nam mkha' snying po)。

四壁据 *phung po gsum pa'i mdo* ［三蕴经］绘有忏罪仪式中所诵

请的三十五佛[1]，以及分成众多方格构图的诸佛、菩萨、天人会聚的极乐净土。

人物突出于色彩生动明亮的背景中，白云蜿蜒曲折，徐徐飘动在片片鲜花和树丛上（图153、154）。

这是一件宏大的作品，其中洋溢着反传统图像模式的气氛，艺术家任其想象力驰骋，在画作中再现了信众设想的超凡脱俗的美妙平和的净土境界。

据塔志，该殿共有268尊身像。

第一层、第七间佛殿

供奉山居叶衣佛母（Parṇaśābarī, ri khrod lo ma gyon ma）的佛殿保存状

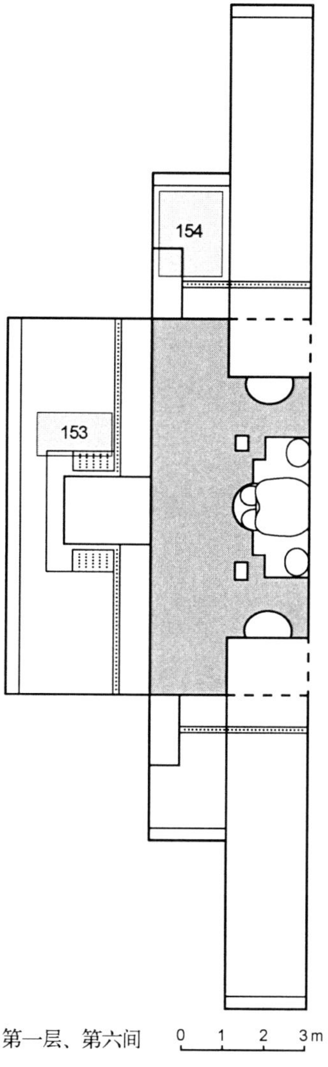

插图 7

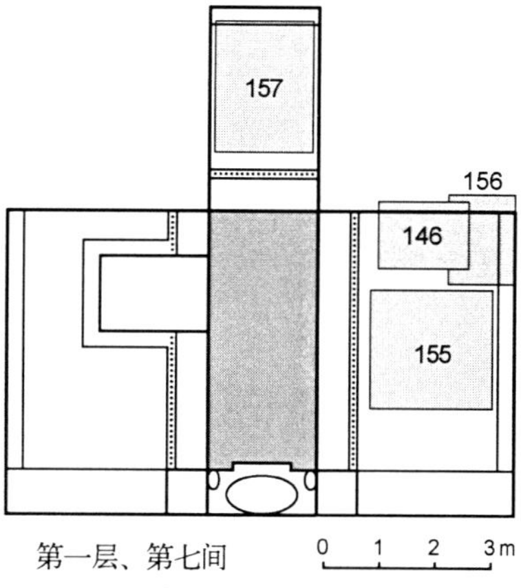

插图 8

〔1〕《西藏大藏经总目录》第284号。

译者注：应为 *'phags pa 'dul ba rnam par gtan la dbab pa nye bar 'khor gyis zhus pa zhes bya ba theg pa chen po'i mdo*［律决定优波离所问大乘经］中的一部分经文，后单独流通。参见《西藏大藏经总目录》第68号。汉译有三见，一为《大宝积经》第二十四会"优波离会"，一为《佛说决定毗尼经》，一为《佛说三十五佛名礼忏文》，《大正藏》第12册，经号310、325、326。

况不好，许多壁画已经漫漶不清。塑像为三面六臂黄色山居叶衣佛母，伴有红黑两身胁侍，即她的两种特殊化现。

东壁中央再现了萨迦派传规的山居叶衣佛母（图版155）〔1〕，即
186 刚刚提及的一组塑像的主尊。四周绘有她的眷属。其右侧，上部第一排，从右开始为六臂蓝色大回遮女(phyir bzlog ma chen mo)，一面四臂颦眉度母(khro gnyer)、一面二臂黄色无能胜女（gzhan gyis mi thub ma，图版156）〔2〕。

以同样的顺序，下一排为二臂红色山居叶衣佛母、十二面二十四臂黑色独髻天女(ral gcig ma)、一面四臂黑色独髻天女（图版156第二排）等题记中所述天众。

北壁面对这一组忿怒天众绘有其他静相天女。中央的天女几乎与图版155中的等同，但身色为绿色（图版157）〔3〕。

图版158中可见摧破虚空金刚女(rdo rje mkha' rnam 'joms pa mo)、大暴恶女（gtum mo chen mo)、无能胜具鬘（gzhan gyis mi thub phreng ba can)、无能胜女(gzhan gyis mi thub ma)等与前述佛殿中类似的天众〔4〕。

据塔志，该殿共有55尊身像。

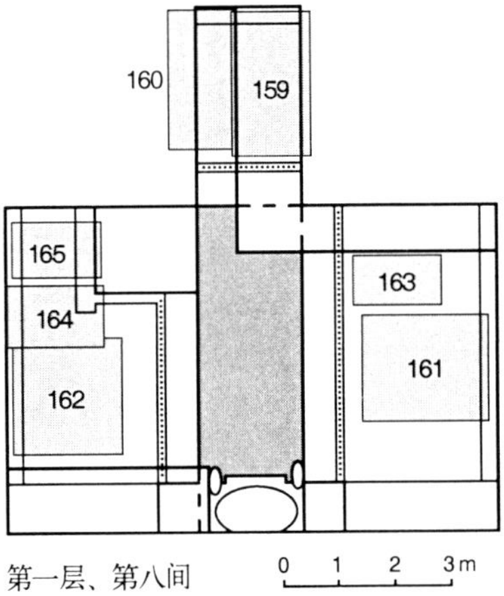

插图9

第一层、第八间佛殿

该殿供奉的是马头明王(rta mgrin)。马头明王及其两身传统胁侍的塑像位于南壁。

图版159再现的是北壁东段

〔1〕 与［成就法鬘］的描述相同。*Sādhanamālā* I, p. 306, n. 148.

〔2〕 译者注：还包括图版146，参见本册第124页，注释2。

〔3〕 *Sādhanamālā* I, p. 308, n. 149.
译者注：据实地考察，原书此处对北壁的描述不准确，北壁表现的是一尊怒相天女。

〔4〕 译者注：图版158实际上表现的是第五间佛殿东壁壁画内容。

的壁画。上部是马胜智慧金刚(rta mchog ye shes rdo rje)。下部有三身天众,中央为不空莲花顶髻(don yod padma gtsug tor);右侧剥落过甚的为红色马头明王[1],左侧为金刚手(phyag na rdo rje)。

图版 160 是北壁西段的绘画。上部为红色马头明王、独髻女(ral 187
gcig ma)、四大天王[2]。

图版 161、162 表现的是两身红色马头明王,一为八臂,一为六臂。前者的右侧据 *sgyu 'phrul dra ba'i rim pa* [幻网次第]绘有成排的观音和马头明王的特殊化现(图版 163)[3]。

门上主要绘有金刚手曼荼罗,其通常称之为九天曼荼罗(图版 164、165)。

该殿共有 80 尊身像。

第一层、第九间佛殿

该殿供奉的是不动明王(mi g.yo ba)。东壁塑像为不动明王和在图像学上与其极为相似的两胁侍。

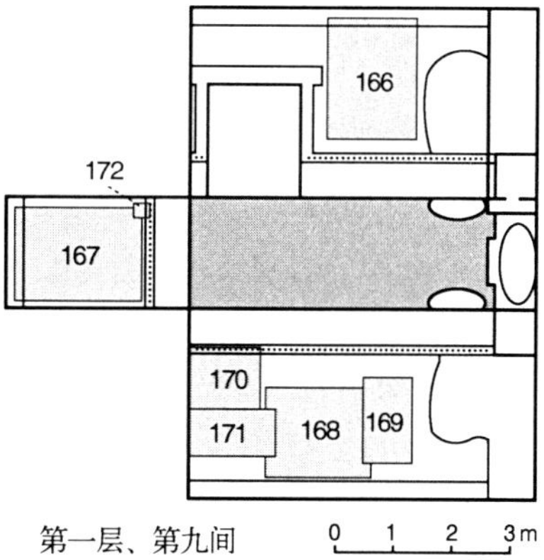

第一层、第九间

插图 10

北壁,即殿门左壁,主要形象为十七天曼荼罗主尊一面二臂深蓝色不动明王(图版 166)。

不动明王的表现所据为布顿的图像学说明[4],据布顿所述,其为黑色,一面二臂,右手舞剑,左手持蛇索,但是布顿描述的曼

〔1〕 译者注:实地考察证明壁画保存状况良好,只是图版照片的光线有问题。

〔2〕 关于马头明王,参见高罗佩的研究,在一些特殊细节上我对其有所参考。R. H. Van Gulik, *Hayagrīva. The Mantrayānic Aspect of Horse-cult in China and Japan*, Leiden, E. J. Brill, 1935.
译者注:北壁西段仅见两身天王,另两身位于东壁北段。

〔3〕 此据题记记载。

〔4〕 *skabs gsum pa bya rgyud kyi dkyil 'khor gyi rnam gzhag* [第三品事部曼荼罗安立],第 22 叶背面。

荼罗诸天数量更多,除主尊外还包括:

帝释天(brgya byin),以及左手持广财龙王(nor rgyas)之白色金刚不动明王(rdo rje mi g.yo ba)[1]。

大天(lha chen),以及绿色宝不动明王(rin chen mi g.yo ba)。

188 遍入天(khyab 'jug),以及左手持水天龙王(chu lha)之红色莲花不动明王 (pad ma mi g.yo ba)[2]。

净心非天(thags bzang ris),以及左手持具种龙王(rigs ldan)之绿色羯磨不动明王(las kyi mi g.yo ba)。

梵天(tshangs pa),以及白色三界尊胜明王(khams gsum rnam par rgyal ba),四臂,右手持三叉戟、金刚杵,左手持无边龙王(mtha' yas kyi bu)、颅器。

昂宿童子(gzhon nu smin drug),以及绿色阎摩敌(gshin rje gshed),四臂,右手持金刚杖、锤,左手持难陀龙王(dga' bo)、金刚橛。

欢喜(dga' byed),以及红色马头明王(rta mgrin),四臂,右第一手持天杖,左第一手持大莲龙王,余二手持铁链[3]。

普胜(kun tu rgyal ba),以及蓝色甘露军荼利明王(bdud rtsi'i 'khyil ba),四臂,右第一手持梃杖,左第一手持力游龙王[4],余二手于胸前施期剋印。

烧香女(bdug spos ma)、花女(me tog ma)、灯女(mar me ma)、涂香女(dri chab ma)。

白、黄、红、绿虎面女(stag gdong can)。

从以上名录可以清楚地看出该曼荼罗的核心正是围绕主尊的十六天。根据不同的部,不动明王(mi g.yo ba)有多重化现。八天女属于曼荼罗外院诸天,组成常见的供养天女和四护门。因此毋庸置疑,此处表现的就是布顿根据事部怛特罗(Kriyātantra)所描述

---

〔1〕 译者注:从布顿论书和壁面实际内容来看,帝释天表现为明王的骑乘,下同。

〔2〕 译者注:布顿论书中为右手,但壁面显示为左手。

〔3〕 译者注:原书未记马头明王臂数及标识。

〔4〕 译者注:原书写作肠。

的曼荼罗[1]。

南壁中央是出自 *mi g.yo ba'i rtul phod pa'i rgyud*［不动勇毅怛特罗］的一面四臂蓝色不动明王（图版 168）[2]，烧灭无明的智慧火焰在 189
其四周炽燃，明王左右配列有该曼荼罗的天众（图版 169－171）[3]。

---

〔1〕 译者注：从布顿论书和壁面实际内容来看，该曼荼罗的组成应为八方隅的八明王，加上曼荼罗外院的四供养天女和四护门，刚好为十六天众。因此壁画完整反映了布顿所述曼荼罗。

〔2〕 *Āryācalamahākrodharājasya sarvatathāgatasyabalāparimitavīravinaya-svākhyātanāmakalpa*［宣说一切如来圣不动明王之无量力勇毅调伏之仪轨］，《西藏大藏经总目录》第 495 号。布顿论书描述了其图像，参见随后的注释。

〔3〕 该曼荼罗在布顿 *skabs gnyis pa spyod pa'i rgyud kyi dkyil 'khor gyi bkod pa*［第二品行部曼荼罗庄严］中有描述（第 19 叶以下），如下：

尊　号	身色	面数	臂数	标　识	
				右　手	左　手
释迦怙主(shā kya mgon po)	黄	1	2	施禅定印之双手上置钵	
观音(spyan ras gzigs)	白	1	2	开启其上置五股金刚杵之莲花	持莲茎靠于腿处
弥勒(byams pa)	黄	1	2	龙须花(nāgakeśara)	净瓶
文殊('jam dpal)	红黄	1	2	剑	青莲花
普贤(kun tu bzang po)	黄	1	2	如意宝	
金刚手(phyag na rdo rje)	绿	1	2	金刚杵	铃
不动明王(mi g.yo pa)	黑	1	4	金刚杵、剑	羂索、施期剋印
处自在(gnas kyi dbang phyug)	红	1	2		红莲花
般若佛母(yum chen mo)	黄	1	2	金刚杵	其上置剑之青莲花
斗战胜(g.yul las rnam par rgyal ba)		1	2	双手施转法轮印	
莲支(pad ma'i yan lag)		1	2	经函	其上置楼阁之莲花
眷属还包括十声闻(śrāvaka)弟子、与金刚手(phyag na rdo rje)身色标识类似之金刚手子(phyag rdor gyi sras po)、妙臂(dpung bzang)、持髻(gtsug 'chang)、金刚冠(rdo rje cod pan)、髻稞(gtsug nas)、金刚花(rdo rje me tog)、金刚胸(rdo rje brang)、金刚悦(rdo rje sdug)、金刚月(rdo rje zla ba)、金刚眉(rdo rje smin ma)，以及十六菩萨、白衣母(gos dkar mo)、忙莽计母(Māmakī)、大孔雀佛母(rma bya chen mo)等等。					

190 右边上方为众多菩萨环绕的释迦怙主(shā kya mgon po)，图版169中仅有座位可见的释迦怙主和斗战胜下面的菩萨很容易比定，因为每身形象都有题记：金刚手(phyag na rdo rje)、普贤(kun tu bzang po)、无尽意(blo gros mi zad pa)、文殊('jam dpal)、地藏(sa'i snying po)、弥勒(byams pa)。

图版170、171——上方，从左到右——为同一曼荼罗的其他天众：圣处自在('phags pa gnas kyi dbang phyug)、颦眉度母(khro gnyer can)、大孔雀佛母(rma bya chen mo)、般若佛母(yum chen mo)、忙莽计母(Māmakī)、摩利支天(lha mo 'od zer can)[1]、观音(spyan ras gzigs)、金刚链女(rdo rje lcags sgrog ma)、消毒天女(lha mo dug sel ma)[2]、莲支菩萨(byang sems padma'i yan lag)[3]、虚空眼女(nam mkha'i spyan ma)、山居叶衣佛母(ri khrod lo ma can ma)。

图版167表现的是西壁主像白色不动明王。壁面局部参见表现吉祥天女(dpal chen mo)的图版172。

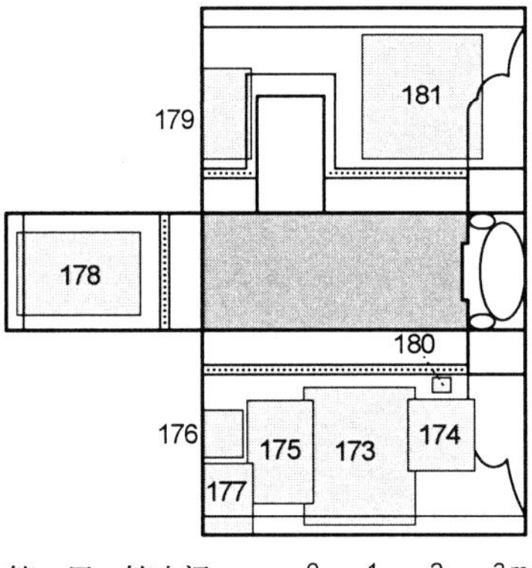

插图11

第一层、第十间佛殿

该殿供奉的是曜母(gza' yum chen mo)，亦称之为大明母(Mahāvidyā, rig pa chen mo)，其塑像立于东壁，左右有两胁侍，即文殊('jam dbyangs)和观音(spyan ras gzigs)。

关于南壁表现的曼荼罗，布顿对其有描述[4]，主尊曜母仅在右边第二只手所持标识上与布顿所述不同，此处其持花，彼处则持金

---

〔1〕 译者注：原书未记。

〔2〕 译者注：原书写作 lha mo gdug pa mo。

〔3〕 译者注：原书写作 padma yan lag。

〔4〕 *skabs gsum pa bya rgyud kyi dkyil 'khor gyi rnam gzhag*［第三品事部曼荼罗安立］，第23叶背面。

刚杵(图版173)[1]。该曼荼罗称之为诸曜曼荼罗,其他天众配列如
表七所示: 191

表七

诸曜名号	形象	身色	骑乘	标识	
				右手	左手
日曜(nyi ma)	三十岁	红	七马所拉之车	面对曜母双手合十,持莲茎(图版173左侧可见)	
月曜(zla ba)	十六岁	白	天鹅	双手持君陀花茎	
火曜(mig dmar)	二十二岁	红	山羊	钺刀	新鲜人头
水曜(lhag pa)	三十四岁	绿	莲花	箭	弓
木曜(phur bu)	十六岁	黄	大象	念珠	净瓶
金曜(pa sangs)	五十岁	白	莲花	念珠	净瓶
土曜(spen pa)	五十岁	黑	蛇	念珠	杖
罗睺(sgra gcan)	下半身为蛇身	暗红		日	月
计都(mjug ring)		烟色	岩石	剑	蛇索

曼荼罗四门为牟尼(thub pa)、金刚手(phyag na rdo rje)、世自在('jig rten dbang phyug)、文殊('jam dbyangs);还有四大天王(rgyal chen)等。

图版174、175中可见其中部分天众。

(西壁的)无能胜女(gzhan gyis mi thub ma)以传统图像模式表现(图版178):怒相、黑色、二臂,右手持金刚杵,左手施期剋印。她的左右环绕有十六天众。该曼荼罗亦有布顿的相关描述[2]。除主
尊外,其他图像均与布顿所述一致(参见表八)。 192

---

〔1〕 译者注:壁画实际表现为持其上竖置金刚杵之莲花。

〔2〕 *skabs gsum pa bya rgyud kyi dkyil 'khor gyi rnam gzhag*[第三品事部曼荼罗安立],第17叶背面。

表八

尊　号	身色	标识	
		右手	左手
大暴恶女(gtum chen mo)	白	轮	于胸前施期剋印
大炽燃女('bar ba chen mo)	黄	宝	于胸前施期剋印
大白焰鬘女(dkar chen 'bar phreng ma)	红	莲花	于胸前施期剋印
圣度母('phags pa sgrol ma)	绿	交杵金刚	于胸前施期剋印
胜者金刚女(rgyal ba'i rdo rje ma)	蓝	杖	于胸前施期剋印
莲花彰显女(padma'i mngon mtshan ma)	黄	有金刚杵标识之铁钩	于胸前施期剋印
无能胜女(gzhan gyis mi thub ma)	红	金刚鬘	于胸前施期剋印
金刚具唇女(rdo rje mchu can ma)	绿	剑	于胸前施期剋印
寂静天女(zhi ba'i lha mo)	白	薰香	于胸前施期剋印
寂静女(zhi ba ma)	黄	念珠	于胸前施期剋印
大白焰鬘女(dkar chen 'bar phreng ma)	红	灯	于胸前施期剋印
圣度母('phags ma sgrol ma)	绿	盛香小螺	于胸前施期剋印
金刚连环套(rdo rje lu gu rgyud)	蓝	金刚钩	于胸前施期剋印
金刚童女(rdo rje gzhon nu ma)	黄	羂索	于胸前施期剋印
金刚手明妃(lag na rdo rje rig ma)〔1〕	红	铁钩〔2〕	于胸前施期剋印
宝女(rin chen ma)	红绿	铃	于胸前施期剋印

图版176、177、179再现了这些天众。

〔1〕译者注：布顿论书写作 lag na rdo rje rigs ma，榜题写作 lag na rdo rje rig 'dzin ma。

〔2〕译者注：壁画显示为持铁链。

该殿也没有遗漏壁画下部常见的供养天女，图版 180 可见其中一例。

北壁为曜母的另一身形（图版 181）。

该殿共有 60 尊身像。

第一层、第十一间大殿

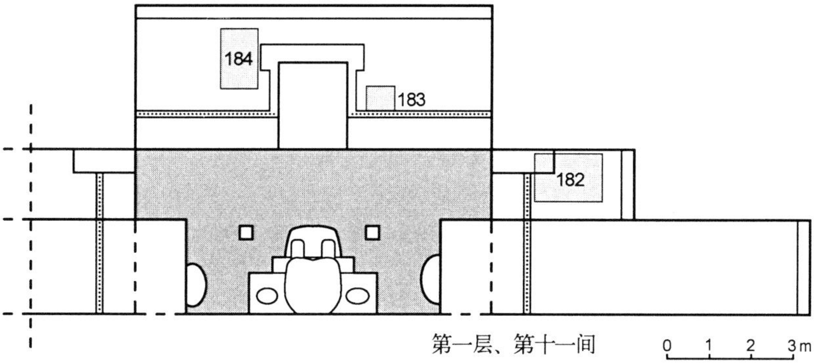

插图 12

十万佛塔北面大殿供奉的是燃灯佛（mar me mdzad），并以此为名。

燃灯佛面带祥和微笑，胁侍环围，右胁侍为弥勒（Maitreya），左胁侍为文殊（Mañjuśrī），然后为普贤（kun tu bzang po）和除盖障（sgrib 193
pa thams cad rnam par sel ba）。

墙壁上诸菩萨列成长队而行，供养天众云集。取材自 *rnam par snang mdzad mngon byang*［大日如来现证］[1]，以及 *'jam dpal rtsa*

〔1〕 十二菩萨。
译者注：该经全称为 *Mahāvairocanābhisambodhivikurvitādhiṣṭhānavaipulya-sūtrendrarājanāmadharmaparyāya* (*rnam par snang mdzad chen po mngon par rdzogs par byang chub pa rnam par sprul pa byin gyis rlob pa shin tu rgyas pa mdo sde'i dbang po'i rgyal po zhes bya ba'i chos kyi rnam grangs*)［摩诃毗卢遮那现证神变加持方广经之帝释王］，《西藏大藏经总目录》第 494 号。汉译参见《大毗卢遮那成佛神变加持经》，《大正藏》第 18 册，经号 848。

rgyud［文殊师利根本怛特罗］的菩萨众与文殊净土境界、说法场景交替出现[1]。法会超越时空，恒常如新，吸引了众多恭恭敬敬地携带供施物品的虔信施主、僧俗百姓（图版 182）；诸天众亦自天而降，聆听法语，随喜赞叹（图版 183、184）。佚名画师——因为我在此殿未发现任何题记——在此宏大构图中图像化地表达了无拘时空的教法，诸天人于永恒之当下即沐浴法雨。

据塔志作者仔细统计，该殿共有 214 尊身像。

第一层、第十二间佛殿

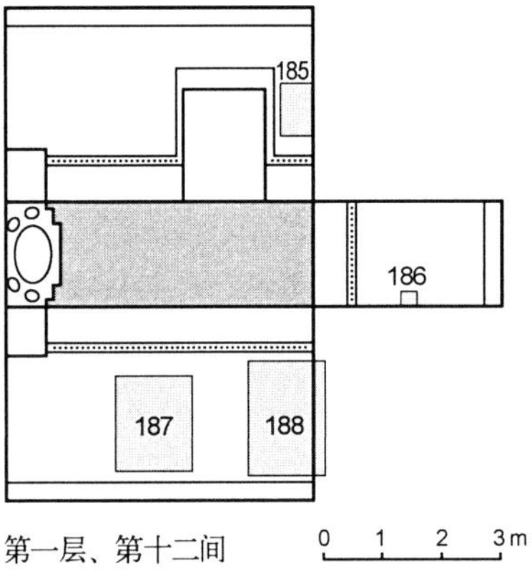

插图 13

该殿今称作白度母殿（sgrol dkar），但供奉的是增禄佛母（nor rgyun ma）。

增禄佛母的塑像位于西壁，周围有四胁侍，图像学上与主像一致[2]。墙上依次表现的是增禄佛母或与其相关的不同曼荼罗，
194 罗，其中有取材自 *Kriyāsamuccaya*［所作集］的增禄佛母十九天曼荼罗[3]，以及取材自 *sgrub thabs rgya mtsho*［成就法海］的增禄佛母九天曼荼罗。

北壁东段为八部药叉（gnod sbyin）。图版 185 中的大药叉（gnod sbyin chen po）和药叉仅有下部稍稍能见，接下来是大计里摩里（ki li mā li chen po）、计里摩里（ki li mā li）、大满贤（gang ba bzang po chen po）

---

〔1〕 十六菩萨。
译者注：《西藏大藏经总目录》第 543 号。汉译参见《大方广菩萨藏文殊师利根本仪轨经》，《大正藏》第 20 册，经号 1191。

〔2〕 吉祥增禄女（Śrīvasudhārā）、禄吉祥女（Vasuśrī）、吉祥禄首女（Śrīvasumukhī）和禄慧吉祥女（Vasumatiśrī）。参见 *Sādhanamālā* II, p. 421, n. 213。

〔3〕 译者注：全称为 *Vajrācāryakriyāsamuccaya* (*rdo rje slob dpon gyi bya ba kun las btus pa*)［金刚阿阇黎所作集］，《西藏大藏经总目录》第 3305 号。

和满贤(gang ba bzang po)[1],最下为黑色群主(tshogs bdag nag po)。

东壁为依 *sgrub thabs rgya mtsho*［成就法海］之增禄佛母九天曼荼罗,其右为妙贤女(rab tu bzang mo)、极喜女(rab tu dga' ma)、香女(spos ma);左为妙音天女(lha mo dbyangs can ma)[2]、圣女('phags ma)、水晶女(chu shel ma,图版 186)。

南壁壁画带表现的是取材自 *Kriyāsamuccaya*［所作集］的曼荼罗。主尊为传统形象的六臂增禄佛母(图版 187)[3]。其左侧很难辨认[4],右侧除该曼荼罗的天众外,还可见萨迦派传规的群主(tshogs bdag),部分再现于图版 188 中:大红色群主(tshogs bdag dmar chen)、黄色群主(tshogs bdag ser po)及胁侍、贪欲群主(tshogs bdag chags pa)。

北壁西段绘有四身瞻巴拉(Jambhala),各自以其所对应的部命名,并负责一类特殊的修法。

该殿共有 124 尊身像。

第一层、第十三间佛殿

该殿今称作怙主殿(mgon po)。但怙主是各教派和各大寺院中所有本尊(yi dam)的一种泛称。具体而言,此殿供奉的是骑虎梃杖 195
(beng stag zhon),即我们已经论及的梃杖怙主(mgon po beng),塑像拥抱明妃吉祥天女(dpal ldan lha mo)[5]。

壁画严重漫漶,几乎无法辨认,题记也几近全部剥落。但据塔

〔1〕 Cordier III, p. 61, n. 314. *bstan 'gyur*［丹珠尔］,释怛特罗部(rgyud 'grel),du 函,第 283 叶背面。
译者注:*Vistarajambhalasādhana* (*dzaṃ bha la'i sgrub thabs rgyas pa*)［瞻巴拉成就法广述］,《西藏大藏经总目录》第 3618 号。

〔2〕 译者注:原书写作 gdugs can ma。

〔3〕 B. Bhattacharyya, *The Indian Buddhist Iconography*, p. 118.

〔4〕 译者注:据实地考察,该处壁面保存良好。

〔5〕 译者注:今所见塑像为单尊。据 *rgyal rtse chos rgyal gyi rnam par thar pa dad pa'i lo thog dngos grub kyi char 'bebs zhes bya ba bzhugs so*［江孜法王传·成就信之稼穑之雨霖］第 108 页,骑虎梃杖所伴随的明妃为吉祥天女三门巴(dpal lha mo mon pa gsum)。

志，我们知道壁画表现的是怙主的两类特殊身形：即内(nang)怙主和秘密(gsang ba)怙主，伴随有相关的三阎摩门巴(gsod byed kyi mon pa gsum)、黑差役门巴(las byed kyi mon pa nag po)和三具善昆仲(legs ldan mched gsum)等天众〔1〕。

殿内共有22尊身像。

第一层、第十四间佛殿

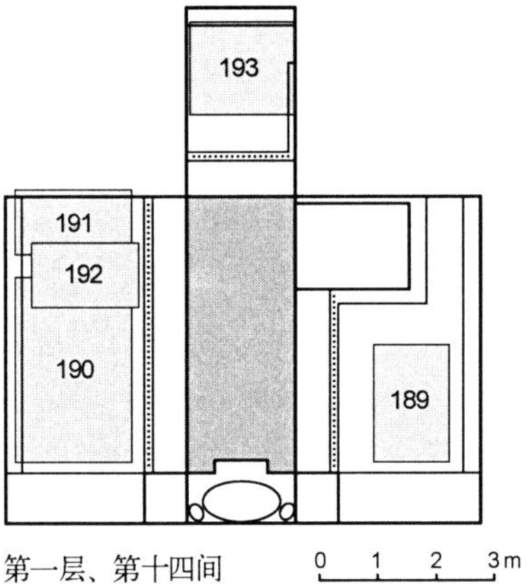

第一层、第十四间

插图14

该殿以大力明王(stobs po che)而命名。其塑像立于南壁，左右有两身主要胁侍。

东壁主像为取材自 *sgrub thabs rgya mtsho*［成就法海］的大力明王（图版189）。该形象忠实地再现了 *Sādhanamālā*［成就法鬘］所描绘的图像类型〔2〕。周围为大力明王的眷属，即右侧为蓝杖明王(dbyug sngon can)、金刚杖明王(rdo rje be con)和大力明王，左侧为甘露军荼利明王（bdud rtsi'i thab sbyor)、忙莽计母(Māmakī)、马头明王(rta mgrin)和顶髻炽燃(gtsug tor 'bar ba)。

西壁主像为四面八臂三界尊胜明王（'jig rten gsum las rnam par rgyal ba，图版190）〔3〕，围绕有身形各异的眷属。右侧眷属画像大多已经模糊不清〔4〕，但可见妙损明王(gnod mdzes)〔5〕、金刚钩(rdo

〔1〕 译者注：原书将尊号分别写作 gsod byed mon pa，las byed mon pa，legs ldan，据［法王十万佛塔志］第11叶背面，以及 *rgyal rtse chos rgyal gyi rnam par thar pa dad pa'i lo thog dngos grub kyi char 'bebs zhes bya ba bzhugs so*［江孜法王传·成就信之稼穑之雨霖］第109页修改。

〔2〕 *Sādhanamālā* II, p. 507, n. 258.

〔3〕 *Sādhanamālā* II, p. 511, n. 262.

〔4〕 译者注：据实地考察，该处壁面保存良好。

〔5〕 译者注：原书写作药叉(gnod mdzad)，据题记改。

rje lcags kyu)和度母(sgrol ma)。左侧眷属的形象保存得较好，其在 196
图版 191、192 中可见。从左上开始，第一排为火焰炽燃金刚(rdo rje me dang nyi ma 'bar ltar)、忿怒王恶(khro bo rgyal po sdig pa)、马头明王(rta mgrin)、三界尊胜明王(khams gsum rnam par rgyal)；第二排为金刚羯罗羯罗(rdo rje ki la ki la)[1]、不动明王(mi g.yo ba)、金刚作吽(rdo rje hūṃ mdzad)和蓝杖明王(dbyug pa sngon po)；第三排为微尘明王(khro bo gzegs ma)、阎摩敌(gshin rje gshed)、宝帐怙主(gur mgon)和天女(lha mo)。

北壁为紫黑色大力明王(khro bo stobs po che，图版 193)。

下部为常见的供养天女(mchod pa'i lha mo)和七政宝。

该殿共有 74 尊身像。

第一层、第十五间佛殿

该殿供奉的是幢顶臂严佛母(rgyal mtshan rtse mo)，其塑像位于南壁，围绕有使者(pho nya)和女使(pho nya mo)两身胁侍。

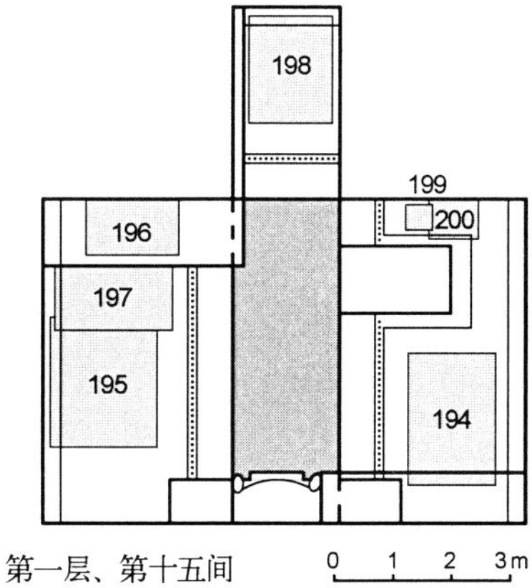

插图 15

东壁南段主像为四臂独髻女(ral gcig ma，图版 194)[2]，其右侧为金刚自在女(rdo rje dbang phyug ma)、金刚遍入天女(rdo rje khyab 'jug ma)、金刚童女(rdo rje gzhon nu ma)；左侧为金刚水灌顶女(rdo rje chu dbang ma)、金刚成就女(rdo rje dngos grub 'byung ma)、金刚相女(rdo rje mtshan mo)、虚空自在女(nam mkha' dbang phyug ma)、金刚金女(rdo rje ser mo)、金刚白面女(rdo rje gdong dkar mo)、金刚笑女(rdo rje bzhad ma)和金刚仰面(rdo rje gyen du lta ba'i gdong)。

---

〔1〕 译者注：题记为 ka la ka la ya，原书改为 ki la ki la ya。

〔2〕 *Sādhanamālā* I, p. 260, n. 124.

西壁主像为八臂天女(lha mo)，即独髻女(Ekajaṭā，图版 195)〔1〕，其右侧分别绘有金刚作损女(rdo rje gnod byed mo)、大黑女(sngo bsangs chen mo)、大金刚女(rdo rje ma chen mo)和金刚猛厉女(rdo rje drag mo)；左侧天众均为怒相(图版 197)，即：金刚顶髻明王
197 (khro bo rdo rje gtsug tor)、马头明王(khro bo rta mgrin)、金刚忿怒母(rdo rje khro mo)〔2〕、金刚昧女(rdo rje rmongs byed ma)〔3〕、金刚饮血女(rdo rje khrag 'thung ma)、金刚寂静女(rdo rje zhi ba mo)〔4〕、金刚大持风女(rdo rje rlung 'dzin chen ma)、金刚起尸女(rdo rje ro langs ma)、金刚照女(rdo rje snang byed ma)、金刚寻求女(rdo rje tshol byed ma)、金刚悦女(rdo rje rangs byed ma)。

西壁北段为六臂红色金刚杂孜噶(rdo rje tsar tsi ka，图版 196)〔5〕。

北壁主像为幢顶臂严佛母(rgyal mtshan rtse mo'i dpung rgyan，图版 198)〔6〕。

东壁北段为垂穗女('og dpag ma，图版 199)和金刚难立(rdo rje tshug par dka' ba，图版 200)。

据塔志，该殿共有 102 尊身像。

第一层、第十六间大殿

该殿因其供奉的弥勒(byams pa)得名，里面丰富和细致的壁画与其他各殿不相上下，甚至超过它们。西壁，身着袈裟的弥勒塑像庄严凸显，围绕有两身无量寿(tshe dpag med)小像，以及两菩萨像，即右为地藏(sa'i snying po)，左为金刚手(phyag na rdo rje)。

四壁的曼荼罗被上方流云宛转飘飞、周遭树木盘曲错杂、状若虬龙的宏大背景上凸显的长长的人物队列所替代。虽然此处亦可

---

〔1〕 对照[成就法鬘]第 127 号，尽管标识有所不同。*Sādhanamālā* I, p. 265, n. 127.

〔2〕 译者注：原书写作 'gegs mthar byed。

〔3〕 译者注：原书此处增加 rdo rje gsod byed ma。

〔4〕 译者注：原书此处增加 rdo rje gtum mo。

〔5〕 译者注：原书写作 tsa rtsi ka。

〔6〕 其图像表现的记载参见 *Sādhanamālā* II, p. 403, n. 203。

看见身像庄严的天众被静穆虔诚的游行信众包围，但前者已失去了其神性的超然，僵硬的图像程式被一股生气所柔化，使这些形象多了一些人性，少了一些抽象，并以其有意识的慈爱微笑更直接地分享人类的勤苦。198 庄严的弥勒身像坐于宝座之上（图版201），似乎眷视着受苦轮回有情，将未来佛的慈爱之情表达得淋漓尽致。甚至有时图像学规程更严格地被遵循时——因为弥勒展示的某些非凡身形——艺术家也尽力表现出了属于弥勒的大慈本性，这就是图版202表现的弥勒的受用身（sambhogakāya），形象的多面多臂没有黯淡弥勒的柔美。

四周场景表现的是弥勒净土兜率天（Tuṣita），或弥勒成为菩萨之前和发愿未来成佛之前的种种前生。其取材自 *byams pas zhus pa'i mdo*［弥勒请问经］〔1〕，图版203所再现的优美画面即受此激发而创作，其中可以看出明显的汉风影响。另一来源是 *Saddharmapuṇḍarīka*［法华经］，具体而言是第一品，其中讲述到释迦牟尼在灵鹫山（Gṛdhrakūṭa）时以大神变，放大光明，遍照三界，暗示他将以

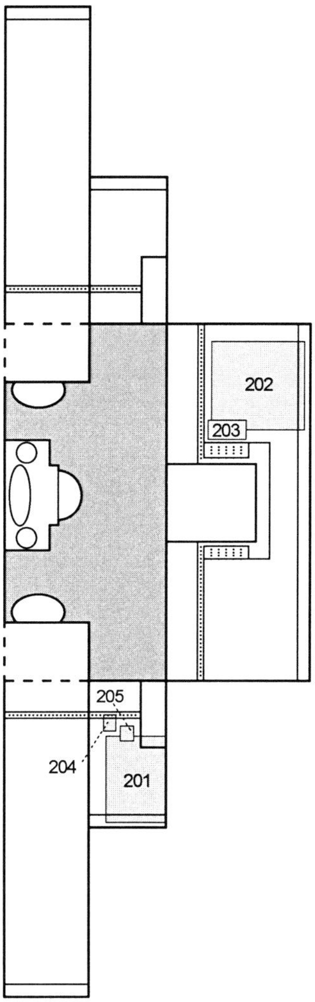

第一层、第十六间　0　1　2　3m

插图16

---

〔1〕 *Āryamaitreyaparipṛcchānāmamahāyānasūtra*，《西藏大藏经总目录》第85、86号。
译者注：汉译为《大宝积经》"弥勒菩萨问八法会第四十一"及"弥勒所问会第四十二"，《大正藏》第11册，经号310。

这种方式引发弥勒的疑惑并宣说新的大乘经典。

画师精于构图，区分天人两界，优雅对称配列各种形象。他还
199 熟知如何赋予每个形象以特定的容貌和适宜的特征，超越了其同行。一旦从天界回至俗世，他便创作出了各色人等，通常带有一点卡通性质，如图版204、205。显然其灵感来自现实生活，他意欲透过五官展示人物的写实，与通常抽象、冰冷的艺术构成反差。如果追寻画师遵循的方式，很明显他在很大程度上受到了汉风的影响，以至于一些场景完全取自汉式，如图版203。很清楚，画师受教于以汉风来诠释译介佛典叙事题材的学派，印度传统于此消失。宏大自由的变相构图取代了曼荼罗，其可能源自中亚，从六世纪开始勃兴于汉地。即使该殿因弥勒、金刚手(phyag na rdo rje)、舞自在观音(spyan ras gzigs gar gyi dbyang phyug)等天众眷属而在图像学上备值关注，可以肯定的是其艺术上的重要性远大于图像学。

塔志作者在此亦仔细统计了身像，共有463尊。

第一层、第十七间佛殿

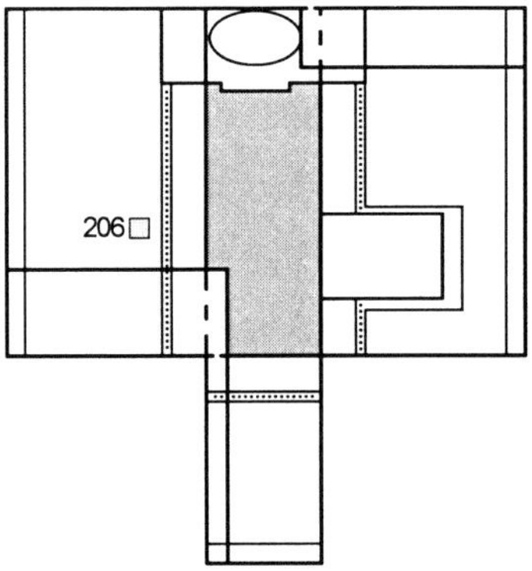

第一层、第十七间　0 1 2 3m

插图 17

该殿供奉的是静相作乐多闻子(rnam thos sras zhi ba bde byed)。壁画遭到了严重破坏，但总体而言可归入十万佛塔最好的壁画中，其风
200 格与通常表现多闻子(Vaiśravaṇa)系列的绘画一样，谨遵汉风。

图版206表现的是多闻子的眷属——我们对其已有说明——马主(rta bdag)之一，从马到服饰，汉风的影响一目了然，无须再指出。

该殿应有65尊身像。

第一层、第十八间佛殿

此间实际上并非佛殿，而是通向十万佛塔二楼的楼梯间，因此，它被称之为“入大解脱城门殿”，里面集中了被呼召而来消除魔障、保护

净地，以及清除违缘等护法一类的天众。除了四大天王（rgyal chen）的塑像，墙上依次为马头明王（rta mgrin）、蓝杖明王（dbyug sngon po）、骑虎梃杖（beng stag zhon）和十五护方神（phyogs skyong），共有 26 尊身像。

第一层、第十九间佛殿

该殿损毁严重，壁画大多剥落毁坏。由于西壁塑像为大黑天（Mahākāla）的特殊身形，即我们已经论及的宝帐怙主（gur mgon），因此该殿被称为怙主殿。宝帐怙主有两胁侍，右为乌摩独髻女（Umā Ekajaṭā），左为欲界自在女（'dod khams dbang phyug ma）。

据塔志作者，壁画表现的是调伏部多金刚手（phyag na rdo rje 'byung po 'dul byed）、药叉（gnod sbyin）及其眷属、跋陀罗兄妹（pu tra ming sring）和尸林主（dur khrod），共有 50 尊身像。

第一层、第二十间佛殿 201

该殿供奉的是尊胜佛母（rnam par rgyal ma），并以此命名。尊胜佛母塑像为三面八臂，围绕有观音（spyan ras gzigs）、金刚手（phyag na rdo rje）两胁侍和两天子（devaputra）。不幸的是，此殿保存状况也不好。

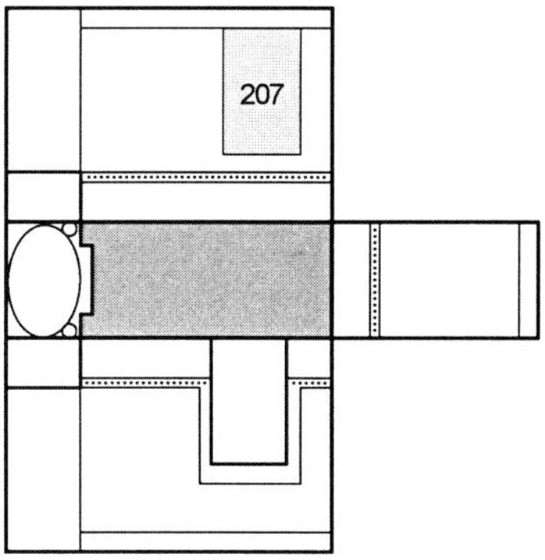

第一层、第二十间　0 1 2 3m

插图 18

北壁曼荼罗取材自 *Kriyāsamuccaya*［所作集］，表现的是极寂静天女（rab tu zhi bar byed pa'i lha mo）和围绕有众多天众的尊胜佛母（图版 207）。

该殿应有 90 尊身像。

第一层共计有 2423 尊身像。

三、十万佛塔第二层

第二层只有十六间佛殿，因为该层四方凸出之处是第一层同一位置大殿的顶阁。根据十万佛塔建筑所体现的象征意义，第二层象征修习次第中的四正勤(prahāṇa)〔1〕。据塔志记载，第二层的量度为：高七点五肘，周长二百九十二肘〔2〕。

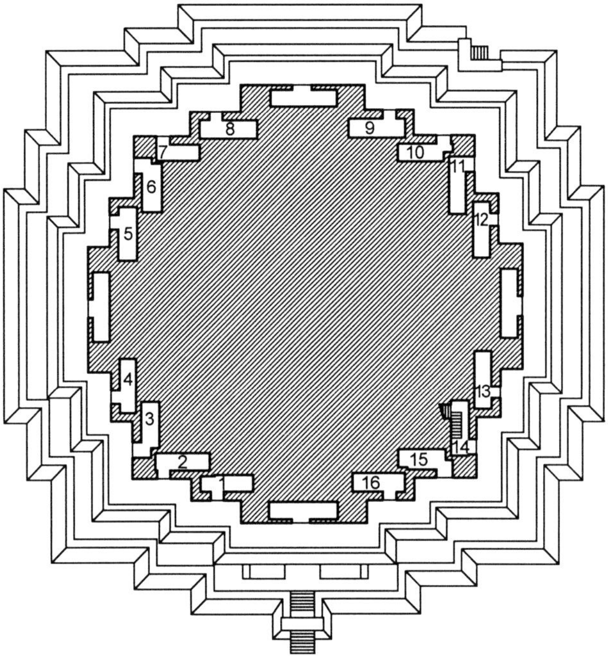

第二层

插图 19

［参考 F. Ricca and E. Lo Bue, *The Great Stupa of Gyantse*, p. 246, fig. B 绘制］

〔1〕 勤于灭已生之恶；勤于使未生之恶不生；勤于使未生之善生起；勤于增长已生之善。

〔2〕 译者注：原书写作直径二百九十三肘，据写本 *chos rgyal sku 'bum chen po'i dkar chag*［法王十万大佛塔志］第 14 叶背面及 *rgyal rtse chos rgyal gyi rnam par thar pa dad pa'i lo thog dngos grub kyi char 'bebs zhes bya ba bzhugs so*［江孜法王传·成就信之稼穑之雨霖］第 111 页改。

第二层、第一间佛殿

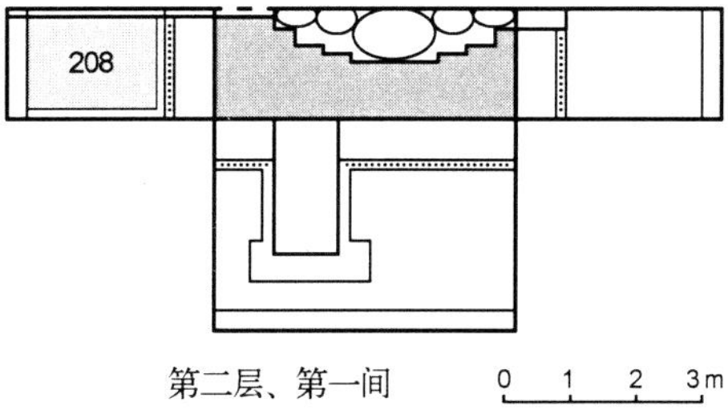

插图 20

此殿以无量寿佛(tshe dpag med)命名,其塑像位于北壁,有四身小像围绕,表现的是无量寿佛的四身化现〔1〕。据题记所载,此系据十世纪的胜敌(Jitāri)论师传规所制〔2〕。 202

殿门左右两侧壁绘有无量寿佛大像。如题记所载,他们表现的是无量寿佛的化现,出自 *'chi med rnga sgra*［不死鼓音］〔3〕,即西壁为不动无量寿(mi g.yo tshe dpag med,图版 208),东壁为普见无量寿(kun gzigs tshe dpag med)。南壁东段为功德无量寿(yon tan tshe dpag med),其左侧为智慧无量寿(ye shes tshe dpag med),围绕有供养天女(mchod pa'i lha mo)。

北壁西段小壁面绘有无量光佛('od dpag med)及其眷属。

据塔志作者统计,该殿共有 40 尊身像。

第二层、第二间佛殿

该殿现在称作度母殿(sgrol ma),但实际上供奉的是度母的特殊身形担木度母(Khadiravaṇitārā, seng ldeng nags kyi sgrol ma)〔4〕,其

---

〔1〕 译者注：原书认为表现的是五佛中的其他四佛。

〔2〕 Cordier II, p. 299, n. 7, 8. *bstan 'gyur*［丹珠尔］,释怛特罗部(rgyud 'grel), nyu 函。
译者注:原书将“据题记所载,此系据十世纪的胜敌(Jitāri)论师传规所制”置于全殿描述之末尾,根据文意调整至此。胜敌论师所造论书为 *Āryāparimitāyurjñāsādhana* (*'phags pa tshe dang ye shes dpag tu med pa zhes bya ba'i sgrub thabs*)［圣无量寿智成就法］和 *Aparimitāyurjñānavidhi* (*tshe dang ye shes dpag tu med pa'i cho ga*)［无量寿智仪轨］,《西藏大藏经总目录》第 2699、2700 号。

〔3〕 参见对题记的注释。

〔4〕 B. Bhattacharyya, *The Indian Buddhist Iconography*, p. 106; A. Getty, *The Gods of Northern Buddhism*, p. 110; 2nd edition: p. 125.

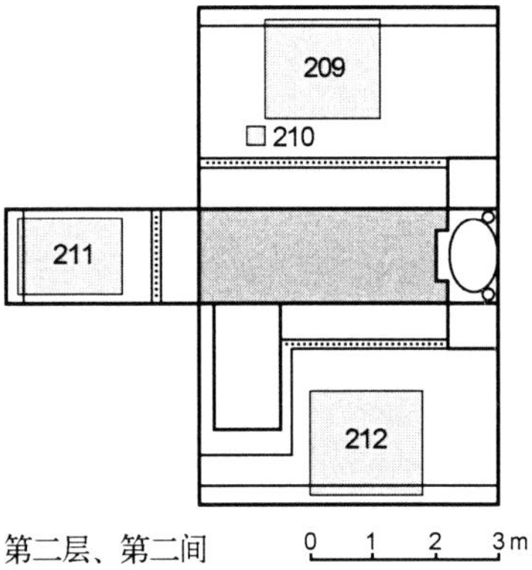

插图 21

塑像立于东壁，围绕有两胁侍。

北壁所绘形象为救度恶趣度母（Durgottāriṇītārā, ngan song las sgrol[1] ba'i sgrol ma）及其两胁侍[2]，右侧为摩利支天（lha mo 'od zer can），左侧为独髻女（ral gcig ma，图版 209）[3]。

203 围绕救度恶趣度母有 *rnam dag gtsug nor*［清净髻珠］之二十一度母（sgrol ma）[4]。右侧为白度母（dkar mo zla mdangs sgrol ma）[5]、奋勇度母（rab tu dpa' ba'i sgrol ma）、善度母（dge ba'i sgrol ma）、金颜度母（gser mdog can gyi sgrol ma）、尊胜度母（rnam par rgyal ba'i sgrol ma）、吽音叱咤度母（hūṃ sgra sgrog pa'i sgrol ma）、施胜根度母（dbang mchog ster ba'i sgrol ma）、摧破沉掉度母（rgod pa 'joms pa'i sgrol ma）、招引众生度母（'gro ba 'gugs pa sgrol ma）、祛忧度母（mya ngan sel ba'i sgrol ma）。左侧为担木度母（seng ldeng nags kyi sgrol ma）、显吉祥度母（bkra shis snang ba'i sgrol ma）、成熟度母（smin pa byed pa'i sgrol ma）[6]、颦眉度母（khro gnyer g.yo ba'i sgrol ma）、善业寂静度母（dge las zhi ba'i sgrol ma）、破欲度母（chags pa 'joms pa'i sgrol ma）、极乐成就度母（bde ba sgrub pa'i sgrol ma）、尊胜度母（rnam par rgyal ba'i sgrol ma）、消苦度母（sdug bsngal bsreg byed sgrol ma）、赐成就度母

---

〔1〕 译者注：原书写作 sbyong，据题记改。

〔2〕 B. Bhattacharyya, *The Indian Buddhist Iconography*, p. 137; *Sādhanamālā* I, p. 237, n. 111.

〔3〕 译者注：原书写作 khro gnyer can。

〔4〕 译者注：原书写作 *rnam dag gtsug tor*，据题记改。即 *Devītāraikaviṃśatistotraviśuddhacūḍāmaṇi* (*lha mo sgrol ma nyi shu rtsa gcig la bstod pa rnam dag gtsug gi nor bu*)［二十一度母讚·清净髻珠］，《西藏大藏经总目录》第 1689 号。

〔5〕 译者注：原书未记。

〔6〕 译者注：前三位度母据壁面实际内容补充。

(dngos grub ’byung ba’i sgrol ma)、圆满度母(yongs su rdzogs byed sgrol ma)[1]。

西壁中央形象表现的是四天女所围绕的胜施度母(mchog sbyin sgrol ma,图版211)。

南壁突出形象为八面十六臂黄色一切义成就施度母(don thams cad grub pa rab tu sbyin pa’i sgrol ma,图版212)[2],围绕有其特殊化现救八难度母。

此处不再是我们在扎布让(tsa pa rang)的寺院中所见的将信众从引发恶业的八大烦恼怖畏中救度出来的八度母[3]。在此曼荼罗中,实际上表现的是救度危害人命的真实危难的度母。形象如下: 204
救狮难度母(seng ge’i ’jigs pa skyob pa’i sgrol ma)[4]、救火难度母(me’i ’jigs pa skyob pa’i sgrol ma)、救强盗难度母(mi rgod kyi ’jigs pa skyob pa’i sgrol ma)、救水难度母(chu ’jigs pa skyob pa’i sgrol ma)、救象难度母(glang po’i ’jigs pa skyob pa’i sgrol ma)[5]、救蛇难度母(sbrul gyi ’jigs pa skyob pa’i sgrol ma)、救盗贼难度母(chom rkun gyi ’jigs pa skyob pa’i sgrol ma)、救毕舍遮难度母(sha za’i ’jigs

---

[1] 尽管上面二十一度母的名录不全,但其与我们研究扎布让寺院时更常见的二十一度母不同,参见《梵天佛地》第三卷,第二册,插表三,后者以阿底峡(Atīśa)的传规为据,此外,还可加上 *jo bo rje’i lugs kyi sgrol ma nyer gcig gi sgrub thabs las tshogs dngos grub rnam gnyis kyi bang mdzod* [阿底峡传规之二十一度母成就法羯磨集·两种成就之库],以及 *jo bo lugs kyi sgrol ma nyer gcig gi sgrub thabs rjes gnang dang bcas* [阿底峡传规之二十一度母成就法并随许], *sgrub thabs kun btus* [成就法集],ga 函。
译者注:二十一度母名号已据实地考察结果补全。前一部论书的作者为四世班禅洛桑曲吉坚赞(blo bzang chos kyi rgyal mtshan)。

[2] Cordier III, p. 40, n. 202. *Sarvārthasādhanyāryaprasannatārāsādhana* [一切义成就圣施度母成就法], *bstan ’gyur* [丹珠尔],释怛特罗部(rgyud ’grel), du 函。《西藏大藏经总目录》第3506号。此处再现的形象与[成就法鬘]第114号完全对应。*Sādhanamālā* I, p. 241, n. 114.

[3] 参见《梵天佛地》第三卷,第二册,第86-87页。

[4] 译者注: 据壁面实际内容补。

[5] 译者注: 据壁面实际内容补。

pa skyob pa'i sgrol ma)[1]。

该殿还绘有多闻子(rnam thos sras)、六臂大黑天(mgon po phyag drug,图版210)、瞻巴拉('dzam bha la)以及度母(sgrol ma)修法传承上师,首要的是日护(Sūryagupta, nyi ma sbas)和阿底峡(Atīśa)。

该殿共有54尊身像。

第二层、第三间佛殿

该殿称之为狮子吼殿(seng ge sgra)。北壁塑像为狮子吼及其胁侍文殊('jam mgon)和金刚手(phyag na rdo rje)。

205 西壁主尊表现的是出自 *pad ma dra ba*［莲花网］的十一面观音(spyan ras gzigs),又称为莲花网十一面观音(pad dra bcu gcig zhal,

---

〔1〕 *bstan 'gyur*［丹珠尔］保存有一切智友(Sarvajñamitra)的*Aṣṭabhayatrāṇatārāsādhana*［救八难度母成就法］。Cordier III, p. 74, n. 379. 释怛特罗部(rgyud 'grel), du 函。《西藏大藏经总目录》第3681号。其曼荼罗的构成如下:

救八难度母	灾　难	造　　型
救狮难度母	狮难	狮面,施无畏印
救象难度母	象难	象面,施期剋印
救火难度母	火难	炽燃红面(七面、七舌、二臂),施莲花印
救蛇难度母	蛇难	蛇首,施无畏印
救盗贼难度母	盗贼难	右手扬剑,左手施期剋印
救牢狱难度母	牢狱难	持铁钩和羂索
救水难度母	水难	右手持铁钩,左手施期剋印
救毕舍遮难度母	毕舍遮难	右手施与愿印,左手施无畏印

Aṣṭabhayamocanasiddhiguptasampuṭa［解脱八难成就 · 隐蔽小龛］中有类似但非完全等同的救八难列表,尽管二者的内容不一定能一一对上,但文献中并未提及度母,而呼召的是金刚手。因为此类祈祷经文非常流行,其自然数量众多,从而适应不同时地的需要。Cordier II, p. 351, n. 93. *bstan 'gyur*［丹珠尔］,释怛特罗部(rgyud 'grel), tu 函。《西藏大藏经总目录》第3032号。

图版213）；其右侧绘有如意宝（yid bzhin nor bu）、宝自在（rin chen dbang phyug）[1]、莲花生（pad ma 'byung gnas）、大日如来（rnam par snang mdzad）、不动佛（mi bskyod pa）、金刚自在（rdo rje dbang phyug）、金刚界自在母（rdo rje dbyings kyi dbang phyug ma）、持密女（gsang 'dzin mo[2]）；左侧绘有释迦牟尼（shā kya thub pa）、誓言自在（dam tshig dbang phyug）、护成就女（grub srung mo[3]）、佛眼佛母（spyan ma）、龙王（klu'i rgyal ba）和其他一些名字已经模糊不清的天众[4]。

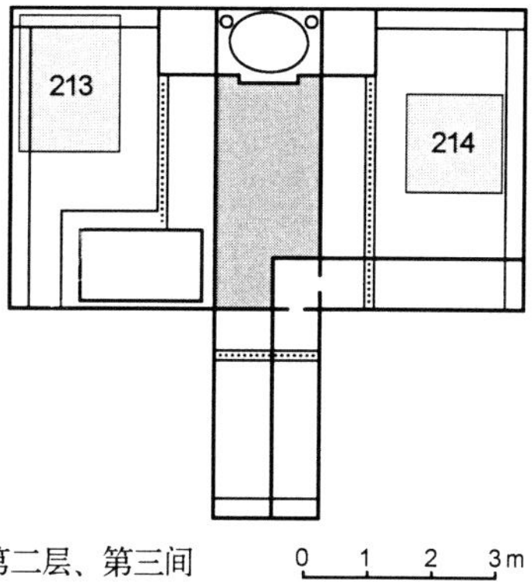

插图 22

该曼荼罗包括许多天众，他们分别配列于四方的几个附属曼荼罗中，布顿对其有描述[5]，尽管他未给出次要天众的图像特征。显而易见，该殿再现的是摄部曼荼罗，即只表现附属曼荼罗的主尊。主尊观自在（spyan ras gzigs dbang phyug）与布顿著作中的图像特征完全吻合，因为其可以分别表现为一千臂、一百零八臂、四十六臂、二十二臂、十六臂、十二臂、六臂、四臂或二臂。绘制该殿壁画的艺术家们选择了他的十二臂身形。靠近观自在有四位天女：持密女（gsang 'dzin mo）、持女（'dzin pa mo）、护咒女（sngags srung mo）、护成就女（grub srung mo）。

围绕着观自在的天众表现的是主要曼荼罗周围的附属曼荼罗：

东院（le tshe）主尊金刚自在（rdo rje dbang phyug），其周围眷属分别为无著意（thogs med yid）、成就自在（grub pa'i dbang phyug）、金

〔1〕 译者注：原书写作 mi dbang phyug。
〔2〕 译者注：壁面榜题写作 gsang 'dzin ma。
〔3〕 译者注：壁面榜题写作 grub srungs ma。
〔4〕 译者注：壁画中天众名号清晰，图齐所指应为照片。
〔5〕 *skabs gsum pa bya rgyud kyi dkyil 'khor gyi rnam gzhag*［第三品事部曼荼罗安立］，第25叶以后。

刚手印(rdo rje'i phyag rgya can)、具库箧(gter sgrom can)；

南院主尊宝自在(rin chen dbang phyug)，其周围眷属分别为大成就自在(grub chen dbang phyug)、具亥面(phag zhal can)、成就瑜伽自在(grub pa'i rnal 'byor dbang phyug)、持成就自在(grub 'dzin dbang phyug)；

206 西院主尊莲花自在(padma'i dbang phyug)，其周围眷属分别为狮面士夫(skyes bu seng ge'i zhal，持莲花、蛇和冠)、莲花手(padma'i phyag)、黑蛇手(sbrul nag phyag)、持头饰印(rtse[1] phran rgya 'dzin)；

北院主尊誓言自在(dam tshig dbang phyug)，其周围眷属分别为持轮('khor lo 'chang)、持虎皮(stag lpags 'chang)、普成自在(kun grub dbang phyug)、札董培(sgra dung 'phel)。

大日如来(rnam snang)是位于前述曼荼罗东边的曼荼罗主尊。该曼荼罗也分成九院。其四方主尊为：

狮子吼王(seng ge sgra rgyal po)，六臂：持三叉戟、蛇索，施无畏印；有茎莲花、剑、铁钩；

如意宝(yid bzhin nor bu)，六臂：持轮、金刚杵、莲花；持宝、施依印、与愿印；

莲花生(padma 'byung gnas)，四臂：持莲花，施依印；持铁钩、净瓶[2]；

不动佛(mi bskyod pa)，六臂：持剑、莲花、箭；施依印，持瓶、弓。

南边大曼荼罗的主尊为释迦牟尼(shā kya thub pa)，四方为不动佛(mi bskyod pa)、宝生佛(rin 'byung)、无量光佛('od dpag med)、不空成就佛(don yod grub pa)。

西边大曼荼罗的主尊为金刚界自在母(rdo rje dbyings kyi dbang phyug ma)，四方为前述曼荼罗四佛的标识，然后是佛眼佛母(spyan ma)、忙莽计母(Māmakī)、白衣母(na bza' dkar mo, gos dkar mo)、度

[1] 译者注：原书写作 'tshe。
[2] 译者注：原书写作簸鼓，据布顿论书改。

母(sgrol ma),每一位都环围有如金刚界曼荼罗中一样的四位菩萨,即金刚萨埵(rdo rje sems dpa')、金刚王(rdo rje rgyal po)等,不过均为四臂,右第一手持各自之标识,第二手均施依印;左手持莲花、念珠。

东壁南段按传统模式绘有诸明王(khro bo):无能胜明王(khro bo gzhan mi thub pa)、马头明王(khro bo rta mgrin)、除障明王(bgegs mthar byed)、阎摩敌明王(khro bo gshin rje gshed)、金刚顶髻明王(khro bo rdo rje gtsug tor)、妙损明王(khro bo gnod mdzes)[1]。

东壁主像为施转法轮印的释迦牟尼(Śākyamuni,图版 214),围 207
绕有不空羂索心髓(don yod zhags pa'i snying po)和金刚手(phyag na rdo rje)。

南壁东段突出形象为莲花舞自在观自在(spyan ras gzigs dbang phyug pad ma gar gyi dbang phyug)。

该殿共有 144 尊身像。

第二层、第四间佛殿

该殿供奉的是圣不空羂索观音('phags pa spyan ras gzigs don yod zhags pa),其塑像位于北壁,围绕有通常的四胁侍。

东壁突出形象为一面二臂施禅定印(samādhimudrā)大日如来(rnam par snang mdzad)。东壁空余处及其他壁面为 *rnam par snang mdzad mngon byang chub rgyud*[大日如来现证怛特罗]所述大悲胎藏曼荼罗(Mahākaruṇāgarbhamaṇḍala),此为该怛特罗所述三曼荼罗之第一曼荼罗,即身曼荼罗。日本学者,尤其

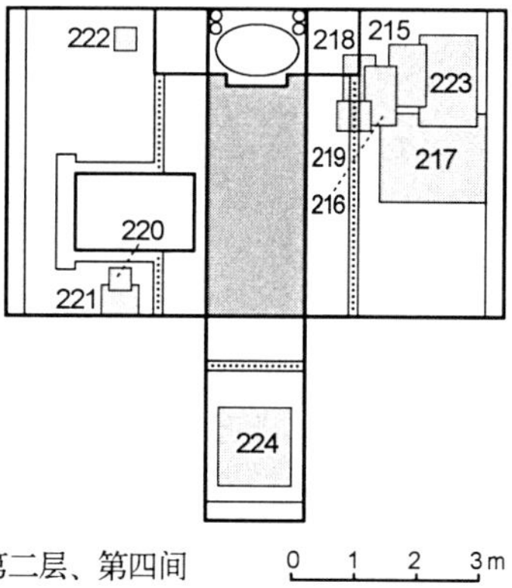

第二层、第四间

插图 23

[1] 译者注:原书写作 khro bo gnod mdzad。

是前引高野山梅尾祥云的著作中对其有详细的描述[1]，因此无需多说。显然，天众的位置和曼荼罗图示中的不一致。画家利用了空闲的壁面，而没有机械地遵循曼荼罗仪轨。形象前后相随，因此很不容易看出他们的内在联系，而这在曼荼罗图解中一目了然。例如，观音（spyan ras gzigs，图版 215）的旁边可见度母(sgrol ma) 和颦
208 眉度母(khro gnyer can)，后者本应在观音左侧，而壁面中则在观音上方。随后是大势至(mthu chen thob) 和名称天女(lha mo grags ldan ma)，她们在曼荼罗中也是挨在一起的。度母旁边应该是壁画中位于颦眉度母上方的白衣母(gos dkar mo)，依常例，白衣母旁边有马头明王(rta mgrin)。总之，艺术家在表现介绍大悲曼荼罗的论著中所描述的各种形象时尽可能地遵循了仪轨论书中确立的相近法则，只是在极个别地方采用了他自己的相近标准，其原因不得而知。

无论如何，该曼荼罗中的天众无一遗漏。图版 216 有围绕着观音的一些形象的细部。从主尊大日如来（图版 217）右侧开始，这些形象是：虚空眼女（nam mkha'i spyan ma，部分）、帝释天（lha'i dbang po)、高胜(mngon phyogs)、难伏护门(sgo srungs gdul dka')。另一些细部在图版 218 – 222 中可见。

图版 223 从第二排开始：普花(kun tu me tog)[2]、顶髻大生(gtsug tor cher 'byung)、顶髻上生(gtsug tor gyen 'byung)、顶髻音声(gtsug tor sgra dbyangs)；

第三排：光鬘('od kyi phreng ba)、捷意(yid mgyogs)[3]、马头明王(rta mgrin)、白衣母(gos dkar mo)；

第四排：宏声(sgra rnam par sgrogs pa)、名称天女(lha mo grags ldan ma)、大势至(mthu chen thob)[4]、颦眉度母(khro gnyer can)。

南壁主像表现的是金刚正施（rdo rje dam pa sbyin pa，图版 224）。

该殿共有 144 尊身像，是最丰富和值得关注的佛殿之一。

---

[1] 梅尾祥云，《曼荼羅の研究》。
[2] 译者注：据壁面内容补。
[3] 译者注：原书写作 yid ma gyogs。
[4] 译者注：据壁面内容补。

第二层、第五间佛殿

该殿供奉的是马头明王(rta mgrin),其塑像位于南壁,围绕有红色马头明王和不动明王(mi g.yo ba)两胁侍。

西壁北段绘有四大天王(rgyal chen,图版225)〔1〕。

墙上根据诸仪轨论书中的不同观想程式绘有马头明王的各种身形。

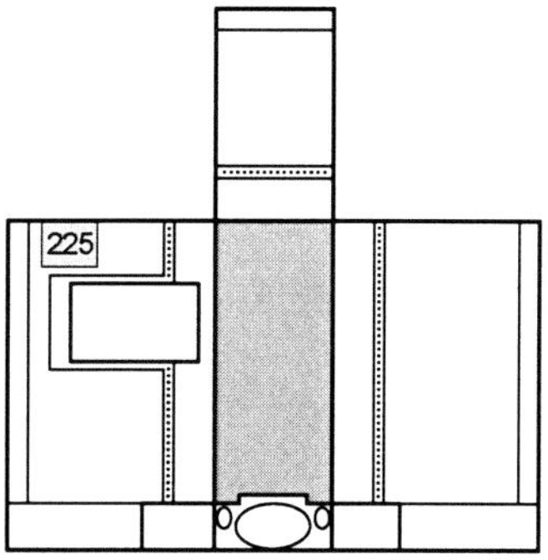

第二层、第五间　0　1　2　3m 209

插图24

东壁的马头明王围绕有小像,右侧为诃罗诃罗观音(spyan ras gzigs ha la ha la)、马胜智慧金刚(rta mchog ye shes rdo rje)、野干金刚天女(lha mo lce spyang rdo rje ma)、制御三界世自在('jig rten gsum po dbang du byed pa'i 'jig rten dbang phyug)、金刚手(phyag na rdo rje)、顶髻炽燃(gtsug tor 'bar ba)〔2〕、坚固金刚天女(lha mo rab brtan rdo rje)〔3〕、四臂智慧怙主(ye shes mgon po phyag bzhi)、热玛提(re ma ti)、六臂智慧怙主(ye shes kyi mgon po phyag drug)、……自在女(... dbang phyug ma)〔4〕。

其左侧可见:金刚持(rdo rje 'chang)〔5〕、亥母金刚天女(lha mo phag mo rdo rje)〔6〕、象金刚天女(lha mo glang po'i rdo rje)、多闻子(rnam thos sras)、马胜王(rta mchog rgyal po),以及尚吉察沃金(zhang kyi tsha 'od can)和尚乌噶波(zhang dbu dkar po)两位喇嘛。

该殿共有77尊身像。

---

〔1〕 译者注:原书增加四护方神(phyogs skyong)。
〔2〕 译者注:据壁面内容补。
〔3〕 译者注:据实地考察,似乎应为马头金刚天女(lha mo rta mgrin rdo rje)。
〔4〕 译者注:原书增加多闻子(rnam thos)。
〔5〕 译者注:据壁面内容补。
〔6〕 译者注:原书写作lha mo phyag na rdo rje。

第二层、第六间佛殿

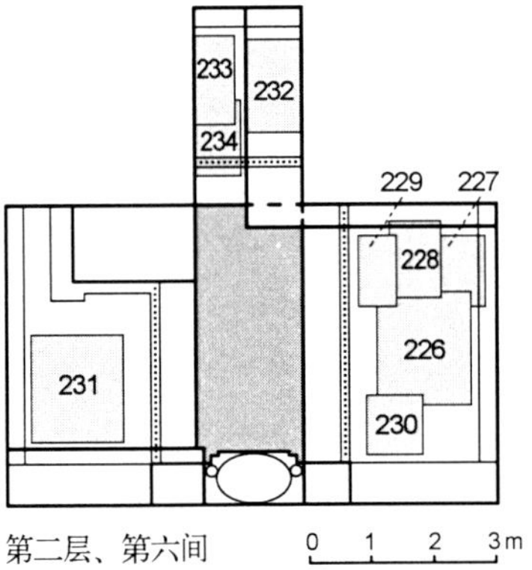

第二层、第六间

插图 25

该殿供奉的是拘留拘啰(Kurukullā),其塑像为一面四臂,围绕有通常的两身胁侍,即独髻女(ral gcig ma)和担木度母(seng ldeng nags kyi sgrol ma)。

其他壁面为取材自诸仪轨论书的拘留拘啰的多种形象。

东壁拘留拘啰据因陀罗菩提(Indrabhūti)传规所绘(图版226)[1],红色,八臂,围绕有构成其眷属的一组天女。右侧:科日度母(Gaurītārā, gau ri sgrol ma)、燃灯度母(Pradīpatārā, mar me'i sgrol ma)、圆满度母(Niṣpannatārā, rdzogs pa'i sgrol ma,图版227)、准提度母(Cundā, sgrol ma tsun da)、无能胜女(Aparājitā, gzhan gyis mi thub)、净信度母(Prasannatārā, rab tu dang ba'i sgrol ma,图版228)、金刚起尸女(Vajravetālī, rdo rje ro langs ma)、独髻女(Ekajaṭā, ral
210 gcig ma,图版229);左侧:胜者度母(Jayatārā, rgyal ba'i sgrol ma)、耳度母(Karṇatārā, rna ba'i sgrol ma)、金刚乾达婆(Vajragāndharī, rdo rje gāndharī,图版230)。

西壁为白色拘留拘啰,据题记,该像依据 *sgyu 'phrul dra ba*[幻网]所绘(图版231)[2]。

北壁东段主尊为红色拘留拘啰,取材自 *Hevajratantra*[喜金刚怛特罗],即喜金刚怛特罗所出制御三界拘留拘啰(kye'i rdo rje rgyud las 'byung ba'i 'jig rten gsum po dbang du byed pa'i lha mo rig byed ma)。下面可见喜金刚次第拘留拘啰(kye rdo rje'i rim pa'i

---

〔1〕 巴特恰利亚已经指出。B. Bhattacharyya, *The Indian Buddhist Iconography*, pp. 57–58, n. IV.

〔2〕 B. Bhattacharyya, *The Indian Buddhist Iconography*, pp. 126–127, 幻网次第拘留拘啰(Māyājālakramakurukullā)。

kurukullā)和喜金刚怛特罗所出自身加持拘留拘啰(kye rdo rje'i rgyud las 'byung ba'i rang byin kyis rlabs pa'i rig byed ma,图版232)[1]。

北壁西段为依 *sgrub thabs rgya mtsho*［成就法海］之六臂拘留拘啰(图版233),以及胁侍拘留拘啰天女(lha mo rig byed ma)和至尊拘留拘啰(rje btsun ma kurukullā,图版234)。

该殿共有80尊身像。

第二层、第七间佛殿

该殿供奉的是游戏王文殊('jam dbyangs rgyal po rol pa)。主尊为骑狮文殊,周围是释迦牟尼、无量光佛('od dpag med)、善财(nor bzang)、马头明王(rta mgrin)。

南壁中央画像为 *mtshan yang dag par brjod pa*［名等诵］所描述之智慧萨埵文殊('jam dpal ye shes 211
sems dpa')[2],四臂持剑、花、箭和

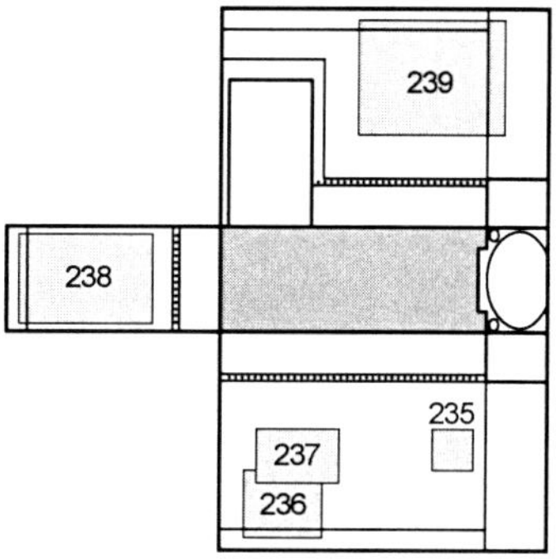

第二层、第七间　0 1 2 3m

插图 26

〔1〕关于拘留拘啰的这些身形,参见 *Hevajratantrakrame svādhiṣṭhānakurukullesādhana* (*dpal kye'i rdo rje'i rgyud kyi rim pa las/ bdag byin gyis brlab pa ku ru ku lle'i sgrub thabs*)［吉祥喜金刚怛特罗次第中自身加持拘留拘啰成就法］。据该论书(第113叶),拘留拘啰为红色,四臂:其中二主臂弯弓拉箭,余下二手之右手持钩,左手持莲花。也参见 *Hevajrodbhavakurukullesādhana*［喜金刚所出拘留拘啰成就法］。Cordier II, p. 92, n. 26, 28. *bstan 'gyur*［丹珠尔］,释怛特罗部(rgyud 'grel), za 函。《西藏大藏经总目录》第1314、1315号。

〔2〕布顿在其 *mtshan brjod kyi dkyil 'khor gyi bkod pa*［名等诵曼荼罗庄严］中所描述的该曼荼罗的附属曼荼罗之一的主尊为智慧萨埵文殊。但无论主尊还是胁侍的图像学类型都与此不一致。图像学暗示这些壁画也可能对应于 *Āryajñānasattvamañjuśrītattvanāmasādhana*［圣智慧萨埵文殊真性成就法］。Cordier II, p. 279, n. 12. *bstan 'gyur*［丹珠尔］,释怛特罗部(rgyud 'grel), ku 函。《西藏大藏经总目录》第2602号。但在 *Āryajñānasattvamañjuśrīupāyikā*［圣智慧萨埵文殊生起］中,智慧萨埵文殊为三面六臂,六臂分持日轮、箭、莲花;灯、弓和莲花。

译者注:关于［圣智慧萨埵文殊生起］,原书给出的出处是 *bstan 'gyur*［丹珠尔］, LXIV. 6,未能比定。

弓。其右侧上面为地藏(sa'i snying po)和定破一切忧暗意(mya ngan dang mun pa thams cad nges par 'joms pa'i blo gros)，下面为虚空库(nam mkha' mdzod)和白色不动明王(mi g.yo ba dkar po，图版 235)。其左侧从上开始：无支分金刚文殊('jam dbyangs yan lag med pa'i rdo rje)、语自在文殊('jam dbyangs ngag gi dbang phyug)、本初佛文殊('jam dbyangs dang po'i sangs rgyas)和青颈观音(spyan ras gzigs mgrin sngon can，图版 236)；下面为另一身无支分金刚文殊('jam dbyangs yan lag med pa'i rdo rje)、语王文殊('jam dbyangs ngag gi rgyal po)、法螺三摩地文殊(chos kyi dung gi ting nge 'dzin gyi 'jam dpal)[1]、世间怙主观音(spyan ras gzigs 'jig rten mgon po，图版 237)。

西壁主像为四面八臂红白色制御一切有情文殊(sems can thams cad dbang du byed pa'i 'jam dbyangs，图版 238)。

北壁突出形象为四面八臂白色法界语自在文殊('jam dpal chos dbyings gsung gi dbang phyug，图版 239)。

该殿共有 66 尊身像。

第二层、第八间佛殿

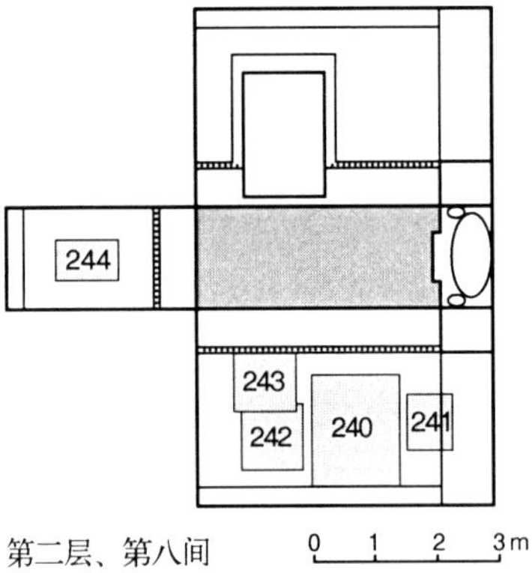

第二层、第八间

插图 27

该殿供奉的是摧破金刚(rnam par 'joms pa)，其塑像及其右胁侍妙音天女(dbyangs can ma)和左胁侍金刚度母(rdo rje sgrol ma)位于东壁。

突出于南壁的忿怒形象表现的是同一本尊，也是根据薛波(shol
212 po)译师传规，于炽燃火焰中作忿怒舞(图版 240)。摧破金刚周围是构成其眷属的十明王和通常的一组供养天女，即右侧为(图版 241)：金

[1] 译者注：原书写作 chos kyi rin chen 'dzin pa。

刚度母……(rdo rje sgrol ma . . .)、金刚作吽(Hūṃkāra)[1]、白色大金刚度母(rdo rje sgrol ma dkar mo che)、不动明王(khro bo mi g.yo ba)、金刚度母……(rdo rje sgrol ma . . .)、忿怒阎摩敌(khro bo gshin rje gshed)、狮面忿怒母(khro mo seng ge gdong can ma)、蓝杖明王(khro bo dbyug sngon can)[2]、虎面忿怒母(khro mo stag gi gdong can ma)、尊胜明王(khro bo rnam par rgyal ba)[3];左侧为: 马头明王(khro bo rta mgrin)、金刚度母……(rdo rje sgrol ma . . .)、身持金刚(sku rdo rje 'dzin pa)、三界尊胜明王(khams gsum rnam rgyal)[4]、无能胜明王(khro bo gzhan mi thub pa)、金刚度母……(rdo rje sgrol ma . . .)、语持金刚(gsung rdo rje 'dzin pa)、阎摩敌(gshin rje gshed)、甘露军荼利明王(khro bo bdud rtsi'i 'khyil ba,图版 242)、笑天女(lha mo bzhad pa ma)、意持金刚(thugs rdo rje 'dzin pa)、马头明王(rta mgrin)、转轮明王('khor los bsgyur ba)、马面忿怒母(khro mo rta'i gdong can ma)、两身甘露军荼利明王(bdud rtsi'i 'khyil ba)、大力明王(khro bo stobs po che)、狼面忿怒母(khro mo spyang ki'i gdong can ma)等(图版 243)。

西壁主尊表现的是另一位怛特罗密法上师,即巴日(ba ri)译师传规之摧破金刚(图版 244)。

该殿共有 83 尊身像。

第二层、第九间佛殿

殿中塑像今称为顶髻光('od zer gtsug tor),表现的是四面八臂四足大牟尼(thub chen),塑像有四胁侍围绕,象征四种子字,即 aṃ vaṃ paṃ dzaṃ。thub chen 对应于 Mahāmuni,

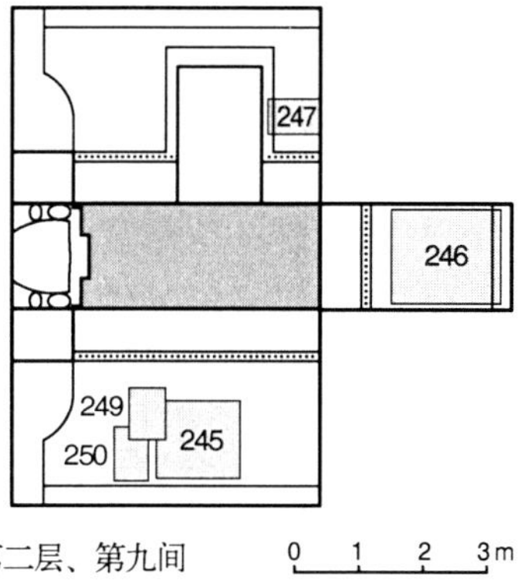

第二层、第九间

插图 28

---

〔1〕 译者注: 此二天众据壁面内容补。
〔2〕 译者注: 原书写作 khro mo dbyug sngon can。
〔3〕 译者注: 原书未记。
〔4〕 译者注: 此四天众据壁面内容补。

即释迦牟尼。一些弘扬顶髻(uṣṇīṣa)曼荼罗的怛特罗传规视顶髻为最尊崇的标识之一，而画师正是从这些怛特罗中得到了佛殿壁画的灵感。

顶髻的重要性和意义不仅限于佛教怛特罗，这已为他人阐明，
213 对此无需赘言。我们只需记住顶髻被赋予的密意使之更易于诠释
而形成特定的密法，此处我们看到了其图像学和仪轨的回音。

大牟尼像也见于南壁（图版 245），有众多形象围绕。如题记所示，他们表现的是罗汉(arhat)、十六菩萨、十护方神(phyogs skyong)等，以及十二天女，其中有随求女(so sor ’brang ma)、观诸福女(bsod nams rnam gzigs ma)、观福女(bsod nams gzigs ma)、长寿女(tshe ’dzin ma)、秘密成就女(gsang sgrub ma)、具增女(rgyas ldan ma)、铠严女(shin tu go cha ma)、持清净女(yang dag ’chang byed ma)、坚固手印女(phyag rgya brten ma)。

布顿描述了该曼荼罗[1]。

他描述的主尊与殿中的完全一致：四面八臂金色世尊牟尼(bcom ldan ’das thub pa)，八手均施转法轮印，其眷属如表九所示：

表九

尊　　号	身色	面数	臂数	标　　识	
				右　　手	左手
秘密成就女(gsang sgrub ma)	白	1	2	扇子	散花
长寿女(tshe ’dzin ma)	黄	1	2	瓶	散花
坚固手印女(phyag rgya brten ma)	红	1	2	念珠	散花
214 具福女(bsod nams ldan ma)	白	1	2	施依印(skyabs sbyin)，持白莲花	散花
观福女(bsod nams gzigs ma)	白	1	2	施赞同印(legs so sbyin)	灯

〔1〕 *skabs gsum pa bya rgyud kyi dkyil ’khor gyi rnam gzhag*［第三品事部曼荼罗安立］，第 19 叶正面。

续　表

尊　号	身色	面数	臂数	标　识	
				右　手	左手
观诸福女 (bsod nams rnam gzigs ma)	黄	1	2	经函	散花
铠严女(shin tu go cha mo)	红	1	2	莲花	散花
持清净女 (yang dag ’chang byed ma)	绿	1	2	青莲花	散花
随求女(so sor ’brang ma)	黄绿	1	2	施依印	铁钩
具色女(mdangs ldan ma)	淡黄	1	2	君陀花(kumuda)	散花
具威女(gzi ldan ma)	红黄	1	2	镜	散花
具增女(rgyas ldan ma)	绿	1	2	穗	散花
四　护　门					
破死女(’chi ’joms ma)	白	1	2	铁钩	
摧破阎摩女(gshin rje ’joms ma)	青	1	2	杖	
总摄阎摩女 (gshin rje sdom byed ma)	红	1	2	铁链	
护善女(legs skyong ma)	绿	1	2	金刚羂索	

随后是菩萨、护方神(phyogs skyong)和多闻子(rnam thos sras)等。

东壁为无垢顶髻曼荼罗(gtsug tor dri med kyi dkyil ’khor)主尊、单身秘密相大牟尼(图版246)。

北壁东段为十二天女及眷属(图版247)〔1〕。

该殿共有108尊身像〔2〕。

〔1〕 译者注：据题记及壁画内容，此处表现的是四佛母、色金刚等四天女、四护门。

〔2〕 译者注：该殿图版还包括249、250，参见随后对第十一间佛殿的描述。

第二层、第十间佛殿

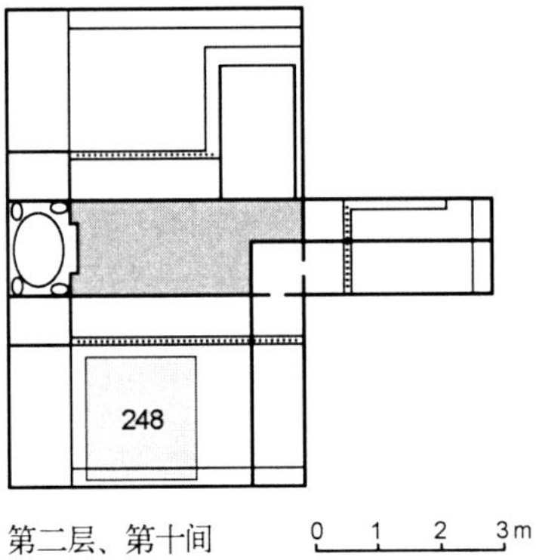

插图 29

该殿以所供白度母(sgrol dkar)而得名。该塑像有四胁侍围绕：颦眉度母(khro gnyer can)、摩利支天('od zer can)、黄色消毒度母(dug sel ma)、绿色消毒度母。

215 南壁主像为阿底峡(Atīśa)传规之三面八臂绿度母(sgrol ma,图版248),周围有一百零八度母。

题记的概述使我不必要详细记述。

该殿共有 123 尊身像。

第二层、第十一间佛殿

该殿供奉的是骑象普贤(kun tu bzang po),两侧塑像为弥勒(byams pa)和观音(spyan ras gzigs)。

东壁为白色心性安息观音(spyan ras gzigs sems nyid ngal bso)〔1〕,呈右手置于右膝的轮王坐(lalitākṣepa),围绕有依据 *rnam par snang mdzad mngon byang chub rgyud*［大日如来现证怛特罗］仪轨之十六菩萨,另有六供养天女〔2〕。

图版 249、250 可见部分天众：具增女(rgyas ldan ma)、妙眼佛(spyan legs)、铠严女(shin tu go cha mo)、吉祥香佛(dpal spos)、持清净女(yang dag 'chang byed ma)、智慧称佛(ye shes grags pa)、坚固手印女(phyag rgya brten ma)、眼面佛(spyan gdug pa'i zhal)、具福女(bsod nams ldan ma)、总摄阎摩女(gshin rje sdom byed ma),其中部

---

〔1〕 参见布顿 *sems nyid ngal bso'i rtsa ba rgyud kyi lung dang sbyor ba*［心性安息根本续经教及加行］, *bu ston thams cad mkhyen pa'i bka' 'bum*［遍知布顿文集］, ja 函。

〔2〕 译者注：原书写作十六。

分已出现于前面第九间佛殿中[1]。

西壁突出形象为文殊('jam dpal dbyangs),围绕有菩萨众：普贤(kun tu bzang po)、无尽意(blo gros mi zad pa)、虚空藏(nam mkha' snying po)、金刚心(rdo rje snying po)、月光(zla ba 'od)、除盖障(sgrib sel)等。

该殿共有 71 尊身像。

第二层、第十二间佛殿 216

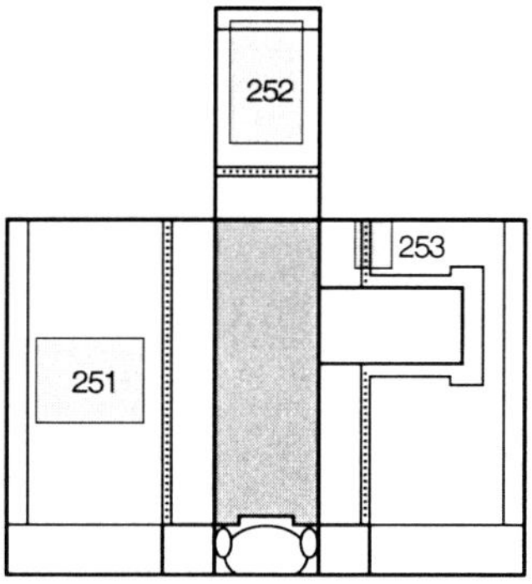

第二层、第十二间　0 1 2 3m

插图 30

该殿供奉的是金刚手(phyag na rdo rje)的特殊身形,善趣金刚手('gro bzang)。

东壁南段大像表现的是金刚手,称之为铁管金刚手(phyag rdor lcags sbugs)[2],围绕有其眷属十二天。其中可见：宝金刚手(Ratnavajrapāṇi)、宝金翅鸟(Ratnagaruḍa)、佛金翅鸟(Luddhagaruḍa)[3]、佛金刚手(Luddhavajrapāṇi)[4]、莲花金刚手(Padmavajrapāṇi)、莲花金翅鸟(Padmagaruḍa)、羯磨金刚手(Karmavajrapāṇi)、羯磨金翅鸟(Karmagaruḍa)。

西壁的主像是善趣金刚手(phyag na rdo rje 'gro bzang,图版 251),周围配列有曼荼罗十六天。藏地传统中,该曼荼罗的主要传法者为弥勒护(Maitrīpā)。右侧可见：金刚持(rdo rje 'chang)、金刚手(phyag na rdo rje)、行法金刚(spyod mdzad chos kyi rdo rje)[5]、金刚手、金刚调伏(rdo rje rab tu 'dul)、金刚普持(rdo rje kun tu 'dzin)、金刚花女(rdo rje me tog ma)、金刚作乐(rdo rje bde byed)、金刚大力

---

〔1〕 译者注：据实地考察,图版 249、250 实为第九间佛殿南壁壁画天众。

〔2〕 译者注：原书写作"东壁南段大像表现的是金刚手,称之为铁管金刚手(phyag rdor lcags sbugs,图版 251)"。据实地考察,图版 251 表现的是西壁主像。

〔3〕 原文如此。

〔4〕 原文如此。

〔5〕 译者注：此三天众据壁面内容补。

(rdo rje mthu chen)、金刚烧香女(rdo rje bdug spos ma)、金刚羂索女(rdo rje zhags pa ma)、金刚钩女(rdo rje lcags kyu ma)和尊胜金翅鸟(rgyal khyung mchog)；左侧为：金刚摧破暴恶(rdo rje mi bzad 'joms)、金刚调伏凶猛(rdo rje gdug pa 'dul)、金刚手、金刚药叉(rdo rje gnod sbyin)、金刚姊妹(rdo rje sring mo)、金刚界胜(rdo rje dbyings las rgyal)、金刚……救(rdo rje . . . las skyob)、灯女(mar me ma)、起尸(ro langs)、金刚铃女(rdo rje dril bu ma)等。

北壁表现的是经咒金刚手(phyag na rdo rje mdo gzungs)九天曼荼罗，主尊从炽燃火焰中凶猛冲出（图版 252）。

由上述名录可知不缺供养天女(mchod pa'i lha mo)，亦绘有护方神(phyogs skyong)、多闻子（rnam thos sras，图版 253）。

该殿共有 87 尊身像。

第二层、第十三间佛殿

该殿供奉的是不动佛(mi bskyod pa)，主像据阿底峡(Atīśa)传
217 规[1]，有四胁侍围绕，即具莲天女(lha mo pad ma can)、颜女(gdong can ma)、尊胜女(rnam rgyal ma)和具色女(mdangs ldan ma)。

壁画破损甚重，壁画内容是根据瑜伽部怛特罗(Yogatantra)和不动佛妙喜净土(Abhirati，mngon par dga' ba)的不动佛十三身。

该殿共有 160 尊身像。

第二层、第十四间佛殿

该殿无塑像，由该殿可登至第三层。壁面原有的壁画因日久而大部变黑，几乎看不清。主要题材为怒相护法神：宝帐怙主(gur mgon)、五部陀罗尼（gzungs grva lnga）、阎摩敌（gshin rje gshed）。

塔志作者仍统计出有 104 尊身像。

---

〔1〕 Cordier II, p. 289, n. 26. *Akṣobhyasādhananāma*［不动佛成就法］, *bstan 'gyur*［丹珠尔］，释怛特罗部(rgyud 'grel)，gu 函。《西藏大藏经总目录》第 2653 号。

第二层、第十五间佛殿

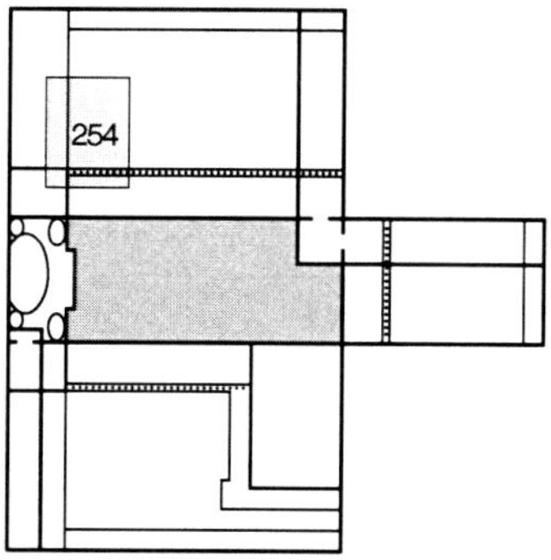

第二层、第十五间　0　1　2　3m

插图 31

该殿以语狮子(smra ba'i seng ge)命名,主像围绕有四胁侍。

大部分壁画保存状况甚差,但艺术价值仍然很高(图版 254),令人回忆起第一层佛殿。

塔志作者统计有 160 尊身像。

第二层、第十六间佛殿

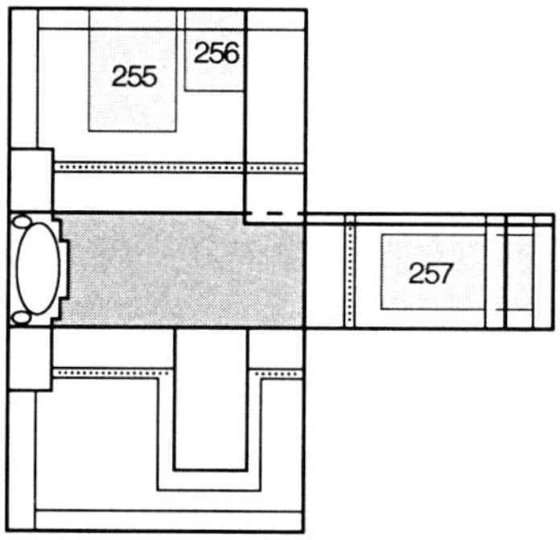

第二层、第十六间　0　1　2　3m

插图 32

该殿供奉的是观音(spyan ras gzigs)的特殊身形,调伏众生观自在(spyan ras gzigs dbang phyug 'gro 'dul byed),围绕有"母"六字佛母(yi ge drug ma)和"子"持摩尼宝(nor bu 'dzin),即我们在前几卷已经讨论过的六字大明主从三(Ṣadakṣara)。

北壁主像为龙树(Nāgārjuna)传规之十一面四十二臂观音(图版 255),有天众眷属围绕(图版 256), 218
左侧可见:莲花普降(padma kun tu dbab)、羯磨胜眼(las kyi spyan mchog)、圣文殊('phags pa 'jam dpal)、莲花药部(padma sman gyi sde)、羯磨弥勒(las kyi byams pa)〔1〕、善财(nor bzang)、莲花皈依智(padma'i mchi ba'i blo gros)、羯磨秘密(las kyi gsang ba)、金刚手(phyag na rdo rje)、莲花持法(padma chos 'dzin)、羯磨金刚(las kyi rdo rje)、金刚歌女(rdo rje glu ma)〔2〕、金刚舞女(rdo rje gar ma)、金刚灯女(rdo rje mar me ma)。

〔1〕 译者注:此五天众据壁面内容补。
〔2〕 译者注:原书写作 rdo rje sgyu ma。

南壁绘有如意宝(Cintāmaṇi, yid bzhin nor bu)[1]。

东壁可欣赏到十四天曼荼罗主尊空行观自在(spyan ras gzigs dbang phyug mkha' spyod,图版 257)。

包括塑像和壁画,塔志作者统计十万佛塔第二层共有 1542 尊身像。

四、十万佛塔第三层

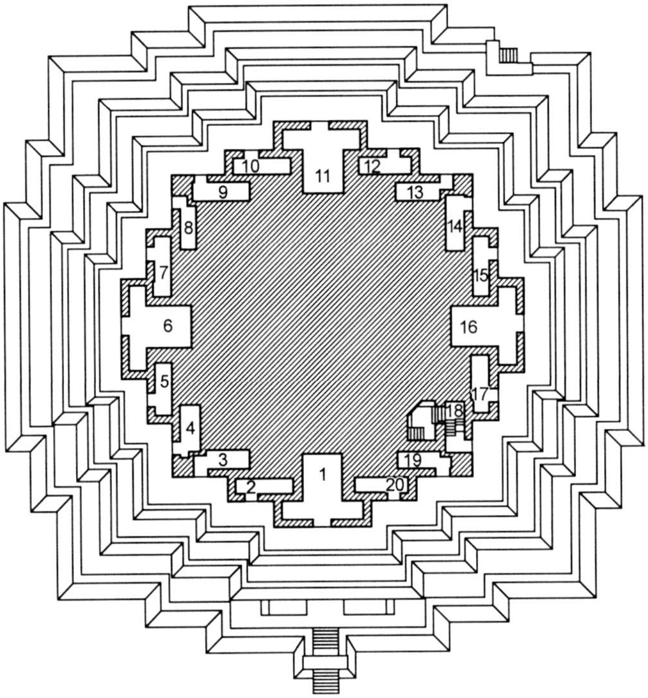

第三层

插图 33

[参考 F. Ricca and E. Lo Bue, *The Great Stupa of Gyantse*, p. 263, fig. C 绘制]

---

[1] 在第二层、第三间佛殿(第 150 页)中已经遇到,并据布顿论著作了描述。其四位胁侍是捷意女(yid myur ma)、宝贤女(rin chen bzang mo)、莲花胜女(padma rgyal mo)和马耳女(rta rna mo)。参见布顿 *skabs gsum pa bya rgyud kyi dkyil 'khor gyi rnam gzhag*[第三品事部曼荼罗安立],第 26 叶正面。

据塔志记载，十万佛塔第三层象征四神足(rdzu ’phrul rkang pa)，高七肘，周长二百六十二肘。该层布局与前面两层完全一致。

第三层、第一间大殿

该殿供奉的是无量寿佛(tshe dpag med)。北壁前的突出大像是无量寿佛[1]，佛像围绕有金刚法(rdo rje chos)等莲花部四菩萨。

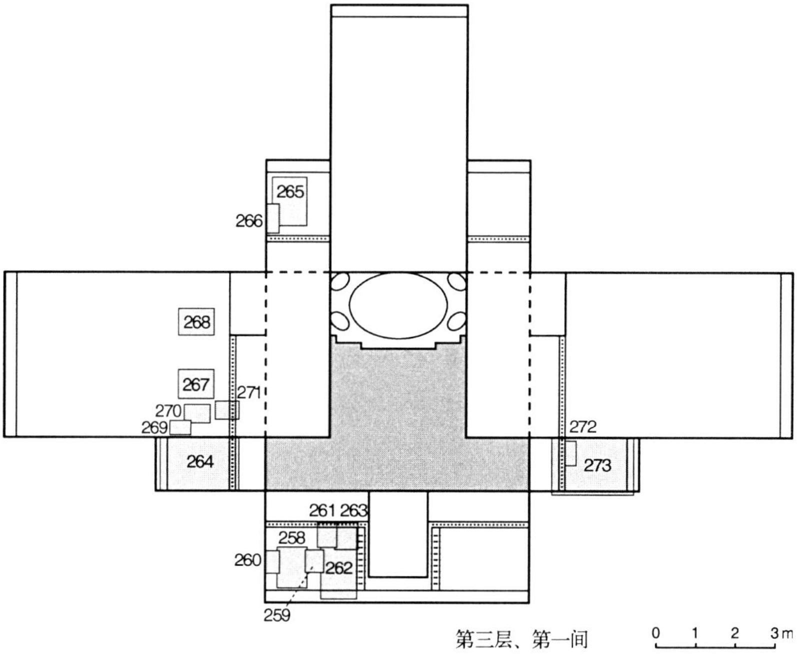

插图 34

墙上所绘列队天众庄严壮丽，以其生动的色彩和丰富的形象再现了数铺曼荼罗，但其与该殿主尊的联系不太明显。激发该殿壁画 219
的怛特罗经典是 *dpal mchog dang po*［吉祥最上本初］，其中描述的诸多曼荼罗在壁面上依次得以展现。

南壁西段是虚空库(nam mkha’ mdzod)曼荼罗，据布顿对 *dpal mchog dang po*［吉祥最上本初］的分析，属于积集成就菩提所需的

〔1〕 译者注：原书写作 ’od dpag med。

福德和智慧资粮的第一品曼荼罗[1]。

主尊虚空库（图版 258），右手有交杵金刚(sna tshogs rdo rje)，左手持有交杵金刚标识的铃，置于腿处，姿势上模仿金刚萨埵(rdo rje sems dpa')，清楚地表明该菩萨为金刚萨埵的分身。虚空库周围展示的眷属为十二天和四标识，即：1. 金刚萨埵(rdo rje sems dpa')；2. 文殊('jam dpal)；3. 虚空藏（nam mkha' snying po，图版 259）；4. 虚空库(nam mkha' mdzod)；5. 世自在('jig rten dbang phyug)；6. 唯发心转法轮(sems bskyed ma thag tu chos kyi 'khor lo bskor ba)；7. 金刚拳(rdo rje khu tshur)，与仪轨相反，于此曼荼罗中为静怒两身（图版 260）；8. 药叉(gnod sbyin)；9. 金刚蜜(rdo rje sbrang rtsi)；10. 金刚云(rdo rje sprin)；11. 金刚秋(rdo rje ston ka)；12. 金刚冬(rdo rje dgun ma)。接着是绘于曼荼罗四门的四标识：东门铜钱(dong rtse)，南门金（图版 261），西门珍珠，北门红宝石(padma-

220 rāga)。该曼荼罗和殿门间的上方位置绘有取材自同一部怛特罗的大黑天(nag po chen po)曼荼罗，布顿对其亦有描述[2]。

大黑天为十臂（图版 262），围绕眷属有：1. 猛厉女(drag mo)；2. 梵天女(tshangs ma)；3. 遍入天女(khyab 'jug ma)；4. 罗刹女(srin mo)；5. 童女(gzhon nu ma)；6. 迦利(nag mo)；7. 大迦利(nag mo chen mo)；8. 食女(za ba mo)；9. 寂静女(zhi ba mo)；10. 畏惧女(Bheruṇḍā)；11. 暴恶女(gtum mo)；12. 怖畏女（'jigs byed ma，图版 262）。该曼荼罗又被称之为本母(ma mo)曼荼罗。

下面描绘的是三昆仲(ming po gsum)曼荼罗[3]：中为白色作胜(rgyal bar byed pa)，右为黄色作蜜(sbrang rtsir byed pa)，左为绿色一切义成(don thams cad grub par byed pa)。三天众的图像标识完全一致，均右手持颅器，左手持弓箭。围绕眷属为：1. 白色成就(grub pa)，持三叉戟；2. 黄色增长('phel ba)，持宝藏瓶；3. 粉红色钦波

〔1〕 曼荼罗列表中的第 203 号。

〔2〕 布顿 *dpal mchog rigs bsdus kyi dkyil 'khor gyi bkod pa*［最上本初摄部曼荼罗庄严］，第 14 叶背面。曼荼罗列表中的第 207 号。

〔3〕 布顿 *dpal mchog rigs bsdus kyi dkyil 'khor gyi bkod pa*［最上本初摄部曼荼罗庄严］，第 15 叶正面。

(chen po),持花篮；4. 黑色药叉(gnod sbyin),持牙；5. 黑色暴恶(gtum po),持杖；6. 黑色忿怒(khro bo),持蛇；7. 黑色殊胜(mchog),持轮；8. 黑色祟巴(gsod pa),舞剑。

在图版262、263中,该曼荼罗几乎全部可见。

西壁南段主尊为金刚作吽(rdo rje hūṃ mdzad,图版264)。画师表现的是三界尊胜(khams gsum rnam rgyal)曼荼罗,在布顿列表中为第三曼荼罗[1]。金刚作吽身蓝色,双手施三界尊胜印(khams gsum rnam par rgyal ba'i phyag rgya),并持金刚杵和铃,脚踏自在天(dbang phyug)和乌摩天后(Umā)。其左侧为：1. 持金刚明王(khro bo rdo rje 'dzin pa)；2. 持钩明王(lcags kyu 'dzin pa)；3. 持剑明王(ral gri 'dzin pa)；4. 持罥索明王(zhags pa 'dzin pa)；5. 持杖明王(dbyug 'dzin pa)；6. 持天杖明王(Khaṭvāṅga 'dzin pa)；7. 持长刀明王(gri ring 'dzin pa)；8. 持快刀明王(chu gri 'dzin pa)。这些天众的名字据右手所持标识而来,其左手于胸前施忿怒金刚拳[2],因此他们的来源清楚：他们只不过是忿怒天众标识在图像学上的神格化。金刚作吽站立的莲座下绘有曼荼罗四门的四标识,即东门弓箭、南门剑、西门金刚杵、北门矛。 221

北壁西段绘有虚空藏(nam mkha' snying po)曼荼罗。根据布顿的顺序,其为第五曼荼罗[3]。主尊虚空藏身绿玉色,作佩戴珠宝项链状(图版265)。围绕眷属为：1. 灌顶宝(dbang skur ba'i rin po che),持宝冠；2. 大宝赐财(rin po che chen po nor stsol ba),持宝藏；3. 大法宝(chos chen po'i rin po che),持经函；4. 大宝尝味(rin po che chen po ro myang ba),持盛满一切饮食之宝器。他们的名字据右手所持标识而来,左手靠于座处。接着：5. 宝伞天女(lha mo rin chen gdugs ma),持宝伞；6. 宝幢天女(lha mo rin chen rgyal mtshan ma),持宝幢；7. 具鼓天女(lha mo rnga can ma),击鼓；8. 宝托木天

---

〔1〕 布顿 *dpal mchog rigs bsdus kyi dkyil 'khor gyi bkod pa*［最上本初摄部曼荼罗庄严］,第6叶背面。曼荼罗列表中的第197号。

〔2〕 译者注：原书写作施期剋印,据布顿论书改。

〔3〕 布顿 *dpal mchog rigs bsdus kyi dkyil 'khor gyi bkod pa*［最上本初摄部曼荼罗庄严］,第9叶正面。曼荼罗列表中的第199号。

女(lha mo rin chen srog shing ma)，竖宝托木[1]。然后是曼荼罗四门标识，即宝冠、宝瓶、般若经函、盛满一切饮食之宝器（图版266）。

西壁北段绘有 *dpal mchog*［吉祥最上］第一曼荼罗，即金刚萨埵
222 (rdo rje sems dpa')曼荼罗，其眷属在云团和花丛中对称围绕。图版267－271 再现了一些细部。从布顿得知该曼荼罗的眷属数量远比其他曼荼罗多[2]，包括：1. 白色常式金刚萨埵(rdo rje sems dpa')；2. 粉红色金刚意生(rdo rje yid las byung ba)，源于梵文 manasija（从意而生）的名字，及其饰有鲜花的箭和在弦上搭有一支小箭的弓揭示了其来源：怛特罗学派接纳了印度神话中的爱神(Kāma)，其印度传统术语为"从意而生"，图像以花箭和弓为象征；3. 粉红色金刚羯罗羯罗亚(rdo rje ki la ki la ya)[3]，持红色金刚杵；4. 淡蓝色金刚念(rdo rje dran pa)，右手持摩竭幢(makara)，左手靠于座处；5. 纯金色金刚慢(rdo rje snyems pa)，两手各持金刚杵，置于体侧；6. 粉红色金刚蜜(rdo rje sbrang rtsi)；7. 粉红色金刚云(rdo rje sprin)；8. 淡蓝色金刚秋(rdo rje ston)；9. 纯金色金刚冬(rdo rje dgun)，最后四天众双手合十置于头上，分别持花篮、香炉、灯、盛满香水之小螺；10. 白色常式不动佛(mi bskyod pa)；11. 白色常式金刚手(phyag na rdo rje)；12. 蔚蓝色四臂文殊('jam dpal)，扬剑；13. 蓝色常式宝生佛(rin chen 'byung ldan)；14. 绿色虚空藏(nam mkha'i snying po)[4]，作佩戴项链状；15. 杂色虚空库(nam mkha'i mdzod)，手持交杵金刚和铃；16. 金黄色无量光佛('od dpag med)，施转法轮印；17. 粉红
223 色世自在('jig rten dbang phyug)，左手持莲茎，置于体侧，右手开启莲瓣；18. 金色唯发心转法轮(sems bskyed ma thag tu chos kyi 'khor lo bskor ba)，左手置于座处，右手持八辐法轮；19. 杂色常式不空成就佛(don yod grub pa)，施无畏印，持交杵金刚[5]；20. 金色金刚拳

[1] 译者注：原书未记该天女之标识，据布顿论书补。
[2] 译者注：布顿的 *dpal mchog rigs bsdus kyi dkyil 'khor gyi bkod pa*［最上本初摄部曼荼罗庄严］，第2叶正面，曼荼罗列表中的第195号。
[3] 译者注：布顿论书写作 rdo rje ki li ki la ya。
[4] 译者注：身色据布顿论书补。
[5] 译者注：标识据布顿论书补。

(rdo rje khu tshur),持金刚拳[1];21. 蓝色金刚药叉(rdo rje gnod sbyin),持金刚牙武器。接下来的 22 – 25 是供养天女(mchod pa'i lha mo),即嬉女(sgeg mo)、金刚笑(rdo rje bzhad pa)、金刚舞女(rdo rje gar ma)、大歌(glu chen po)。随后是如下天女:26. 金刚色(rdo rje gzugs);27. 金刚声(rdo rje sgra);28. 金刚香(rdo rje dri);29. 金刚味(rdo rje ro)。曼荼罗外院围绕有护方神(phyogs skyong)和星宿神。

东壁北段绘有世自在('jig rten dbang phyug)曼荼罗,为布顿列表中的第四曼荼罗[2]。主尊为粉红色世自在,左手持红莲,右手开启莲瓣。接着:1. 大莲(pad ma chen po)[3],欲天身形('dod pa'i lha'i gzugs 'dzin pa)[4],红色,持莲花和弓箭;2. 大莲暴恶自在(pad ma chen po gtum po'i dbang phyug),大自在天身形(dbang phyug chen po'i gzugs 'dzin pa)[5],黑色,四臂,持三叉戟、莲花、天杖、颅器;3. 大莲,遍入天身形(khyab 'jug gi gzugs 'dzin pa),黑色[6],四臂,持莲花、轮、杖、螺;4. 大莲,梵天身形(tshangs pa'i gzugs 'dzin pa),白色[7],四面,四臂,持杖、念珠、莲花、净瓶;5. 大莲持地(pad ma chen po sa 'dzin),大地身形(sa chen po 'dzin pa)[8],黄色,六臂,两主臂互执,余持遍入天(Viṣṇu)的标识,即螺、莲花、杖、轮;6. 大莲海(pad ma chen po rgya mtsho),水天身形(chu lha'i gzugs 'dzin pa),
白色,右手持莲花,左手持蛇索;7. 大莲[9],日天身形(nyi ma sku), 224
红色,右手持莲花,左手持置于莲上之日轮;8. 大莲,风天身形(rlung

---

[1] 译者注:据曼荼罗配列,原书于此处未记金色金刚拳(rdo rje khu tshur),题记也清楚载明该曼荼罗共有二十九天众。

[2] 布顿 *dpal mchog rigs bsdus kyi dkyil 'khor gyi bkod pa*[最上本初摄部曼荼罗庄严],第 8 叶正面。曼荼罗列表中的第 198 号。

[3] 译者注:原书写作 dpal pad ma chen po。

[4] 译者注:据布顿论书补。

[5] 译者注:据布顿论书补。

[6] 译者注:据布顿论书补。

[7] 译者注:据布顿论书补。

[8] 译者注:据布顿论书补。

[9] 译者注:原书写作 pad ma chen po'i nyi ma。

gi gzugs 'dzin pa)，黑色，右手持飞幡，左手持莲花；9. 大莲持地天女名师利(pad ma chen po sa 'dzin lha mo ming śrī)，左手持莲花，右手持宝藏瓶；10. 大莲海名纥利(pad ma chen po rgya mtsho ming hrī)，右手持蛇索，左手持莲花[1]；11. 大莲日名吉(pad ma chen po nyi ma ming gī)，右手持置于莲上之日轮，左手持莲花[2]；12. 大莲风天名提(pad ma chen po rlun gi lha ming dhī)，右手持飞幡，左手持莲花。还有四护门：13. 女子，大莲贪欲武器之标识(pad ma chen po chags pa'i mtshon cha'i mtshan ma)；14. 蛇，大莲暴恶自在之标识(pad ma chen po gtum po'i dbang phyug gi mtshan ma)；15. 猪，大莲黑之标识(pad ma chen po nag po'i mtshan ma)；16. 莲花，梵天之标识(tshangs pa'i mtshan ma)。

北壁东段表现的是布顿描述的唯发心转法轮(sems bskyed ma thag tu chos kyi 'khor lo bskor ba)曼荼罗[3]。曼荼罗以之得名的中央突出主尊右手中指顶有金刚杵形状之八辐法轮，左手置于座处。其眷属为：金刚手(phyag na rdo rje)、文殊('jam dpal)、虚空藏(nam mkha'i snying po)、虚空库(nam mkha' mdzod)、世自在('jig rten dbang phyug)、唯发心转法轮(sems bskyed ma thag tu chos kyi 'khor lo rab tu bskor ba)、金刚拳(rdo rje khu tshur)、金刚药叉(rdo rje gnod sbyin)。四护门为金刚萨埵(rdo rje sems dpa')、金刚作吽(rdo rje hūṃ mdzad)、世自在('jig rten dbang phyug)、虚空藏(nam mkha'i snying po)。

东壁南段为金刚药叉(rdo rje gnod sbyin)曼荼罗[4]。主尊周围
225 的眷属为(图版 273)：金刚手(phyag na rdo rje)、文殊('jam dbyang)、虚空藏(nam mkha'i snying po)、虚空库(nam mkha' mdzod)、世自在('jig rten dbang phyug)、唯发心转法轮(sems bskyed ma thag tu chos

---

〔1〕 译者注：原书写作持蛇，据布顿论书改。

〔2〕 译者注：据布顿论书补。

〔3〕 布顿 *dpal mchog rigs bsdus kyi dkyil 'khor gyi bkod pa*［最上本初摄部曼荼罗庄严］，第 11 叶背面。曼荼罗列表中的第 202 号。

〔4〕 布顿 *dpal mchog rigs bsdus kyi dkyil 'khor gyi bkod pa*［最上本初摄部曼荼罗庄严］，第 13 叶背面，第十曼荼罗。曼荼罗列表中的第 204 号。

kyi 'khor lo bskor ba)、金刚拳(rdo rje khu tshur)[1]、金刚药叉(rdo rje gnod sbyin)。下面绘有附属的天众,很明显是保护一切曼荼罗的怒相护方神(phyogs skyong,图版 272 细部)。

最后,南壁东段为金刚拳(rdo rje khu tshur)曼荼罗[2]。中央可见金刚拳,黄色,一面二臂,双手持金刚杵于胸前。眷属为：金刚胜身(rdo rje sku mchog),形象与金刚萨埵(rdo rje sems dpa')相同;金刚舌(rdo rje ljags),粉红色,右手持金刚舌,左手置于座处;三摩地金刚菩萨(byang sems ting nge 'dzin rdo rje),持金刚杵;金刚菩萨(byang sems rdo rje),形象与金刚慢相同[3];印拳天女(lha mo phyag rgya'i khu tshur ma),形象与金刚拳相同;宝拳天女(lha mo rin chen khu tshur ma),形象与虚空藏(nam mkha'i snying po)相同;智拳天女(lha mo ye shes khu tshur ma),形象与世自在('jig rten dbang phyug)相同;羯磨拳天女(lha mo las kyi khu tshur ma),形象与金刚业(rdo rje las)相同[4];曼荼罗四护门为金刚慢女(rdo rje snyems ma),形象与金刚萨埵(rdo rje sems dpa')相同;金刚舌女(rdo rje ljags ma),形象与金刚语(rdo rje smra ba)相同;金刚三摩地女(rdo rje ting nge 'dzin ma);金刚金刚女(rdo rje rdo rje ma),形象与金刚业(rdo rje las)相同。

因此,该殿表现的是组成摄部曼荼罗的中心和八方隅曼荼罗,题记亦可证实此点,此处每铺曼荼罗是根据前面所述的各部而依次再现的。

此摄部曼荼罗图解如下[5]： 226

1. 金刚萨埵曼荼罗(rdo rje sems dpa')
2. 金刚作吽曼荼罗(rdo rje hūṃ mdzad)
3. 虚空藏曼荼罗(nam mkha' snying po)
4. 世自在曼荼罗('jig rten dbang phyug)

---

[1] 译者注：据布顿论书补。

[2] 布顿 *dpal mchog rigs bsdus kyi dkyil 'khor gyi bkod pa*［最上本初摄部曼荼罗庄严］,第 9 叶背面,第六曼荼罗,曼荼罗列表中的第 200 号。

[3] 译者注：原书写作持金刚杵,据布顿论书改。

[4] 译者注：据布顿论书补。

[5] 布顿 *dpal mchog rigs bsdus kyi dkyil 'khor gyi bkod pa*［最上本初摄部曼荼罗庄严］,第 13 叶背面,第 1 行。

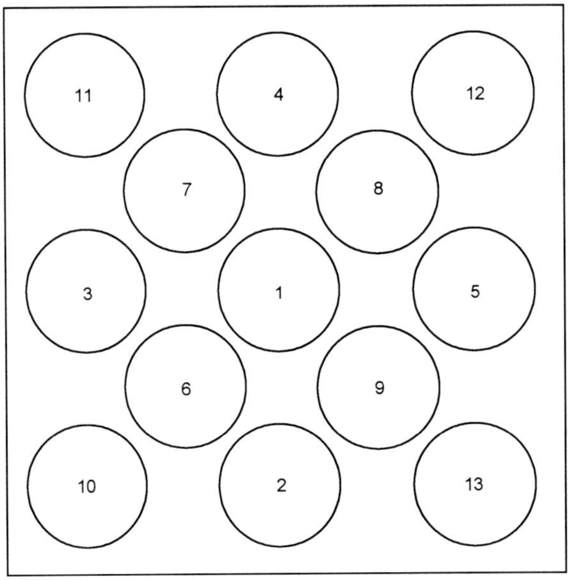

东

插图35

5. 金刚拳曼荼罗(rdo rje khu tshur)
6. 文殊曼荼罗('jam dpal)
7. 虚空库曼荼罗(nam mkha' mdzod)
8. 唯发心转法轮曼荼罗(sems bskyed ma thag tu chos kyi 'khor lo bskor ba)
9. 金刚药叉曼荼罗(rdo rje gnod sbyin)
10. 寂静短矛所标识曼荼罗(zhi ba mdung thung gis mtshan pa)
11. 本母曼荼罗(ma mo)
12. 三昆仲曼荼罗(ming po gsum)
13. 四姊妹曼荼罗(sring mo bzhi)。

227 我描述的是主要的和易于辨认的曼荼罗，但佛殿墙壁上或高或低地再现了整组曼荼罗：包括文殊曼荼罗、本母曼荼罗、三昆仲曼荼罗和四姊妹曼荼罗[1]。

总体而言，这些曼荼罗不仅有图像学的意义，还充分地展示出

〔1〕 参考《梵天佛地》第四卷，第二册的相关注释。

其如何构成。其中不仅有纯佛教的天众,也有怛特罗仪轨特定阶段和其他天众的标识、供物的神格化。例如,我们已经看到通常为怒相天众所持、有时亦为跳神仪式中的咒师所持的武器的神格化(第167页)。鼓、伞、幡等其他标识同样被神格化(第167页)。曼荼罗中还有季节和大种神(第168页),当然也有印度教的主要神祇,他们的四周为佛教仪轨中不常出现的其他天众所围绕,例如,畏惧女(Bheruṇḍā,第166页)就是迦利(Kālī)的身形之一。

据塔志统计,该殿共有285尊身像。

第三层、第二间佛殿

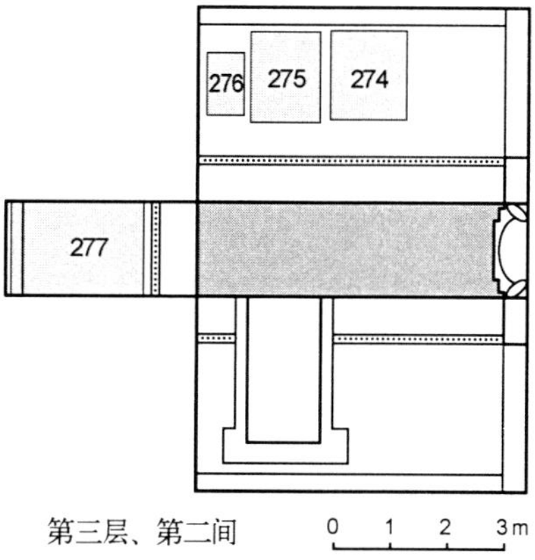

第三层、第二间

插图 36

228

僧人称该殿为金刚萨埵殿(rdo rje sems dpa')。这只是一个泛称,由于该本尊的曼荼罗数量众多,因此有必要确定此例取材自哪部怛特罗。很明显,壁画继续表现了前一佛殿已经部分展现的 *dpal mchog dang po*［吉祥最上本初］曼荼罗。壁画的配列亦严格遵循了布顿的说明。东壁有三尊塑像:中为大乐金刚萨埵(bde ba chen po rdo rje sems dpa'),象征佛宝性(sangs rgyas dkon mchog);右为世自在('jig rten dbang phyug),象征法宝性(chos dkon mchog);左为虚空藏(nam mkha'i snying po),象征僧宝性(dge 'dun dkon mchog)。换言之,他们是佛、法、僧三宝的神格化。我们面对的是成就羯磨灌顶所不成六曼荼罗中的第二曼荼罗,如曼荼罗列表所示,他们表现的是 *rtog pa thams cad bsdus pa'i rtsa ba'i rgyud*［摄一切仪轨根本续］所描绘的第二组曼荼罗〔1〕。

该曼荼罗的专名为如来秘密布绘曼荼罗(de bzhin gshegs pa'i

〔1〕 曼荼罗列表中的第232号。

gsang ba ras ris kyi dkyil 'khor）。从图像学而言，佛宝(sangs rgyas dkon mchog) 左手持弓，右手搭箭；法宝(chos dkon mchog) 开启莲瓣；僧宝(dge 'dun dkon mchog) 持金刚宝〔1〕。

北壁中央为粉红色世自在('jig rten dbang phyug)，左手持长茎莲花、右手开启莲瓣。在此表现的是愚痴对治调伏众生(gti mug gi
229 gnyen por 'gro 'dul) 曼荼罗（前面佛殿亦有表现，图版 274－276）〔2〕。

西壁主像表现的是金刚轮(rdo rje 'khor lo) 及其胁侍，即已在第三层第一间佛殿再现的 *dpal mchog dang po*［吉祥最上本初］第一品的入一切部之曼荼罗之因金刚轮曼荼罗（rigs thams cad kyi dkyil 'khor du 'jug pa'i rgyur rdo rje 'khor lo，图版 277）〔3〕。

南壁是金刚拳(rdo rje khu tshur) 曼荼罗，与前殿一样。

壁画下部是一列常见的标识，以及供养和护法天众。

该殿共有 150 尊身像。

第三层、第三间佛殿

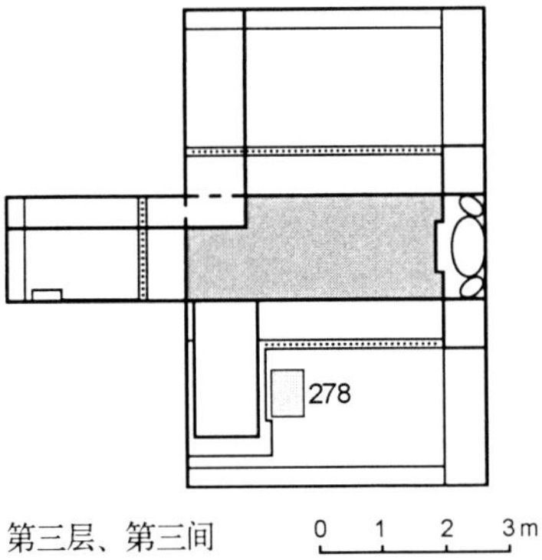

第三层、第三间

插图 37

该殿被称之为忿怒母殿(khro mo)，但更确切地说，应以所供主像如火炽燃微细明王(me ltar 'bar ba phra mo) 命名。曼荼罗称之为如火炽燃微细，即 *dpal mchog*［吉祥最上］第二品 *rtog pa thams cad bsdus pa'i rtsa ba'i rgyud*［摄一切仪轨根本续］所描绘的第二组曼荼罗中的第四曼荼罗〔4〕。

主像表现的是如火炽燃微细

〔1〕 译者注：今塑像标识不同，当为后补。

〔2〕 布顿 *dpal mchog rigs bsdus kyi dkyil 'khor gyi bkod pa*［最上本初摄部曼荼罗庄严］，第 8 叶正面。曼荼罗列表中的第 198 号。

〔3〕 曼荼罗列表中的第 202 号。

〔4〕 布顿 *dpal mchog rigs bsdus kyi dkyil 'khor gyi bkod pa*［最上本初摄部曼荼罗庄严］，第 30 叶正面。曼荼罗列表中的第 234 号。

明王，其形象类似于金刚手(Vajrapāṇi)的忿怒化现。右胁侍为金刚橛形女(ki li ki la'i gzugs can 'dzin ma)，左胁侍为欲火炽燃女('dod pa'i me 'bar ma)，亦称为粉碎天女金刚(thal bar rab tu 'jig pa'i lha mo rdo rje)。

北壁表现的是我们在第一间佛殿已经遇见并论及的称之为悭贪对治金刚宝(ser sna'i gnyen por rdo rje rin chen)的虚空藏(nam mkha' snying po)曼荼罗。

南壁为已经记述过的虚空库曼荼罗(局部参见图版278)〔1〕。 230

北壁西段可见 *dpal mchog*［吉祥最上］第一品所描述的根本般若波罗蜜多文殊(sher phyin gtso bor gyur 'jam dpal)曼荼罗主尊文殊('jam dpal)〔2〕。

西壁表现的是无量寿佛殿(tshe dpag med)中已见的作胜(rgyal bar byed pa)曼荼罗。

该殿共有146尊身像。

第三层、第四间佛殿

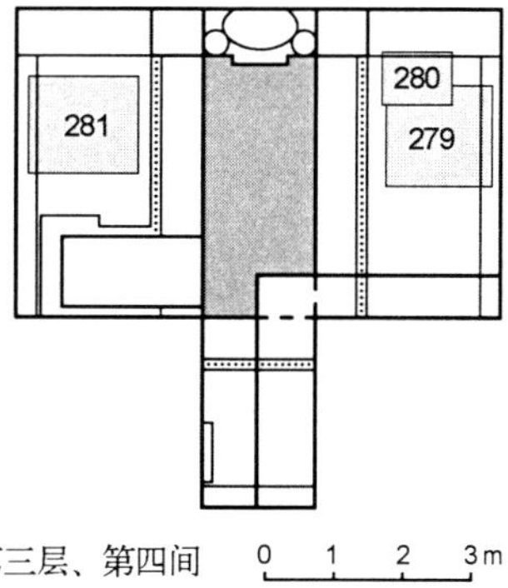

插图 38

该殿供奉的是般若佛母(yum chen mo)，其常式塑像右为红色鬼子母('phrog ma)，左为绿色大名称女(grags chen ma)。

东壁绘有 *rdo rje snying po*［金刚心］所描述的根本曼荼罗〔3〕。主尊(图版279)表现的是施禅定印(samādhimudrā)的白色大日如来(rnam par snang mdzad)。围绕有四明妃(śakti)，即东面萨埵金刚女(sems ma rdo rje ma)、南面宝金刚女(rin chen rdo rje ma)、西面法金刚女(chos kyi rdo rje ma)、北面金刚业女(rdo rje las

〔1〕 曼荼罗列表中的第203号。

〔2〕 布顿 *dpal mchog rigs bsdus kyi dkyil 'khor gyi bkod pa*［最上本初摄部曼荼罗庄严］，第10叶背面。曼荼罗列表中的第201号。

〔3〕 曼荼罗列表中的第295号。

ma）。据布顿[1]，大日如来在此曼荼罗中的眷属除上述四明妃外，还有五顶髻（gtsug tor），即右手中指上转八辐法轮而左手置于座处的红色顶髻转轮（gtsug tor 'khor los sgyur ba），以及身色标识均与红色顶髻转轮相同的顶髻白伞盖（gtsug tor gdugs dkar）、胜者顶髻（rgyal ba'i gtsug tor）、威光蕴（gzi brjid phung po）[2]、尊胜（rnam par rgyal ba）[3]。

231 接着是比其他形象稍大一些的五佛中的其他四佛，围绕有曼荼罗中的次要天众，其大部分与金刚界曼荼罗（rdo rje dbyings dkyil 'khor）中的相同，即：不动佛（mi bskyod pa）前面为金刚萨埵（rdo rje sems dpa'），右侧为金刚王（rdo rje rgyal po），左侧为金刚爱（rdo rje chags pa），背面为金刚喜（rdo rje legs pa）。以同样的顺序，宝生佛（rin chen 'byung ldan）眷属为金刚宝（rdo rje rin chen）、金刚光（rdo rje gzi brjid）、金刚幢（rdo rje rgyal mtshan）、金刚笑（rdo rje bzhad pa）；无量光佛（'od dpag med）眷属为金刚法（rdo rje chos）、金刚利（rdo rje rnon po）、金刚因（rdo rje rgyu）、金刚语（rdo rje smra ba）；不空成就佛（don yod）眷属为金刚业（rdo rje las）、金刚护（rdo rje bsrung）、金刚药叉（rdo rje gnod sbyin）、金刚拳（rdo rje khu tshur）。然后是金刚嬉女（rdo rje sgeg mo）、金刚鬘女（rdo rje 'phreng ba）、歌女（glu ma）、舞女（gar ma）、烧香女（bdug pa ma）、花女（me tog ma）、灯女（mar me ma）、涂香女（dri chab ma）。

该曼荼罗的一些细部见于图版280。

西壁为宝生佛休息（rin chen 'byung ldan dbug dbyung）曼荼罗（图版281），其周围有：金刚宝（rdo rje rin po che）、金刚光（rdo rje gzi brjid）、金刚萨埵（rdo rje sems dpa'）、金刚王（rdo rje rgyal po）等。其他形象残损严重。

南壁东段表现的是不动佛（mi bskyod pa）。

该小殿共有131尊身像。

---

[1] *rdo rje snying po rgyan gyi rgyud kyi dkyil 'khor gyi rnam gzhag*［金刚心庄严怛特罗之曼荼罗安立］，第3叶。

[2] 译者注：原书写作 gzi brjid phung po skal ba che，据布顿论书改。

[3] 译者注：原书写作 rnam par 'phro byed rnam rgyal，据布顿论书改。实地考察可见五顶髻像绘于壁面上方，大日如来像左右两侧。

第三层、第五间佛殿

该殿供奉的是大日如来(rnam par snang mdzad),并以此命名。四面大日如来像右为金刚萨埵(rdo rje sems dpa'),左为金刚持(rdo rje 'chang)[1]。

东壁表现的是文殊友('jam dpal bshes gnyen)略释的称之为小无垢虚空曼荼罗(nam mkha' dri med chung dkyil 'khor)的七曼荼罗之一,即布顿所描述的属于 *mtshan yang dag par brjod pa*［名等诵］的第三组曼荼罗[2]。 232

主尊为大日如来,白色,四面,双手施智拳印[3],并持金刚杵。大日如来心间可见另一五面像[4],即本初佛(dang po'i sangs rgyas),右边的四臂持象征般若之剑,左边的四臂持般若经函。本初佛的心间可见另一小像,表现的是六面智慧萨埵文殊('jam dpal ye shes sems dpa'),持有与本初佛相同的标识。周围绘有萨埵金刚女(sems ma rdo rje ma)、宝萨埵女(rin chen sems ma)、法萨埵女(chos kyi sems ma)、羯磨萨埵女(las kyi sems ma),以及带有眷属的五佛中的其他四佛,依次为:

不动佛(mi bskyod pa)及其眷属:金刚萨埵(rdo rje sems dpa'),白色,持金刚杵、铃[5];金刚王(rdo rje rgyal po),黄色,持钩;金刚爱(rdo rje chags pa),红色,弯弓放箭;金刚喜(rdo rje legs pa),绿色,持金刚杵,并作弹指状[6]。

宝生佛(rin chen 'byung ldan)及其眷属:金刚宝(rdo rje rin po che),黄色,持宝、铃;金刚日(rdo rje nyi ma),红色,持日轮;金刚吉祥(rdo rje dpal),蓝色,持幢;金刚笑(rdo rje bzhad pa),白色,持牙鬘。

---

〔1〕译者注:或为金刚爱。

〔2〕布顿的 *mtshan brjod kyi dkyil 'khor gyi bkod pa*［名等诵曼荼罗庄严］,第18叶。

〔3〕译者注:原书写作禅定印(samādhimudrā)。

〔4〕译者注:原书写作四面。

〔5〕译者注:身色和标识据布顿论书补。

〔6〕译者注:原书写作施期剋印手中持金刚杵。

无量光佛('od dpag med)[1]及其眷属：金刚法(rdo rje chos)，红色，作开启莲瓣状；金刚利(rdo rje rnon po)，蓝色，持剑；金刚因(rdo rje rgyu)，黄色，持轮；金刚语(rdo rje smra ba)，红色，持舌。

不空成就佛(don grub)及其眷属：金刚业(rdo rje las)，绿色，持交杵金刚、铃；金刚护(rdo rje bsrung ba)，黄色，持金刚铠[2]；金刚药叉(rdo rje gnod sbyin)，黑色，持獠牙；金刚拳(rdo rje khu tshur)，黄色，挥舞金刚杵。

233 西壁可见菩提萨埵金刚(byang sems rdo rje)[3]曼荼罗。除主尊稍有变化，其余均与前述相同，眷属亦同样。此为文殊友('jam dpal bshes gnyen)略释中的第七曼荼罗。

南壁应为取材自文殊友同一部论书的不空成就佛(don yod grub pa)曼荼罗[4]。

该殿共有 135 尊身像。

第三层、第六间大殿

该殿供奉的是宝生佛(rin chen 'byung ldan)。殿内壁画恢宏壮观，装饰丰富多彩，堪称十万佛塔中最为精彩的佛殿之一。

主像为宝生佛，殿名亦据此而来。有四尊小像围绕着宝生佛，每边两尊，即金刚宝(rdo rje rin chen)、金刚光(rdo rje gzi brjid)、金刚幢(rdo rje rgyal mtshan)、金刚笑(rdo rje bzhad pa)。

该组塑像取材自 *Tattvasaṃgraha*［真性集］所述宝生佛四印(rin 'byung phyag rgya bzhi)曼荼罗[5]。

壁画大部表现的是无垢虚空大曼荼罗(nam mkha' dri med dkyil 'khor chen po)，据文殊称('jam dpal grags pa)对 *mtshan brjod*［名等诵］瑜伽续上密意的注释而绘[6]。

---

〔1〕 译者注：原书写作 snang mtha' yas，据实地考察修改。

〔2〕 译者注：原书写作盾。

〔3〕 译者注：原书写作 byang chub sems dpa' dbugs dbyung，据实地考察修改。

〔4〕 译者注：原书写作不动佛(mi bskyod pa)。

〔5〕 曼荼罗列表中的第 7 号。

〔6〕 曼荼罗列表中的第 273 号。

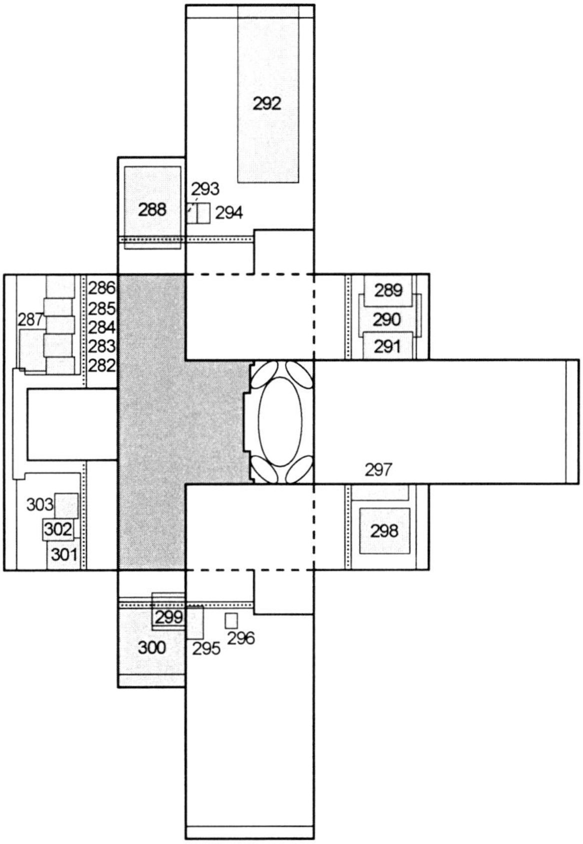

第三层、第六间

插图 39

西壁北段绘有曼荼罗外院天众[1]。除了供养天女(mchod pa'i lha mo)以及金刚色女(rdo rje gzugs ma)等[2],还有自在天(dbang ldan)、乌摩(Umā)、帝释天(Indra)等护方神(phyogs skyong),以及骑着孔雀、双手于头顶合十的六面六臂迦希吉夜童子(gzhon nu karti *234*

〔1〕 布顿的 *mtshan brjod kyi dkyil 'khor gyi bkod pa*［名等诵曼荼罗庄严］,第 9 叶以后。

〔2〕 译者注:该壁壁画没有表现供养天女和金刚色女,这些天女位于北壁西段。

ka)，手持三叉戟和颅器的黑色大黑天(nag po chen po)，骑着腰鼓并正在击另一腰鼓的黑色欢喜自在（dga’ byed dbang phyug，图版 287）。据布顿，这些天众为双身，但该殿壁画中的天女则单独出现[1]。

随后是诸曜：

日曜(nyi ma)，红色，一面二臂，持置于莲上之日轮，乘马车。

月曜(zla ba)，白色，持置于莲上之月轮，骑乘为天鹅。

火曜(mig dmar)，红色，右手持小弯刀，左手持人头而食，骑乘为公牛。

水曜(gza’ lhag)，黄色，持弓箭，坐于莲花上。

木曜(phur bu)，白色，持念珠和净瓶，坐于莲花上。

金曜(pa sangs)，持念珠和净瓶，坐于瓶上。

土曜(spen pa)，黑色，持杖，骑乘为乌龟。

罗睺(sgra gcan)，暗红色，持日轮和月轮。

计都(mjug ring)，黑色，持剑和蛇索（图版 287）。

然后有：

1. 力贤(stobs bzang)，黑色，持剑和犁，骑乘为大象。
2. 作胜(rgyal bar byed pa)，绿色，一面四臂，持花鬘、箭、弓、红砂碗(kham phor)[2]，乘杜鹃(kokila)所拉之车。
3. 作蜜(sbrang rtsir byed pa)，白色，右手持摩竭幢、箭，左手持弓、红
235 砂碗[3]，坐于鹦鹉座上。
4. 春神(dpyid kyi lha)，白色，右手持箭、剑，左手持弓、红砂碗[4]，坐于云上。

随后是八大龙王(klu)：红色无边龙王(klu mtha’ yas)、黄色广财龙王(nor rgyas)、黑色安止龙王(’jog po)、白色力游龙王(stobs rgyu)、白色莲花龙王(padma)、黑色大莲龙王(padma chen po)、黄色护贝龙王(dung skyong)、红色具种龙王(rigs ldan)，均作顶礼状（图版 282、283）。

---

〔1〕 译者注：布顿论书并未说明天众为双身，而是说他们有明妃相伴。
〔2〕 译者注：原书写作颅器。
〔3〕 译者注：原书写作颅器。
〔4〕 译者注：原书写作颅器。

之后为非天王(lha ma yin dbang po),即净心(thags bzang ris)、具力(stobs ldan)、极喜(rab dga')、遍照(rnam par snang byed),均穿铠甲,持剑和盾(图版283、284)[1]。

接下来为展开双翅、双手合十的金翅鸟王(nam mkha' lding gyi dbang po);紧那罗王树(mi'am ci'i rgyal po ljon pa),粉红色,持琵琶(pi wang);乾达婆王五髻(dri za'i rgyal po zur phud lnga pa),金色,持琵琶;持明王义成(rig 'dzin gyi rgyal po don grub),纯金色,持花鬘(图版285、286)。

下方为诸药叉(gnod sbyin),所有药叉均手持柠檬(bījapūra)和吐宝兽[2]。他们是:

满贤(gang ba bzang po),蓝色

宝贤(nor bu bzang po),黄色

药叉(gnod sbyin),红色

多闻子(rnam sras),黄色

毗绮宫达(pi ci kuṇ ḍa li),红色

羯哩摩哩(ki li mi li)[3],绿色

门王(sgo'i dbang po),黄色

行王(spyod pa'i dbang po),黄色

此外还有鬼子母子('phrog ma bu dang bcas),金色。

北壁西段中央大像为普贤(kun tu bzang po,图版288),右手施与愿印,左手持其上置剑之青莲花。

普贤周围有十五身形象,和他一起构成十六菩萨[4]:

1. 无尽意(blo gros mi zad pa),金色,右手持剑,左手施说法印(dharmavyākhyāna)并持莲花[5]。 236

---

〔1〕 译者注:壁画表现为两位持剑和盾,另两位持矛和盾。

〔2〕 译者注:原书写作隼,从壁画看,各药叉所持标识不尽相同。

〔3〕 译者注:布顿论书写作 ki li ma li。

〔4〕 布顿的 *mtshan brjod kyi dkyil 'khor gyi bkod pa*[名等诵曼荼罗庄严],第7叶。译者注:原书此处的描述是依据布顿论书而非壁画的实际表现。殿门左壁表现了八位菩萨,另外八位位于对面的墙壁。

〔5〕 据其他论书,施无畏印(abhayamudrā)并持净瓶(kamaṇḍalu)。关于十六菩萨,参见本册第101、188和195页。

2. 地藏(sa'i snying po)，纯金色，右手施触地印(bhūmisparśa)，左手持置于莲上之宝树。

3. 虚空藏(nam mkha'i snying po)，绿玉色，右手降宝雨，左手持如意宝幢。

4. 虚空库(nam mkha' mdzod)，金色，右手持如意宝，左手持悬于如意瓶中之如意树。

5. 宝手(phyag na rin chen)，绿色，右手施宝，左手持其上置菩提月之莲花。

6. 海意(blo gros rgya mtsho)，白色，右手持海螺，左手持剑。

7. 金刚心(rdo rje snying po)，蓝色，右手持金刚杵，左手持十地经函(Daśabhūmikasūtra)。

8. 观音(spyan ras gzigs)，白色，左手施与愿印，右手持莲花。

9. 大势至(mthu chen po)，金色，右手持剑，左手持莲花。

10. 月光(zla ba 'od)，白色，右手持金刚轮，左手持置有月轮之莲花。

11. 网明(dra ba can gyi 'od)，粉红色，右手持剑，左手持置有日轮之莲花。

12. 无量光('od dpag med)，白色，右手持交杵金刚，左手持置瓶之莲花。

13. 辩积(spobs pa brtsegs pa)，金色，右手作弹指状[1]，左手持置有剑之莲花。

237 14. 破一切忧暗意(mya ngan gyi mun pa thams cad rnam par 'joms pa'i blo gros)，藏红花色，右手持放光金刚杵，左手持短矛。

15. 除盖障(sgrib thams cad rnam par sel ba)，蓝色，右手持剑，左手持有交杵金刚标识之飞幡。

这些菩萨分为四组，位于四方。接着，其下天众为：

东北：三界尊胜明王(khams gsum rnam par rgyal)，蓝色[2]，四面颜色各不相同，八臂，主臂持金刚杵和铃，并施作吽印(hūṃkāra-mudrā)，余下右手持剑、铁钩、箭，左手持弓、羂索、金刚杵。脚踏自

---

[1] 译者注：原书写作施期剋印。

[2] 译者注：身色据布顿论书补。

在天(dbang phyug)和乌摩天后(Umā)。

东南：如火炽燃金刚(rdo rje me ltar ’bar ba)，黑色，四面八臂，右手持金刚杵、剑、弓、轮，左手持铃、羂索、弓、天杖(khaṭvāṅga)〔1〕。

西南：金刚饮血(rdo rje khrag ’thung)，深蓝色，四面八臂，主臂持金刚杵、天杖(khaṭvāṅga)，接下来的二手执持金刚怖畏(rdo rje ’jigs byed)的皮，两手持弓和箭，最后两手各持一颅器。

西北：马胜(rta mchog)，绿色，常式。

接下来为曼荼罗四护门，东门阎摩敌(gshin rje gshed)、南门般若究竟(shes rab mthar byed)、西门莲花究竟(pad ma mthar byed)、北门除障明王(bgegs mthar byed)。

东壁北段再现的是十二地〔2〕，均以天女形象出现，坐于莲座(padmāsana)，右手持金刚杵，左手标识随每一地而有变换(图版289、290)。 *238*

中央的大像表现的是：

1. 胜解行地(mos spyod kyi sa)，红色，左手持红莲花(图版290)。

其右侧为：

2. 欢喜地(rab dga’ ba’i sa)，红色，持如意宝。
3. 离垢地(dri med pa’i sa)，白色，持白莲花。
4. 发光地(’od byed pa’i sa)，红色，持置有日轮之斑莲。
5. 焰慧地(’od ’phrog pa’i sa)，绿玉色，持青莲花(utpala)。
6. 极难胜地(spyang dka’ ba’i sa)，黄色，持绿玉。
7. 现前地(mngon du gyur pa’i sa)，纯金色，持置有般若经函之莲花。
8. 远行地(ring tu song ba’i sa)，蔚蓝色，持置有交杵金刚之斑莲。
9. 不动地(mi g.yo ba’i sa)，白色，持置有月轮之莲花，月轮上置金刚杵。
10. 善慧地(legs pa’i blo gros kyi sa)，粉红色，持置剑之青莲花。

---

〔1〕 从图像学上来看，如火炽燃金刚是三界尊胜明王的亚型。

〔2〕 即下述名录中的第2－11号通常的十地，附加上第1和第12号，十三地列表见 *Dharmasaṅgraha*［法集］，65。
译者注：参见布顿 *mtshan brjod kyi dkyil ’khor gyi bkod pa*［名等诵曼荼罗庄严］，第5叶正面以下。

11. 法云地(chos kyi sprin gyi sa)，金色，持法云环绕之般若经函。
12. 普光地(kun tu 'od kyi sa)，日中之色，所持莲花上端坐佛陀。

中央大像的左侧是十二度(phar phyin，图版 291)[1]，而不是通常的十度。她们也以菩萨的形象出现，但为女身，坐于莲座(padmāsana)。其右手均持如意宝(cintāmaṇi)，象征她们能圆满一切有情之心意。

各像左手所持的标识不同[2]。十二度为：

239 1. 宝莲度女(rin chen pad ma'i phar phyin ma)，红色，持置有月轮之莲花。
2. 布施度女(sbyin pa'i phar phyin ma)，粉红色，持谷物和诸宝穗。
3. 持戒度女(tshul khrim kyi phar phyin ma)，白色，持无忧花。
4. 忍辱度女(bzod pa'i phar phyin ma)，金色，持白莲。
5. 精进度女(brtson 'grus kyi phar phyin ma)，绿玉色，持青莲。
6. 禅定度女(bsam gtan gyi phar phyin ma)，蔚蓝色，持白莲。
7. 智慧度女(shes rab kyi phar phyin ma)，金色，四臂，两臂施转法轮印，余左手持般若经函[3]。
8. 方便度女(thabs kyi phar phyin ma)，绿色，持置有金刚杵之莲花。
9. 愿度女(smon lam gyi phar phyin ma)，蓝色，持置剑之青莲花。
10. 力度女(stobs kyi phar phyin ma)，红色，持般若经函。
11. 智度女(ye shes kyi phar phyin ma)，白色，持诸宝果实庄严之菩提树枝。
12. 金刚业度女(rdo rje las kyi phar phyin ma)，杂色，持置斑莲(sna tshogs padma)之青莲花。

北壁东段表现的是白文殊('jam dbyangs dkar po)曼荼罗。

该形象我在拉隆(lha lung)和扎布让(tsa pa rang)已经见过，但无法准确比定。我确实认为它和大日如来(Vairocana)曼荼罗有关，但无法更进一步讨论。如前所述，它和大日如来怛特罗的关系可由藏

[1] 译者注：参见布顿 *mtshan brjod kyi dkyil 'khor gyi bkod pa*［名等诵曼荼罗庄严］，第 5 叶背面以下。
[2] 第 2－11 号对应通常的十度，加上第 1 和第 12 号。
[3] 译者注：手印及标识据布顿论书补。

地传统上认为 *Nāmasaṅgīti*［名等诵］出自 *Tattvasaṃgraha*［真性集］所证实。因此有必要根据本卷中发现的新材料来完善《梵天佛地》第三卷第二册第 63 页中的相关记述。

白文殊为四面八臂，主臂施转法轮印，余右手持剑、箭、金刚杵，240
左手持般若经函、弓、金刚铃（图版 292）。

据布顿[1]，白文殊围绕有八转轮（'khor los sgyur ba），即大顶髻（gtsug tor chen mo）、遍散（rnam par 'thor ba）、威光蕴（gzi byed phung po）、上生（gyen 'byung）、顶髻白伞盖（gtsug tor gdugs dkar）、大上生（gyen 'byung chen po）、顶髻尊胜（gtsug tor rnam rgyal）、胜者（rgyal ba）。八转轮均为金色，右手持轮，左手置于座处。

其他四铺曼荼罗再现的是另外四部的四佛，围绕他们发展出其他三十六天众：金刚萨埵（rdo rje sems dpa'）、金刚王（rdo rje rgyal po）、金刚爱（rdo rje chags pa）等，正如 *Tattvasaṃgraha*［真性集］一样（图版 293、294 细部）。该曼荼罗亦延伸到了对面的墙上（图版 295、296），同时还有我们在该殿已经遇见的作为普贤胁侍的十六菩萨[2]。

东壁南段绘有十自在（dbang ba）和十二陀罗尼（gzungs）[3]。前者在中央形象——十自在中的第一个，即寿命自在（tshe la dbang ba）——的右侧，后者在左侧[4]。

十自在（dbang ba）以菩萨形象出现，女身，坐于莲座。右手持莲花，左手标识各不相同，如下（图版 297）[5]：

1. 寿命自在（tshe la dbang ba），粉红色，所持红莲花上端坐入定之无量光佛（图版 298）。

---

〔1〕 *mtshan brjod kyi dkyil 'khor gyi bkod pa*［名等诵曼荼罗庄严］，第 3 叶背面。

〔2〕 译者注：即位于殿门左右两壁的十六菩萨。

〔3〕 译者注：据实地考察，壁面表现了十二自在、七陀罗尼、两身供养天女。

〔4〕 译者注：有两身自在位于中央形象的下方，另外五陀罗尼表现在殿门右侧的墙壁，即南壁上。

〔5〕 布顿的 *mtshan brjod kyi dkyil 'khor gyi bkod pa*［名等诵曼荼罗庄严］，第 6 叶正面。
译者注：原书此处提及了图版 299，但其表现的是南壁西段的部分天众。

2. 心自在(sems la dbang ba)，白色，持红色金刚杵。

3. 资具自在(yo byad la dbang ba)，黄色，持如意宝幢。

241 4. 业自在(las la dbang ba)，绿玉色，持交杵金刚。

5. 生自在(skyes ba la dbang ba)，杂色，持杂色之阇提花枝(jāti)[1]。

6. 神通自在(rdzu 'phrul la dbang ba)，绿色，持置有日月轮之莲花。

7. 胜解自在(mos pa la dbang ba)，白色，持栀子花穗(priyaṅgu)[2]。

8. 愿自在(smon lam la dbang ba)，金色，持青莲。

9. 智自在(ye shes la dbang ba)，蓝色，持置有剑之青莲。

10. 法自在(chos la dbang ba)，粉红色，持置有如意瓶之莲花[3]。

十二陀罗尼(gzungs)均为女身[4]，其右手持交杵金刚(sna tshogs rdo rje)，左手标识如下：

1. 具宝陀罗尼(nor ldan gyi gzungs)，金色，持谷穗[5]。

2. 宝灯女陀罗尼(rin chen sgron ma'i gzungs)，红色，持如意宝幢。

3. 顶髻尊胜佛母陀罗尼(gtsug tor rnam rgyal ma'i gzungs)，白色，持水晶宝瓶。

4. 摩利支天陀罗尼('od zer can ma'i gzungs)，粉红色，持针线。

5. 山居叶衣佛母(ri khrod lo ma gyon ma)，绿色，持一束树叶。

6. 消毒女陀罗尼(dug sel ma'i gzungs)，白色，持毒花穗。

7. 无边门陀罗尼(sgo mtha' yas pa'i gzungs)，黄绿色，持置有无尽宝藏瓶之红莲。

8. 准提陀罗尼(skul byed ma'i gzungs)，白色，持悬挂念珠之瓶。

9. 增慧陀罗尼(shes rab 'phel ma'i gzungs)，白色，持置有剑之青莲花。

10. 净治一切业障陀罗尼(las kyi sgrib pa thams cad rnam par sbyong

---

[1] 即素馨花(*Jasminum glandiflorum*)。

[2] 即山樱花(*Aglaia roxburghiana*)。

[3] 译者注：壁面显示寿命自在的下方还有如实女(de bzhin nyid ma)和佛菩提女(sangs rgyas kyi byang chub ma)。据布顿论书，如实女为白色，右手持白莲花，左手持宝枝；佛菩提女纯金色，右手持置有五股金刚杵之黄莲，左手持顶上置轮之如意宝幢。

[4] 此与 *Mahāvyutpatti*［翻译名义大集］所列十二陀罗尼不同。

[5] 译者注：原书写作谷篮。

ba'i gzungs)，绿玉色，持有三股金刚杵标识之粉红色莲花。

11. 无尽慧宝箧(ye shes mi zad pa'i za ma tog)，红色，持宝箧。

12. 具一切佛法藏陀罗尼(sangs rgyas thams cad kyi chos kyi mdzod dang ldan pa'i gzungs)，纯金色，持杂色小盒。

南壁西段再现了我们于对面墙壁所见的同一组菩萨，唯一不同 242
的是彼处中央形象为普贤(kun tu bzang po)，此处为观音(spyan ras gzigs，图版 300)。

西壁南段中央绘有二十八星宿(nakṣatra)及其各种怒相天众围绕的马头明王(rta mgrin，图版 301－303)。

二十八星宿为静相，双手合十顶礼(图版 303)。其下可见：梵天女(tshangs ma)、猛厉女(drag mo)、遍入天女(khyab 'jug ma)和童女(gzhon nu ma)，其作为明妃(śakti)，与相应的明王姿势一致；如帝释天(Indra)一样的帝释天女(dbang mo，图版 301，最后一排)；黑色亥母(phag mo)骑于饿鬼(yi dvags)身上，其标识是鱼和颅器(同前)；红色老女(rgan byad ma)骑饿鬼，持钺刀和颅器(同前)；黑色卜力哩帝(bhriṅgiriti)持念珠和净瓶(同前)；具象面之群主，两手持甜面饼(la du)和萝卜(la phug)，另两手持三叉戟和钺斧；地母(sa'i lha mo)，持聩(rmugs 'dzin)等(图版 302)。

该殿共有 330 尊身像。

第三层、第七间佛殿

该殿相当破损。如今僧人称其为大日如来殿(rnam par snang mdzad)。从塔志和题记我们得知该殿供奉的是智慧萨埵文殊('jam dpal ye shes sems dpa')。其塑像由金刚日(rdo rje nyi ma)和金刚萨埵(rdo rje sems dpa')围绕，立于南壁。智慧萨埵文殊有六面。因此，我们面对的是第二个注疏家嬉金刚(sgeg pa'i rdo rje)描述的曼荼罗[1]，此系第二系列的曼荼罗之一，对应于我的曼荼罗列表中的第 274 号。

---

〔1〕 参见布顿 *mtshan brjod kyi dkyil 'khor gyi bkod pa*［名等诵曼荼罗庄严］，第 13 叶正面。

243 东壁为据阿婆度底巴(Avadhūtipā)注疏、类似 *sgyu 'phrul dra ba* [幻网]所描述的大日如来(rnam par snang mdzad)曼荼罗。大日如来以称之为休息(dbugs dbyung)的形象出现,即其心间有一本初佛(Ādibuddha,五面八臂)。大日如来亦围绕有四明妃(śakti):萨埵金刚女(sems ma rdo rje ma)、宝金刚女(rin chen rdo rje ma)、金刚莲花女(rdo rje padma ma)、金刚业女(rdo rje las ma),并且还有四佛围绕,每佛均有其眷属。

围绕着曼荼罗有十六菩萨,部分与前面所列的不同(参见表十)[1]:

表十

方位	尊　　号	身色	标　识
东院	弥勒(byams pa)	红黄	君陀花(kumuda)
	文殊('jam mgon)	黄绿	青莲(utpala)
	香象(spos glang)	深蓝	香炉
	智幢(ye shes tog)	白	幢
南院	海意(blo gros rgya mtsho)	红黄	宝
	无尽意(blo gros mi zad pa)	红黄	炽燃宝
	贤护(bzang skyong)	蓝	香炉
	辩积(spobs brtsegs)	深蓝	经函
西院	大势至(mthu chen thob)	红	莲花
	普度恶趣(ngan song kun 'dren)	红黄	铁钩
	除忧(mya ngan 'joms)	白	剑
	网明(dra ba can gyi 'od)	白	网

〔1〕 布顿 *mtshan brjod kyi dkyil 'khor gyi bkod pa* [名等诵曼荼罗庄严],第21叶。参见本册第101和181页。

续　表

方位	尊　　号	身色	标　识
北院	月光(zla ba 'od)	白黄	月
	无量光('od dpag med)	白	铁钩
	虚空藏(nam mkha'i snying po)	绿	剑
	虚空库(nam mkha' mdzod)	黄	八宝盒

该殿共有81尊身像。

第三层、第八间佛殿

244

该殿供奉的是菩提萨埵金刚(byang chub sems dpa' rdo rje),其塑像立于南壁,围绕有金刚法(rdo rje chos)和金刚声(rdo rje sgra)。此为据嬉金刚注疏的 *mtshan brjod*［名等诵］第七曼荼罗[1]。

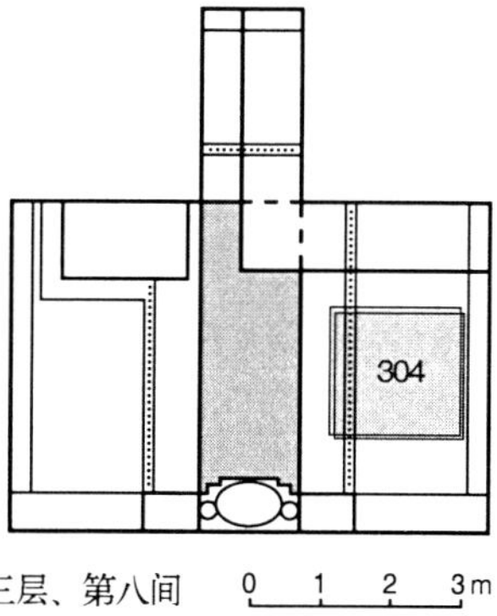

插图 40

东壁为据嬉金刚(sgeg pa'i rdo rje)注疏的第一曼荼罗(图版304),因其包括五佛及其相应的眷属,所以称之为摄部曼荼罗。主尊为施智拳印(byang chub mchog)的四面白色大日如来(rnam par snang mdzad),以称之为休息(dbugs dbyung)的、其心间有本初佛(Ādibuddha)的特殊身形——作为诸法本源的本初佛之真如阶段——表现。藉此,修法者所观修的本尊在观想过程中被观想为在他的心间以完全光明显现,如光明一般逐渐蔓延至整个世界。因此,该大日如来应该被称之为摩诃毗卢遮那(Mahāvairocana, rnam par snang mdzad chen po)。于大日如来心间可见白色本初佛(dang po'i sangs rgyas),其为

〔1〕 布顿 *mtshan brjod kyi dkyil 'khor gyi bkod pa*［名等诵曼荼罗庄严］,第15叶背面。曼荼罗列表中的第274号。

五面八臂，左四臂持般若经函，右四臂持剑。于本初佛心间可见六面智慧萨埵文殊（'jam dpal ye shes sems dpa'），施禅定印（sam-
245 ādhimudrā）的双手持置有般若经函之莲花。大日如来周围是其他四佛，然后是萨埵金刚女（sems ma rdo rje ma）等四佛母[1]，接下来是数排与 *Tattvasaṃgraha*［真性集］大日如来曼荼罗一样的天众。

西壁按照我们已经遇见的密教传规的分类，绘有与此同类的另一部怛特罗经典即 *rdo rje snying po*［金刚心］所述的曼荼罗[2]。

该曼荼罗主尊为大日如来，白色，一面二臂，双手施禅定印（samādhimudrā）。围绕有萨埵金刚女（sems ma rdo rje ma）等四佛母、我们已经论及的五顶髻（gtsug tor）、其他四佛，以及一批次要天众。

该殿共有 168 尊身像。

第三层、第九间佛殿

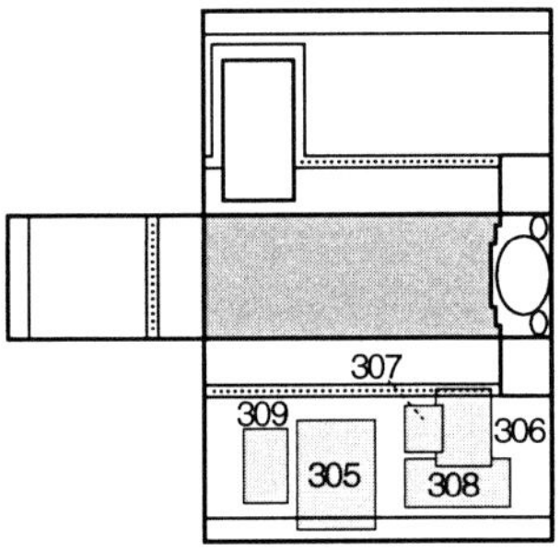

第三层、第九间　0 1 2 3m

插图 41

该殿供奉的是死主金刚手（phyag na rdo rje 'chi bdag）。

南壁表现的是 *ngan song thams cad yongs su sbyong ba gzi brjid kyi rgyal po*［一切恶趣清净威光王］后分所描述的十一铺曼荼罗中的第八曼荼罗。关于该曼荼罗，布顿在其 *kun rig gi dkyil 'khor gyi bkod pa*［普明曼荼罗庄严］中有详述[3]。该曼荼罗以金刚手曼荼罗著称，围绕有八大天（lha chen），其目的在于利益那些以八大天而得以调伏的有情。

曼荼罗主尊表现的是以三界尊胜明王（khro ba 'jig rten gsum

---

〔1〕 译者注：据实地考察，题记为宝萨埵女（rin chen sems ma）、金刚萨埵女（rdo rje sems ma）、法萨埵女（chos kyi sems ma）、羯磨萨埵女（las kyi sems ma）。

〔2〕 布顿在其 *rdo rje snying po rgyan gyi rgyud kyi dkyil 'khor gyi rnam gzhag*［金刚心庄严怛特罗之曼荼罗安立］中亦作了完整描述。

〔3〕 第 21 叶正面，曼荼罗列表中的第 341 号。

rgyal)著称的金刚手(phyag na rdo rje)的一个身形(图版305),四臂,
主臂持金刚杵、铃,另两手持弓箭、金刚杵。脚踏怖畏('jigs byed po) 246
和乌摩天后(Umā)。其周围为八大天:

1. 大自在天(lha dbang phyug chen po),黑色,持三叉戟。
2. 帝释天(lha brgya byin),白黄色,持金刚杵。
3. 梵天(lha tshang pa),黄色,持宝。
4. 遍入天(khyab 'jug),黑色,持轮。
5. 欲自在天(lha 'dod pa'i dbang phyug),红色,持弓箭。
6. 群主天(lha tshogs bdag),白色,象面,持钺斧。
7. 卜力哩帝天(lha bhriṅgiriti,即 Bhṛṅgirīṭi),白色,持宝盒。
8. 六面童天(lha gzhon nu gdong drug),红色,持钺刀。

八大天均以左手拥抱明妃。接下来有:力贤(stobs bzang),绿色,持犁;喜自在(dga' ba'i dbang phyug),红色,饮颅内之酒;大迦利(nag mo chen mo),黑色,持三叉戟(图版306-309)。

西壁再现的是以四大天王(rgyal chen)利益所化有情曼荼罗。其中央可见金刚萨埵(rdo rje sems dpa')形象的白色金刚手(phyag na rdo rje),围绕有传统类型的四大天王。这是布顿前引论著中所列的第三曼荼罗〔1〕。

北壁表现的是第四曼荼罗,其目的在于利益那些以十护方神(phyogs skyong)而得以调伏的有情〔2〕,十护方神表现为传统类型。

每一曼荼罗均有四护门(sgo ba bzhi):铁钩(lcags kyu)、羂索 247
(zhags pa)、铁链(lcags sgrog)、铃(dril bu)。

该殿共有80尊身像。

第三层、第十间佛殿

该殿被误称为金刚作吽(hūṃ mdzad)殿,而东壁塑像组中的主尊是释迦狮子(shā kya seng ge)。

南壁表现的是一大铺曼荼罗,其主尊为如火炽燃明王(me ltar

〔1〕 曼荼罗列表中的第336号。
〔2〕 曼荼罗列表中的第337号。

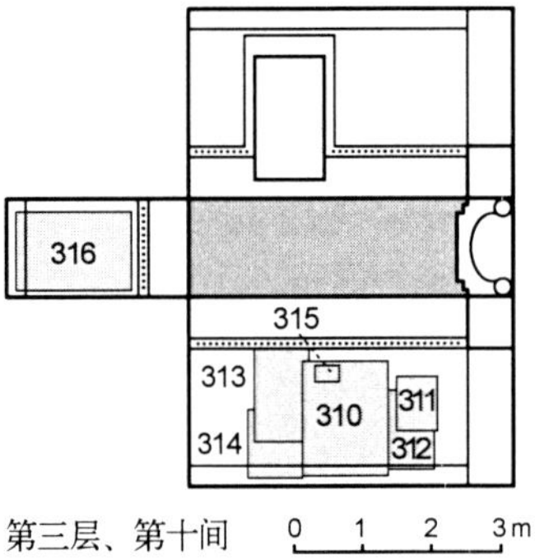

插图 42

’bar ba），说明我们面对的是 *ngan song sbyong ba*［恶趣清净］后分十一铺曼荼罗中的最后一个，即以忿怒去除忿怒曼荼罗〔1〕。如火炽燃明王（图版 310）是金刚萨埵(rdo rje sems dpa’)的一个特殊身形，其为怒相，主臂持金刚杵、铃，余四臂持弓、箭、剑和钩，脚踏乌摩天后（Umā）和自在天（dbang phyug）。

周围为其眷属：

1. 现三世明王(khro bo ’jig rten gsum snang)，持金刚杵。
2. 调伏三界明王(’jig rten gsum ’dul)，持杖。
3. 灭三界明王(’jig rten gsum ’jig)〔2〕，持三叉戟。
4. 缚三界明王(’jig rten gsum ’ching)，持钺斧。
5. 甘露军荼利明王(bdud rtsi ’khyil pa)，持交杵金刚。
6. 蓝杖明王(dbyug sngon can)，持轮。
7. 不动明王(mi g.yo ba)，持钺斧。
8. 马头明王(rta mgrin)，持莲花。
9. 时罗刹女(dus kyi srin mo)，持钺刀。
10. 时杖女(dus kyi dbyug pa ma)，持钺刀。
11. 时喜女(dus kyi dga’ ba mo)，持钺刀。
12. 时药叉女(dus kyi gnod sbyin mo)，持钺刀（图版 311 – 314，主尊细部见图版 315）。

248 我们简略提及的这些天众的标识均持于诸臂中最高一臂，即右侧第一只手中，其余诸臂所持标识于图版中可见〔3〕。

西壁表现的是与前面同类的另一怛特罗经典，即 *sku gsung thugs gsang rgyan bkod pa*［身语意秘密庄严］中的曼荼罗。布顿在

〔1〕 曼荼罗列表中的第 344 号。

〔2〕 译者注：原书写作 ’jig rten gsum ’jigs。

〔3〕 译者注：据实地考察，图齐对诸天众右第一臂所持标识的描述有一些失误，此处径改。

gsang ba rgyan bkod kyi dkyil 'khor gyi rnam bzhag［秘密庄严曼荼罗安立］中对其仪轨有描述。该曼荼罗表现的是论书中列出并分别描述的般若佛母(yum chen mo)六曼荼罗中的第四曼荼罗〔1〕。主尊是怒相般若佛母,四面四臂,右二手持金刚杵、铁钩,左二手持颅器、羂索(图版316)。其曼荼罗天众为:

无边颜女(mtha' yas zhal ma),杂色,四面四臂,主臂持铁链、羂索,第三臂持盛满鲜血之颅器,最后一臂持锯〔2〕。

虚空颜女(mkha' gdong ma),蓝色,四臂,持剑、宝、颅器、宝杖。

莲颜女(pad ma'i zhal ma),红色,二臂,持日轮、月轮。

无虚忿怒母(khro mo ma bcos ma),二臂,持交杵金刚、盛香水之小螺。

接下来是对应于四忿怒母的四明王:其姿势相同,标识亦相同〔3〕。

该曼荼罗包括十护方神〔4〕、四护门及附属天众。从天众数目来看,该曼荼罗对应于羯磨部,用于羯磨仪式,如题记所言,此为三十三天曼荼罗〔5〕。 249

北壁为 *gsang rgyan*［秘密庄严］第一曼荼罗,称之为智慧曼荼罗(ye shes kyi dkyil 'khor)〔6〕。

其主尊为四面四臂金色般若佛母(yum chen mo),主臂施转法轮印,余二臂持置有般若经函之莲花和金刚杵。其周围有:

无边颜女(mtha' yas zhal ma),白色,多面多臂,主臂持金刚杵和莲花;虚空善女(nam mkha' dge ma),蓝色,右手施与愿印,左手持摩尼宝;夺意女(yid 'phrog ma),红色,左手持莲茎置于腿处,右手于胸

〔1〕 译者注:布顿论书第6叶。

〔2〕 译者注:原书写作作弹指状,壁面实际表现为主臂持锯、羂索,第三臂持盛满鲜血之颅器,最后一臂持铁钩。

〔3〕 译者注:壁画中明王均为二臂,左手持盛满鲜血之颅器,右手标识与其明妃相同。

〔4〕 译者注:原书写作十二。

〔5〕 主尊及其三十二眷属。

〔6〕 布顿 *gsang ba rgyan bkod kyi dkyil 'khor gyi rnam bzhag*［秘密庄严曼荼罗安立］,第2叶以下。

前开启莲瓣；大名称女(grags chen ma)，绿色，持金刚杵、铃。

四隅为花女(me tog ma)、烧香女(bdug pa ma)、涂香女(dri chab ma)，以及其他供养天女(mchod pa'i lha mo)和四护门(sgo ba)。

该殿共有 83 尊身像。

第三层、第十一间大殿

该殿墙上充满了众多的形象，俨然是一个真正的藏传佛教神灵世界。殿内供奉的是不空成就佛(don yod)，其塑像突出于南壁，围绕有胁侍：金刚业(rdo rje las)、金刚护(rdo rje bsrung ba)、金刚药叉(rdo rje gnod sbyin)、金刚拳(rdo rje khu tshur)。

250 为了清楚起见，现将该殿的平面结构图示如下（插图 43）[1]：

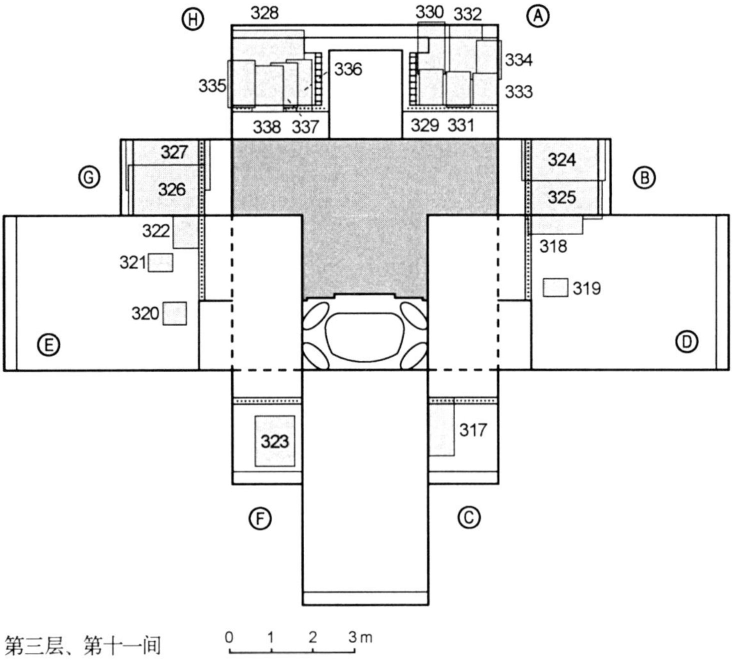

插图 43

〔1〕 译者注：原书插图中的方位序号较为混乱，此处予以删除，并以插图 43 代之。

C、D、E、F 四壁是我们在本卷已经论及的普明(kun rig)根本曼荼罗三十七天众。

围绕他们绘有构成此曼荼罗的十六菩萨及声闻众(śrāvaka)形象。

十六菩萨每方有四位，他们是：

东方：弥勒(byams pa)
　　不空见(mthong ba don yod)
　　普度恶趣(ngan song kun 'dren)
　　定破一切忧暗意(mya ngan dang mun pa thams cad nges par 'joms pa'i blo gros)

南方：香象(spos kyi glang po)
　　健相(dpa' bar 'gro ba)
　　虚空库(nam mkha' mdzod)
　　智幢(ye shes tog)

西方：无量光('od dpag med)
　　月光(zla ba'i 'od)
　　贤护(bzang skyong)
　　网明(dra ba can gyi 'od)

北方：金刚心(rdo rje snying po)
　　无尽意(blo gros mi zad pa)
　　辩积(spobs pa brtsegs pa)
　　普贤(kun tu bzang po)

这些形象仅仅在颜色上有所不同，即每组的身色对应于其所处的方位，但他们均表现为金刚萨埵(rdo rje sems dpa')的姿势， 251
这意味着壁画作者于此同样遵循了布顿论著。我们知道努尔巴(gnur pa)等其他注疏家会根据菩萨所处的方位而改变他们的姿势[1]。

声闻众(śrāvaka)均着袈裟，持钵。他们是：

---

[1] 译者注：参见布顿 *kun rig gi dkyil 'khor gyi bkod pa*［普明曼荼罗庄严］，第7叶背面。

东方：难陀(dga' bo)[1]

罗睺罗(sgra gcan 'dzin)

舍利弗(sha ri'i bu)

目犍连(mo'u dgal gyi bu)

南方：须菩提(rab 'byor)

优陀夷('char kha)

阿那律(ma 'gag pa)

阿若憍陈如(ko'u di nya)

西方：优波离(nye bar 'khor)

阿说示(rta thul)

乔梵波提(ba lang bdag)

阿难陀(kun dga' bo)

北方：摩诃男(ming chen)

执财施(nor sbyin 'dzin)

富楼那(gang po)

迦叶('od srung)

然后是十二缘觉(pratyekabuddha)，在曼荼罗的象征学中代表十二因缘(pratītyasamutpāda)，四方各有两位，四隅各有一位：

消苦(gdung ba bsel ba)	具语音(smra ba'i sgra can)
光积(snang ba brtsegs pa)	麟角喻(bse ru lta bu)
无畏('jigs pa med pa)	祛大毒(dug chen 'joms)
调御丈夫(dpa' bo 'dul ba)	大神变(rdzu 'phrul cher ston)
般若捷(shes rab mgyogs can)	狮子吼(seng ge sgra)
山胜(ri bo rgyal ba)	捷意(yid myur)

252 这些部众的细部在图版 317－323 中可见。

A、B、H、G 四壁表现的是普明曼荼罗的外院天众，其围绕着中央曼荼罗而展开。

首先是每面墙上四位一组的曼荼罗四护门，根据绘制十万佛塔壁画的画派通常遵循的惯例，四护门中的第一护门位于壁面中央。

---

[1] 除第十四位以外，其他均见于 *Mahāvyutpatti*［翻译名义大集］第 47 节。

A 壁是位于外院东门的现三世明王(khro bo 'jig rten gsum snang),其右为甘露军荼利明王(bdud rtsi 'khyil pa),左为时罗刹女(dus kyi srin mo),后为时钩女(dus kyi lcags kyu ma,图版 332)。

B 壁(对应于曼荼罗外院南门)是调伏三界明王(khro bo 'jig rten gsum 'dul),其右为蓝杖明王(dbyug sngon can),左为时杖女(dus kyi dbyug pa ma),后为时索女(dus kyi zhags pa ma,图版 324、325)。

G 壁(对应于布顿所述曼荼罗外院西门)是缚三界明王(khro bo 'jig rten gsum 'ching),其右为不动明王(mi g.yo ba),左为时夜女(dus kyi mtshan mo),后为时链女(dus kyi lcags sgrog ma,图版 326、327)。

H 壁(对应于曼荼罗外院北门)为灭三界明王(khro bo 'jig rten gsum 'jig),其右为马头明王(rta mgrin),左为时药叉女(dus kyi gnod sbyin mo),后为时铃女(dus kyi dril bu ma,图版 328)〔1〕。

围绕这些四位一组的护门的是曼荼罗外环的各部世间天众。从图版及布顿和题记所提及的经典引文可以推导出这些部众的丰富多变：其图像表现也各派不一〔2〕。 253

〔1〕 关于明王眷属,参见 *Sundarālaṅkāra*[妙丽庄严]中的相关记述。Cordier II, p. 283, n. 1. *bstan 'gyur*[丹珠尔],释怛特罗部(rgyud 'grel), khu 函,第 207 叶。
译者注：即 *Bhagavatsarvadurgatipariśodhanatejorājatathāgatārhatsamyaksambuddhamahātantrarājavyākhyāsundarālaṅkāra (bcom ldan 'das de bzhin gshegs pa dgra bcom pa yang dag par rdzogs pa'i sangs rgyas ngan song thams cad yongs su sbyong ba gzi brjid kyi rgyal po'i rgyud kyi rgyal po chen po'i rnam par bshad pa mdzes pa'i rgyan)*[薄伽梵如来阿罗汉等正觉一切恶趣清净威光王怛特罗大王释妙丽庄严],《西藏大藏经总目录》第 2626 号。

〔2〕 布顿遵循的是由萨迦派确立的该曼荼罗天众的图像描述和配列,不同于其他的学派传规(第 9 叶正面、背面)。对十万佛塔壁画的绘制者而言,布顿的论著肯定有指导意义,并且他们愿意在题记中提到他。
布顿本人在表明自己的观点后,也引述了咱迦巴(rtsva skya pa)和努尔巴(gnur pa)的理论(第 9 – 14 叶),但他更偏爱阿底峡口诀(man ngag)传承的该曼荼罗的仪轨解释(第 14 叶)。同一曼荼罗的另一解释——天众配列和图像描述有一些不同之处——由庆喜藏确立(kun dga' snying po,第 14 叶以后)。

鉴于这些部众还未被充分研究,此处简略给出他们的名字和特征(表十一):

表十一

尊　　号	身色	标识	骑乘
梵天(tshangs pa)	黄	净瓶	天鹅
梵天女(tshangs ma)		琵琶	
使者(pho nya ba)		莲花	
悦意差使(mngag gzhug yid du 'ong ba)		剑	
大自在(dbang phyug chen po)	白	三叉戟	金翅鸟
乌摩(Umā)		开启莲瓣	
遍照使者(pho nya rnam par snang ba)		弓	
商主差使(mngag gzhug ded dpon)〔1〕		矛	
帝释天(brgya byin)	红黄	金刚杵	白象〔2〕
诸乐女(bde sogs ma)		琵琶	
悦意差使(mngag gzhug pa yid du 'ong ba)〔3〕		剑	
普照使者(pho nya kun tu snang ba)		剑	
遍入天(khyab 'jug)	黑	轮	金翅鸟
吉祥天女(dpal mo)		弗戈	

254

〔1〕 *Ālokālaṅkāra*［光明庄严］将使者(pho nya)和差使(mngag pa)作为一个单独的部类,很明显该论书是阿底峡和布顿遵循的藏地传统的基础。Cordier II, p. 283, n. 2. *bstan 'gyur*［丹珠尔］,释怛特罗部(rgyud 'grel), khu 函,第248叶第6行。
译者注:该论书全称为 *Sarvadurgatipariśodhanatejorājakalpālokālaṅkāra* (*ngan song thams cad yongs su sbyong ba gzi brjid kyi rgyal po brtag pa snang ba'i rgyan*)［一切恶趣清净威光王品 · 光明庄严］,《西藏大藏经总目录》第2627号。

〔2〕 译者注:原书未记。

〔3〕 译者注:原书未记,据壁面和布顿论书补。

续　表

尊　　号	身色	标识	骑乘
金刚乐差使(mngag gzhug rdo rje bde ba)		牙	
金刚商主使者(pho nya rdo rje ded dpon)		轮	
净心非天(lha ma yin thags bzang ris)	白	披甲持剑	
五髻乾达婆(dri za zur phud lnga ba)	绿	琵琶	
金眼金翅鸟(mkha' lding ser mig can)	杂色		
俱毗罗药叉(gnod sbyin ku be ra)	黄	宝	马
楞伽十颈罗刹(srin po lang ka mgrin bcu)	黑	剑	人尸
腹行王地祇(lto 'phye'i rgyal po sa bdag)	蓝	羂索	猪
具力部多王('byung po'i rgyal po dbang ldan)	灰	三叉戟	公牛
阎摩(gshin rje)	蓝	剑	水牛

非天(lha ma yin)[1],有明妃：

遍照(rnam par snang byed),持弓箭。

罗睺(sgra gcan),持月。

三重(sum brtsegs),持山。

舒逸(rab sim),持甘露。

头发(ke'u shi),持金刚杵。

普照(kun tu snang ba),持镜子。

金翅鸟(nam mkha' lding),有明妃： 255

金眼金翅鸟(mkha' lding gser mig),持铁钩。

具众仆(g.yog du ma can),持金刚杵。

---

〔1〕 尽管前述列表中的名字已经表明了这一部类,此处根据布顿参考的其他注疏单独给出不同的天众及其眷属。非天的名单与已知的不同。ke'u shi 是 Heranakeśu 的简称,参见 *Ālokālaṅkāra*［光明庄严］,第 249 叶,该词等于金发(Hiraṇyakeśin)。

迦楼罗(ga ru ṇa 原文如此)[1]，持羂索。

乾达婆(dri za)，有明妃：

五髻(zur phud lnga ba)[2]，持花鬘。

持国天王(yul 'khor srung)，持琵琶。

药叉(gnod sbyin)，有明妃：

正念(yang dag shes)，持新月。

满贤(gang ba bzang po)，持瓶。

旷野('brog gnas)[3]，持宝盒。

俱毗罗(ku be ra)，持棍。

宝贤(nor bu bzang po)，持宝。

散支(pañ ji ka)[4]，持宝库。

瞻巴拉('dzam bha [la])，持吐宝兽。

财神王(nor lha'i rgyal po)，持水果。

罗刹(srin po)，有明妃：

楞伽十颈罗刹(srin po lang ka mgrin bcu)，持弓箭。

近耳(upakarṇa)，持剑。

瓶鼻(bum sna)，持梃杖。

腹行(lto 'phye)，有明妃：

腹行坚固(lto 'phye rab brtan)，持金刚杵。

曲行(khyur 'gro)，持宝。

256 部多('byung po)，有明妃：

具力部多('byung po dbang ldan)，持三叉戟。

饿鬼(yi dvags)：

外障(phyi sgrib can)。

内障(nang sgrib can)。

自性障(rang bzhin gyi sgrib pa can)。

火舌轮(me lce'i 'khor lo can)。

---

〔1〕应为 Garuḍa。

〔2〕Pañcaśikha.

〔3〕'brog, 'brog gnas 对应于梵文的 Aṭavī。

〔4〕应为 Pañcika。

护门(sgo kur can)。

鬼('dre):

导邪(log 'dren),黑色,持蛇。

涅乌通乃诺梅(gnye'u thung gnas gnon me)。

鸡邬楚荼德枝(spyi'u tshugs thur bltas bris)。

塞邬蒙达迦入心鬼(se'u mon ta ka snying du 'jug pa'i 'dre),持剑。

达阳达迦入舌鬼(dar dbyangs ta ka lce la 'jug pa),持剑。

穆监达迦速入鬼(mu rgyan ta ka myur bas 'jug pa)[1],持剑。

眷属: 257

部多王('byung po'i bdag po):

鹿王(ri dvags rgyal po),形象为鹿。

旱魃(skem byed),形象为童子。

失忆(brjed byed),形象为狐狸。

具拳(khu tshur can),形象为禽。

奎宿(nam gru),形象为犬。

霉烂(srul po),形象为猪。

匝弥陀(dzamita),形象为虫(?)[2]。

具欲('dod pa can),形象为金刚杵。

老母(ma rgad byed pa),形象为猫。

面容(bzhin byad),形象为枭。

具颈肢(gnya' lag can),形象为鸭(bya gag)。

恰尼(bya ni),形象为禽。

眼垂(mig 'phyang),形象为蝙蝠(pha wang)。

柔顺('jam pa po),形象为公牛。

---

〔1〕 指那些产生毒素,导致身体各部分失调或产生疾病的神。入毒('jug pa'i dug)产生疾病,舌毒(lce dug)作用于舌头,速入毒(myur bas 'jug pa'i dug)能使肌肉、牙齿和嘴唇马上产生病变。参见 *Sundarālaṅkāra*[妙丽庄严],第 137 叶第 6 行。

〔2〕 kita.

本母(ma mo)，形象为妇女。

龙王(klu)：

无边(mtha' yas)，持莲花。

安止('jog po)，持钺斧。

水天(chu lha)，持莲花。

护贝(dung skyong)，持海螺。

广财(nor rgyas)，持瓶。

力游(stobs rgyu)，持犁。

大莲(pad chen)，持莲花。

具种(rigs ldan)，持绿松石。

258 喜云丛(dga' bo sprin phung)，持剑。

难陀(nye dga' bo)[1]，降宝雨。

十部(rigs)，等于十护方神(phyogs skyong)：如传统列表，有明妃。

四大天王(rgyal po)：如传统列表，有明妃。

八曜，图像类型与前述九曜不同，有明妃：

金曜(pa sangs)，持花。

木曜(phur bu)，持经函。

水曜(gza' lhag)，施与愿印。

月曜(zla ba)，持君陀花。

火曜(mig dmar)，持甘露瓶。

罗睺(sgra gcan)，持莲茎。

日曜(nyi ma)，持莲花。

土曜(spen pa)，持梃杖[2]。

二十八宿(rgyu skar)，均为女身，持有其相应的标识，而非双手

259 于头顶合十顶礼佛陀：

东方：

昴宿(smin drug)，红色，持宝耳铛、钏镯，骑瓶。

毕宿(snar ma)，绿色，持宝耳铛、钏镯，骑大象。

---

〔1〕 译者注：原书写作 dga' bo sprin。

〔2〕 译者注：原书写作水果。

觜宿(mgo)，黄色，持宝耳铛、钏镯，骑鹿。

参宿(lag)，红色，持宝耳铛、钏镯，骑蛇。

井宿(nabs so)，黄色，持宝耳铛、钏镯，骑莲花。

鬼宿(rgyal)，绿色，持宝耳铛、钏镯，骑瓶。

柳宿(skag)，绿色，持宝耳铛、钏镯，骑乌鸦。

南方：

星宿(mchu)，黄色，持宝、双股项链，骑水牛。

张宿(gre)，绿色，持宝、双股项链，骑犬。

翼宿(dbo)，黄色，持宝、双股项链，坐于金座。

轸宿(me bzhi)，黄色，持宝、双股项链，骑大象。

角宿(nag pa)，绿色，持宝、双股项链，骑孔雀。

亢宿(sa ri)，红色，持宝、双股项链，骑鼠[1]。

氐宿(sa ga)，白色，持宝、双股项链，骑马。

西方：

房宿(lha mtshams)，黄色，持花茎，骑禽。

心宿(snron)，红色，持花茎，坐于厚坐垫。

尾宿(snubs)，绿色，持花茎，骑龟。

箕宿(chu stod)，黄色，持花茎，骑盾。

斗宿(chu smad)，绿色，持花茎，骑人。

女宿(byi bzhin)，蓝色，持花茎，骑人熊。

牛宿(gro bzhin)，红色，持花茎，骑龟[2]。

北方：

虚宿(mon gre)，绿色，持青莲花，骑白牛王。

室宿(mon gru)，红色，持青莲花，坐于殊胜厚坐垫。

危宿(khrums stod)，绿色，持青莲花，坐于金座。

壁宿(khrums smad)，黄色，持青莲花，坐于宝座。

奎宿(nam gru)，红色，持青莲花，骑马。

娄宿(tha skar)，绿色，持青莲花，骑人。

---

〔1〕 译者注：布顿论书写作 'phyang mo nyug。

〔2〕 即 ku ma，梵文为 kūrma = 藏文的 rus sbal。

胃宿(bra nye)，蓝色，持青莲花，骑轮。

260 暴损明王(khro bo ma rungs 'tshe ba)：

护持地狱(dmyal srung)[1]。

魔鬼(bgegs)，有明妃：

梵天(tshang pa)。

罗刹(srin po)。

失忆(brjed byed)。

锐利(rnon po)。

旱魃(skem byed)。

压障(grib gnon)。

本母(ma mo)。

导邪(log 'dren)。

仙人(drang srong)[2]：

轸宿(me bzhi)，持炽燃宝。

角宿(nag pa)，持轮。

正慧(yang dag shes)，持金刚轮。

前磨(mdun brdar)，持三叉戟。

诡诈(gya gyu)，持宝盒。

居米(rgyud mid)[3]，持钺斧。

阿库(a gur)，持火堆。

奔诈(g.yon dor)，持轮。

拉玛(lāmā)[4]：

---

〔1〕 即出自八热地狱(tsha dmyal)和八寒地狱(grang dmyal)。
译者注：据布顿论书，暴损明王是八热八寒地狱的护持者。

〔2〕 *Sundarālaṅkāra*［妙丽庄严］中的名单不同（第3叶）：广大(rgyas pa)、跋罗达婆思扎(baradvasdza)、迦毗罗(ser skya)、生主(skye dgu'i bdag pa)、常慧(rgyun shes)、圣地(gnas mchog)、角宿和倒食(gzag zan)。

〔3〕 译者注：原书写作 rgyud mi dad。

〔4〕 尽管名字有讹误，即为 *na rag dong sprugs*［拔除地狱］中的八大忿怒母(khro mo chen mo)。参见《梵天佛地》第三卷，第一册，第86页：科日(Gaurī)、作日(Caurī)、哲莫哈(Pramohā)、贝达利(Vaitāli)、布噶色(Pukkasī)、葛玛日(Ghasmarī)、玛夏尼(Śmaśānī)、赞扎利(Caṇḍālī)。

科日(ke'uri),持棍。

作日玛(tse'u ma),持弓箭。

哲莫哈(pramohā),持幢。 261

贝达利(vetali),持金刚杵。

布噶色(sukasi),持肠索。

葛玛日(ghusmari),持颅器。

赞扎利(tsaṇḍali),持三叉戟。

玛夏尼(smasani),持炽燃宝。

妇女(bud med):

卡拉琼尊(kha rag khyung btsun),持炽燃金刚杵。

夏美岗嘎(sha med gangs dkar),持轮。

奎宿(nam gru),持莲花。

迦利(nag mo),持单杵金刚。

吉祥金刚步(dpal ldan rdo rje 'gros),持骷髅杖。

摩利支天('od zer can),持弓箭。

怖畏遍行('jigs byed kun 'gro),持钺斧。

姊妹(sring mo):

胜者(rgyal ba),持莲花。

尊胜佛母(rnam par rgyal ma),持金刚杵。

不败女(mi pham ma),持轮。

持明咒(rig sngags 'chang),持三叉戟。

瑜伽女(rnal 'byor ma):

具莲女(pad ma can),持吉祥结(śrīvatsa)〔1〕。

怖畏女('jigs byed ma),持轮。

尊胜女(rnam rgyal ma),持幢。

具色女(mdangs can ma),持伞。

具光女('od ldan ma),持莲花。

聪颖女(yid gzhung ma),持瓶。

无垢女(dri med ma),持海螺。

---

〔1〕 遍入天胸部的标记。

贤意女(yid bzang ma)，持金鱼。

262 四大种神('byung bzhi'i lha)：

火天光明(me lha gsal byed)，持轮。

水天汇集(chu lha sdud byed)，持蛇索。

风天摇撼(rlung lha g.yo byed)，持飞幡。

地祇大手(sa bdag lag chen)，持轮。

家舍神(khyim lha)：

普照(kun snang)，持宝盒。

山神(ri'i lha)：

坚固智慧(rab brtan blo gros)[1]，持炽燃宝。

树神(shing lha)：

普光(kun nas 'od zer)，持水果。

喜苑神(kun dga' ra ba'i lha)：

普照慧(kun tu snang ba'i blo gros)，持树。

圣地神(gnas kyi lha)：

多门(sna tshogs sgo)，持轮。

尸林神(dur khrod kyi lha)：

善部多('byung po dge ba)，持天杖。

城邑神(grong khyer kyi lha)：

福德善慧(bsod nams dge ba'i blo gros)，持炽燃宝。

其细部见图版 329 – 331、333 – 338。

如《梵天佛地》第二卷中所述，该怛特罗在藏地极为盛行，此处我根据布顿的说明对其主要配列作了简述。相关的仪轨实质上是基于 *de bzhin gshegs pa dgra bcom pa yang dag par rdzogs pa'i sangs*
263 *rgyas ngan song thams cad yongs su sbyong ba gzi brjid kyi rgyal po'i brtag pa*［如来阿罗汉等正觉之一切恶趣清净威光王品］[2]，该经没有汉译本。由于 *bstan 'gyur*［丹珠尔］中有数量庞大的关于该怛特罗的注释和仪轨论书，其在印度应该流传甚广。除了对特定仪轨的单独

〔1〕 译者注：原书写作 blo 'gros。
〔2〕《西藏大藏经总目录》第 483 号，参考第 485 号。

解释,注释中最重要的是:金刚铠(Vajravarman)的*Sundarālaṅkāra*［妙丽庄严］[1],佛密(Buddhaguhya)的*Arthavyañjanavṛtti*［义字释］[2],如意牛(Kāmadhenu)的*Ṭīkā*［广注］[3],匿名作者的*Ālokālaṅkāra*［光明庄严］[4],以及庆喜藏(Ānandagarbha)的*Kalpaṭīkā*［仪轨释］[5]。据藏地传统,在这些众多的注疏体系中,阿底峡教授其亲炙弟子的传承流传较广。正如该怛特罗的名字所示,此曼荼罗及其仪轨是为了授受灌顶者均能转生至善趣,换言之,是为了迅速获得佛身、证成佛果而确保善业,或消除恶业可能的影响,即清除罪障。在未臻佛果之前,至少应发愿转生至天趣,或者获得暇满人身,修习弘扬大乘教法。这是仪式圆满之际的发愿。 264

此外,也必须考虑如何去除此生中作为过去生中罪障结果的恶缘。*Durgatipariśodhana*［恶趣清净］中的仪式就是为了清除那些导致生活困顿的天、龙、风天、金翅鸟(nam mkha' lding)、紧那罗(kiṃnara)等邪恶天魔所带来的疾病和损挠。

因此,该经典及其所描述的仪轨有双重价值。一方面,如后一种情况,它专门用于驱魔,即呼召集合大日如来所象征的无上大悲力,并以大日如来的加持力消除摆脱身心方面的所有障碍。另一方面,该特殊的怛特罗仪轨还有另一功用:它不仅作用于今生,而且旨在确定此生结束后的一个好的转生。从某种意义上说,萨迦派或格鲁派的普明体系类似于宁玛派中极为流行的中阴(bar do)体系,其目的也是安抚象征性地以借自于民间故事和最古老的宗教传统中

---

〔1〕 Cordier II, p. 283, n. 1. *bstan 'gyur*［丹珠尔］,释怛特罗部(rgyud 'grel), khu 函。《西藏大藏经总目录》第 2626 号。

〔2〕 Cordier II, p. 283, n. 34. *bstan 'gyur*［丹珠尔］,释怛特罗部(rgyud 'grel), ku 函。《西藏大藏经总目录》第 2624 号。

〔3〕 Cordier II, p. 283, n. 35. *bstan 'gyur*［丹珠尔］,释怛特罗部(rgyud 'grel), ku 函。《西藏大藏经总目录》第 2625 号。

〔4〕 Cordier II, p. 283, n. 2. *bstan 'gyur*［丹珠尔］,释怛特罗部(rgyud 'grel), khu 函。《西藏大藏经总目录》第 2627 号。布顿不知道作者的名字,因为他在其［丹珠尔］目录中没有提及。

〔5〕 Cordier II, p. 284, n. 1. *bstan 'gyur*［丹珠尔］,释怛特罗部(rgyud 'grel), gu 函。《西藏大藏经总目录》第 2628 号。

的神灵或神灵部组的形象表达的各种力量，避免这些自身成为业力执行者和残酷狱卒的力量逼迫我们沦入最困楚的生活并使我们苦于
265 轮回。因此，构成此曼荼罗的长长的天众名录也有中阴体系的八大忿怒母并不足为奇，尽管其名字如此支离破碎，有时甚至很难辨认（参见第 202 页）。总之，看来藏地传统主要遵循的是 *Ālokālaṅkāra*［光明庄严］，既然该注疏提及了诸如非天(lha ma yin)和鬼('dre)等包括在不同部类的单个天众，藏地注释家对这些名录也有所扩充，并在各种曼荼罗中插入了一些并非源自印度传统，而是取自其本土信仰的神祇：于我而言，布顿论著提及的部分鬼卒就应如此看待。看来图像中亦有苯教神祇的民间样式通过该体系加入佛教曼荼罗的痕迹，这种情况并不鲜见，在《梵天佛地》丛书中我们已经碰到一些实例。

据塔志作者统计，该殿共有 310 尊身像。

第三层、第十二间佛殿

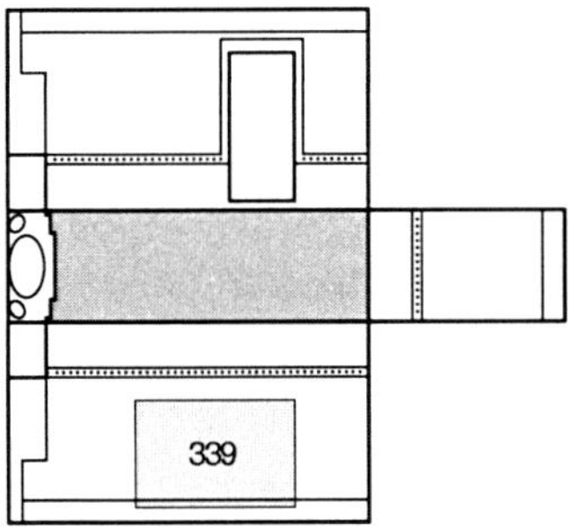

第三层、第十二间　0 1 2 3m

插图 44

该殿被称之为一切恶趣清净殿(ngan song thams cad sbyong ba)。主像表现的是大日如来(rnam par snang mdzad)，其右为金刚萨埵(rdo rje sems dpa')，左为金刚法(rdo rje chos)。

由题记得知，墙上表现的主要是普明(kun rig)仪轨的后分曼荼罗。

南壁表现的是普明(kun rig)仪轨后分十一铺秘密曼荼罗之一〔1〕。

266 中央为金刚萨埵(rdo rje sems dpa')，其右为普贤(kun tu bzang po)，左为大乐(bde ba chen，图版 339)。围绕有白色金刚手(phyag na rdo rje)、宝金刚(rin chen rdo rje)、明亮(rnam par gsal ba)、金刚胜

〔1〕 布顿 *kun rig gi dkyil 'khor gyi bkod pa*［普明曼荼罗庄严］，第 22 叶背面。其中的一些曼荼罗出现于第九间佛殿。

业(rdo rje las rab)。中央曼荼罗围绕有九行身像[1],其为题记所列普明曼荼罗中的过去七佛、五部如来、十六菩萨、弥勒等贤劫十六尊。此曼荼罗的专称是坚固一切真言、明、心髓之四转轮曼荼罗(sngags dang rig pa dang snying po thams cad brtan par byed pa'i 'khor los sgyur ba bzhi'i dkyil 'khor)。

东壁所绘为能延寿和往生善趣的无量寿佛(tshe dpag med)曼荼罗,即普明仪轨后分第九曼荼罗[2]。中央为施禅定印的无量寿佛,围绕有金刚手(phyag na rdo rje)、虚空藏(nam mkha' snying po)、观音(spyan ras gzigs)、忿怒王(khro ba'i rgyal po)[3]。

北壁表现的是普明仪轨后分第二曼荼罗[4]。主尊为摧破死主金刚手(phyag na rdo rje 'chi bdag 'joms pa),围绕有不动佛(mi bskyod pa)、宝生佛(rin chen 'byung ldan)、正贤水生佛(chu skyes dam pa)、无疑佛(gdon mi za ba),均右手施与愿印,左手施无畏印。

接下来是诸供养天女(mchod pa'i lha mo)和四护门。

该殿共有 87 尊身像。

第三层、第十三间佛殿

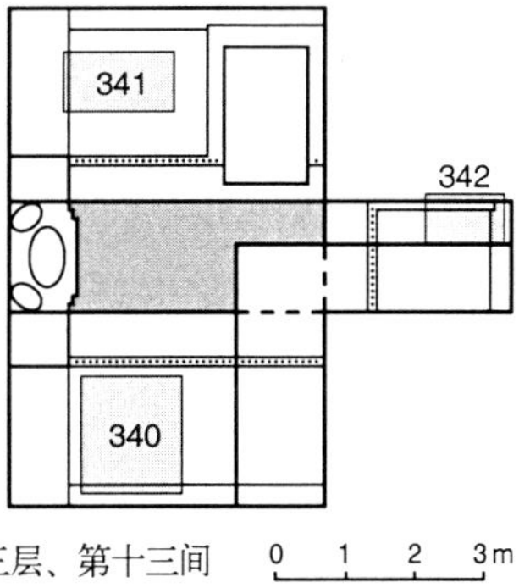

第三层、第十三间

插图 45

该殿中央塑像为无量寿佛(tshe dpag med),其右为金刚萨埵(rdo rje sems dpa'),左为金刚法(rdo rje chos)。因此,该殿被称之为无量寿佛殿。

殿中壁画继续是普明(kun rig)仪轨后分曼荼罗。 267

南壁中央为布顿所列十一曼荼

---

〔1〕 译者注:壁面围绕主像为六行佛、菩萨及其他天众。

〔2〕 布顿 *kun rig gi dkyil 'khor gyi bkod pa*［普明曼荼罗庄严］,第 22 叶正面。曼荼罗列表中的第 342 号。

〔3〕 其图像随传规而异。布顿 *kun rig gi dkyil 'khor gyi bkod pa*［普明曼荼罗庄严］,第 22 叶。

〔4〕 曼荼罗列表中的第 335 号。

268 罗中的以八曜及星宿利益所化有情的第五曼荼罗[1]。如题记所述，主尊为金刚作吽（rdo rje hūṃ mdzad，图版 340）[2]，围绕有八曜[3]、二十八宿和四护门等。

北壁为普明(kun rig)仪轨后分第七曼荼罗[4]。主尊为四臂三界尊胜明王（khro bo 'jig rten gsum rnam par rgyal ba，图版 341），四臂分持金刚杵、铃、金刚杵、弓箭[5]，其四周如表十二所示：

表十二

尊　号	身色	标　识	明　妃
怖畏量('jigs byed pra mi ta)	白	炽燃宝	梵天女(tshangs ma)
怖畏跋拉婆('jigs bhai ra va)	深蓝	三股金刚杵[5]	诸乐女(bde sogs ma)

---

〔1〕 布顿 *kun rig gi dkyil 'khor gyi bkod pa*［普明曼荼罗庄严］，第 19 叶背面。曼荼罗列表中的第 338 号。

〔2〕 译者注：布顿论书记为施作吽印之三界尊胜明王。

〔3〕 从下面的图表中我们可以看到，此八曜形象与本册第 133 页和第 201 页中的相关形象有所不同：

尊　号	身 色	右 手 标 识	左手标识
金曜(pa sangs)	白	君陀花(kumuda)	水果
火曜(mig dmar)	红	瓶	灯
木曜(phur bu)	蓝	经函	靠于腿处
罗睺(sgra gcan)	烟色	莲茎	剑
月曜(zla ba)	白	君陀花	
日曜(nyi ma)	红黄	盛开莲花	杖
水曜(gza' lhag)	黄	施与愿印	青莲花
土曜(spen pa)	黑	杖	钺斧

〔4〕 曼荼罗列表中的第 340 号。

〔5〕 咱迦巴(rtsva skya pa)传规。该本尊与［成就法鬘］和 *Krodharājatrailokyavijayasādhana*［三界尊胜明王成就法］中的描述不同，参见 *Sādhanamālā* II, p. 511, n. 262; Cordier III, p. 224, n. 67. *bstan 'gyur*［丹珠尔］，释怛特罗部(rgyud 'grel)，'u 函，第 111 叶。
译者注：该论书德格版阙。

〔6〕 译者注：原书写作三叉戟。

续　表

尊　号	身色	标　识	明　妃
怖畏俱毗罗('jigs ku be ra)	暗红	骷髅杖	热执玛(re'u dri ma)
怖畏智慧跋拉婆('jigs ye shes bhai ra va)[1]	深绿	轮	科日玛(ke'u ri ma)
怖畏毗萨塔('jigs bhi sa nta)[2]	暗红	弓箭	遍入天女(khyab 'jug ma)
怖畏毗迭('jigs bi te)[3]	深蓝	钺斧	亥母(vā rā hī)
怖畏迦拉跋拉婆('jigs ka la bhai ra va)[4]	烟色	剑	夺人女(ma nu ha ra ma)
怖畏群主('jigs gaṇapati)	深蓝	炽燃金刚杵	遮文荼(tsa mu ṇḍi)

东壁北段从上到下绘有四火天(me lha),即,息火天(zhi ba'i me lha)、增火天(rgyas pa'i me lha)、怀火天(dbang gi me lha)和诛火天(mngon spyod kyi me lha,图版342),也就是负责息、增、怀、诛四业的四身火天。 269

该殿共有98尊身像。

---

[1] 布顿将此拼写成bhe ra。第20叶背面。

[2] 译者注:布顿论书写作bhi shāntā。

[3] 译者注:布顿论书写作bi ti。

[4] 布顿论书将此拼写成ka la bhe ra va。天众列表至少部分对应于印度教怛特罗的八怖畏(aṣṭabhairava)。例如,在*Puraścaryārṇava*[前行海]第473页他们就是如此排列:黑身(Asitāṅga = Kālabhairava)、斑鹿(Ruru)、暴恶(Caṇḍa)、忿怒(Krodha)、狂乱怖畏(Unmattabhairava)、具髅(Kapālin)、怖畏(Bhīṣaṇa = 布顿论书中的Bhiśānta)和破坏(Saṃhāra)。其明妃也对应于同样的怛特罗体系的八位明妃:梵天女(Brahmī, tshang ma)、大自在天女(Maheśvarī, ke'u ri ma = Gaurī)、童女(Kaumārī)、遍入天女(Vaiṣṇavī, khyab 'jug ma)、亥母(Vārāhī)、帝释天女(Indrāṇī, bde sogs ma)、遮文荼(Cāmuṇḍā)、大吉祥女(Mahālakṣmī, Manuharama = Manoharā)。除最后一位天女外,她们正好组成了七本母(Mātṛkā)。关于七本母,参见T. A. Gopinatha Rao, *Elements of Hindu Iconography*, Madras, The Law Printing House, 1914, vol. II, part II, pp. 379–383。

第三层、第十四间佛殿

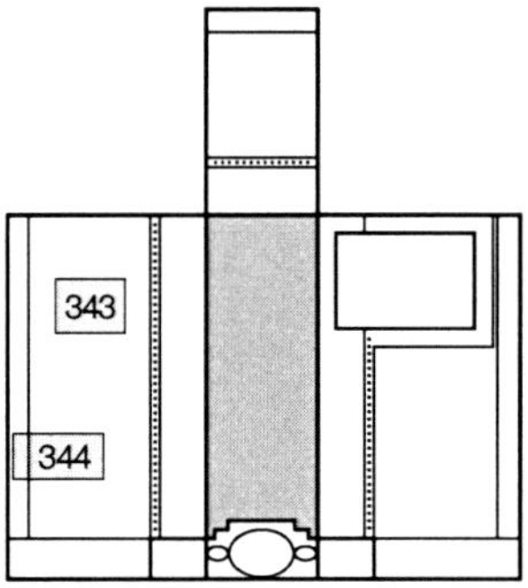

第三层、第十四间　0　1　2　3m

插图 46

从这座佛殿开始，我们又进入到另一个怛特罗体系，尽管藏地传规认为其属于我们迄今已经论及的同一部类。它就是 *rdo rje rtse mo*［金刚顶］，一部几近等同于 *Tattva-saṃgraha*［真性集］的经本。

佛殿以持法王佛（sangs rgyas chos 'dzin rgyal po）命名，其塑像以及胁侍位于南壁，他是 *rdo rje rtse mo'i rgyud*［金刚顶怛特罗］所出摄部(bsdus pa)大曼荼罗之第五曼荼罗羯磨部(las kyi rigs)曼荼罗主尊〔1〕。布顿在 *bshad rgyud rdo rje rtse mo'i dkyil 'khor gyi bkod pa*［释续金刚顶曼荼罗庄严］中对此有详述〔2〕。

请参阅题记中对该殿的描述，而且所有这些曼荼罗与必须参考的 *de nyid bsdus pa*［真性集］中的相类似。

东壁描绘的是语法印曼荼罗〔3〕。围绕大日如来(rnam par snang mdzad)的除了胎藏界(Garbhadhātu)的众多天众外，还有许多象征性标识，即，东以三叉戟代替金刚作吽(rdo rje hūṃ mdzad)；南以中央有摩尼宝的轮代替宝金刚作吽(rin chen hūṃ mdzad)；西以置于莲花上的金刚杵代替金刚军(rdo rje sde)；北以置于金刚杵上的交杵金刚代替羯磨金刚作吽(las kyi hūṃ mdzad)〔4〕。其他天众与北壁所绘羯磨部曼荼罗天众相同。

270 西壁曼荼罗主尊为大日如来，四周分别绘有四身金刚作吽(hūṃ mdzad)和胎藏界(Garbhadhātu)的怒相天众（图版 343、344）。

该殿共有 145 尊身像。

---

〔1〕 曼荼罗列表中的第 174 号。

〔2〕 第 8 叶。

〔3〕 译者注：据题记，该曼荼罗为意誓印为主之陀罗尼曼荼罗。

〔4〕 译者注：壁画所见与图齐描述不尽一致。

第三层、第十五间佛殿

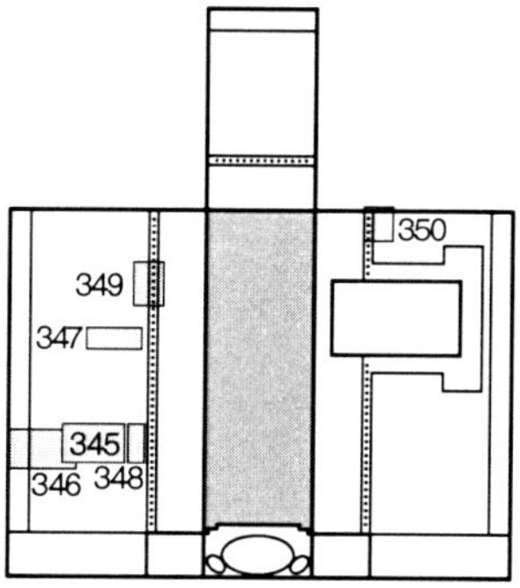

第三层、第十五间

插图 47

该殿以 *rdo rje rtse mo*［金刚顶］所出摄部第四曼荼罗主尊诸种身形佛(sangs rgyas sna tshogs gzugs can)命名[1]。

布顿对此曼荼罗有详述[2]。其由五铺曼荼罗组成：一铺位于中央，其余四铺位于四方。中央曼荼罗对应如来部(de bzhin gshegs rigs)，东院对应金刚部(rdo rje rigs)，南院对应宝部(rin chen rigs)，西院对应莲花部(padma rigs)，北院对应羯磨部(las kyi rig)。整个曼荼罗共由一百八十九天众组成。

每个曼荼罗——与中央曼荼罗一致——分为五组，由三十三天众组成，共有 33 × 5 ＝165。外加二十天众，分为四个附属曼荼罗，位于四隅。再有四天众位于外环之外。因此，整个曼荼罗有一百八十九天众。为了便于研究，我将以图解的形式再现中央第一曼荼罗(插图 48)[3]，即其他四曼荼罗以之为范式的大日如来(rnam par snang mdzad)曼荼罗，然后给出其他曼荼罗的天众列表。

(一) 中央如来部(de bzhin gshegs rigs)曼荼罗：

1. 大日如来(rnam par snang mdzad)，四面二臂，施智拳印(byang chub mchog)

---

〔1〕 曼荼罗列表中的第 174 号。
译者注：原书写作 sangs rgyas sna tshogs。

〔2〕 *bshad rgyud rdo rje rtse mo'i dkyil 'khor gyi bkod pa*［释续金刚顶曼荼罗庄严］，第 1 叶以下。

〔3〕 译者注：原书给出了中央曼荼罗的图解，因为空间的原因(依据凡例，需保留图齐给出的藏文，并加上汉译，这势必使图解显得混乱)，为方便读者，我们对图解稍作修改：以编号的形式标出天众位置(插图 48)，天众名号则单列于插图之下。其他曼荼罗的天众我们也加上编号，其配列亦可参考插图 48。又，原书图解中天众的配列与布顿论书稍有不同，此处据布顿径改。

271

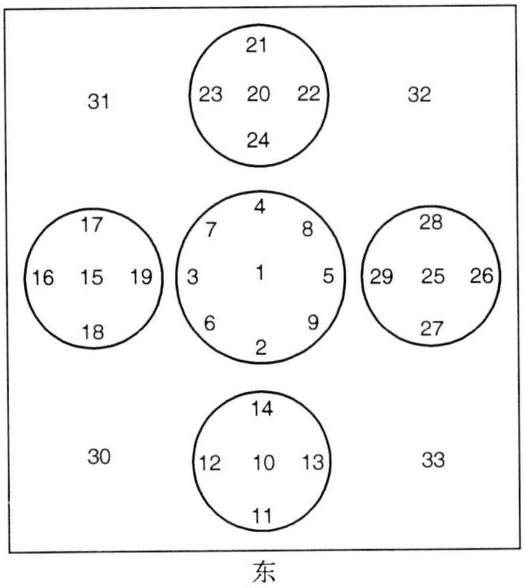

插图 48

rdo rje rtse mo'i rgyud［金刚顶怛特罗］
摄部曼荼罗图解

2. 金刚萨埵(rdo rje sems dpa')，白色，持金刚杵、铃
3. 金刚宝(rdo rje rin chen)，持金刚宝、铃
4. 金刚法(rdo rje chos)，左手持莲花，右手开启莲瓣
5. 金刚业(rdo rje las)，持交杵金刚(sna tshogs rdo rje)、以交杵金刚为柄之铃
6. 金刚萨埵女(rdo rje sems ma)
7. 金刚宝女(rdo rje rin chen ma)
8. 金刚莲花女(rdo rje pad ma)
9. 金刚业女(rdo rje las ma)
10. 不动佛(mi bskyod pa)
11. 金刚萨埵(rdo rje sems dpa')
12. 金刚王(rdo rje rgyal po)，双手持钩
13. 金刚爱(rdo rje chags pa)，持弓箭
14. 金刚喜(rdo rje legs)，持两个金刚杵
15. 宝生佛(rin chen 'byung ldan)
16. 金刚宝(rdo rje rin chen)

17. 金刚光(rdo rje gzi brjid)，持日轮
18. 金刚幢(rdo rje rgyal mtshan)，持以宝为顶饰之如意宝幢
19. 金刚笑(rdo rje bzhad pa)，持金刚杵
20. 无量光佛('od dpag med)
21. 金刚法(rdo rje chos)
22. 金刚利(rdo rje rnon po)，持剑、经函
23. 金刚因(rdo rje rgyu)，持轮
24. 金刚语(rdo rje smra ba)，持金刚舌
25. 不空成就佛(don grub)
26. 金刚业(rdo rje las)
27. 金刚护(rdo rje bsrung ba)，持金刚铠
28. 金刚药叉(rdo rje gnod sbyin)，于面颊持金刚牙
29. 金刚拳(rdo rje khu tshur)，持金刚杵
30. 嬉女(sgeg mo)
31. 鬘女(phreng ba ma)
32. 歌女(glu ma)
33. 舞女(gar ma)

（二）东院金刚部(rdo rje rigs)曼荼罗，同样也分为五部： 272

1. 具身佛(sangs rgyas gzugs can)，蓝色，持金刚杵并施提仁提日印(tirintiri mudrā)
2. 忿怒金刚萨埵(khro bo rdo rje sems dpa')
3. 颦眉(khro gnyer can)
4. 金刚法(rdo rje chos)
5. 金刚业(rdo rje las)

6－9. 忿怒萨埵女(khro mo sems ma)

10. 金刚作吽(rdo rje hūṃ mdzad)，四面八臂，分持金刚杵和铃、弓和箭、钩和链、金刚杵和羂索
11. 忿怒金刚萨埵(khro bo rdo rje sems dpa')
12. 金刚王(rdo rje rgyal po)
13. 金刚爱(rdo rje chags pa)

14. 金刚喜(rdo rje legs pa)
15. 颦眉明王(khro bo khro gnyer can)，右手持宝
16. 颦眉(khro gnyer can)
17. 金刚日(rdo rje nyi ma)
18. 金刚幢(rdo rje rgyal mtshan)
19. 金刚笑(rdo rje bzhad pa)
20. 忿怒金刚(khro bo rdo rje)，右手持金刚莲
21. 忿怒金刚法(khro bo rdo rje chos)
22. 忿怒金刚利(khro bo rdo rje rnon po)
23. 忿怒金刚因(khro bo rdo rje rgyu)
24. 忿怒金刚语(khro bo rdo rje smra ba)
273 25. 忿怒金刚入(khro bo rdo rje dbab)，右手持交杵金刚
26. 金刚胜业(rdo rje las rab)
27. 金刚护(rdo rje bsrung ba)
28. 金刚药叉(rdo rje gnod sbyin)
29. 金刚拳(rdo rje khu tshur)
30. 忿怒嬉女(khro bo sgeg mo)
31. 忿怒鬘女(khro bo phreng ba ma)
32. 忿怒歌女(khro bo glu ma)
33. 忿怒舞女(khro bo gar ma)

（三）南院宝部(rin chen rigs)曼荼罗：

1. 佛日(sangs rgyas nyi ma)，双手持牙鬘，同时在拇指上竖有顶端饰有金刚宝之幢
2－5. 宝萨埵(rin chen gyi sems dpa')
6－9. 萨埵母(sems ma)，图像样式相同
10. 宝光(nor bu'i 'od can)，以宝金刚触地
11. 宝萨埵(rin chen sems dpa')
12. 宝王(rin chen rgyal po)
13. 宝爱(rin chen chags pa)
14. 宝喜(rin chen legs pa)

15．金刚宝贤(rdo rje rin chen bzang po)，右手持金刚宝，施与愿印(varadamudrā)
16．金刚宝(rdo rje rin chen)
17．金刚光(rdo rje gzi brjid)
18．金刚幢(rdo rje rgyal mtshan)
19．金刚笑(rdo rje bzhad pa)
20．莲花宝(pad ma rin chen)，持宝莲，施禅定印(samādhimudrā)
21．金刚莲(rdo rje pad ma)
22．金刚利(rdo rje rnon po) *274*
23．金刚因(rdo rje rgyu)
24．金刚语(rdo rje smra ba)
25．不空成就佛(don grub)，持交杵金刚，施依印(skyabs sbyin)
26．金刚业(rdo rje las)
27．金刚护(rdo rje bsrung ba)
28．金刚药叉(rdo rje gnod sbyin)
29．金刚拳(rdo rje khu tshur)
30－33．与其他曼荼罗相同的四天女

（四）西院莲花部(pad ma'i rigs)曼荼罗：
1．诸种身形佛(sangs rgyas sna tshogs gzugs can)，持莲花，施禅定印
2－5．莲花萨埵(pad ma sems dpa')
6－9．萨埵母(sems ma)
10．诸轮(sna tshogs 'khor lo)，八臂。
11－14．与南院曼荼罗相同，但属于莲花部。
15．宝莲(rin chen pad ma)，十二面十二臂
16．颦眉(khro gnyer)
17．日(nyi ma)
18．幢(rgyal mtshan)
19．笑(bzhad pa)
20．无量光舞自在('od dpag med gar gyi dbang phyug)，十二面，千手千眼

21. 莲花度母(pad ma'i sgrol ma)

22. 六面童子(gzhon nu gdong drug),四臂,持剑、经函、矛、莲花

275 23. 具力(mthu can),等同于莲花因(pad ma'i rgyu),四臂,持轮、梃杖、矛莲花。

24. 莲花语(pad ma'i smra ba),梵天(tshangs pa)身色,四面四臂,持念珠、杖、莲花、净瓶(图版366)[1]。

25. 莲花业(pad ma'i las),六面十二臂

26. 莲花舞自在(pad ma'i gar gyi dbang phyug),四臂,右手持莲花钩、羂索,左手持三叉戟、铁链、铃[2]

27. 莲花护(pad ma'i bsrung ba),四臂,右手施依印[3],持莲花,左双手持铠甲。

28. 药叉(gnod sbyin)

29. 拳(khu tshur)

30 – 33. 嬉女(sgeg mo)等四天女

(五)北院羯磨部(las kyi rigs)曼荼罗:

1. 持法王佛(sangs rgyas chos 'dzin rgyal po),施依印,并持交杵金刚

2 – 5. 羯磨萨埵(las kyi sems dpa')

6 – 9. 萨埵母(sems ma)

10. 金刚业(rdo rje las)

11 – 14. 相应的四菩萨

15. 宝业(rin chen las),右手施与愿印(varadamudrā),并降宝雨

16 – 19. 相应的四菩萨

20. 莲花业(pad ma'i las)

21 – 24. 相应的四菩萨

25. 羯磨王(las kyi rgyal po)

26 – 29. 相应的四菩萨

30 – 33. 嬉女(sgeg mo)等

---

[1] 译者注:图版366再现的是第三层、第十六间大殿的壁画。

[2] 译者注:据布顿论书补。

[3] 译者注:原书写作abhayamudrā。

此外，在五部曼荼罗之间的四隅绘有四附属曼荼罗，每个曼荼罗由五天众构成，即：

东南院：金刚萨埵(rdo rje sems dpa')，四周为： 276

金刚嘈杂天女(rdo rje lha mo ca co sgrog pa)[1]，拥抱世尊。

金刚不空喜女(rdo rje don yod dga' ma)，左手挽弓，右手搭箭。

威光天女欢喜金刚(lha mo gzi brjid dga' ba'i rdo rje)[2]，右手执世尊手，左手持摩竭幢(makara)。

金刚欲自在女(rdo rje 'dod ba'i dbang phyug ma)，右手持花鬘，左手持铃[3]。

西南院：莲花萨埵(pad ma'i sems dpa')，四面八臂，四周为：

金刚吉祥天女(lha mo rdo rje dpal)。

白金刚女(rdo rje dkar mo)。

金刚度母(rdo rje sgrol ma)。

金刚眼女(rdo rje spyan ma)。

西北院：宝萨埵(rin chen sems dpa')，四周为：

虚空金刚(nam mkha' rdo rje)。

波阇波提(skye rgu'i bdag mo)。

宝吉祥女(rin chen dpal ldan ma)。

妙种女(rigs mdzes ma)。

东北院：金刚业(rdo rje las)，四周为：

羯磨金刚女(las kyi rdo rje ma)。

宝女(rin chen ma)。

羯磨女(las ma)。

法女(chos ma)。

该组曼荼罗之外为水天(chu lha)、火天(me lha)、地天(sa'i lha)和风天(rlung lha)。

---

〔1〕 译者注：原书写作 rdo rje lha mo sgrog pa。

〔2〕 译者注：原书写作 lha mo gzi brjid 和 dga' ba'i rdo rje 两身天众。

〔3〕 译者注：原书未记。

西壁所绘为 *rdo rje rtse mo*［金刚顶］第二品中第一曼荼罗，其
277 目的是以忿怒去除忿怒，随摄喜欢广大之有情[1]。主尊为大日如来(rnam par snang mdzad)[2]，围绕有位于炽燃火焰中的四转轮('khor los bsgyur pa)标识，即金刚杵、宝、莲花和交杵金刚。

第一曼荼罗东方的曼荼罗主尊为作吽(hūṃ mdzad)，四面八臂，四周为忿怒金刚萨埵(khro bo rdo rje sems dpa')、忿怒王(khro bo rgyal po)、忿怒爱(khro bo chags pa)和忿怒喜(khro bo legs pa)。

南方曼荼罗主尊为颦眉明王(khro bo khro gnyer can)，四周为忿怒宝(khro bo rin chen)、忿怒威光(khro bo gzi brjid)、忿怒幢(khro bo rgyal mtshan)和忿怒笑(khro bo bzhad pa)。

西方曼荼罗主尊为忿怒金刚军(khro bo rdo rje sde)，四周为忿怒金刚法(khro bo rdo rje chos)、忿怒利(khro bo rnon po)、忿怒因(khro bo rgyu)和忿怒语(khro bo smra ba)。

北方曼荼罗主尊为忿怒金刚入(khro bo rdo rje dbab pa)，四周为忿怒金刚业(khro bo rdo rje las)、忿怒护(khro bo bsrung ba)、忿怒药叉(khro bo gnod sbyin)和忿怒拳(khro bo khu tshur)。

四隅为四忿怒金刚萨埵女（khro mo rdo rje sems ma，图版 345 – 350）。

该殿共有 209 尊身像。

第三层、第十六间大殿

该殿以不动佛(mi bskyod pa)而得名，其塑像位于佛龛中，围绕有金刚部四菩萨，即金刚萨埵(rdo rje sems dpa')[3]、金刚王(rdo rje rgyal po)、金刚喜(rdo rje legs)和金刚爱(rdo rje chags pa)。

作为装饰最为精美的佛殿之一，该殿表现的是 *rdo rje rtse mo'i rgyud*［金刚顶怛特罗］摄部曼荼罗，其图解我在上面已经给出。只
278 要阅读壁画下面对应的题记，就能知道各曼荼罗的配列。

---

〔1〕 曼荼罗列表中的第 185 号。

〔2〕 布顿 *bshad rgyud rdo rje rtse mo'i dkyil 'khor gyi bkod pa*［释续金刚顶曼荼罗庄严］，第 15 叶背面。

〔3〕 译者注：原书写作 rdo rje rigs。

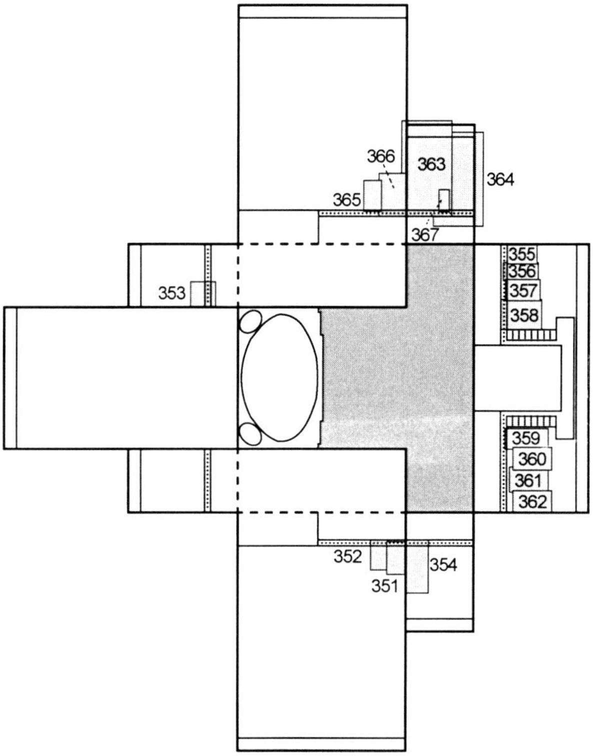

插图 49

我只想提及南壁西段表现的是如来部(de bzhin gshegs rigs)曼荼罗(图版 351、352)〔1〕,西壁南段描绘的是金刚作吽(rdo rje hūṃ mdzad),即具身佛(sangs rgyas gzugs can)曼荼罗,北壁西段表现的是莲花部曼荼罗,西壁北段描绘的是十六怒相菩萨环围的金刚作吽(rdo rje hūṃ mdzad,图版 353)。南壁东段环绕佛日(sangs rgyas nyi ma)的是宝部(rin chen rigs)曼荼罗(图版 354)。

东壁北段为外曼荼罗诸天众(图版 355 – 358)。尽管该曼荼罗在题记中有综述,但因为缺乏详细的描述,所以适于对其简述。

〔1〕 曼荼罗列表中的第 174 号。参见本册第 214 页,插图 48。

所有天众均泛称为“金刚部(rdo rje rigs)天众”[1]，并且都归属于外曼荼罗。他们应绘在围绕上述图解所表现的五部曼荼罗的边界中，即保护曼荼罗和整个净地远离魔障违缘的金刚环(rdo rje ra ba)中。

这些天众首先包括贤劫(Bhadrakalpa, bskal bzang)诸菩萨，根据我以上提及的惯例，249 ×4 位菩萨只表现了十六位，每个方向四位，
279 即与第 195 页所列相同，但其图像样式如金刚业(rdo rje las)。

接下来表现的是火、地、水、风四大种天。然后是四供养天女，即烧香女(bdug pa ma)、花女(me tog ma)、灯女(mar me ma)和涂香女(dri chab ma)。她们应该在每个方向重复出现五次，而非一次，因为外环包括了五曼荼罗。

关于题记记载的四十六男女天众，他们构成了一个固定系列，布顿在关于 *rdo rje rtse mo*［金刚顶］的论著中有简述[2]，其详述见布顿关于 *de nyid bsdus*［真性集］仪轨的另一卷论著[3]：

东方：

1 –2. 猛厉(drag po)，即大自在天(dbang phyug chen po)，白色，四臂：右臂一手拥抱乌摩(Umā)，另一手施与愿印(varadamudrā)，并持金刚杵；左手持三叉戟、剑。

3. 遍入天(khyab ’jug)，据布顿，等同于幻金刚(sgyu ma rdo rje)，传统样式。

4. 金刚金女(rdo rje ser mo)，与前者相同。

5. 金刚铃(rdo rje dril bu)，红色，六面，骑乘为孔雀（等同于童子 gzhon nu），四臂：右手持矛和金刚杵，左手持家禽和铃。

6. 金刚童女(rdo rje gzhon nu ma)，与前者相同。

7. 牟尼金刚(thub pa rdo rje)，据布顿，等同于梵天(tshangs pa)，金

〔1〕 译者注：这些天众其实分别以五部而命名。

〔2〕 *bshad rgyud rdo rje rtse mo’i dkyil ’khor gyi bkod pa*［释续金刚顶曼荼罗庄严］，第 11 叶。

〔3〕 *dkyil ’khor gsal byed nyi ma’i ’od zer zhes bya ba’i skabs dang po las rtsa rgyud de nyid bsdus pa’i dkyil ’khor gyi bkod pa*［曼荼罗作明日光 · 初分中根本怛特罗真性集曼荼罗庄严］，第 17 叶正面。

色，四面四臂。梵天的标识和骑乘。

8. 金刚寂静女(rdo rje zhi ba ma)，等同于梵天女(tshangs ma)。 280

9. 金刚武器(rdo rje mtshon cha)，等同于雍仲(g.yung drung)，黄色，骑白象，持金刚杵。

10. 金刚拳女(rdo rje khu tshur ma)，与前者相同。

南方：

11. 金刚漩(rdo rje 'khyil ba)，红色，右手持有莲花之金刚杵，左手持置于莲上之日轮，乘七马所拉之车。

12. 金刚甘露女(rdo rje bdud rtsi ma)，与前者相同。

13. 金刚光(rdo rje 'od)，白色，右手持金刚杵，左手持置于莲上之日轮，骑乘为天鹅。

14. 金刚光女(rdo rje mdangs ma)，与前者相同。

15. 金刚杖(rdo rje dbyug pa)，蓝色，右手持金刚杵，左手持杖，骑乘为乌龟。

16. 金刚杖女(rdo rje dbyug mchog ma)，与前者相同。

17. 淡黄金刚(rdo rje ser smug，或 ser skya)，等同于火曜(mig dmar)，红色，右手持红色金刚杵，左手持人头而食，骑乘为山羊。

18. 金刚束腰女(rdo rje rked chings ma)，与前者相同。

西方：

19. 金刚象鼻(rdo rje glang sna)，或称为金刚醉(rdo rje myos pa)，白色，右手持金刚杵，左手持犁，骑乘为公牛。

20. 执金刚女(rdo rje 'ju ba ma)，与前者相同，但左手持天杖(khaṭvāṅga)。

21. 金刚鬘(rdo rje phreng ba)，绿色，右手持金刚杵，左手持花鬘，乘杜鹃所拉之车。

22. 金刚食女(rdo rje za ba ma)，与前者相同，但左手持单股矛。

23. 金刚灌顶(rdo rje dbang)，淡黄色，右手持金刚杵，左手持摩竭幢，骑乘为猪，或乘马车，或乘鹦鹉所拉之车。 281

24. 金刚护门女(rdo rje sgo ba ma)，与前者相同，但为红色。

25. 金刚尊胜(rdo rje rnam rgyal)，即群主(tshogs bdag)，白色，右手

持金刚杵，左手持剑，骑乘为青蛙。

26. 金刚喜女(rdo rje dga' ba mo)，与前者相同。

27. 金刚锤使者(pho nya rdo rje tho ba)，黄色，右手持金刚杵，左手持有金刚标识的杵，坐于花座。

28. 金刚女使(rdo rje pho nya mo)，与前者相同，但左手持天杖(khaṭvāṅga)。

29. 金刚风使者(pho nya rdo rje rlung)，蓝色，右手持金刚杵，左手持飞幡，骑乘为鹿。

30. 金刚迅疾女(rdo rje mgyogs ma)，与前者相同。

31. 金刚火使者(pho nya rdo rje me)[1]，红色，两只右手持金刚杵和祭勺，两只左手持杖和净瓶。

32. 金刚焰女(rdo rje 'bar ba mo)，与前者相同。

33. 金刚怖畏使者(pho nya rdo rje 'jigs pa)，蓝色，右手持金刚杵，左手持杖，骑乘为起尸。

34. 金刚饰女(rdo rje 'phyor ma)[2]，与前者相同，但左手持羂索。

北方：

35. 金刚钩仆(bran rdo rje lcags kyu)，蓝色，亥面，右手持金刚杵，左手持钩，骑龙王。

282 36. 金刚口女仆(bran mo rdo rje kha)，蓝色，亥面，右手持金刚杵，左手持剑，骑于人身上。

37. 金刚时仆(bran rdo rje dus)，黑色，右手持金刚杵，左手持阎摩杖，骑乘为水牛。

38. 金刚时女(rdo rje dus ma)，与前者相同，但左手持天杖(khaṭvāṅga)，骑乘为起尸。

39. 金刚魔首仆(bran rdo rje bgegs kyi gtso bo)，白色，象面，两只右手持金刚杵和钺斧，两只左手持三叉戟和象牙。

40. 腐女使(pho nya mo rul ma)[3]，蓝色，右手持金刚杵，左手持刮

---

[1] 译者注：据壁画榜题。原书及布顿论书写作 pho nya rdo rje ma。

[2] 译者注：壁画榜题写为 rdo rje 'khyor ma。

[3] 译者注：壁画榜题为 bran mo rdo rje rul ma。

铲(chags shing)，骑乘为鼠。

41. 金刚龙仆(bran rdo rje klu)，淡黄色或白色，右手持金刚杵，左手持蛇索，骑乘为摩竭鱼。

42. 摩竭女(chu srin ma)，白色，具八蛇冠，右手持金刚杵，左手持有金刚杵标识之摩竭幢，骑乘为摩竭鱼。

东南方：

43. 怖畏本母(ma mo 'jigs ma)，绿色，右手持金刚杵，左手持剑和盾。

东北方：

44. 吉祥天女(dpal mo)，黄色，右手持金刚杵，左手持莲花。

西北方：

45. 妙音天女(dbyangs can ma)，白色，右手持金刚杵，左手持琵琶。

西南方：

46. 难遮女(dka' zlog ma)，绿色，右手持金刚杵和轮，左手持三叉戟和剑，骑狮子。

同组的天众延续至殿门左侧(图版 359 – 362)。

北壁东段围绕持法王佛(sangs rgyas chos 'dzin rgyal po)是羯磨部曼荼罗[1](图版 363、364)。

此殿的其他壁画参见图版 365 – 367。

该殿共有 317 尊身像。 283

第三层、第十七间佛殿

该殿是对前几殿的总结，因为壁画部分是出自 *rdo rje rtse mo*［金刚顶］的其他曼荼罗，部分是我们已经遇见的曼荼罗。佛殿以北壁围绕有两胁侍的塑像佛日(sangs rgyas nyi ma)而得名，如我们所见，佛日是宝部曼荼罗，即组成摄部大曼荼罗

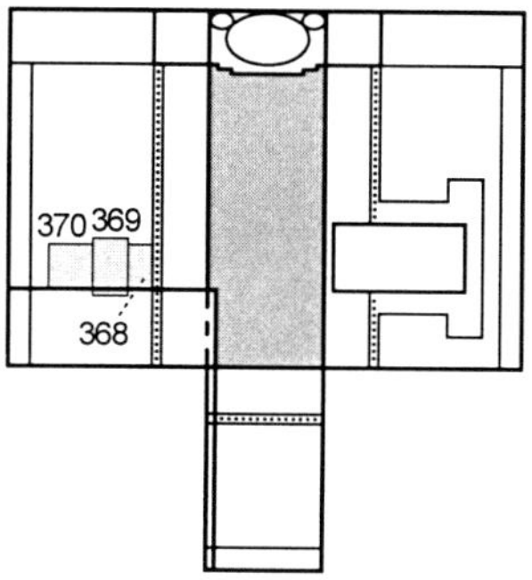

第三层、第十七间　0 1 2 3m

插图 50

〔1〕 曼荼罗列表中的第 178 号。

的五曼荼罗的南院主尊。

从西壁开始为以如来部(Tathāgata)为首的别部种种曼荼罗，如来部有四曼荼罗，是为欢喜广大有情而宣说〔1〕。

这些是以贪除贪曼荼罗，其以身、语、意、业四根本印为主。该殿再现的是前三个曼荼罗。第一个几乎完全等同于金刚界(rdo rje dbyings)曼荼罗（图版 368 – 370），天众的配列仅有部分变动。

陀罗尼天女(gzungs ma lha mo)曼荼罗由五院组成。中院为金刚界自在母(rdo rje dbyings kyi dbang phyug ma)〔2〕。

284 东院：金刚意女(rdo rje thugs ma)，四周为普贤女(kun tu bzang mo)、如来钩女(de bzhin gshegs lcags kyu ma)、恋喜女(dga' ba la chags ma)和具善女(legs ldan ma)。

南院：金刚灌顶女(rdo rje dbang skur ma)，四周为宝主女(rin chen gtso mo)、宝度母(rin chen sgrol ma)、幢顶臂严女(rgyal mtshan rtse mo'i dpung rgyan ma)和具笑女(bzhad ldan ma)。

西院：金刚武器女(rdo rje mtshon cha ma)，四周为金刚莲花女(rdo rje padmo)、普持女(kun 'dzin ma)、一切轮女('khor lo thams cad ma)和回遮女(zlog pa ma)。

北院：金刚普女(rdo rje kun ma)，四周为成就主女(dngos grub kyi gtso mo)、护持一切女(thams cad bsrung ma)、再夺色女(mdangs slar 'phrog ma)和陀罗尼印女(gzungs kyi phyag rgya ma)。

第三个曼荼罗与 *de nyid bsdus*［真性集］中相应的曼荼罗一致。

该殿共有 162 尊身像。

第三层、第十八间佛殿

该殿与其说是佛殿，不如说是楼梯间，由此可上第四层。因此，它被称之为“入大解脱城门殿”。壁画损毁严重，仅见八大佛塔、三

---

〔1〕 曼荼罗列表中的第 175 – 178 号。

〔2〕 布顿 *bshad rgyud rdo rje rtse mo'i dkyil 'khor gyi bkod pa*［释续金刚顶曼荼罗庄严］，第 14 叶背面。

十五忏悔佛和诸菩萨。

据塔志作者统计，该殿共有51尊身像。

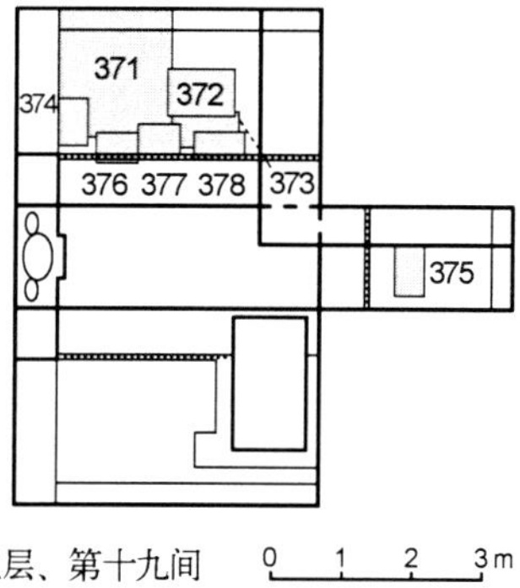

第三层、第十九间

插图51

第三层、第十九间佛殿

从该殿开始，我们又回到了 *dpal mchog dang po*［吉祥最上本初］曼荼罗。显然，如果我们遵循塔志（dkar chag）作者的顺序——与十万佛塔设计者相同——就不会有这样的跳跃。因为根据仪轨，供养者或修法者所面对的方向为东方，因此，开始是朝南的第一间大殿，即我记述的第一间大殿，然后是右侧的两间佛殿，接下来是左侧的两间佛殿。左右佛殿与中央大殿有观念上的联系。遵循这一顺序，就能有序地从一个怛特罗体系到另一 *285*
个怛特罗体系，避免了我采用从左到右不间断的顺序而导致的不必要的返回。

该佛殿以如火炽燃（me ltar 'bar ba）命名，其塑像位于西壁中央，右胁侍为金刚持武器（rdo rje mtshon cha 'dzin），左胁侍为持大矛女（gdung chen 'dzin ma）。

北壁表现的是 *dpal mchog dang po*［吉祥最上本初］以忿怒去除忿怒第二品 *rtog pa thams cad bsdus pa'i rtsa ba'i rgyud*［摄一切仪轨根本续］第一组所出第三曼荼罗。中央可见如火炽燃金刚（rdo rje me ltar 'bar ba），蓝色，两手持金刚杵和铃（图版371）〔1〕。

其眷属周匝围绕，下面表十三是其中一些主要天众（图版372－374）〔2〕：

---

〔1〕 曼荼罗列表中的第223号。

〔2〕 布顿 *dpal mchog rigs bsdus kyi dkyil 'khor gyi bkod pa*［最上本初摄部曼荼罗庄严］，第21叶背面。

表十三

尊　　号	身色	右手标识	左手标识
东			
金刚持武器女 (rdo rje mtshon cha 'dzin ma)		金刚杵	置于座处
南			
持大矛女(gdung chen 'dzin ma)		三叉戟	置于座处
西			
持藏女(mdzod 'dzin ma)		剑	期克印
北			
持索女(zhags 'dzin ma)		羂索	颅器
四　隅			
持箭女(mda' 'dzin ma)		金刚箭	金刚弓
持天杖女(khaṭvāṅga 'dzin ma)		天杖	置于座处
持轮女('khor lo 'dzin ma)		轮	置于座处
持众飞幡女 (ba dan sna tshogs 'dzin ma)		带众飞幡之铃	铃
金刚顶髻(rdo rje gtsug tor)，四身	蓝	金刚顶髻	期克印
金刚明女王 (rdo rje rig pa'i rgyal mo)，四身	白	白毫(mdzod spu)	期克印
殊胜明(rig pa mchog)	蓝	金刚莲	期克印
达戟明王(khro bo ṭak ki)	蓝	金刚弓	期克印
阎摩敌(gshin rje gshed)	黑	剑	期克印
迦纳明王(khro bo ka na)	红	剑	期克印
金刚钩(rdo rje lcags kyu)	蓝	铁钩	期克印
金刚索(rdo rje zhags pa)	黄	羂索	期克印

286

续　表

尊　　号	身色	右手标识	左手标识
金刚羯哩羯罗(rdo rje ki li ki la)	绿	金刚杵	期剋印
金刚慢(rdo rje snyems pa)	蓝	金刚杵	期剋印
金刚律仪(rdo rje bsdams pa)	黄	金刚杵	期剋印
金刚拳(rdo rje khu tshur)	粉红	金刚杵	期剋印
金刚军(rdo rje sde)	白红	金刚莲	期剋印
金刚持髻(rdo rje gtsug 'chang)	红	弓	箭
金刚顶礼(rdo rje phyag 'tshal ba)	蓝	金刚杵	期剋印
金刚脚镯(rdo rje rkang gdub)	蓝红	脚镯(nūpura)	期剋印
金刚链(rdo rje sgrog)	白红	金刚链	期剋印
金刚利(rdo rje rnon po)	蓝	金刚杵	期剋印
金刚怙主(rdo rje mgon po),四身		金刚杵	期剋印
天女(lha mo),四身			置于座处
金刚王(rdo rje rgyal po = 金刚萨埵 rdo rje sems dpa'),四身			置于座处
天女(lha mo),四身	蓝		
嬉女(sgeg mo)	白	铠甲	
笑女(bzhad ma)	白	矛	
歌女(glu ma)	绿	剑	
舞女(gar ma)	黄	羂索	

东壁为大自在天(dbang phyug chen po)所调伏有情之四世间曼荼罗[1]。四面八臂(持三叉戟、天杖、念珠、卍字徽,均出现两次)的

〔1〕 曼荼罗列表中的第206号。

287

大自在天围绕有以下天众[1]：

大黑天(nag po chen po)，持三叉戟。

欢喜自在(dga' byed dbang phyug)，击打腰鼓。

大铃(dril chen)，持铃。

舞自在(gar gyi dbang phyug)，持短矛。

288 贤顶盖(thod pa bzang po)，持颅器。

暴恶自在(gtum pa'i dbang phyug)，持三叉戟、剑、天杖、颅器。

天杖(Khaṭvāṅga)，持天杖、颅器。

牛耳自在(ba lang rna ba'i dbang phyug)，持三叉戟。

猛厉女(drag mo)，持三叉戟。

梵天女(tshangs ma)，持念珠。

遍入天女(khyab 'jug ma)，持轮。

童女(gzhon nu ma)，持铃。

迦利(nag mo)，持剑。

大迦利(nag mo chen mo)，持快刀(chu gri)。

食女(za ba mo)，持獠牙。

罗刹女(srin mo)，持天杖(khaṭvāṅga)。

寂静女(zhi ba mo)，持颅器。

畏惧女(Bheruṇḍā)，持骨连环套(rus pa'i lu gu rgyud)。

暴恶(gtum po)，持鹫。

怖畏女('jigs byed ma)，持猫。

其下可见本母(ma mo)曼荼罗（图版375）。围绕十臂（持天杖和颅器）大黑天(nag po chen po)的天众为猛厉女(drag mo)、梵天女(tshangs ma)、遍入天女(khyab 'jug ma)、童女(gzhon nu ma)、迦利(nag mo)、大迦利(nag mo chen mo)、寂静女(zhi ba mo)和罗刹女(srin mo)。

壁画下部为金刚部(rdo rje rigs)天众，即自在天(dbang phyug)、梵天(tshangs pa)、大天(lha chen po)、遍入天(khyab 'jug)、迦希吉夜(kartika)、帝释天(brgya byin)、月天(zla ba)、日天(nyi ma)、土曜

---

〔1〕 布顿 *dpal mchog rigs bsdus kyi dkyil 'khor gyi bkod pa*［最上本初摄部曼荼罗庄严］，第14叶正面。

(spen pa)、火曜(mig dmar)、力天(stobs kyi lha)、春神(dpyid kyi lha)、胜者(rgyal ba)、尊胜(rnam par rgyal ba)、施财(nor sbyin)、风天(rlung lha)、火天(me lha)、丑身(lus ngan)、阎摩(gshin rje)和群主(tshogs kyi bdag),诸天众均有明妃(图版376-378)[1]。 289

南壁的曼荼罗在题记中有记述。

该殿共有222尊身像。

第三层、第二十间佛殿

该殿以大乐金刚萨埵(bde ba chen po rdo rje sems dpa')命名,其塑像位于西壁,围绕有金刚羯哩羯罗亚玛(rdo rje ki li ki la ya ma)和金刚念女(rdo rje dran ma)两胁侍。*dpal mchog dang po*[吉祥最上本初]第二品第一组所述的第一曼荼罗即以该本尊得名[2]。除主尊外,该曼荼罗由十六位天众组成:

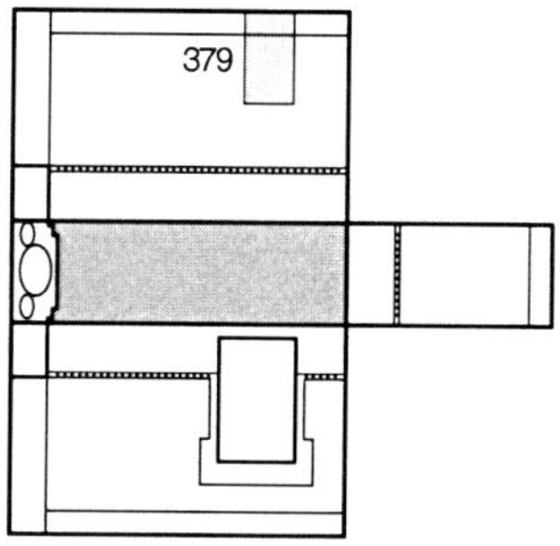

第三层、第二十间 0 1 2 3m

插图 52

四方:

金刚武器(rdo rje mtshon cha,或意生 yid las 'byung ba);金刚羯哩羯哩(rdo rje ki li ki li),白色;金刚念(rdo rje dran pa),黄色;金刚慢(rdo rje snyems pa),蓝色。

四隅:

金刚春(rdo rje dpyid),黄色;金刚云(rdo rje sprin),白色;金刚秋(rdo rje ston),黄色;金刚冬(rdo rje dgun),蓝色。

外院:

嬉女(sgeg mo),红色;笑女(bzhad ma),白色;歌女(glu ma),黄色;舞女(gar ma),蓝色;金刚钩(rdo rje lcags kyu),红色;金刚索(rdo

---

〔1〕 布顿 *dpal mchog rigs bsdus kyi dkyil 'khor gyi bkod pa*[最上本初摄部曼荼罗庄严],第4叶背面。

〔2〕 曼荼罗列表中的210号。

rje zhags pa)，白色；金刚链(rdo rje lcags sgrog)，绿色；金刚入(rdo rje 'bebs)，黄色。

图版 379 表现的是北壁壁画[1]。

290 其他曼荼罗请参考题记的记载。

该殿共有 130 尊身像。

第三层各佛殿加起来共有 3400 尊身像。

五、十万佛塔第四层、塔瓶和八山[2]

第四层佛殿布局与前三层相同，高六点五肘[3]。

第四层有十二间佛殿：现在我们所面对的不是确定的曼荼罗，而是各教派的上师传承次第。通过不断出现的僧人、赞普、瑜伽士、班智达等最重要的人物形象，佛教历史以可视的方式再现于壁画。殿中供奉的圣者塑像围绕有通过弟子的诠释而恒常鲜活的教法百年传承的画幔。

并非每间佛殿都有题记，只有第一、二、五、六、八、十和十二间佛殿有长颂，绝大部分是对殿中所供上师的赞颂[4]。

值得注意的是第七间佛殿以松赞干布(srong btsan sgam po)、赤松德赞(khri srong lde btsan)和热巴巾(ral pa can)三法王(chos rgyal)得名。

只要阅读第四卷第二册出版的题记，就会对该层有所了解。这些壁画既不能增加我们有关藏地图像学的知识，其艺术价值亦无法

---

〔1〕 译者注：原书将此图版置于第十九间佛殿，此处据实地考察改正。

〔2〕 译者注：藏文原文为 bre，意为“斗、斛”，对应于梵文 droṇa，此处译为“八山”，参见《梵天佛地》第一卷，第 23 页。

〔3〕 译者注：原书写作高七点五肘，据写本 *chos rgyal sku 'bum chen po'i dkar chag*［法王十万大佛塔志］第 14 叶背面及 *rgyal rtse chos rgyal gyi rnam par thar pa dad pa'i lo thog dngos grub kyi char 'bebs zhes bya ba bzhugs so*［江孜法王传・成就信之稼穑之雨霖］第 130 页改。

〔4〕 译者注：据实地考察，第四间佛殿壁画下部有题记，第七间佛殿殿门右侧留有通常题写题记的黄色边框，但现在不见任何文字，无法判断以前是否有题记。

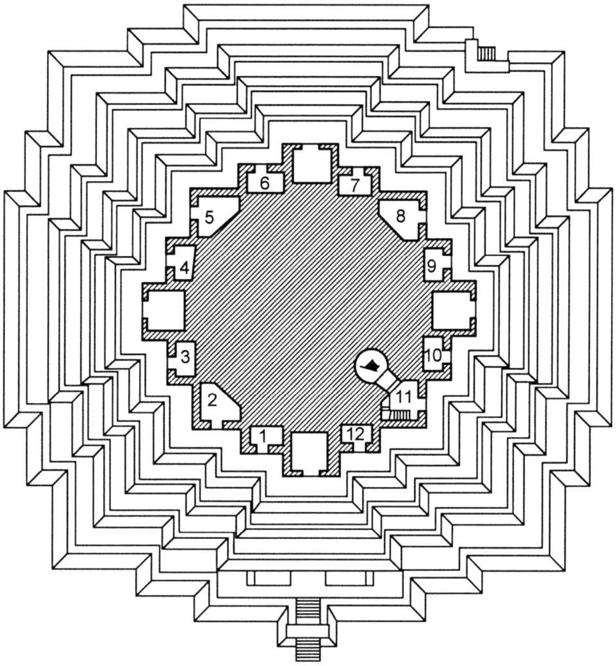

第四层

插图 53

［参考 F. Ricca and E. Lo Bue, *The Great Stupa of Gyantse*, p. 288, fig. D 绘制］

与我们业已研究的壁画相媲美，所以没有出版其图版。

据塔志作者统计，第四层共有 1278 尊身像。

十万佛塔前四层佛殿至此结束，其上矗立塔瓶(bum pa)，象征七 *291*
觉支。其中有供奉大日如来(rnam par snang mdzad)、金刚座(rdo rje gdan)、释迦牟尼(Śākyamuni)和般若佛母(yum chen mo)的四间大殿。

塑像以其巨大金身屹立于庄严肃穆的大殿中，周匝眷属围绕，其数众多。

金刚座殿(rdo rje gdan)中的大牟尼(thub chen)围绕有两身观音(spyan ras gzigs)、十方诸佛和十六罗汉。

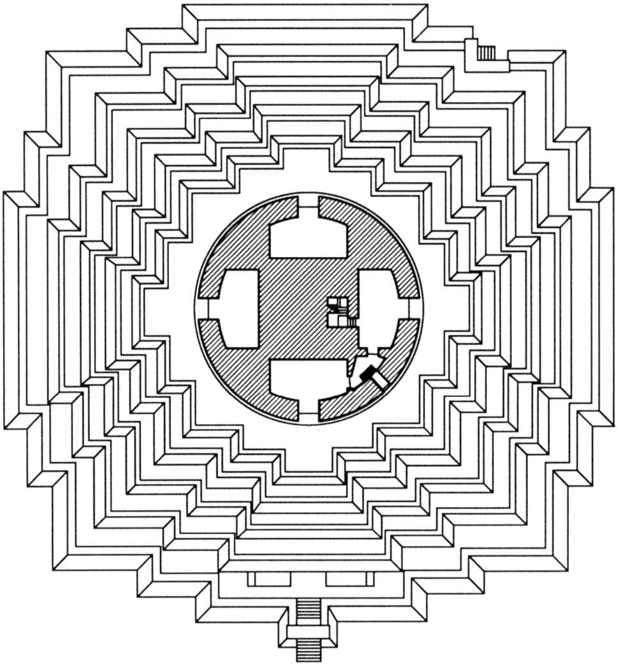

插图 54

［参考 F. Ricca and E. Lo Bue, *The Great Stupa of Gyantse*, p. 301, fig. E 绘制］

供奉般若波罗蜜多(sher phyin)，即般若佛母殿(yum chen mo)中的般若佛母及两次要胁侍围绕有十方诸佛塑像。

墙上的曼荼罗部分已经在下层佛殿遇见过，唯一不同的是，下层佛殿的形象并未一直遵循曼荼罗仪轨规定的布局，而是彼此灵活配列；此处的曼荼罗则小心翼翼地执行仪轨的严格布局。

塔瓶被喻为盛开的莲花，沿着塔瓶有一条常见的走廊，塔志作者说其长一百二十八肘。

大殿内不断出现的曼荼罗以绚烂多姿的色彩完全覆盖了整个壁面，使其如同细密画。不幸的是许多曼荼罗历经磨难，雨水从塔瓶内的开裂或折断处顺墙面流下，侵蚀壁画。许多情况下，仓促的

修复没能挽救这些古老的壁画，另一些地方则尝试以新的壁画代替 292
损毁处。

此处题记亦给出了所绘曼荼罗的名录：塔志作者重复或完善了其中的信息。如我所述，它们基本上是前面佛殿已经遇见的那些曼荼罗。正因为这个原因，同时也因为它们的自身状况无法保证拍摄清晰有用的照片，因此请直接参阅第四卷第二册出版的题记中的概述。

为了对在大殿中劳作的艺术家们的耐心工作给出一个印象，我将再现一幅般若佛母殿(yum chen mo)中的曼荼罗壁画作为例子(图版380)〔1〕，并根据塔志作者的统计，给出这些大殿中的尊像数目。

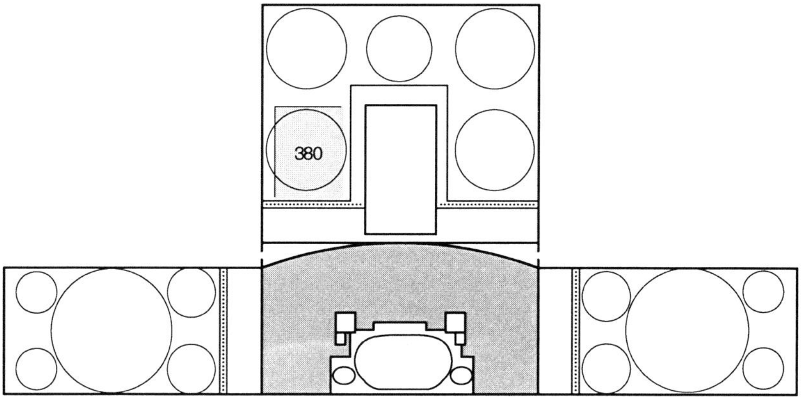

塔瓶、第四间(北殿)　0 1 2 3m

插图 55

大日如来殿(rnam par snang mdzad)共有7781尊身像，南面的金刚座殿(rdo rje gdan)共有367尊身像，西面的释迦牟尼殿(Śākyamuni)共有5653尊身像，般若佛母殿共有5085尊身像。即十万佛塔的塔瓶共有18886尊身像。这一数字足以说明绘制这座至上净殿壁画的艺术家们的极端慎重。

---

〔1〕 译者注：原书写作释迦牟尼殿(Śākyamuni)，据实地考察改。

由一条狭窄的楼梯可以进入八山、藏文称之为 bre（梵文：droṇa）的底层〔1〕。

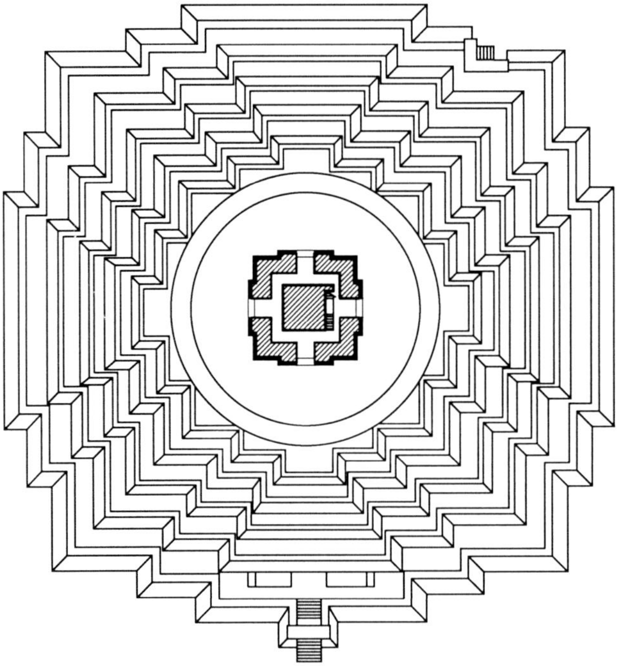

八山底层

插图 56

［参考 F. Ricca and E. Lo Bue, *The Great Stupa of Gyantse*, p. 288, fig. F 绘制］

回廊逼仄，围绕中心，壁面描绘的是众多怒相天众，绝大多数属
293 于阎摩敌(gshin rje gshed)组神。其为方便(thabs)续——即成就菩提的悲智双运中的前者——所述修证体验的象征表达。

为清楚起见，此处给出该殿的图解（插图 57）〔2〕，并简要提及壁

〔1〕 参见《梵天佛地》第一卷，第 23 页。L. de la Vallée Poussin, "Staupikam", *Harvard Journal of Asiatic Society*, 2, 1937, pp. 276 – 289. 但他似乎不知道我的研究。

〔2〕 译者注：原书插图中的方位序号较为混乱，此处予以删除，并以插图 57 代之。

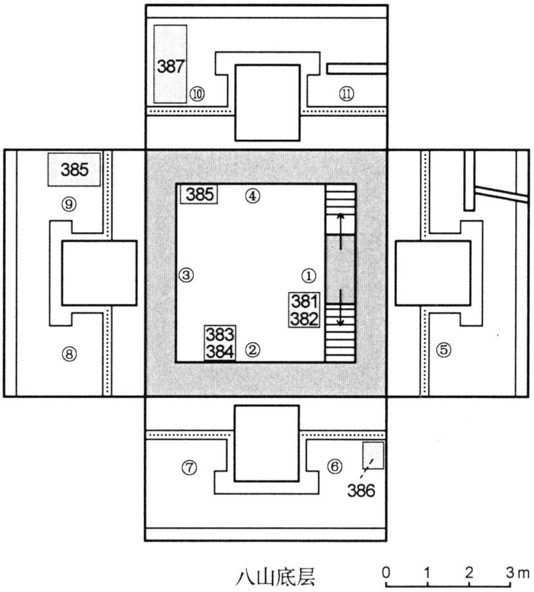

插图 57

画表现的部组或天众。

1. 红阎摩敌(gshin rje gshed),五天曼荼罗,即悭阎摩敌(ser sna gshin rje gshed)、痴阎摩敌(gti mug gshin rje gshed)等在扎布让(tsa pa rang)已经遇见的天众[1]。出自费卢波(Virūpā)注疏[2]的 *de* 294

〔1〕《梵天佛地》第三卷,第二册,第 44 页。

〔2〕Cordier II, p. 176, n. 96, 97. *Raktayamārisādhana*［红阎摩敌成就法］, *bstan 'gyur*［丹珠尔］,释怛特罗部(rgyud 'grel), pi 函。《西藏大藏经总目录》第 2017、2018 号。参见布顿 *gshin rje gshed dmar po'i lha lnga'i mngon par rtogs pa gshin rje kun 'joms*［红阎摩敌五天现证摧破一切阎摩］, *bu ston thams cad mkhyen pa'i bka' 'bum*［遍知布顿文集］, tha 函。
主尊为一面二臂,红色,四周为:
痴阎摩敌(gti mug gshin rje gshed),白色,拥抱杂孜噶天女(tsartsikā);
悭阎摩敌(ser sna gshin rje gshed),黄色,拥抱亥母(phag mo);
贪阎摩敌('dod chags gshin rje gshed),红色,拥抱妙音天女(dbyangs can ma);
妒阎摩敌(phrag dog gshin rje gshed),绿色,拥抱科日天女(Gaurī)。
扎布让(tsa pa rang)的十三天曼荼罗中,同样名号的天众表现为三面六臂,此曼荼罗中他们为一面二臂。整个部组的标识为:左手持颅器,右手持杖。

bzhin gshegs pa'i rigs khro bo gshin rje gshed dmar po'i rgyud［如来部忿怒红阎摩敌怛特罗］第十九品（图版381、382）[1]。

2. 金刚怖畏(rdo rje 'jigs byed)，九面三十四臂，出自 *de bzhin gshegs pa'i rigs kyi khro bo 'jigs byed kyi rgyud*［如来部怖畏明王怛特罗］第七品，按热译师传承仪轨绘制（图版383、384为其局部）[2]。
3. 密集不动(gsang ba 'dus pa mi bskyod pa)，据金刚圣(rdo rje 'phags pa)传规之三十二天曼荼罗[3]。
4. 吉祥密集文殊金刚(dpal gsang ba 'dus pa 'jam pa'i rdo rje)，据智足(ye shes zhabs)传规之九天曼荼罗[4]。

295 壁画除了主尊及眷属，还有藉由这些天众所象征的修证体验而成就的著名上师（局部可见图版385，左侧）。

回廊外墙有：

5. 忿怒金刚手大轮(khro bo phyag na rdo rje 'khor lo chen po)，为不动佛部(mi bskyod pa)，出自咱瓦日巴(dza ba ri pa)注疏的 *drag po gsum 'dul gyi rgyud*［调伏三猛厉怛特罗］之十八天曼荼罗[5]。
6. 观音(spyan ras gzigs)十七天曼荼罗[6]，出自阿底峡(Atīśā)注疏

---

〔1〕《西藏大藏经总目录》第474－476号。

〔2〕《梵天佛地》第三卷，第二册，第36页以下。

〔3〕《梵天佛地》第三卷，第二册，第103页。

〔4〕关于密集文殊金刚(gsang 'dus 'jam pa'i rdo rje)，参见 *gsang 'dus 'jam rdor gyi sgrubs thabs 'jam dbyangs yid 'phrod*［密集文殊金刚成就法·意乐文殊］，以及 *gsang 'dus 'jam rdor dkyil cho ga 'jam pa'i dbyangs kyi byin rlabs kyi rnam 'phrul*［密集文殊金刚曼荼罗仪轨·文殊加持变化］，*bu ston thams cad mkhyen pa'i bka' 'bum*［遍知布顿文集］，tha 函。依据前一部论书——描述通过观想和仪轨次第将呼召的曼荼罗尊像以种子字的方式安置于自身——天众为淡黄色、两面、主臂拥抱与其相同的明妃，其余二臂持剑和莲花。

〔5〕参见 Cordier II, p. 202, n. 71。*Mahāyakṣasenāpatinīlāmbaradharavajrapāṇi-mahācakramaṇḍaladevagaṇastotra*［药叉大将青衣金刚手大轮诸天讃］，*bstan 'gyur*［丹珠尔］，释怛特罗部(rgyud 'grel)，phi 函。《西藏大藏经总目录》第2164号。以及布顿 *phyag rdor 'khor chen gyi bstod pa bstod pas don thams cad 'grub pa*［讃金刚手大轮讃·一切义成］，*bu ston thams cad mkhyen pa'i bka' 'bum*［遍知布顿文集］，tha 函。

〔6〕译者注：原书写作十九，据题记修改。

之 *gsang ba 'dus pa*［密集］。周围是与扎布让(tsa pa rang)图像样式相同的五部双身像(图版386)[1]。

7. 阎摩敌文殊金刚(gshin rje gshed 'jam dpal rdo rje)，三面六臂，围绕有四胁侍，根据 *gdong drug gi rgyud*［六面怛特罗］[2]。

8. 文殊阎摩敌('jam dpal gshin rje gshed)，三面六臂，为九天曼荼罗主尊[3]。

9. 阎摩敌(gshin rje gshed)，红色，为十三天曼荼罗主尊，出自 *gshin rje gshed dmar po'i rgyud*［红阎摩敌怛特罗］第二十二品[4]。

10. 黑阎摩敌(gshin rje gshed dgra nag)，出自 *dgra nag gi rgyud*［黑阎摩敌怛特罗］(图版387)[5]。

11. 众多喇嘛和次要天众，其中有十五护法神。 296

---

〔1〕《梵天佛地》第三卷，第二册，第28页。

〔2〕除细微的变化，该曼荼罗对应于《梵天佛地》第三卷，第二册，第44页已经描述的金刚怖畏(Vajrabhairava)曼荼罗前五身眷属。
译者注：即 *Kṛṣṇayamārimukhaṣaṭcakrasādhana*(*gshin rje gshed nag po gdong drug pa'i 'khor lo'i sgrub thabs*)［黑阎摩敌六面轮成就法］，《西藏大藏经总目录》第2015号。

〔3〕译者注：原书于此后增加"阎摩敌(gshin rje gshed)，黑色，属大日如来部(rnam par snang mdzad)"，并标注为第9号。但经实地考察，原书所述第9号图像并不存在，译者于此删除原书增加的第9号，并对随后序号顺延加以改正。

〔4〕该曼荼罗的完整记述见于八世达赖喇嘛的 *bcom ldan 'das gshin rje gshed dmar po lha bcu gsum gyi 'joms pa'i mtshon cha dang rgyud 'debs smon lam shis brjod bcas*［世尊红阎摩敌十三天之摧破武器及立续吉祥愿］。该本尊图像如下：红色、二臂；右手持杖，左手持颅器；骑乘为背上俯卧有手持杖和羂索的阎摩(Yama)的水牛。拥抱明妃金刚起尸女(rdo rje ro langs ma)。参见布顿 *gshed dmar lha bcu gsum ma'i dkyil cho ga de nyid gsal*［红阎摩敌十三天曼荼罗仪轨真性明］，*bu ston thams cad mkhyen pa'i bka' 'bum*［遍知布顿文集］，tha 函。

〔5〕即 *Kṛṣṇayamāritantra*［黑阎摩敌怛特罗］。阎摩敌(gshin rje gshed)的这一独特身形布顿有所描述，例如在 *dpal ldan gshin rje dgra nag gi mnon par rtogs pa gsod byed pa'i 'jigs rung*［吉祥黑阎摩敌现证·杀者之堪畏］，*bu ston thams cad mkhyen pa'i bka' 'bum*［遍知布顿文集］，sha 函：黑色，三面：主面为黑色，右面为白色，左面为红色。主臂拥抱图像样式与其相同的明妃般若女(shes rab ma)，持钺刀(gri gug)和颅器，另两只右手持剑和金刚杵，左手持轮和莲花。

八山底层共有 391 尊身像。

此上为八山顶层，其间的壁画力图通过象征表达引导成就菩提的两个要素——悲和智(shes rab)——如如不变合一的怛特罗修证体验。

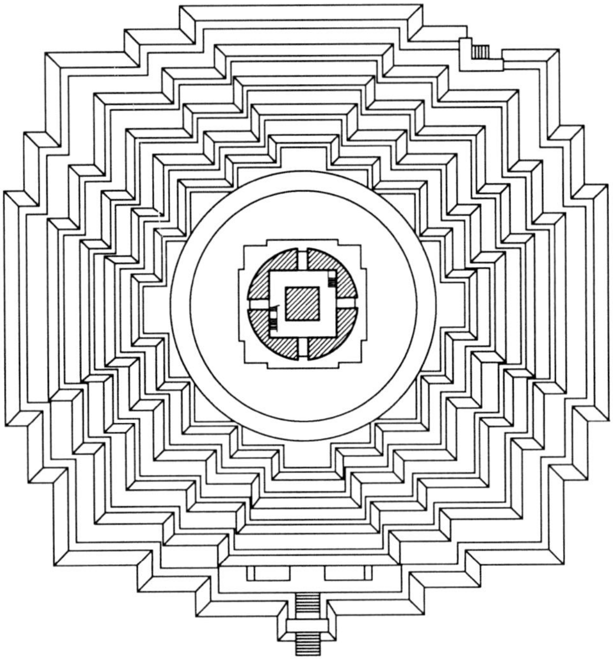

八山顶层

插图 58

［参考 F. Ricca and E. Lo Bue, *The Great Stupa of Gyantse*, p. 306, fig. G 绘制］

为使简洁的描述显得清楚，我加上该殿的示意图（插图 59）〔1〕，用数字标明此处表现的各种怛特罗体系和其顺序。

1. 时轮金刚(dus kyi 'khor lo)，四面二十四臂，围绕有意曼荼罗天众、四标识和十宝瓶（图版 388）〔2〕。

〔1〕 译者注：原书插图中的方位序号较为混乱，此处予以删除，并以插图 59 代之。

〔2〕 时轮金刚(dus kyi 'khor lo)非常著名，参见 A. Getty, *The Gods of Northern Buddhism*, pp. 128－129; 2nd edition: p. 146。

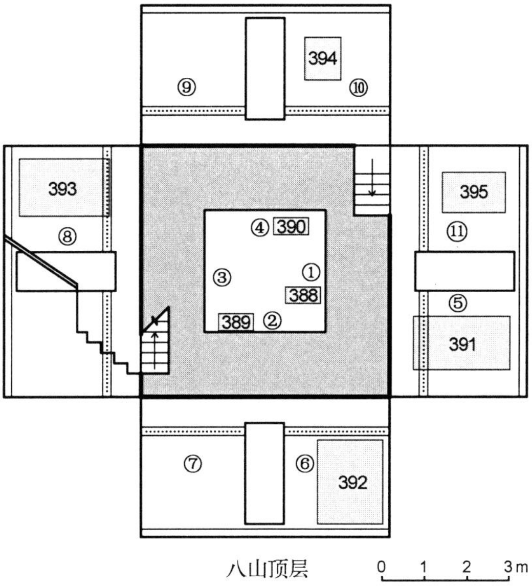

插图 59

2. 喜金刚(kyai rdo rje),据吉祥俱生不变大乐(dpal ldan lhan cig skyes pa mi 'gyur ba bde ba chen)灌顶体系之九天曼荼罗,围绕有四部喜金刚(图版 389)〔1〕。 297

---

〔1〕 在此九天曼荼罗中,主尊嘿噜嘎(Heruka)为八面、十六臂、四足,十六臂各持颅器,其中盛有大象、马、驴、公牛、骆驼、人、羚羊和水天等天众和动物。四周有八眷属,即已经遇见的八大忿怒佛母(khro mo chen mo):科日(Gaurī),黑色(钺刀和鱼);作日(tsaurī),红色(鼗鼓和野猪);贝达利(Vaitālī),黄色(龟和颅器);葛玛日(Ghamsmarī),绿色(蛇和颅器);布噶色(Pukkasī),蓝色(狮子和颅器);山居女(ri khrod ma),白色(僧人和轮);旃陀罗女(gdol pa ma),蓝色(轮和颅器);屠家女(g.yung mo),杂色(金刚杵和期剋印)。其法界智慧性印持金刚(chos kyi dbyings ye shes kyi ngo bo rgya rdo rje 'dzin pa)的身形为白色。参见格勒贝(dge legs dpal), *dpal kyai rdo rje sgrub thabs 'khrul spong*[吉祥喜金刚成就法·弃除惑乱], *mkhas grub dge legs dpal bzang gi gsung 'bum*[克珠·格勒贝桑文集], nya 函。关于俱生金刚(lhan cig skyes pa rdo rje),参见绛央钦则('jam dbyangs mkhyen brtse)据萨迦派传规所著的 *dpal kye rdo rje lhan cig skyes pa'i sgrub thabs byin rlabs man ngag dang bcas*[吉祥喜金刚俱生成就法及加持口诀],收于 *sgrub thabs kun btus*[成就法集], na 函。

298 3. 吉祥总摄轮(dpal 'khor lo sdom pa)，据黑行(nag po spyod pa)传规之六十二天曼荼罗[1]。

4. 同样的曼荼罗，但据鲁益巴(lū i pa)传规(图版 390)[2]。

5. 殊胜嘿噜嘎(Heruka mchog)十三天曼荼罗：围绕有四颅器(图版 391)。

6. *Mahāmāyātantra*[大幻怛特罗]所出五天曼荼罗：四标识和八种子字(图版 392)[3]。

7. 金刚四座(rdo rje gdan bzhi)天众[4]。

299 8. 佛顶盖(sangs rgyas thod pa)曼荼罗二十五天(图版 393)。

9. 独一大乐(bde chen rang gcig)曼荼罗天众。

10. 宝帐怙主(gur mgon)及其空行母(mkha' 'gro ma)天众，图版 394

---

[1] 参见《梵天佛地》第三卷，第二册，第 13 页往后。布顿的 *dpal 'khor lo sdom pa'i sgrub thabs kyi 'grel ba 'khrul ba spong bar byed ba*[吉祥总摄轮成就法注・弃除惑乱]，*bu ston thams cad mkhyen pa'i bka' 'bum*[遍知布顿文集]，ja 函。

[2] 《梵天佛地》第三卷，第二册，第 15 页的注释有完整的描述。

[3] 布顿在其 *sgyu 'phrul chen mo'i mngon rtogs rgyas pa'i sgyu 'phrul chen mo 'byung ba*[大幻广大现证之大幻生起]中对此曼荼罗亦有描述，*bu ston thams cad mkhyen pa'i bka' 'bum*[遍知布顿文集]，ja 函。曼荼罗主尊为嘿噜嘎(Heruka)的特殊身形。其在十万佛塔题记中被称为昔无嘿噜嘎(sngon med heruka)，但布顿著作将其称之为大幻金刚慈力(sgyu 'phrul chen po rdo rje snying rje'i stobs)。其图像为蓝色、四面(图版 392)，主面为蓝色，其余三面为黄色、白色和绿色。主臂拥抱明妃并持天杖(khaṭvāṅga)和颅器，另外两臂则弯弓搭箭。头顶不动佛(Akṣobhya)。明妃也为四面，标识亦与其相同。

[4] 本册第 110 页已提及。
关于该曼荼罗及其仪轨，布顿曾写过一部称之为 *dpal gdan bzhi pa'i dkyil 'khor rgyas pa'i sgrub thabs mi brjed par dran byed pa*[吉祥四座广大曼荼罗成就法・无忘作忆]的短小论著，*bu ston thams cad mkhyen pa'i bka' 'bum*[遍知布顿文集]，ja 函。曼荼罗主尊为瑜伽虚空(rnal 'byor nam mkha')，蓝色，三面六臂。右三臂持箭、拥抱明妃、持金刚杵；左三臂持弓、颅器和铃。明妃为智慧空行母(ye shes mkha' 'gro ma)，白色，一面二臂，持天杖(khaṭvāṅga)和颅器。属于这一曼荼罗的还有五佛，以及金刚空行母(rdo rje mkha' 'gro ma)，黄色；金刚起尸女(ro langs ma)，红色；暴恶女(gtum mo)，蓝色；发猛厉女(drag mo dbu skra)，黄色。所持标识均与主妃相同。

表现的是双身佛空行(sangs rgyas mkha' 'gro yab yum)。

11. 莲花网观音(spyan ras gzigs padma dra ba)曼荼罗天众(图版395)[1]。

八山顶层共有577尊身像。

佛塔最顶层的幽暗小殿四壁亦绘满了壁画,但今已不可见,殿中象征不变真如的金刚持像露出神秘的微笑。完成十万佛塔的攀爬,抵达诸法实相之面前后,参访者经历虚妄表相的种种阶段,并以般若智慧超越它们,与金刚持所象征的无色无分的本识合一。通过 300
对诸法生起次第的返本溯源,修法者以其觉知消解此过程,自身成为生起诸法的光明。

ས་བྲ་མང་ག་ལཾ།། །།

---

〔1〕布顿在其 *thugs rje chen po pad ma dra ba'i sgrub thabs thugs rje'i 'od zer 'byung ba*［大悲莲花网成就法・悲光出生］中对此曼荼罗亦有描述, *bu ston thams cad mkhyen pa'i bka' 'bum*［遍知布顿文集］, ja 函。莲花网观音为白色,三面八臂。主臂拥抱明妃,左手持莲花,右手持金刚杵,开启莲瓣。其余右手持钩、颅器和天杖(khaṭvāṅga);左手持羂索、人头和摩尼宝。头顶无量光佛('od dpag med)。明妃为白衣母(rig ma gos dkar mo),图像样式与主尊相同。在其周围应有三十六天女,即:莲眼女(pad ma spyan ma)、宝莲(rin chen pad ma)、具金刚(rdo rje can)、莲花度母(pad ma sgrol ma)、莲衣女(pad ma gos ma)、莲焰女(padma 'bar ma)、莲花颦眉(pad ma khro gnyer can)等。

参 考 文 献

Arbman, Ernst, *Rudra. Untersuchungen zum altindischen Glauben und Kultus*, Uppsala, Appelbergs Boktryckeri Aktiebolag, 1922.

Bacot, Jacques, *La Vie de Marpa le 'Traducteur' suivie d'un chapitre de l'*Avadāna *de l'Oiseau Nīlakaṇṭha*, Paris, Librairie Orientaliste P. Geuthner, 1937.

Banerji, Rakhal D. , *Eastern Indian School of Mediaeval Sculpture*, Delhi, Manager of Publications, 1933.

Bhattacharyya, Benoytosh, *The Indian Buddhist Iconography Mainly Based on the Sādhanamālā and Other Cognate Tāntric Texts of Rituals*, Calcutta, Oxford University Press, 1924.

Bhattacharyya, Benoytosh (edited by), *Sādhanamālā*, Baroda, Oriental Institute, 1925 - 1928, 2 vols.

Sādhanamālā I = Bhattacharyya, Benoytosh (edited by), *Sādhanamālā*, Baroda, Oriental Institute, 1925, vol. I.

Sādhanamālā II = Bhattacharyya, Benoytosh (edited by), *Sādhanamālā*, Baroda, Oriental Institute, 1928, vol. II.

Bhattasali, Nalini K. , *Iconography of Buddhist and Brahmanical Sculptures in the Dacca Museum*, Dacca, Dacca Museum, 1929.

Chaudhuri, Nagendra N. (edited by), *Studies in the Apabhraṃśa Texts of the Ḍākārṇava*, Calcutta, Metropolitan Printing and Publishing House, 1935.

Chavannes, Édouard, "Inscriptions et pièces de chancellerie chinoises de l'époque mongole", *T'oung Pao*, 5, 1904, pp. 357 - 447.

Cordier, Palmyr, *Catalogue du fonds Tibétain de la Bibliothèque Nationale. Index du Bstan-ḥgyur*, Pairs, Imprimerie Nationale E. Leroux, 1909 - 1915, 2 parties.

Cordier II = Cordier, Palmyr, *Catalogue du Fonds Tibètain de la Bibliothèque Nationale. Index du Bstan-ḥgyur* (*Tibétain 108 - 179*), Paris, Imprimerie Nationale E. Leroux, 1909, deuxiéme partie.

Cordier III = Cordier, Palmyr, *Catalogue du Fonds Tibétain de la Bibliothèque Nationale. Index du Bstan-ḥgyur* (*Tibétain 180 - 332*), Paris, Imprimerie Nationale E. Leroux, 1915, troisième partie.

Crooke, William, *Religion and Folklore of Northern India*, [Oxford], Oxford University Press, 1926.

Das, Sarat C. , *A Tibetan-English Dictionary with Sanskrit Synonyms*, Calcutta, The Bengal Secretariat Book Depôt. , 1902.

Das, Sarat C. , *Journey to Lhasa and Central Tibet*, London, John Murray, 1902 (edited by W. W. Rockhill).

Dutreuil de Rhins, Jules L., *Mission scientifique dans la Haute Asie (1890 - 1895)*, Paris, E. Leroux Éditeur, 1897 - 1898, 3 vols.
Francke, August H., *Antiquities of Indian Tibet*, Calcutta, Superintendent Government Printing, 1914, part I (*Personal Narrative*); 1926, part II (*The Chronicles of Ladakh and Minor Chronicles*).
Getty, Alice, *The Gods of Northern Buddhism. Their History, Iconography and Progressive Evolution through the Northern Buddhist Countries*, Oxford, Clarendon Press, 1914; 2nd edition: Oxford, Clarendon Press, 1928.
Gopinatha Rao, T. A., *Elements of Hindu Iconography*, Madras, The Law Printing House, 1914 - 1916, 2 vols.
Grünwedel, Albert, *Mythologie des Buddhismus in Tibet und der Mongolei. Führer durch die lamaistische Sammlung des Fürsten E. Uchtomskij*, Leipzig, F. A. Brockhaus, 1900.
Huth, Georg (hrsg. und übers.), *Geschichte des Buddhismus in der Mongolei*, Strassburg, K. J. Trübner, 1896, Erster Teil (*Vorrede. Text. Kritische Anmerkungen*), Zweiter Teil (*Nachträge zum ersten Teil. Übersetzung*).
Kawaguchi Ekai(河口慧海), *Three Years in Tibet with the Original Japanese Illustrations*, Madras-Benares-London, Theosophist Office-Theosophical Publishing Society, 1909.
Kern, Hendrik and Bunyiu Nanjio (edited by), *Saddharmapuṇḍarīka,* St. Pétersbourg, Imprimerie de l'Académie Impériale des Sciences, 1912.
Klaproth, Julius H. von, "Description du Tubet, traduite du chinois en russe par le Père Hyacinthe, et du russe en français par M. ***; revue sur l'original chinois, et accompagnée de notes", *Nouveau Journal Asiatique*, 4, 1829, pp. 81 - 158.
Lalou, Marcelle, *Iconographie des étoffes peintes (paṭa) dans le* Mañjuśrīmūlakalpa, Paris, Librairie Orientaliste P. Geuthner, 1930.
Lalou, Marcelle, *Répertoire du Tanǰur d'après le catalogue de P. Cordier*, Paris, Bibliothèque Nationale, 1933.
Laufer, Berthold, "Zur buddhistischen Litteratur der Uiguren", *T'oung Pao*, 8, 1907, pp. 391 - 409.
Laufer, Berthold, "Loan-words in Tibetan", *T'oung Pao*, 17, 1916, pp. 403 - 552.
Le Coq, Albert von, *Bilderatlas zur Kunst und Kulturgeschichte Mittel-Asiens*, Berlin, Dietrich Reimer Ernst Vohsen, 1925.
Mus, Paul, "Barabuḍur. Les origines du stūpa et la transmigration. Essai d'archéo logie religieuse comparée", *Bulletin de l'École Française d'Extrême-Orient*, 32, 1932, pp. 269 - 439; 33, 1933, pp. 577 - 980; 34, 1934, pp. 175 - 400.
Mus, Paul, *Barabuḍur. Esquisse d'une histoire du bouddhisme fondée sur la critique archéologique des textes*, Hanoi-Paris, Imprimerie d'Extrême-Orient-Librairie Orientaliste P. Geuthner, 1935, 2 vols.
Obermiller, Eugéne (translated by), *History of Buddhism (Chos-ḥbyung) by Buston*, Heidelberg, O. Harrassowitz, 1931, part I (*The Jewelry of Scripture*); 1932, part II (*The History of Buddhism in India and Tibet*).
Ōmura Seigai(大村西崖),《密教發達志》,东京,佛书刊行会,1918 年。
Pascalis, Claude, *La collection tibétaine*, Hanoi, École Française d'Extrême-Orient, 1935.

Pelliot, Paul, "Les 國師 Kouo-che ou ' Maitres du Royaume' dans le Bouddhisme Chinois", *T'oung Pao*, 12, 1911, pp. 671 - 676.

Pelliot, Paul, "Le cycle sexagénaire dans la chronologie tibétaine", *Journal Asiatique*, 1 [11e série], 1913, pp. 633 - 667.

Pelliot, Paul, "Les systèmes d'écriture en usage chez les anciens Mongols", *Asia Major*, 2, 1925, pp. 284 - 289.

Pelliot, Paul, "Notes sur le ' Turkestan' de M. W. Barthold", *T'oung Pao*, 27, 1930, pp. 12 - 56.

Petech, Luciano, *A Study on the Chronicles of Ladakh (Indian Tibet)*, Calcutta, J. C. Sarkhel at the Calcutta Oriental Press, 1939.

Przyluski, Jean, "Mudrā", *Indian Culture*, 2, 1936, pp. 715 - 719.

Roerich, George N., *The Animal Style among the Nomad Tribes of Northern Tibet*, Prague, Seminarium Kondakovianum, 1930.

Schulemann, Günther, *Die Geschichte der Dalailamas*, Heidelberg, C. Winter's Universitätsbuchhandlung, 1911.

Ssanang Ssetsen [Saγang Sečen], *Geschichte der Ost-Mongolen und ihres Fürstenhauses*. Aus dem Mongolischen übersetzt, und mit dem Originaltexte, nebst Anmerkungen, Erläuterungen und Citaten aus andern unedirten Originalwerken herausgegeben von Isaac J. Schmidt, St. Petersburg-Leipzig, N. Gretsch-C. Cnobloch, 1829.

Stein, M. Aurel, *Ancient Khotan. Detailed Report of Archaeological Explorations in Chinese Turkestan*, Oxford, Clarendon Press, 1907, 2 vols.

Survey of India, *Bhuthān and Tibet. Bumtāng, Punāka and Trongsa Provinces. Tsang and U Provinces*, No. 77 L, Yamdrok tso, Published under the direction of Colonel E. A. Tandy R. E., Officiating Surveyor General of India, 1924.

Survey of India, *Bhuthān and Tibet. Punāka, Tsang, and Ü Provinces*, No. 77 H, Gyantse, Published under the direction of Brigadier R. H. Thomas, D. S. O., Surveyor General of India, 1930.

Survey of India, *India and Adjacent Countries. Assam, Bengal, Bhuthān, Bihār and Orissa and Sikkim,* Sheet No. 78, Darjeeling, Revised edition published under the direction of Brigadier R. H. Thomas, D. S. O., Surveyor General of India, 1931.

Tajima Ryujun(田岛隆纯), *Étude sur le Mahāvairocana-sūtra (Dainichikyō) avec la traduction commentée du premier chapitre*, Paris, Librairie d'Amérique et d'Orient Adrien Maisonneuve, 1936.

Thomas, Frederick W., "Tibetan Documents Concerning Chinese Turkestan. II: The Śa-cu Region", *The Journal of the Royal Asiatic Society of Great Britain and Ireland*, 1927, pp. 807 - 844.

Thomas, Frederick W., *Tibetan Literary Texts and Documents Concerning Chinese Turkestan*, London, The Royal Asiatic Society, 1935, part I (*Literary Texts*).

Toganoo Shōun(栂尾祥云),《曼荼羅の研究》,高野村,高野山大学出版部,1927年。

Toganoo Shōun(栂尾祥云),《秘密事相の研究》,和歌山县高野山,高野山大学出版部,1935年。

Toussaint, Gustave-C. (traduit par), *Le dict de Padma*, Paris, Librairie E. Leroux, 1933.

Tucci, Giuseppe (edited by), *The Commentaries on the* Prajñāpāramitās, Baroda, Oriental Institute, 1932, vol. I (*The* Abhisamayālaṅkārāloka *of Haribhadra being a Commentary on the* Abhisamayālaṅkāra *of Maitreyanātha and* Aṣṭasāhasrikāprajñāpāramitā).
Tucci, Giuseppe, "L'Italia e l'esplorazione del Tibet", *Asiatica*, 4, 1938, pp. 435 - 446.
Vallée Poussin, Louis de la, "Staupikam", *Harvard Journal of Asiatic Society*, 2, 1937, pp. 276 - 289.
Van Gulik, Robert H., *Hayagrīva. The Mantrayānic Aspect of Horse-cult in China and Japan*, Leiden, E. J. Brill, 1935.
Vasil'eva, Vasilij P. (edited by), *Geografija tibeta*, Sankt Peterburg", Tipografija Imperatorskoj Akademii Nauk, 1895.
Vernadsky, George, "The Scope and Contents of Chingis Khan's *Yasa*", *Harvard Journal of Asiatic Studies*, 3, 1938, pp. 337 - 360.
Waddell, Laurence A., *The Buddhism of Tibet or Lamaism with its Mystic Cults, Symbolism and Mythology, and in its Relation to Indian Buddhism*, London, W. H. Allen and co., 1895.
Walsh, Ernst H. C., "The Image of Buddha in the Jo-wo-khang Temple at Lhasa", *The Journal of the Royal Asiatic Society of Great Britain and Ireland*, 1938, pp. 535 - 540.

法王十万大佛塔志
（藏文影印）

BIBLIOTECA Is.I.A.O.
ROMA
F2
821
EO - ROMA
Q 222/83

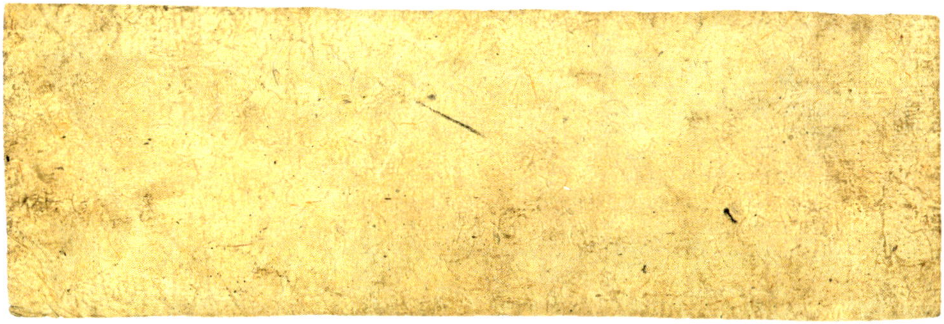

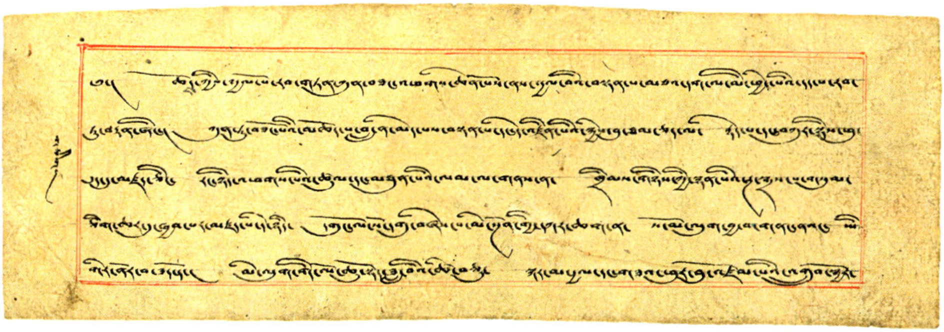

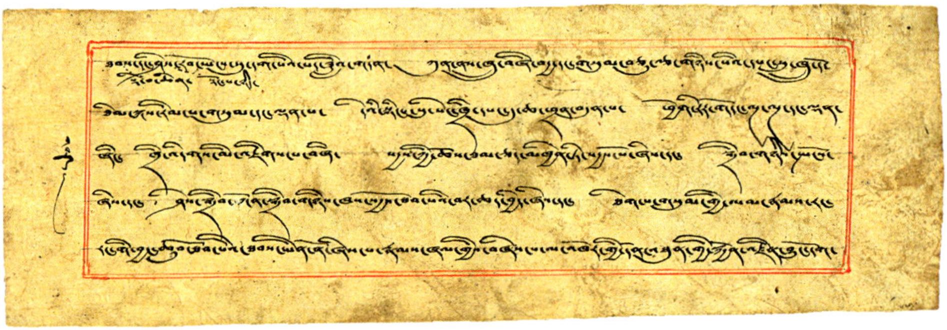

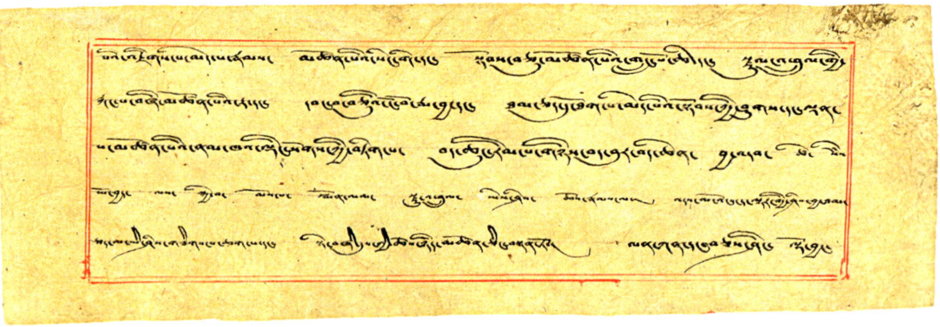

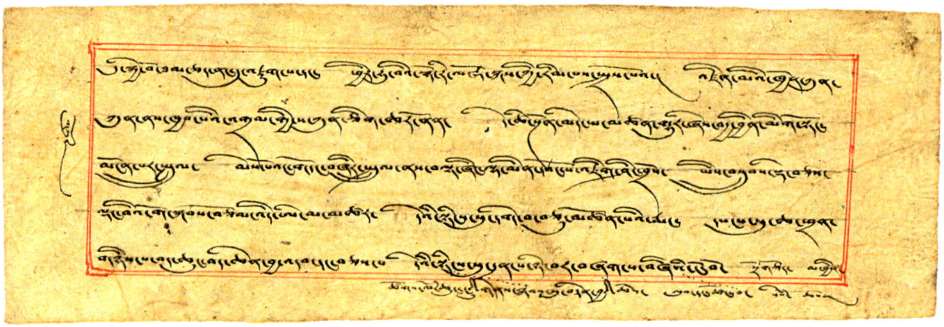

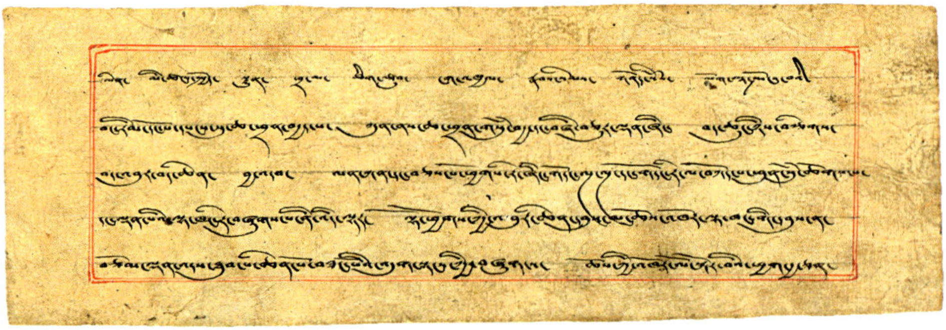

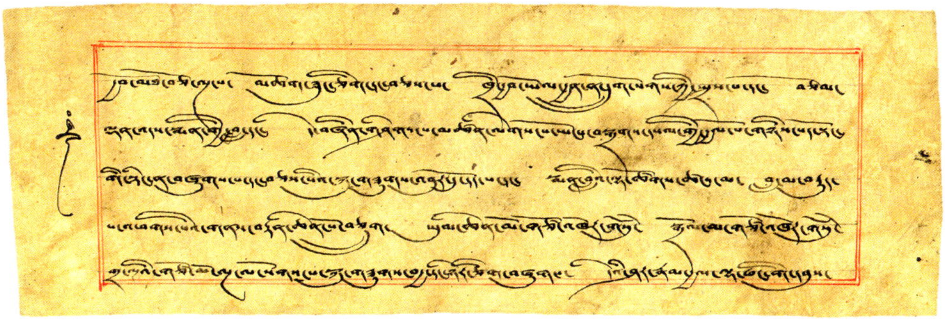

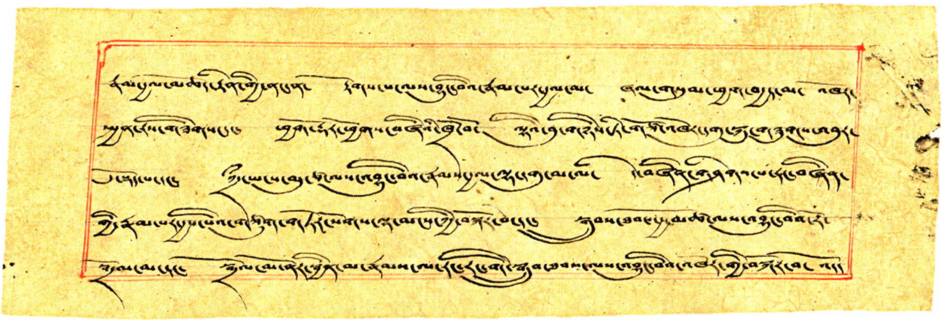

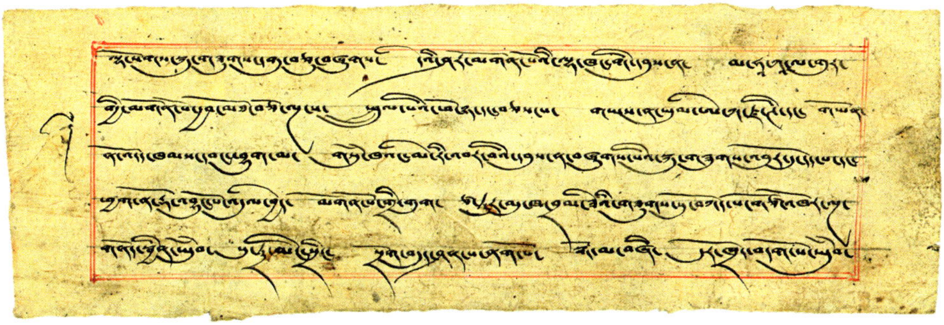

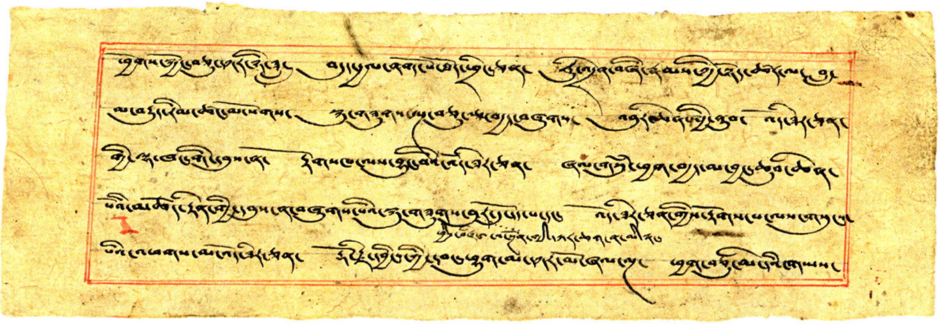

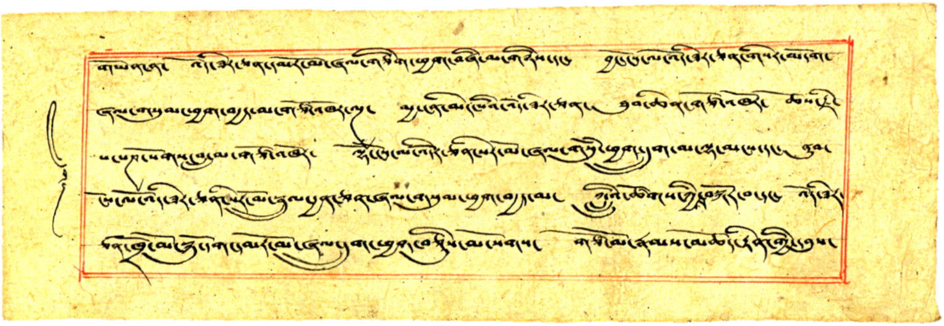

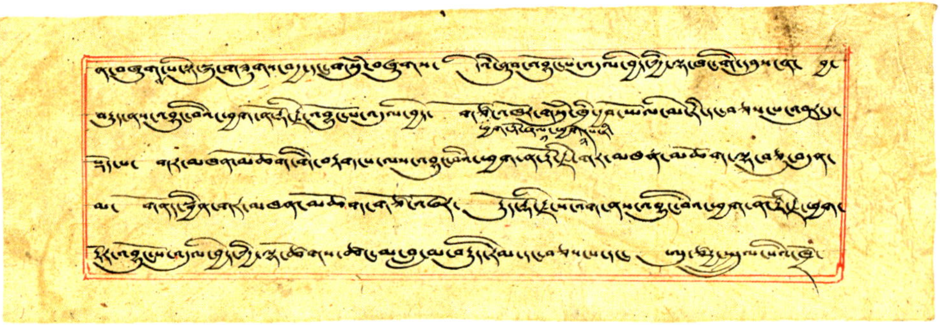

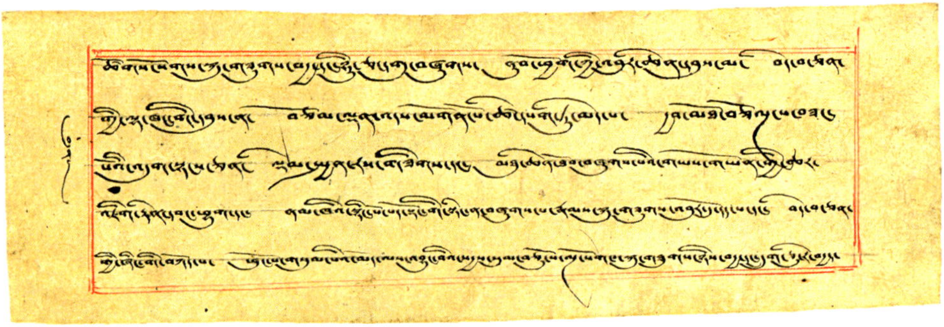

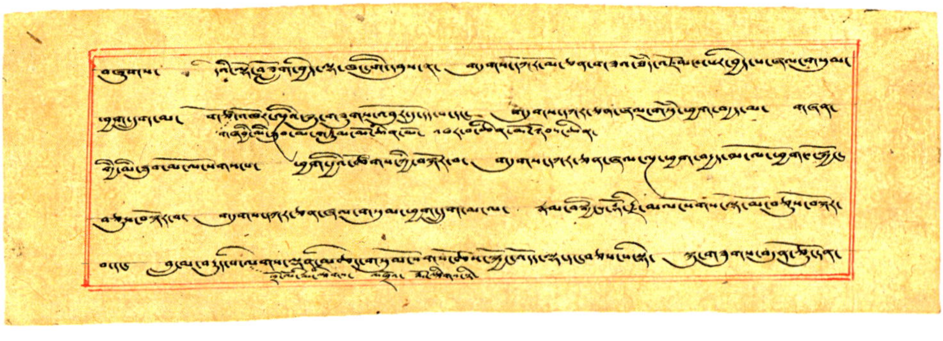

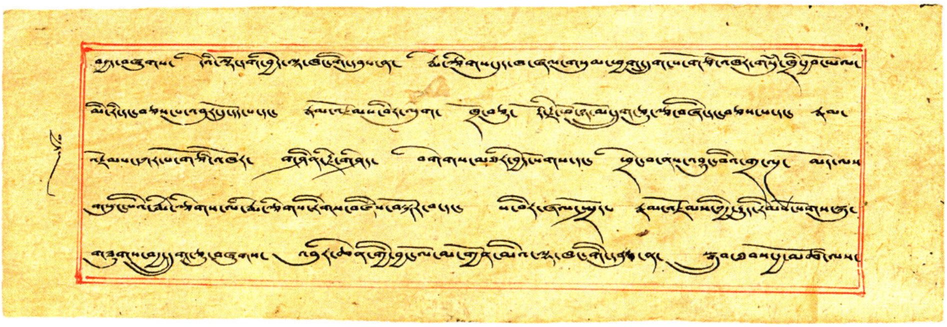

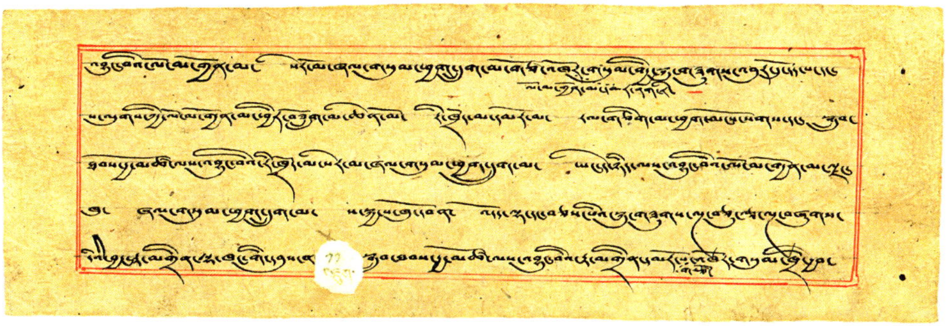

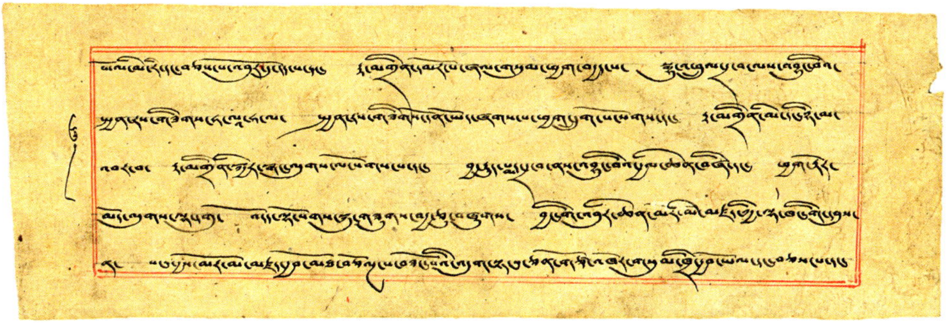

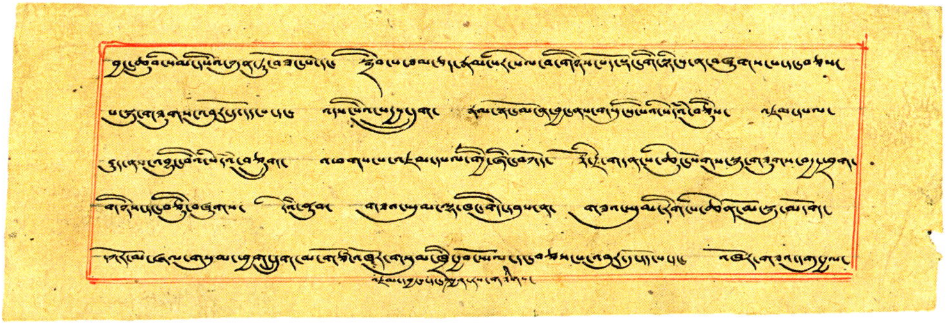

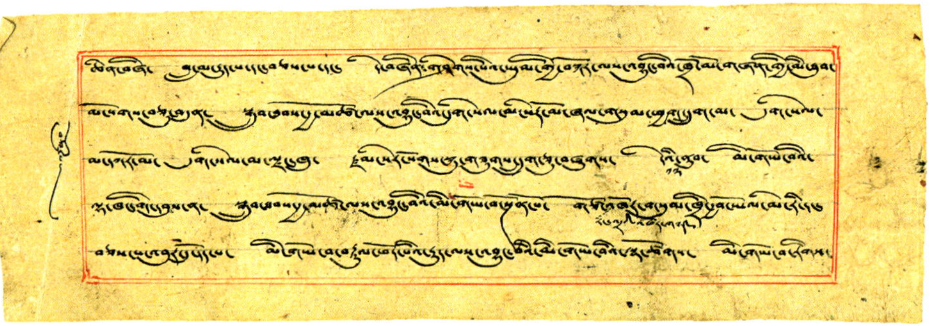

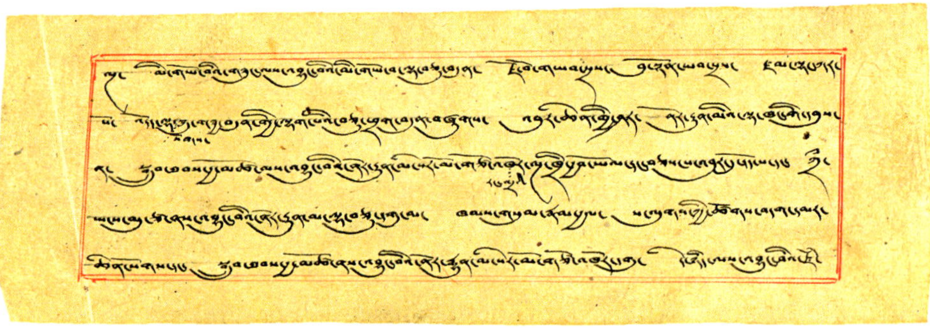

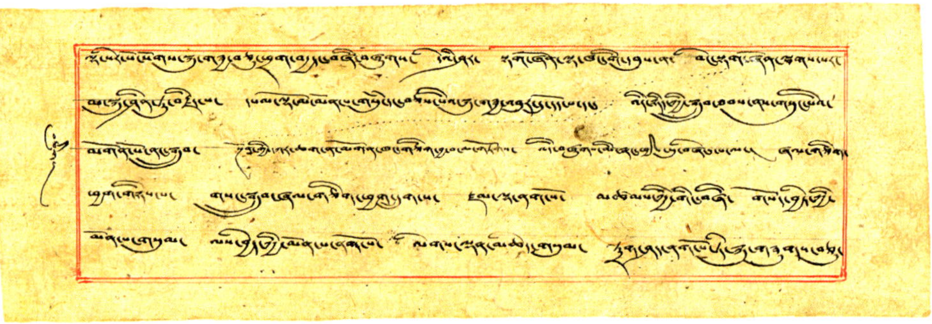

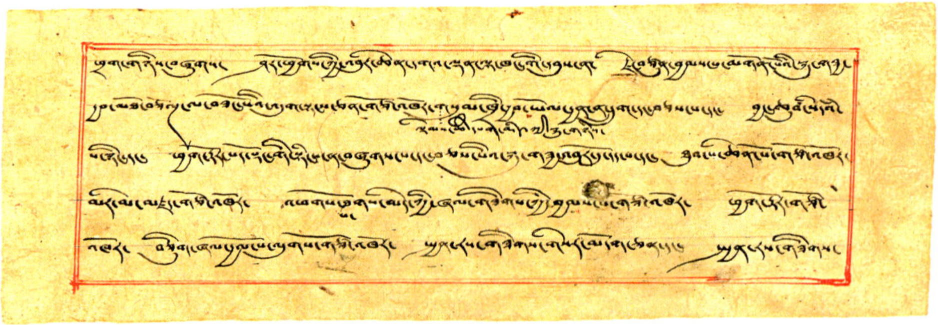

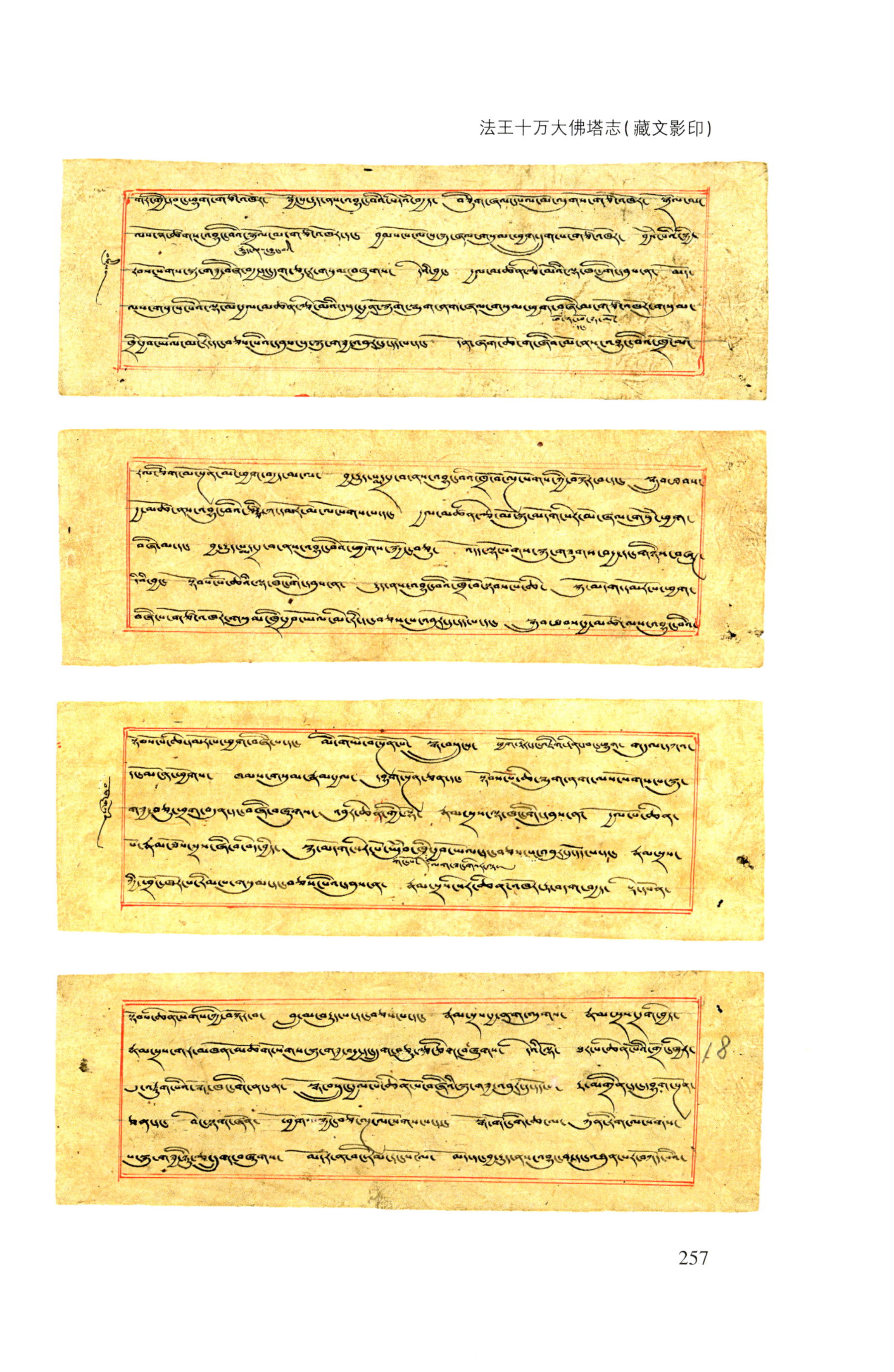

[illegible]

[illegible]

[illegible]

[illegible]

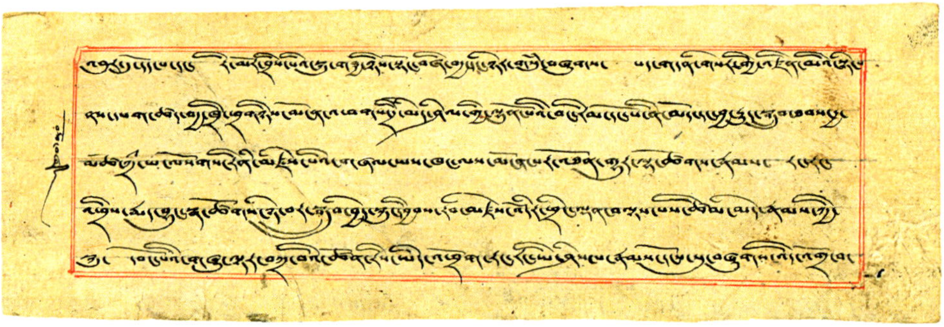

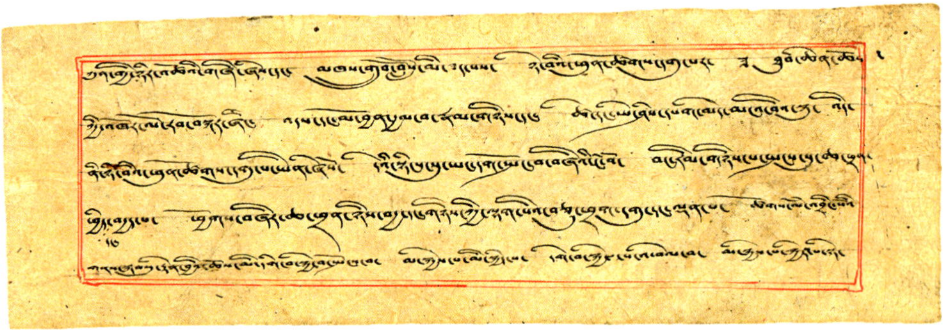

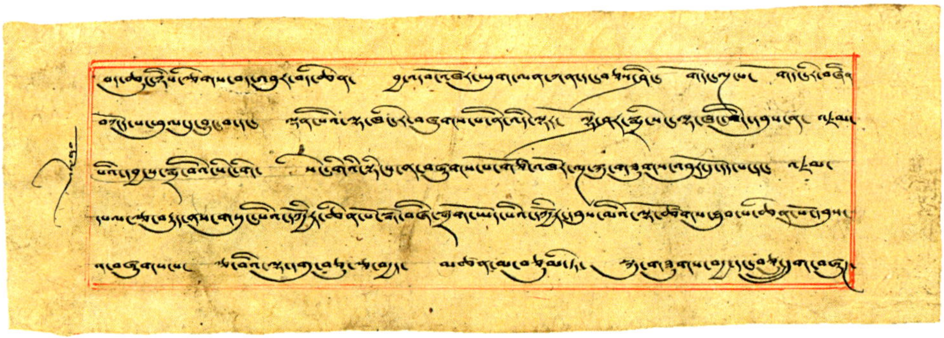

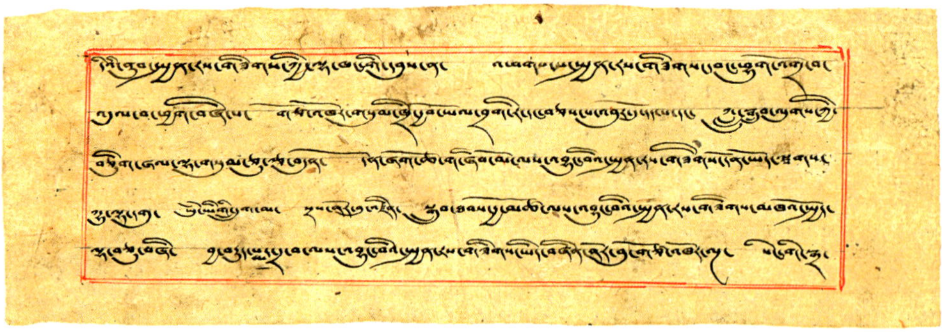

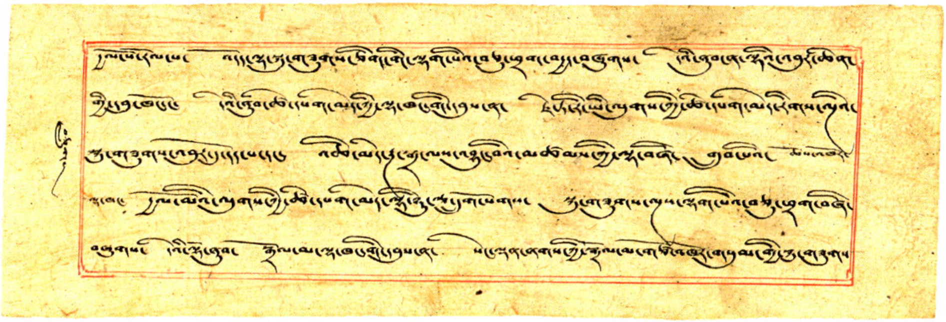

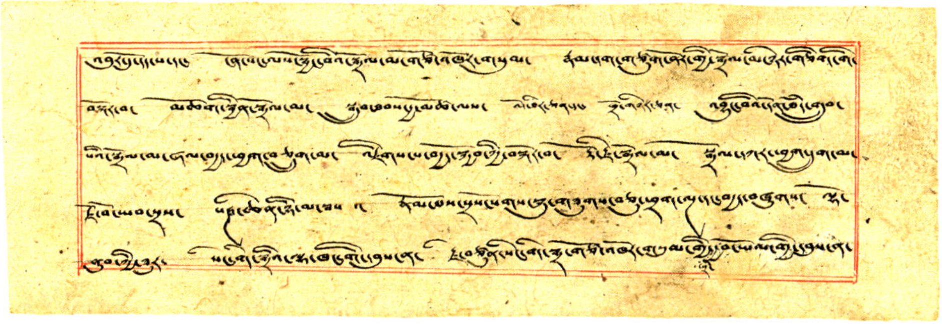

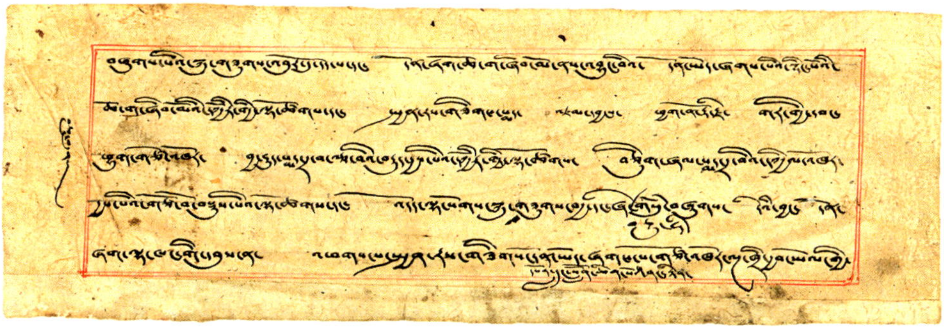

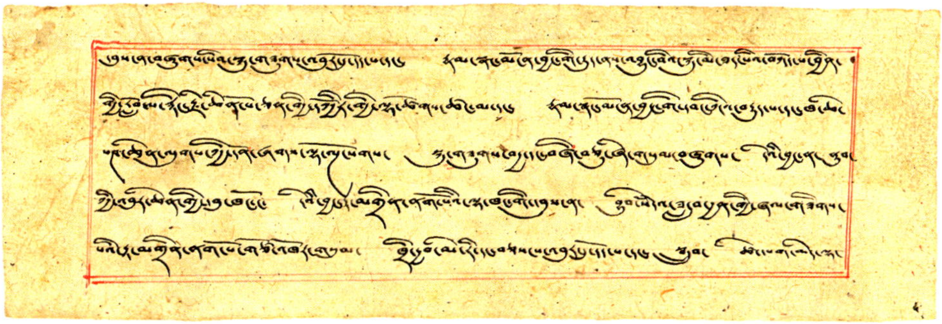

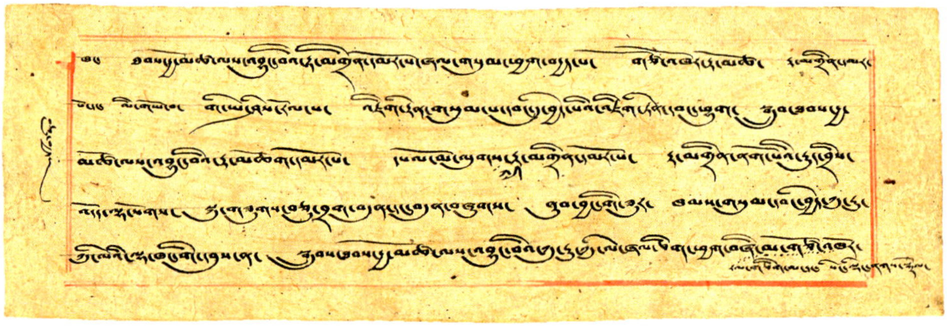

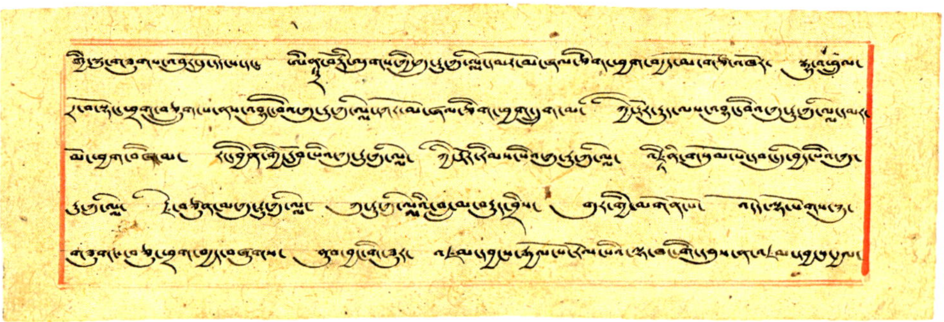

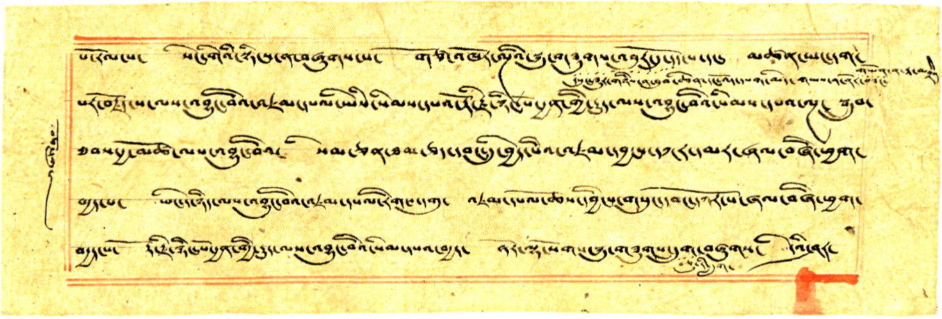

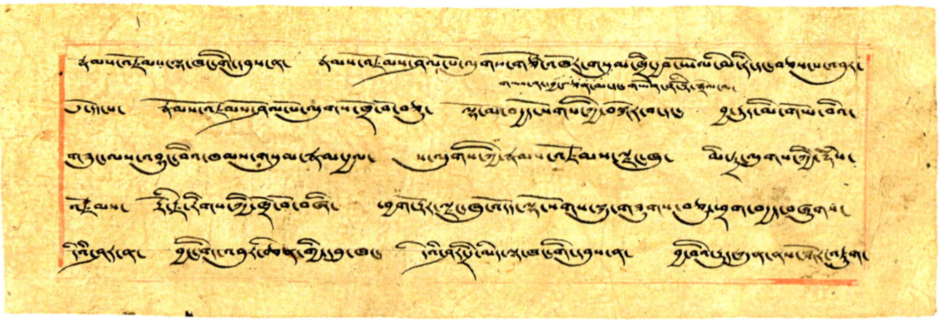

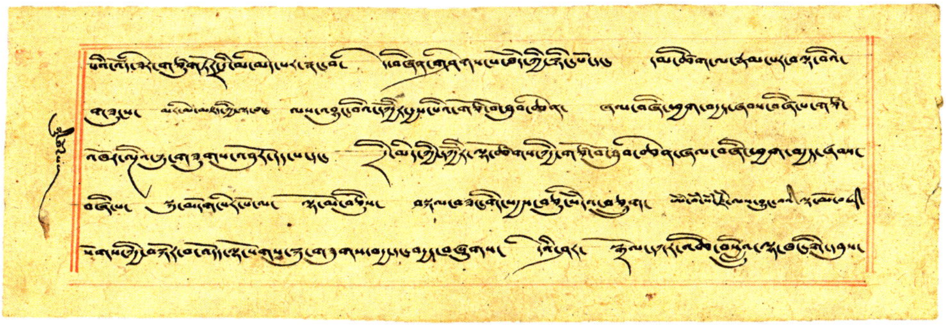

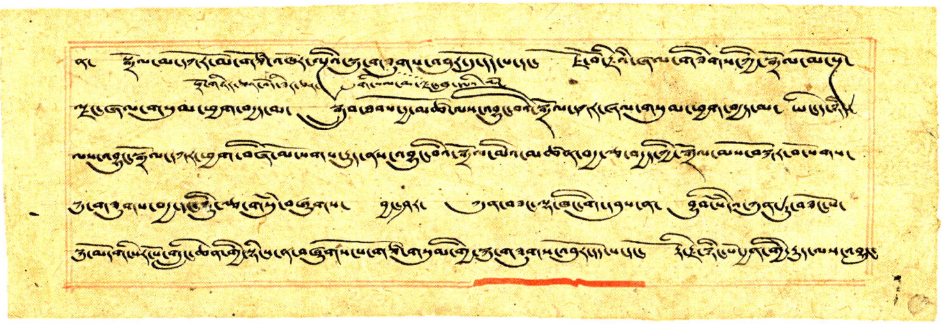

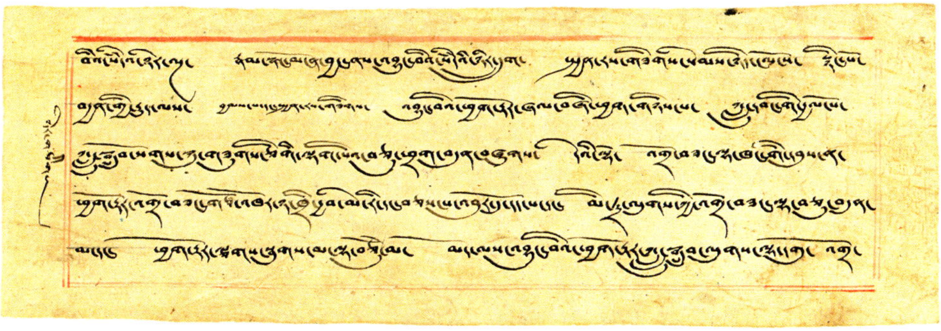

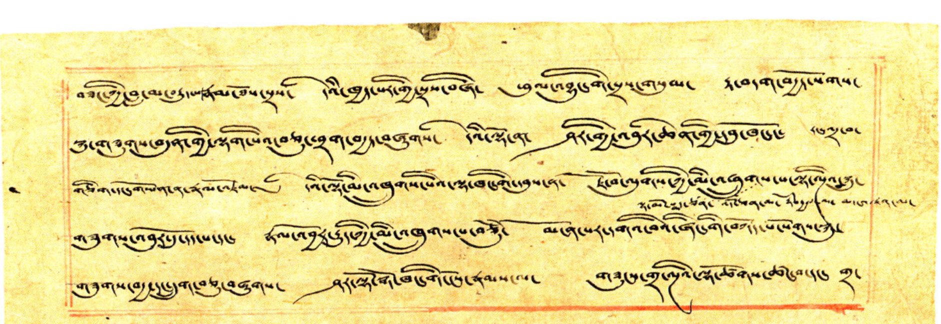

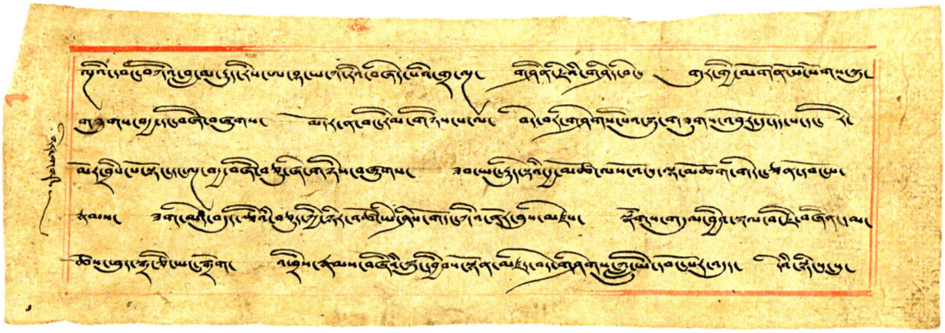

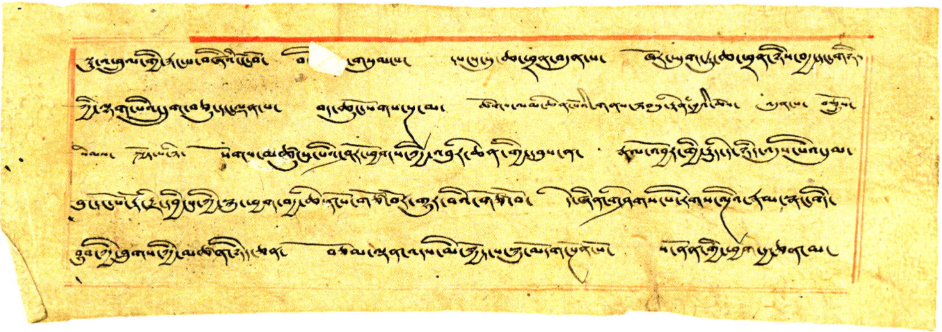

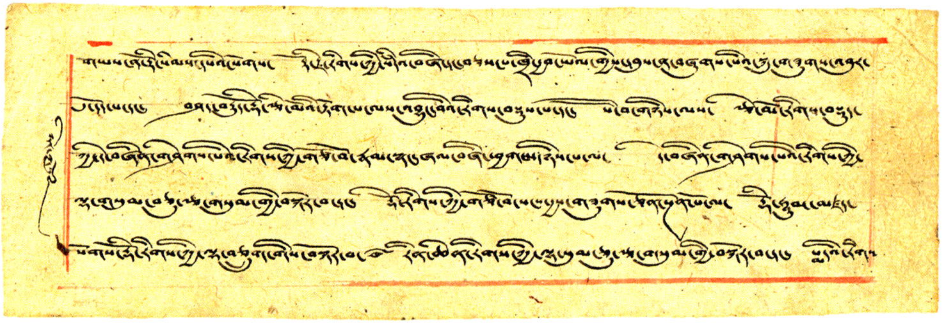

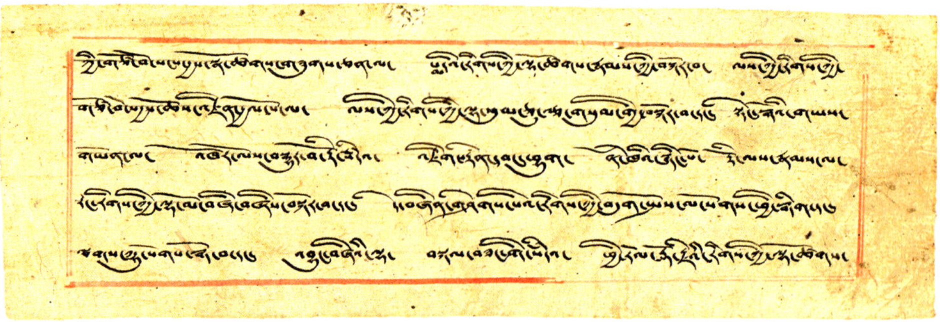

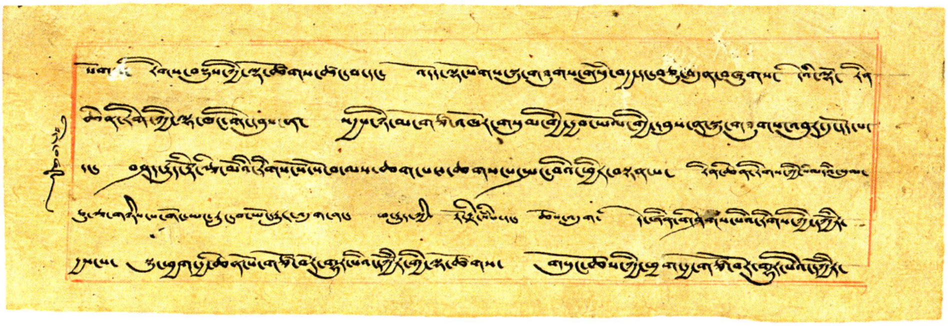

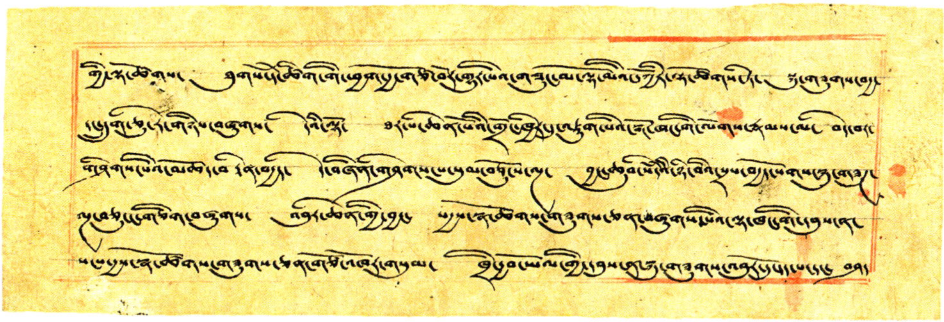

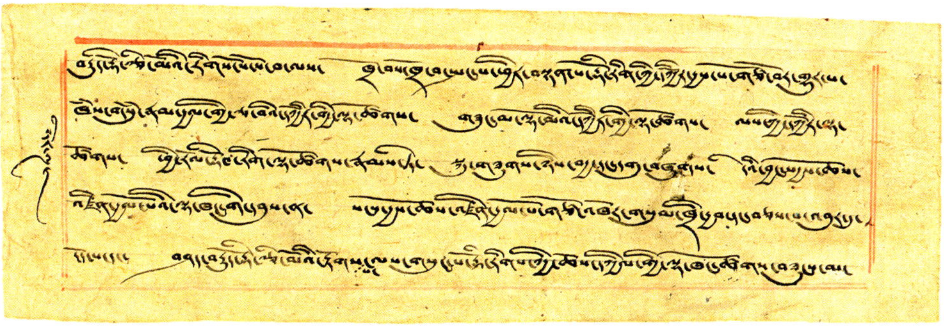

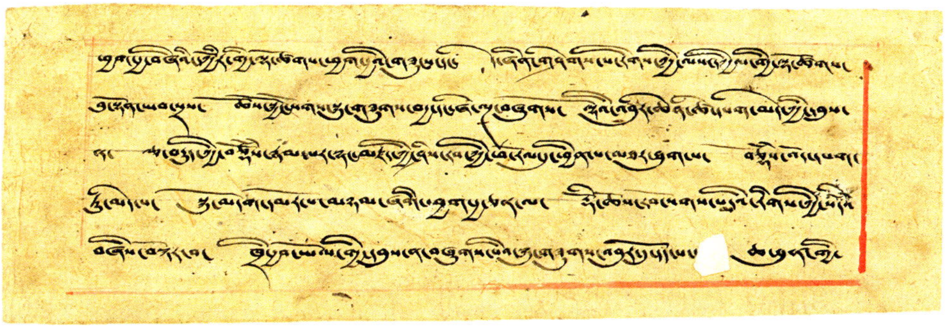

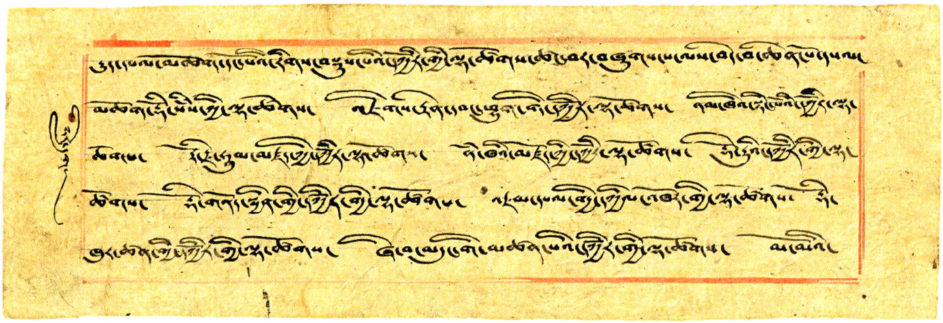

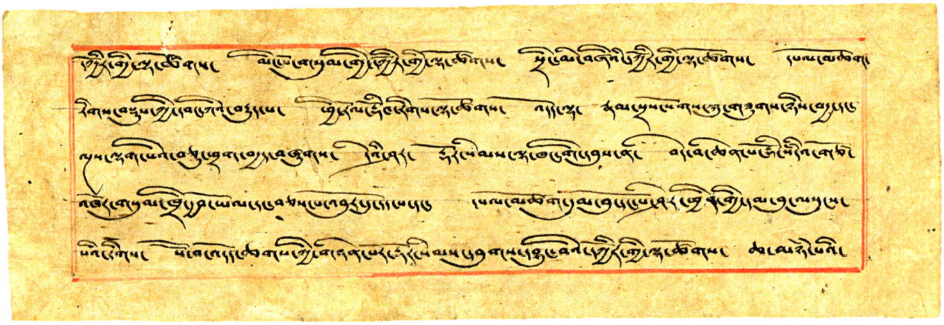

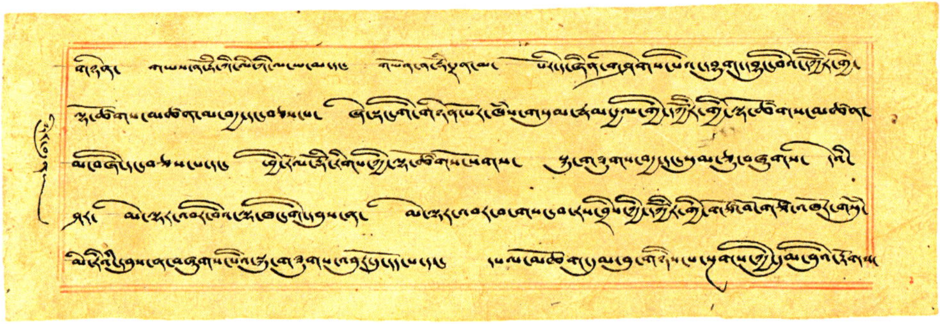

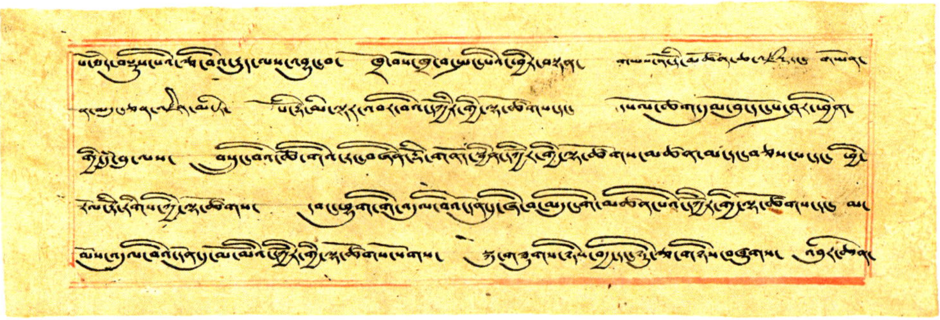

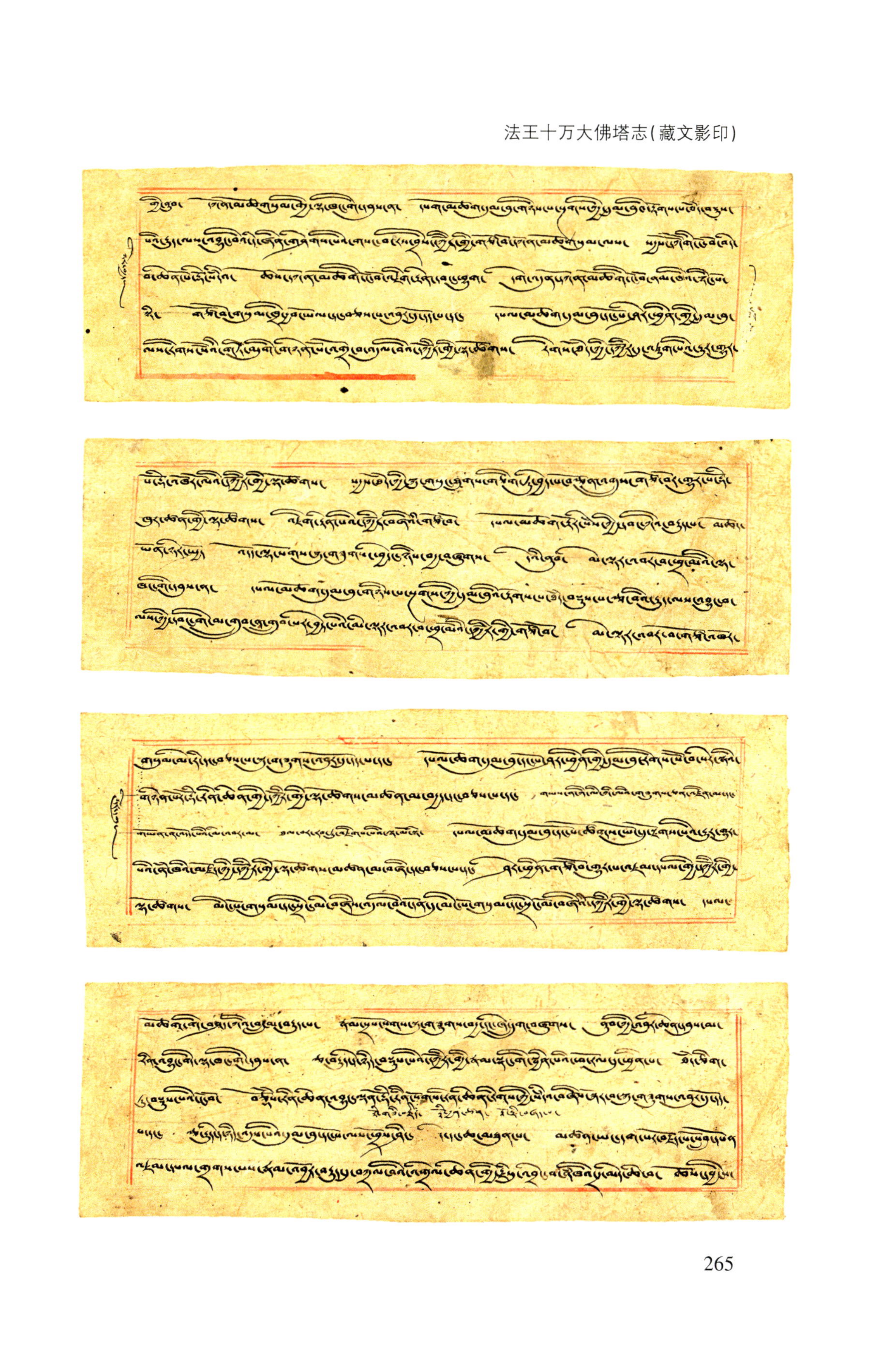

[illegible]

[illegible]

[illegible]

[illegible]

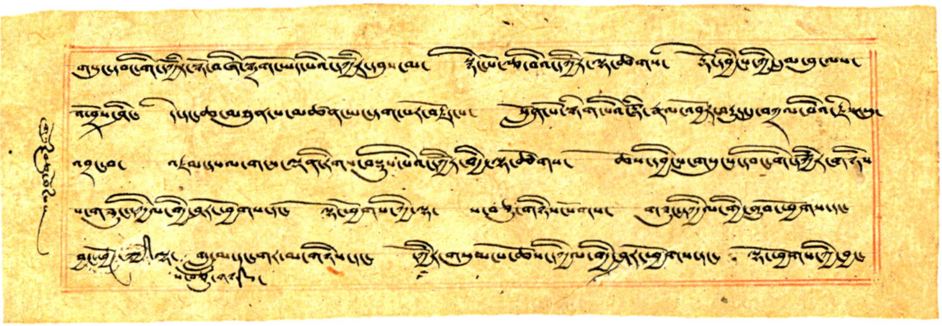

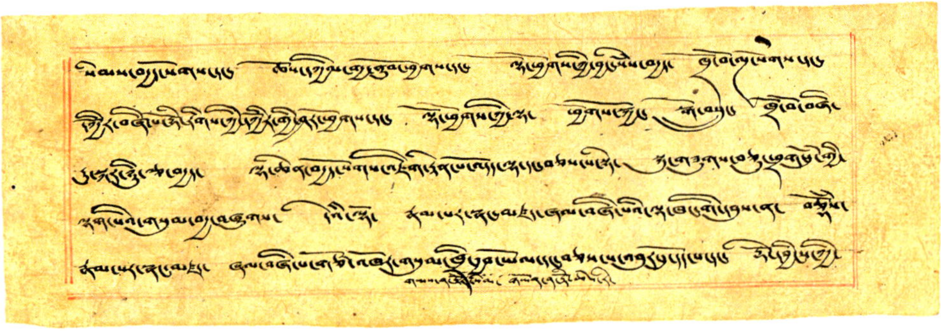

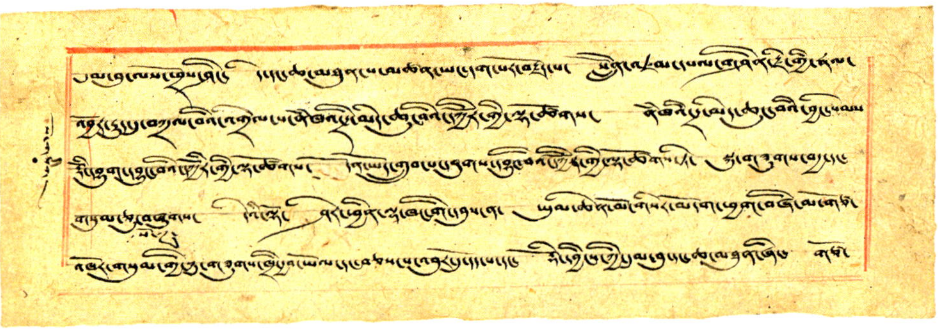

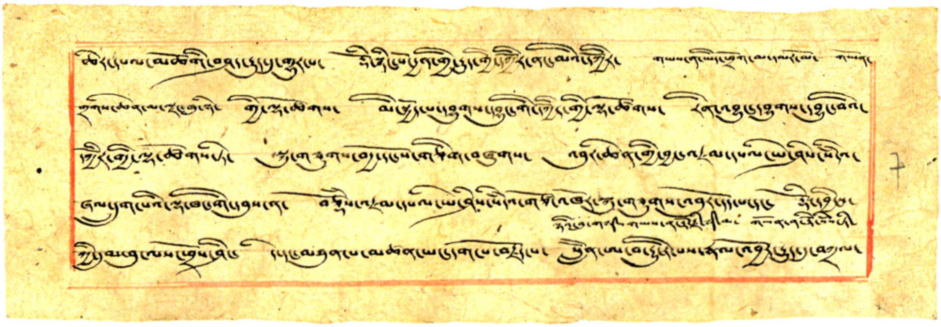

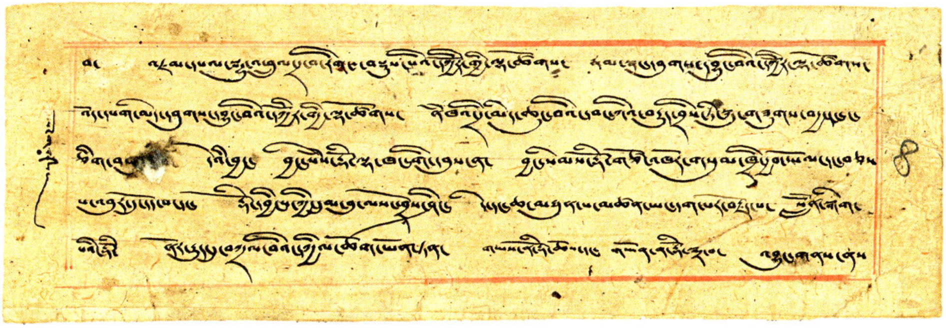

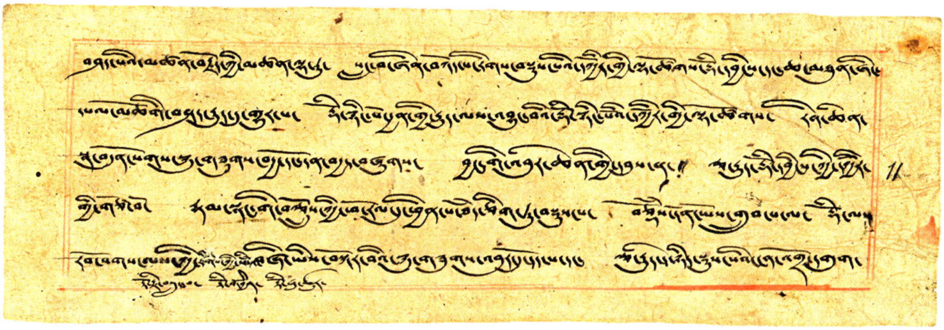

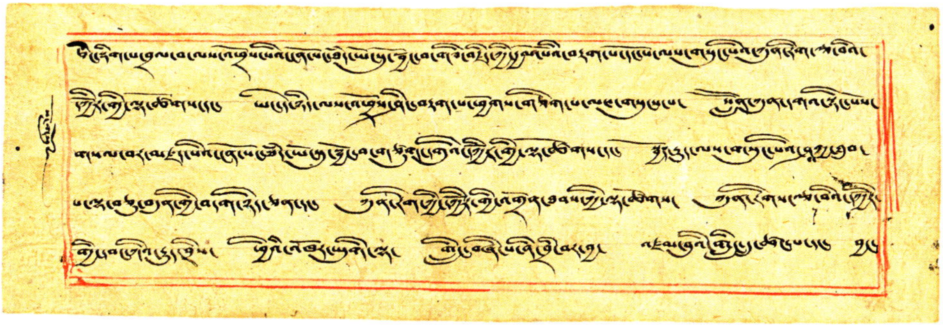

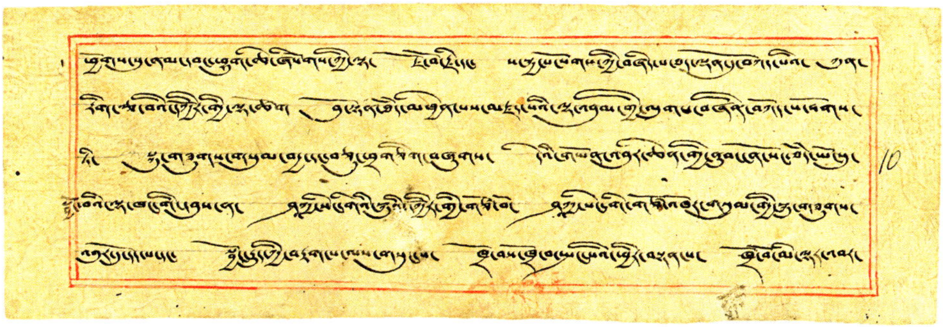

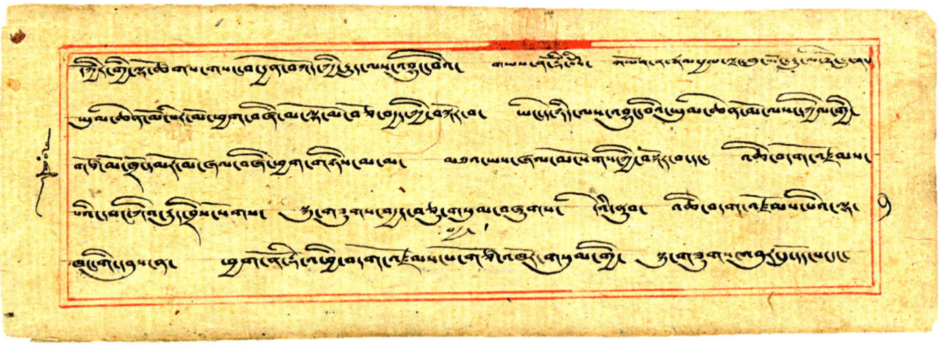

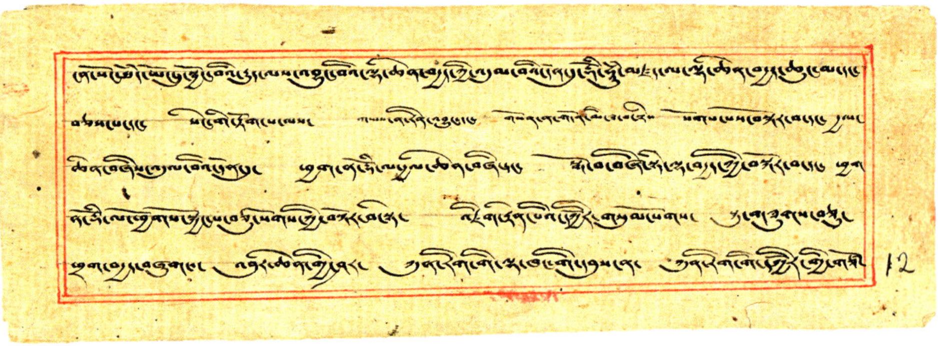

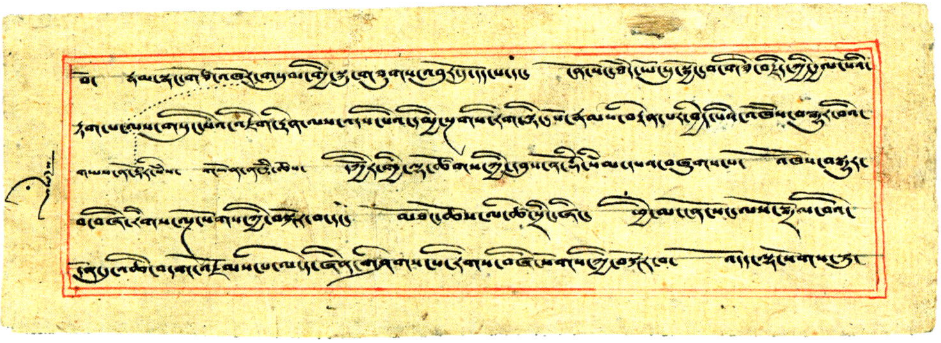

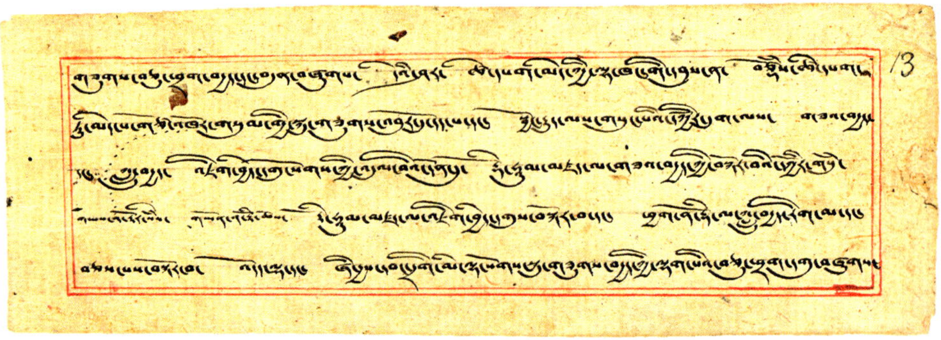

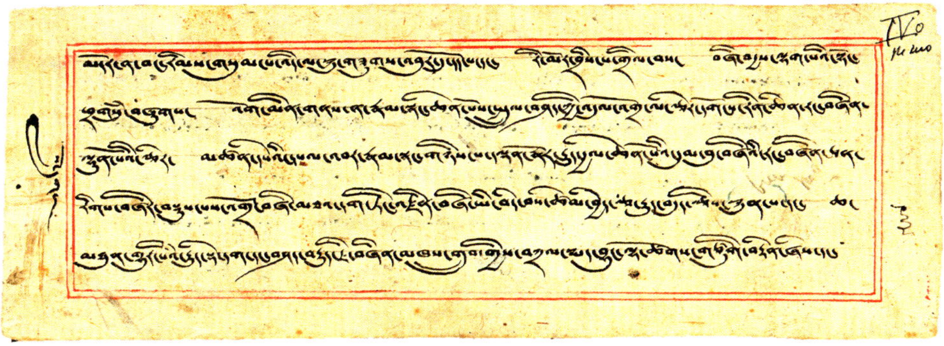

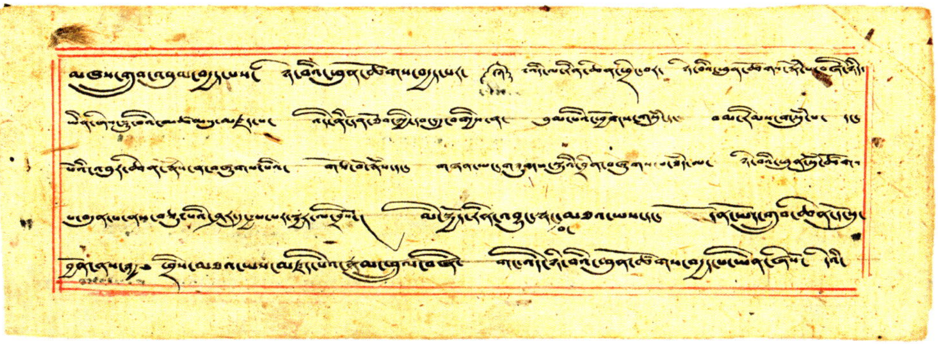

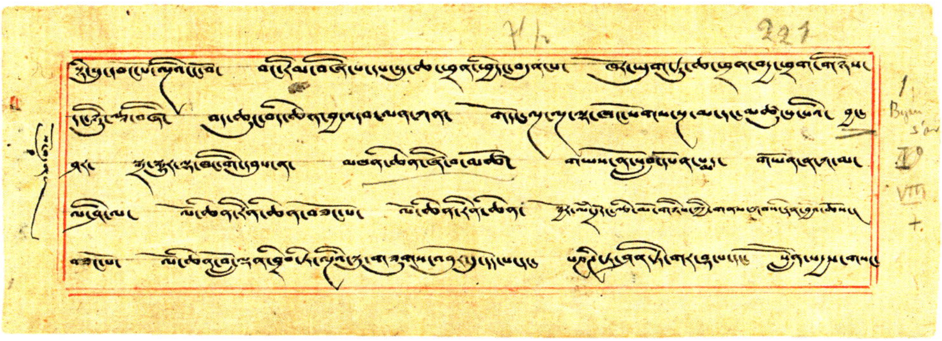

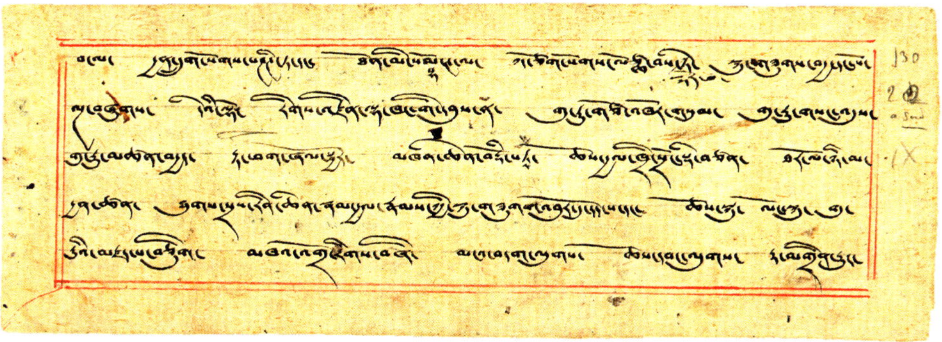

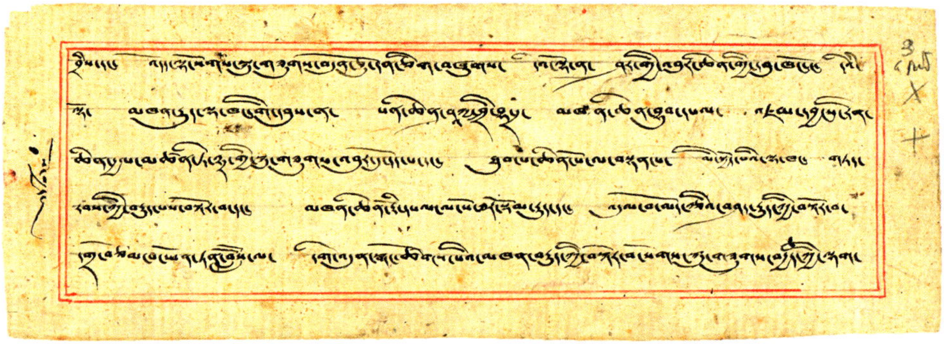

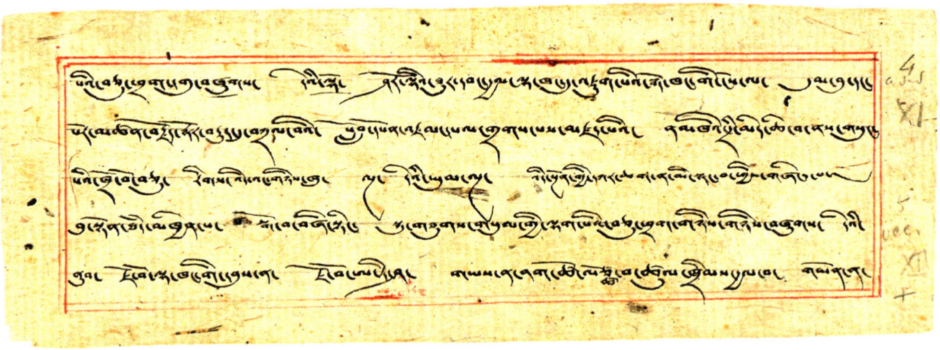

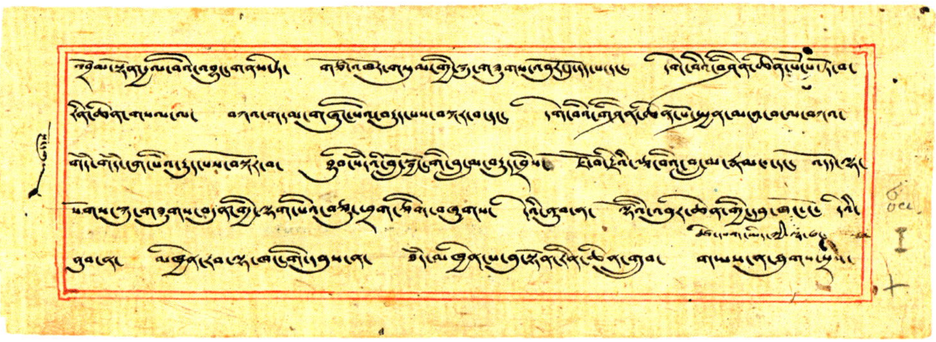

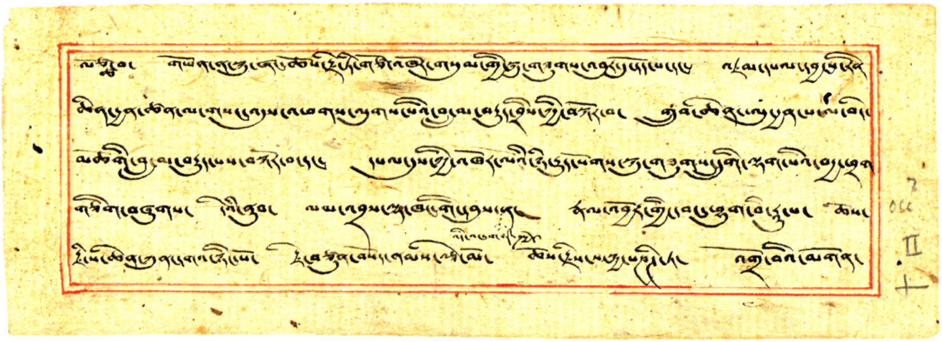

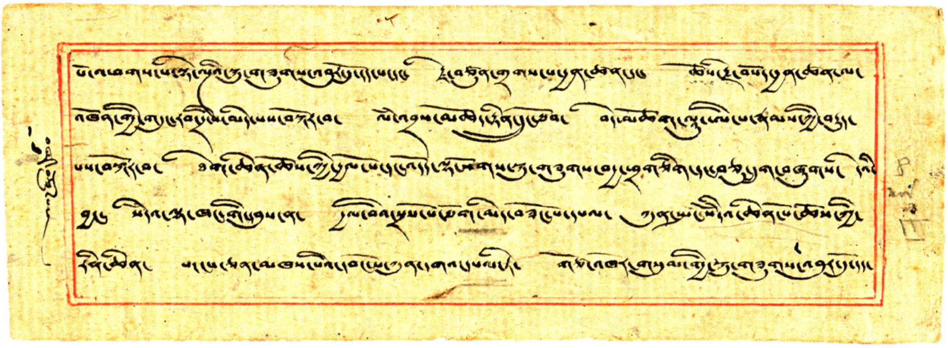

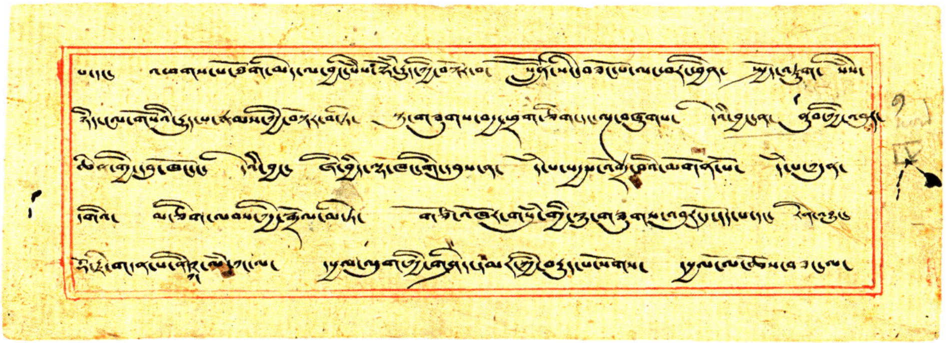

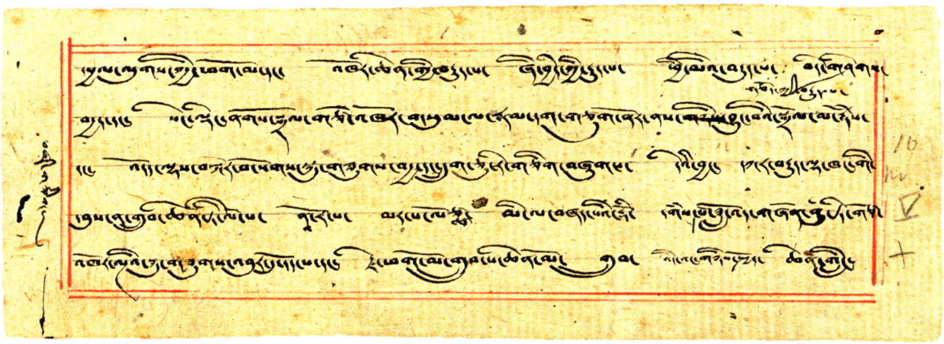

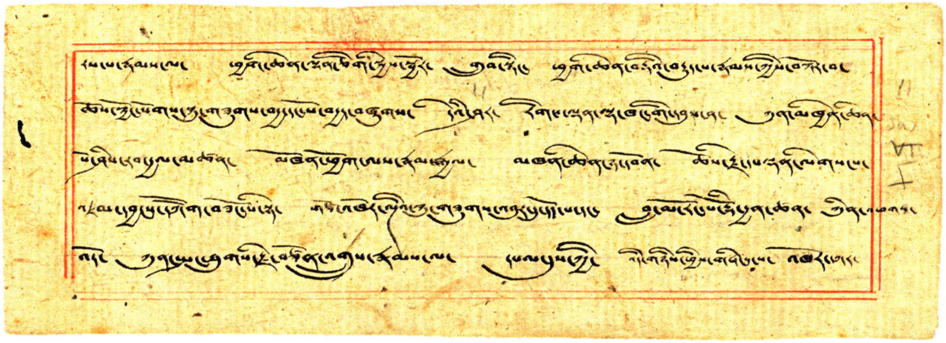

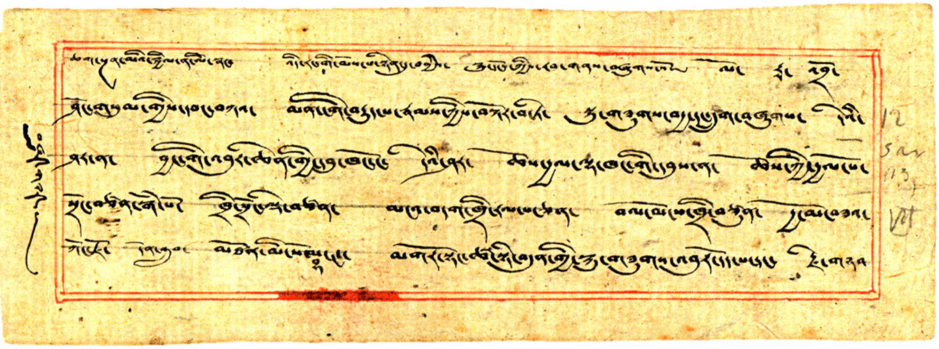

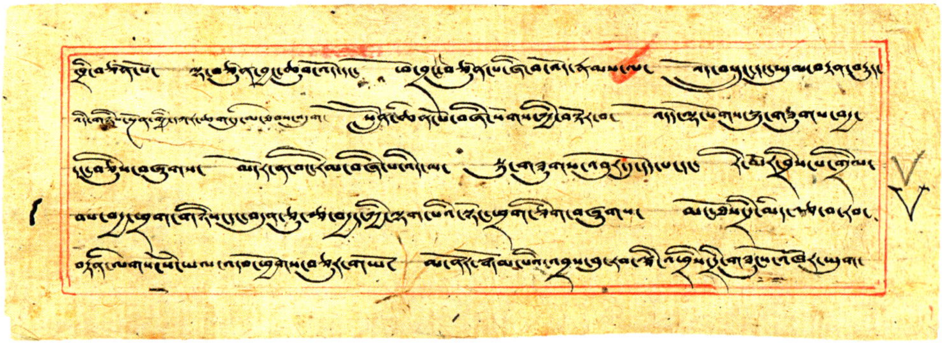

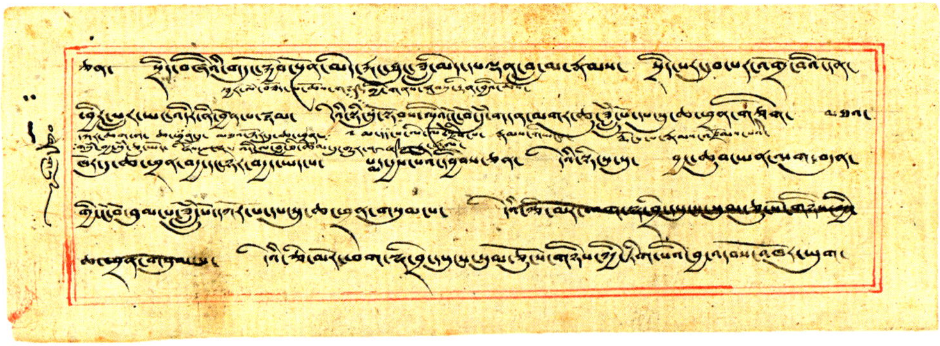

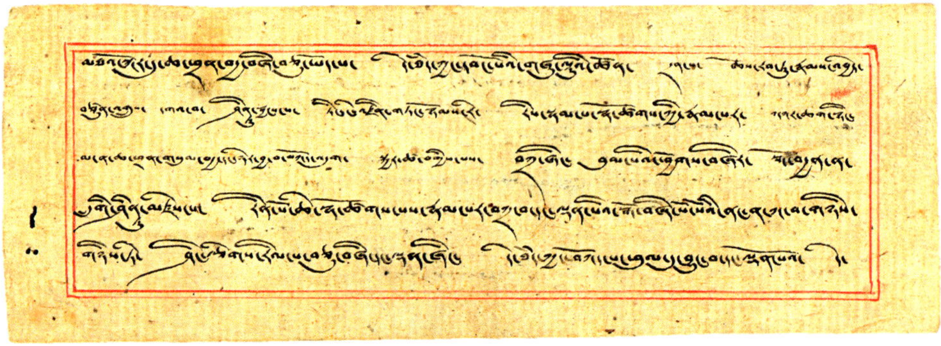

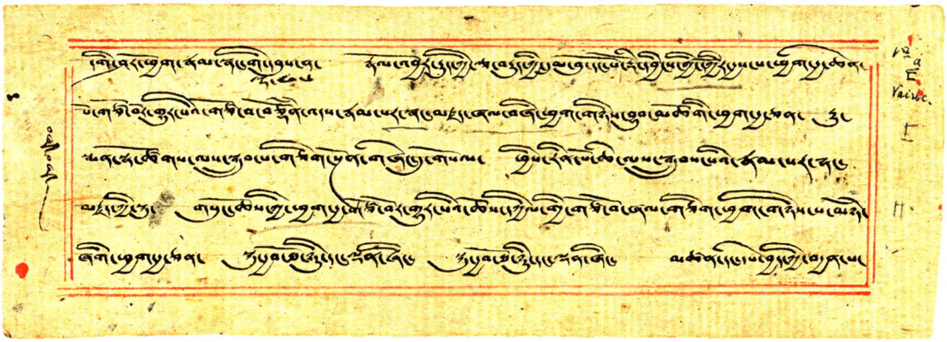

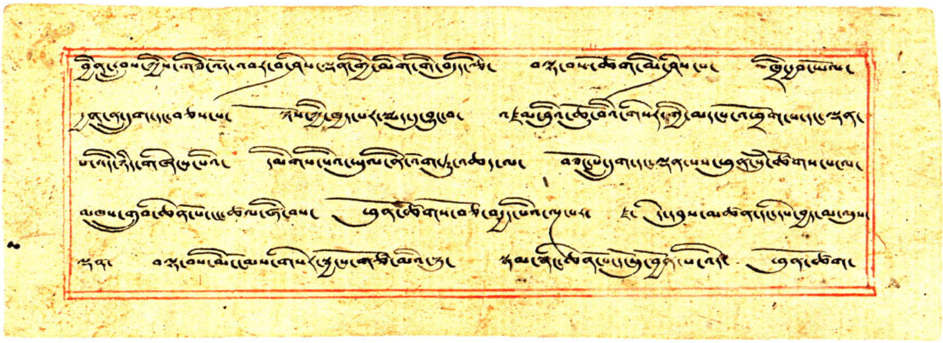

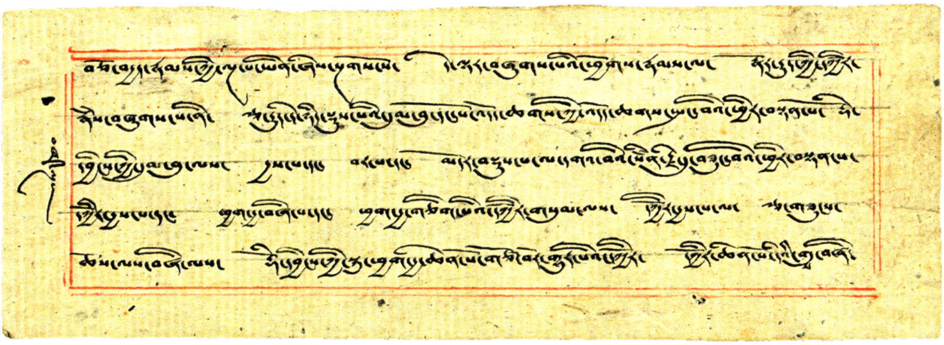

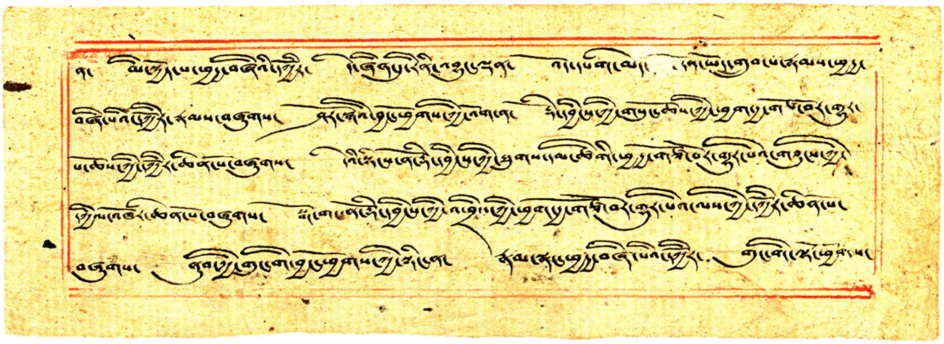

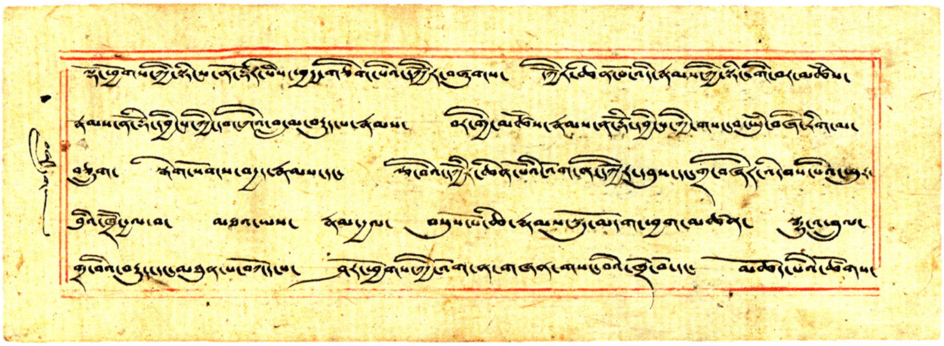

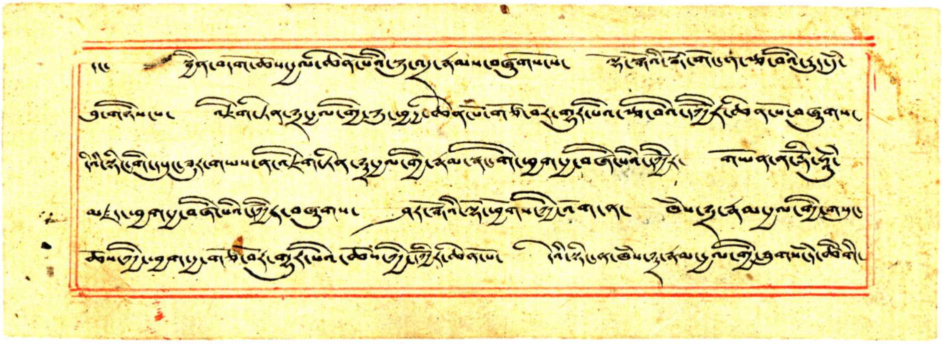

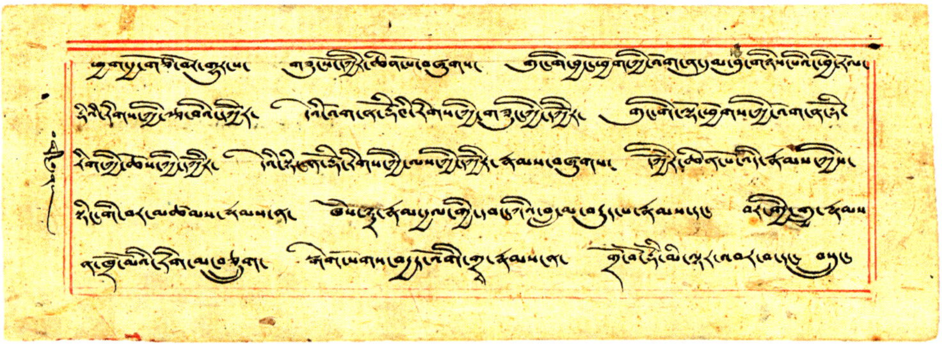

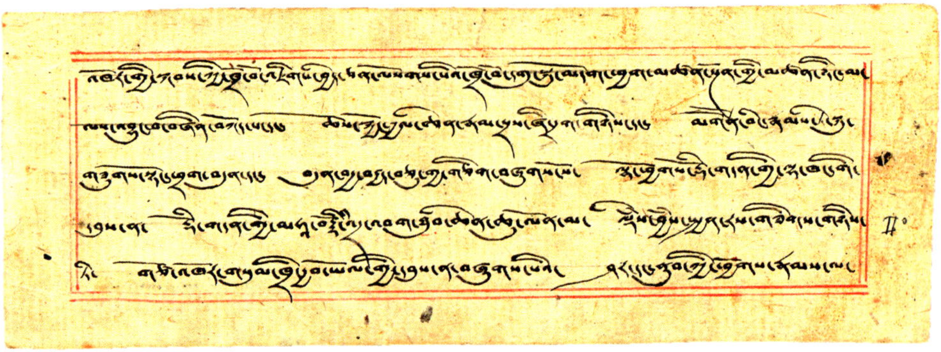

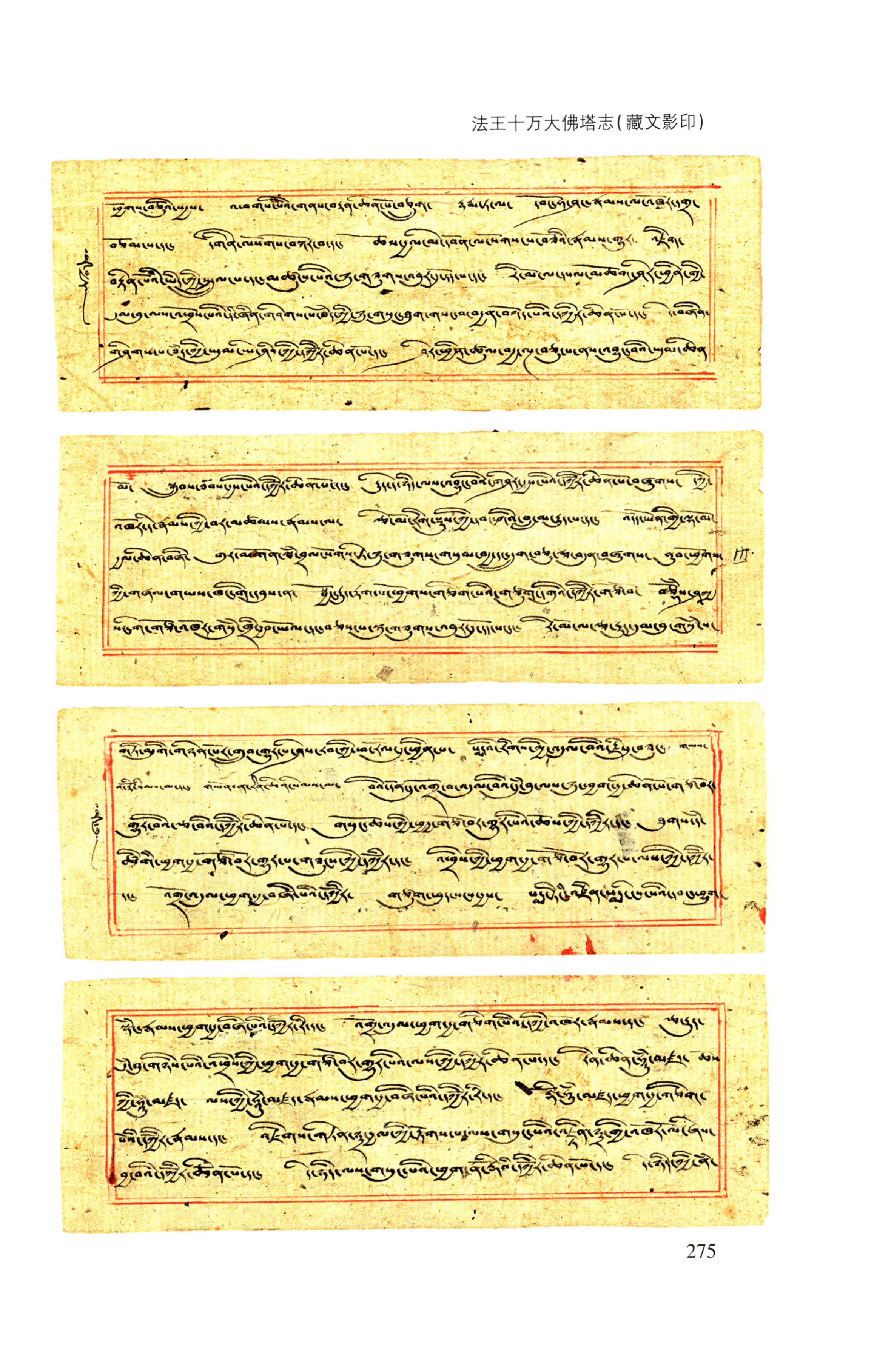

[illegible]

[illegible]

[illegible]

[illegible]

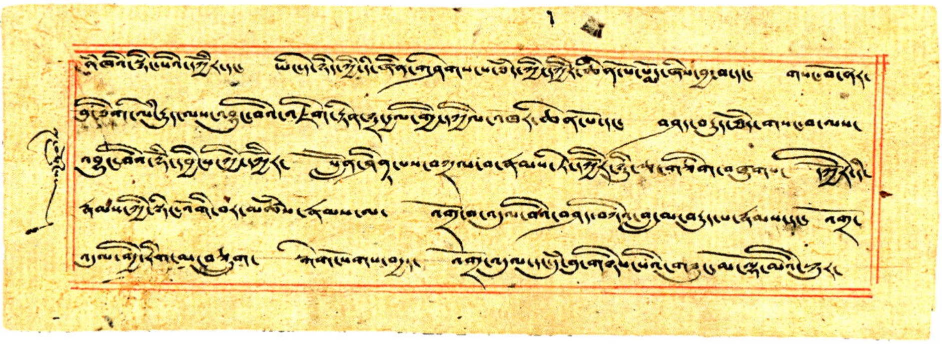

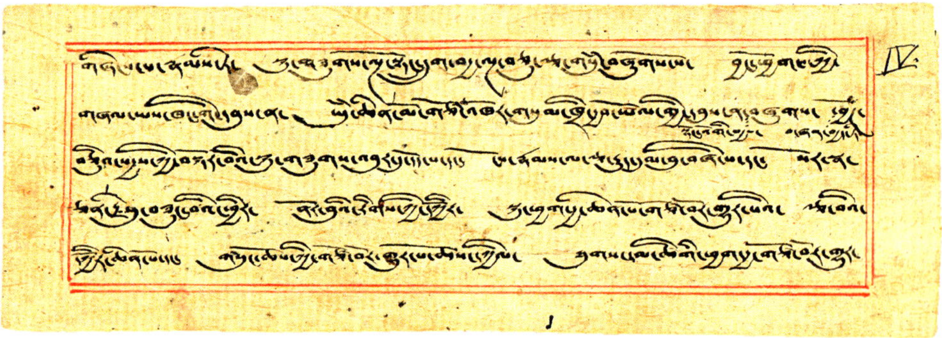
IV

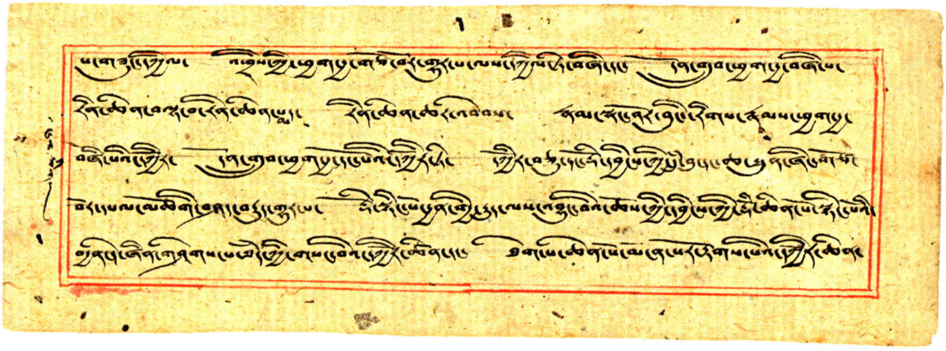

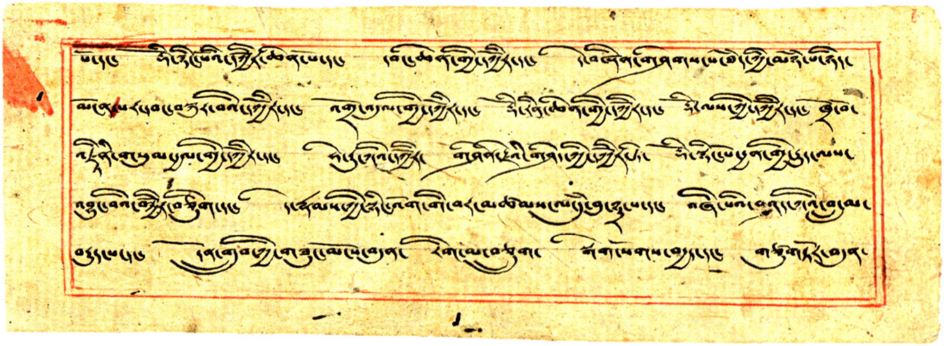

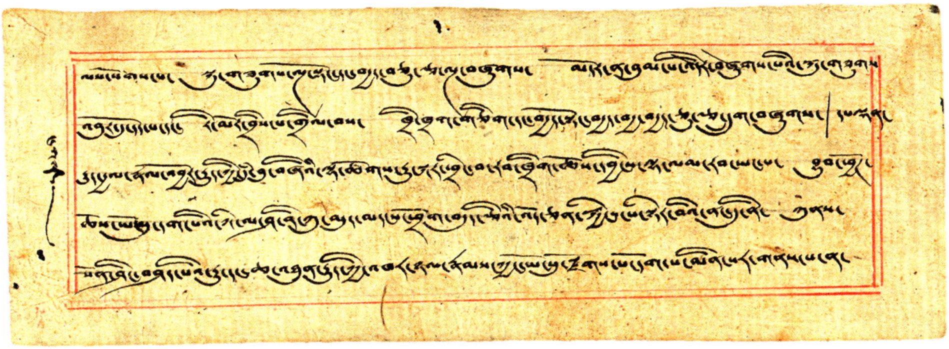

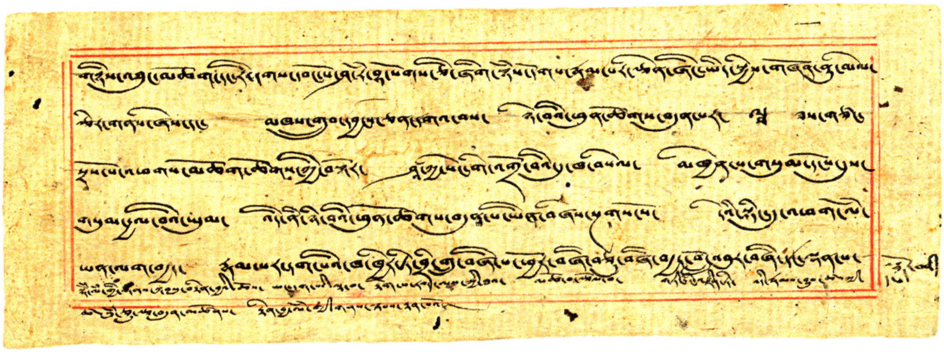

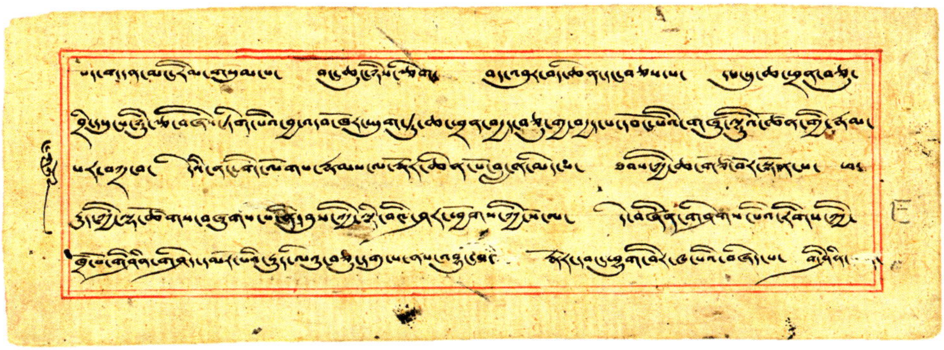

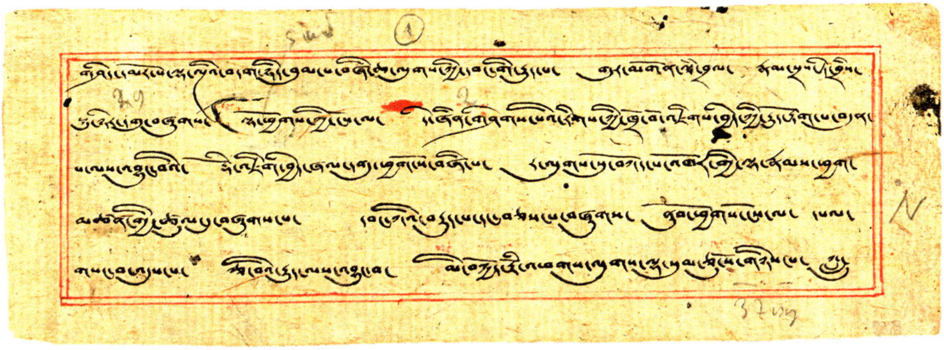

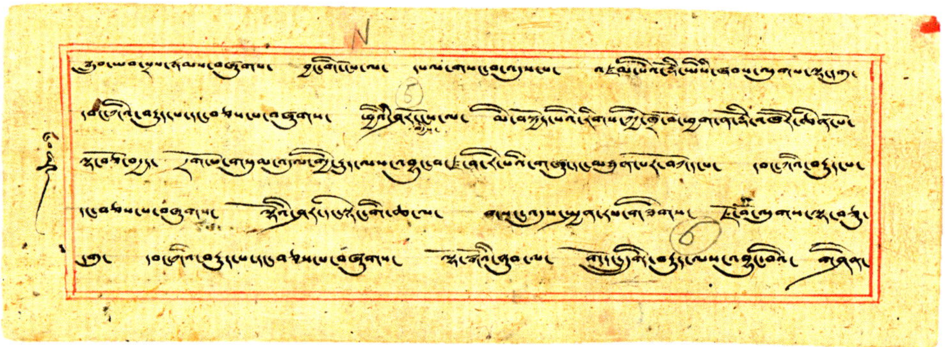

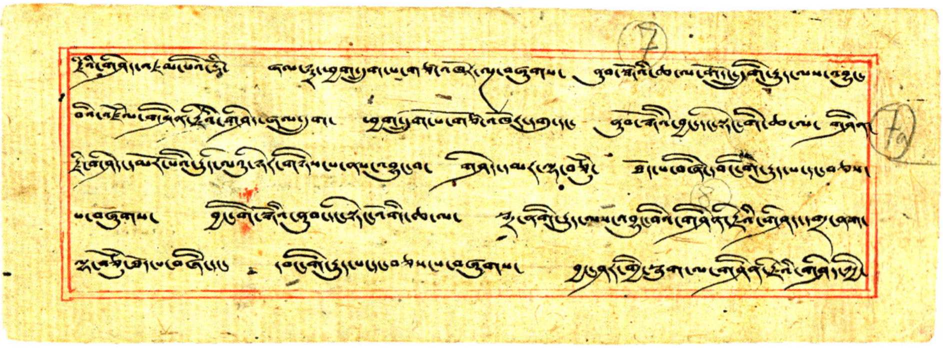

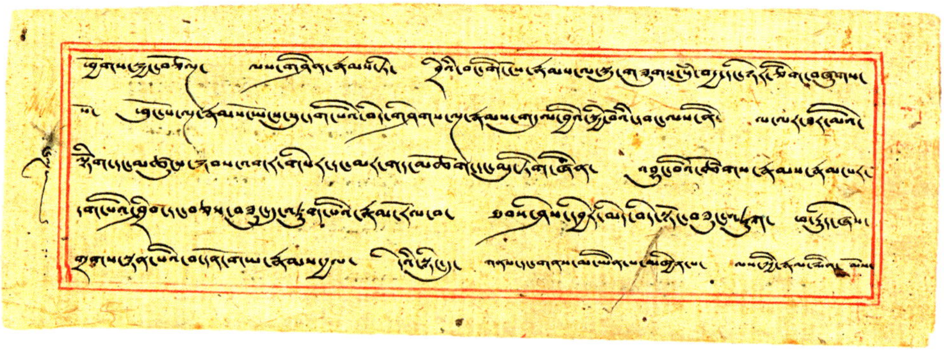

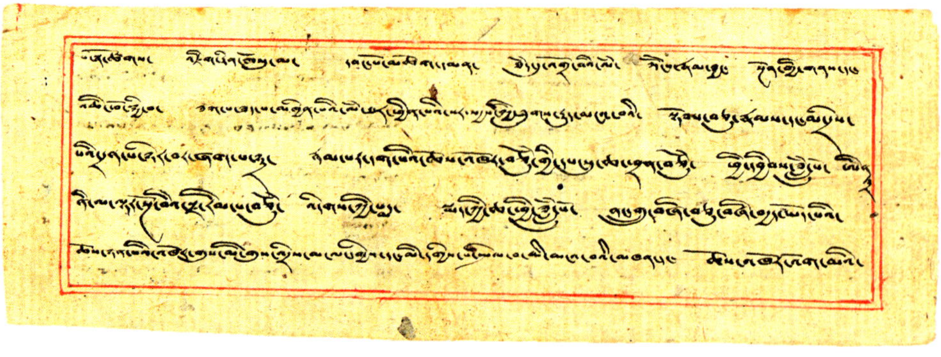

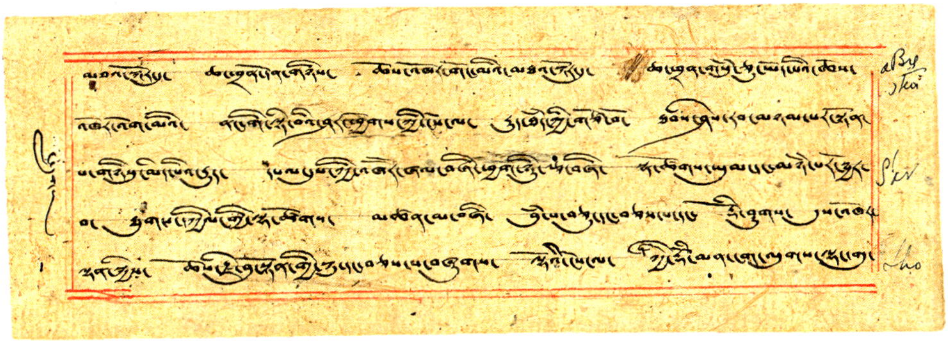

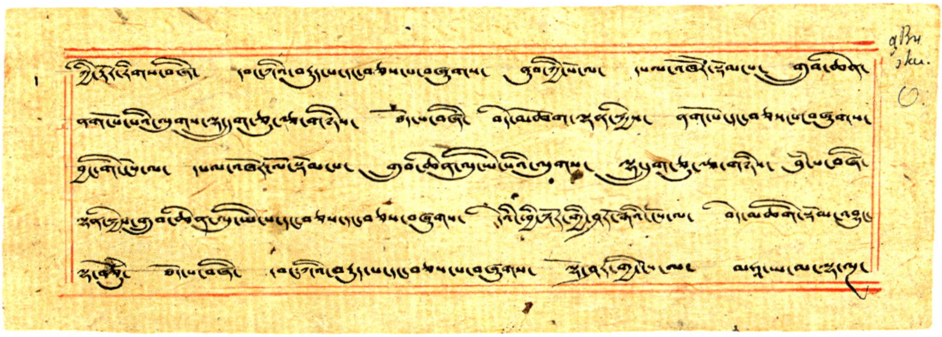

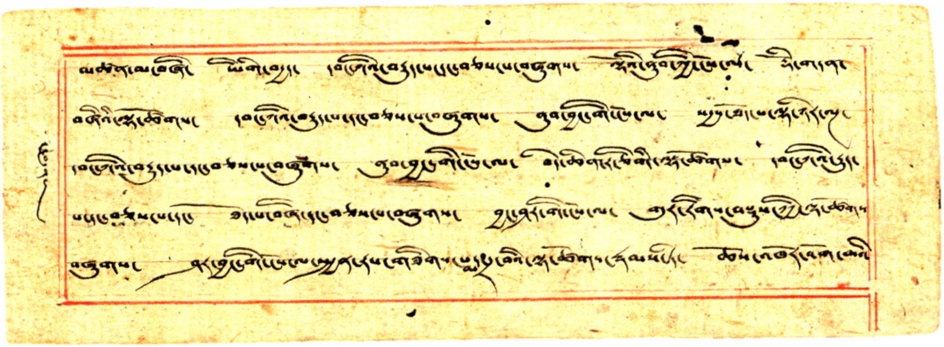

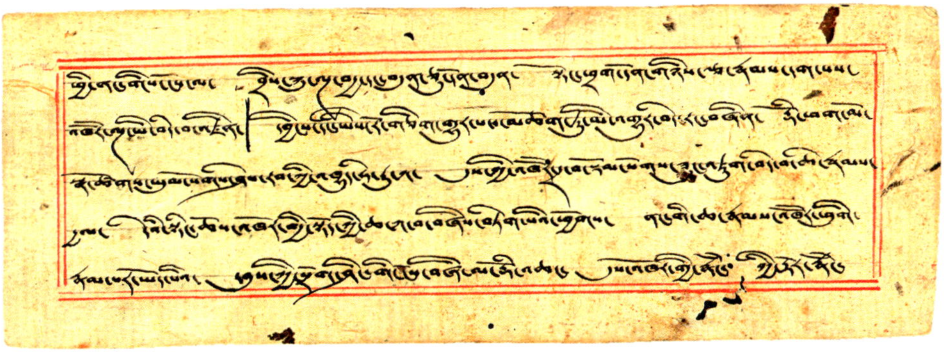

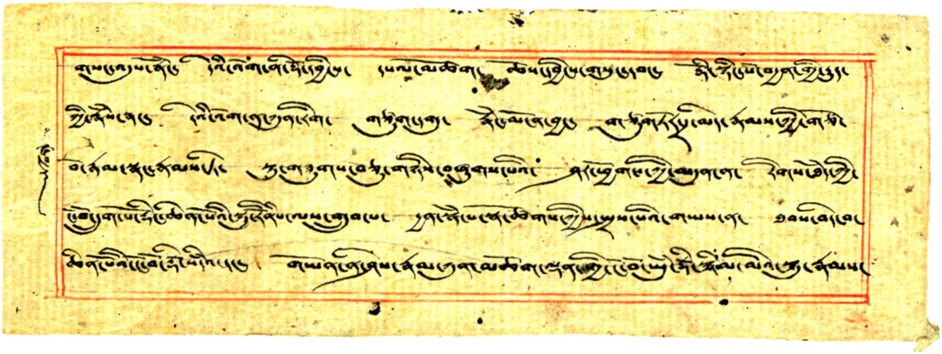

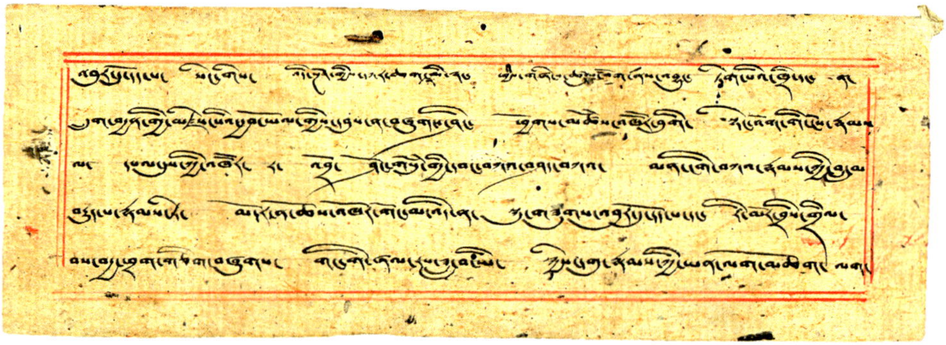

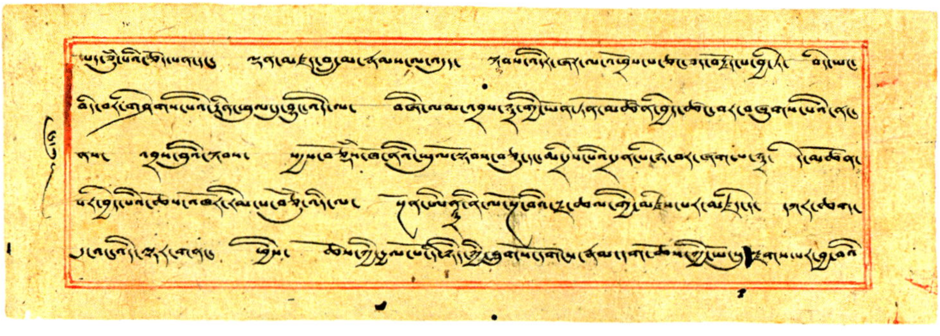

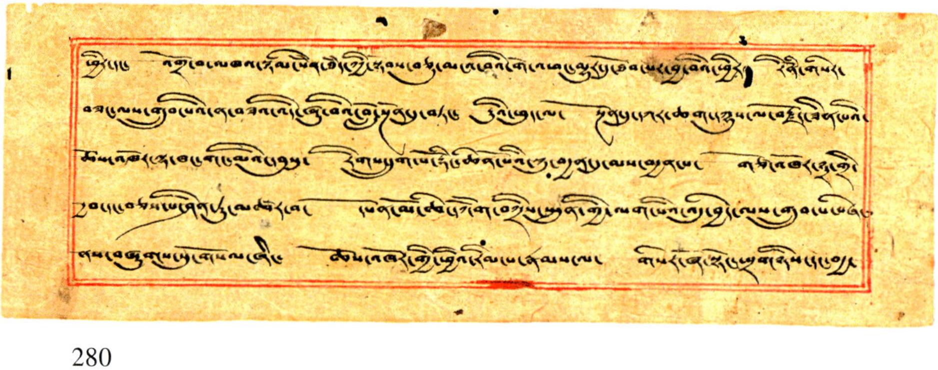

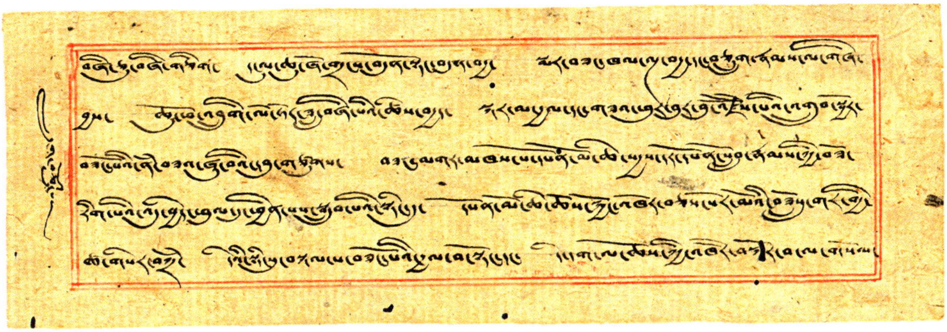

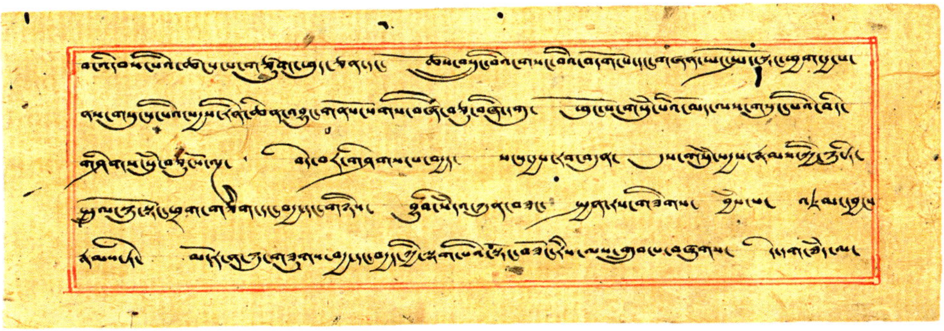

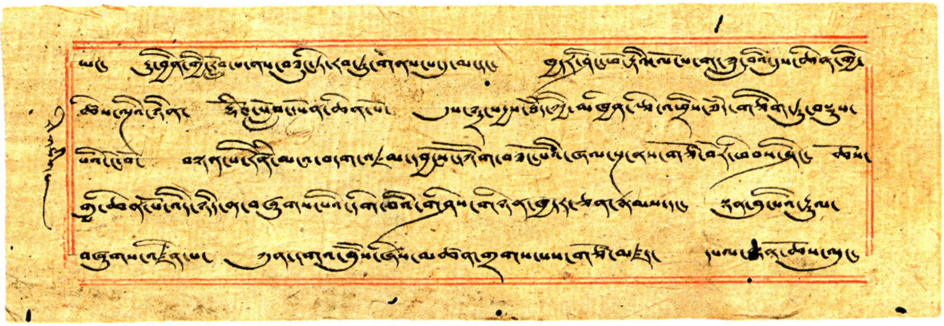

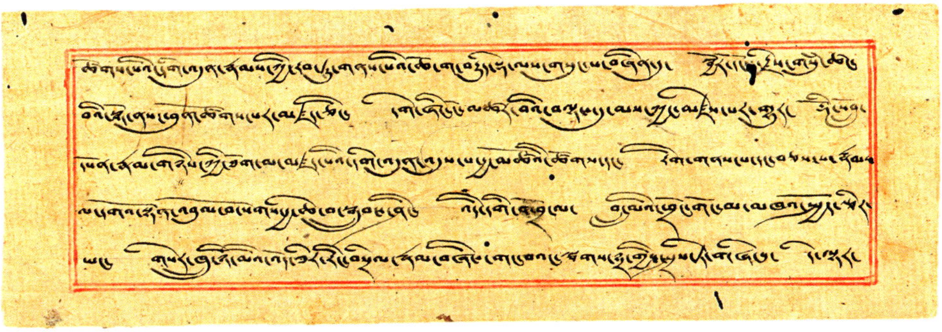

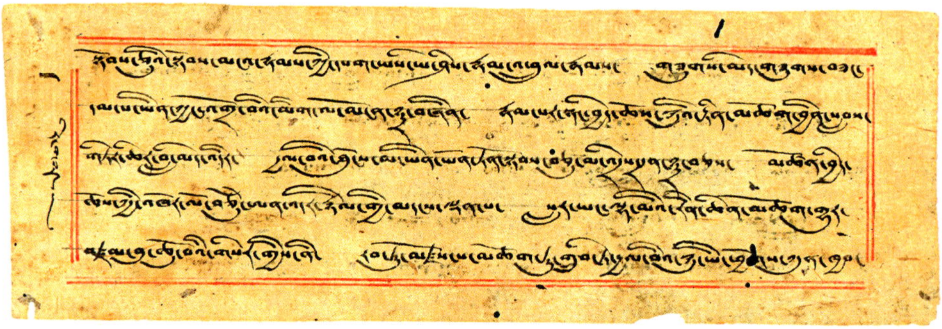

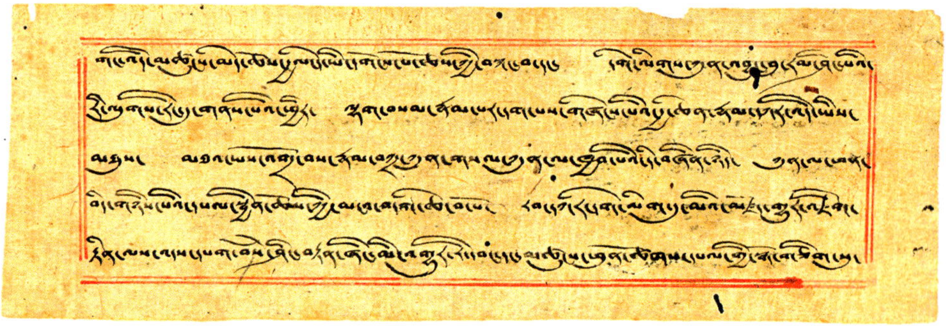

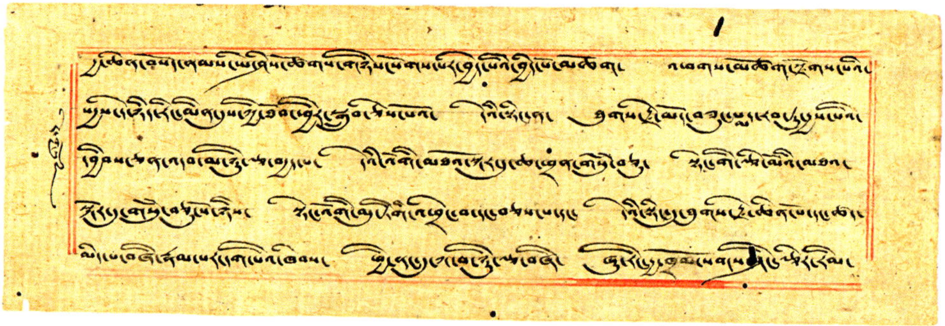

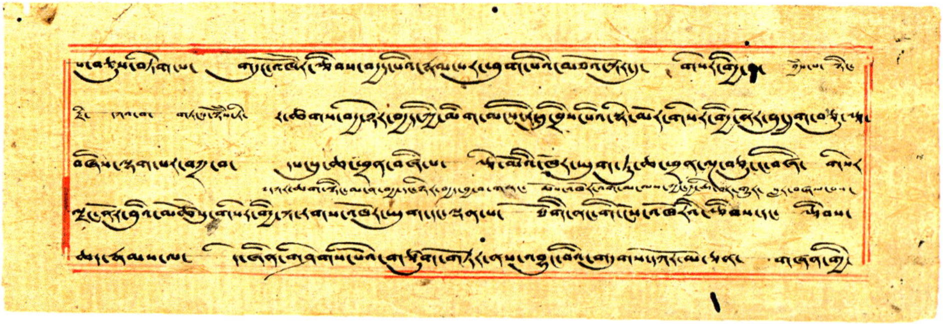

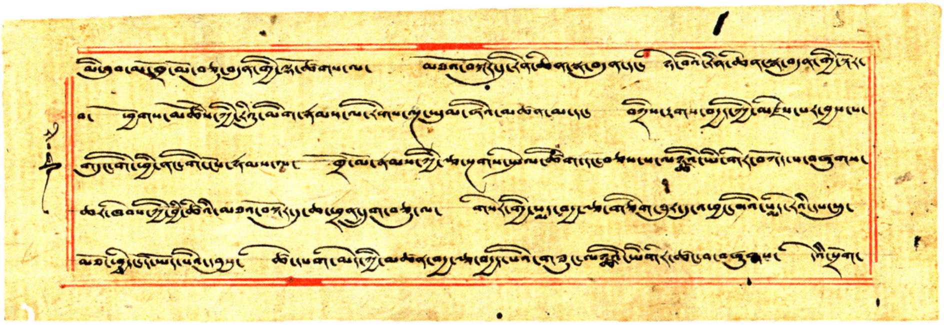

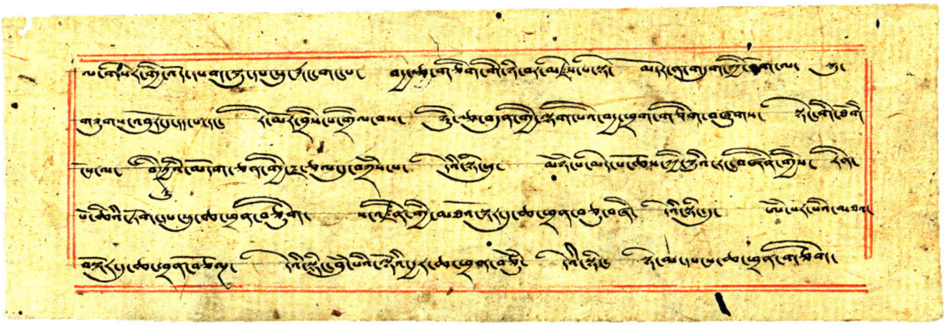

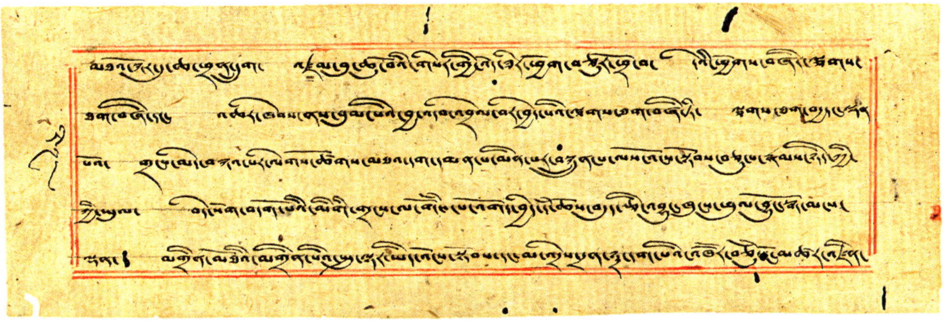

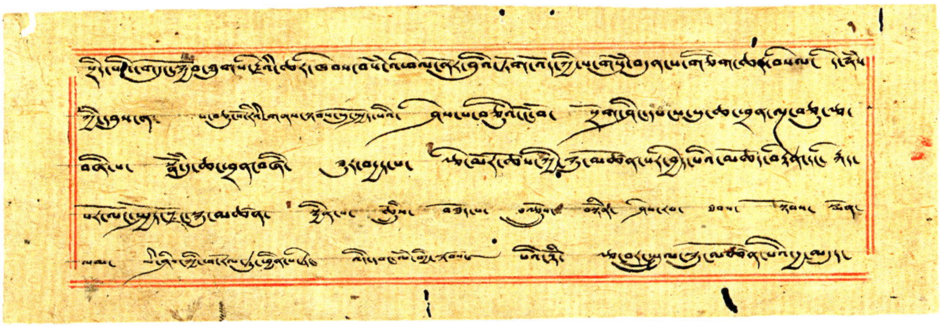

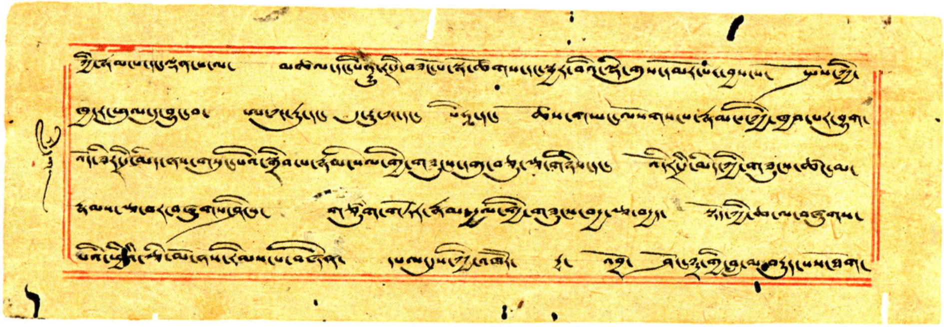

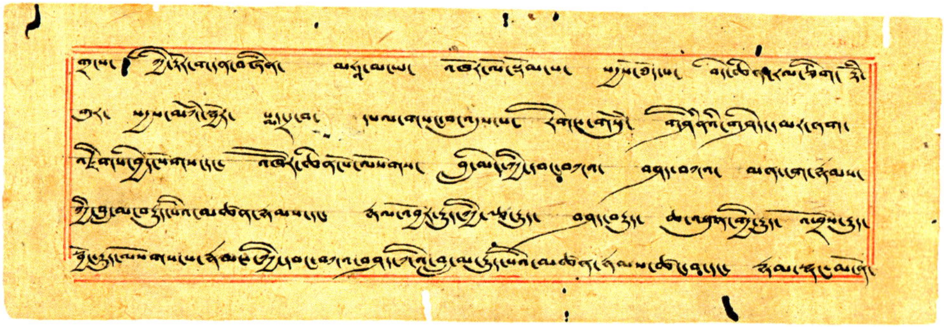

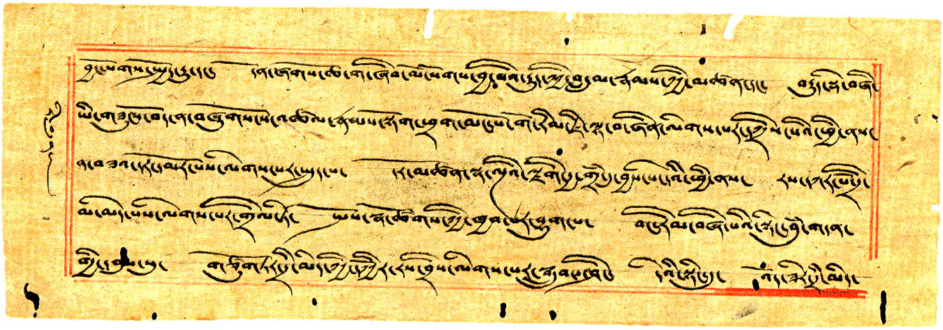

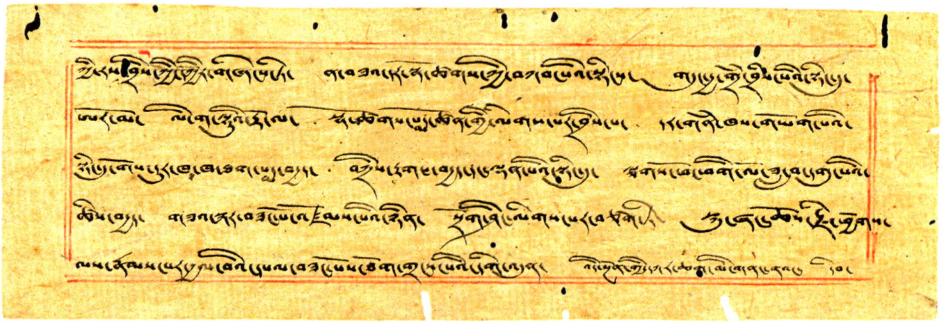

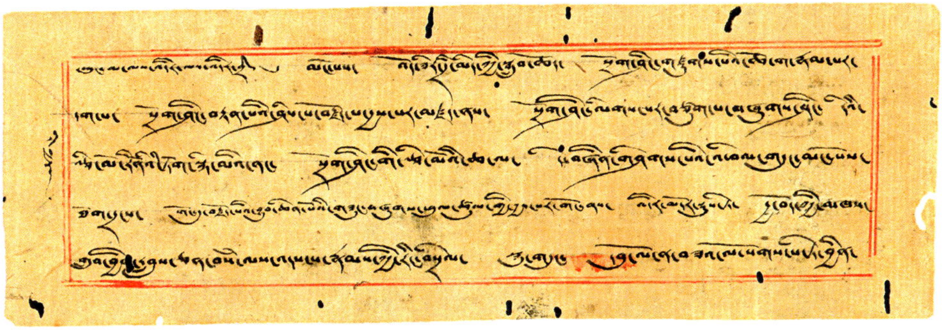

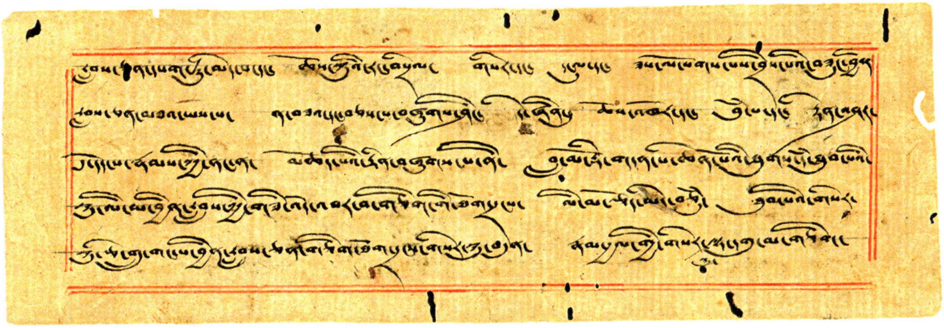

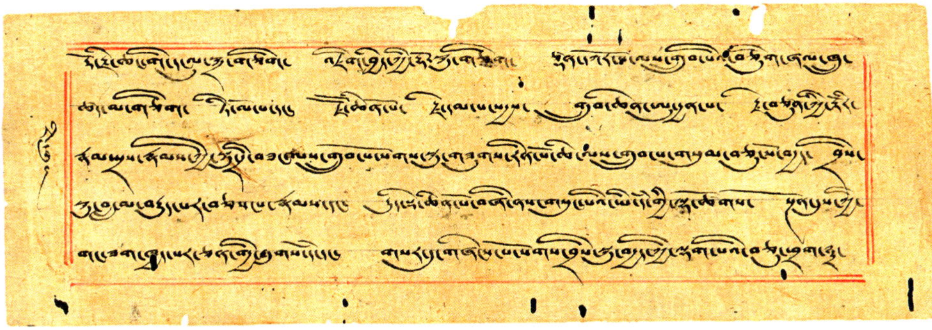

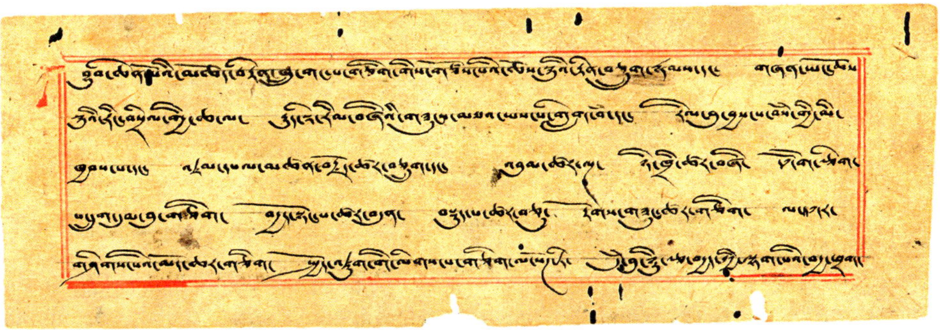

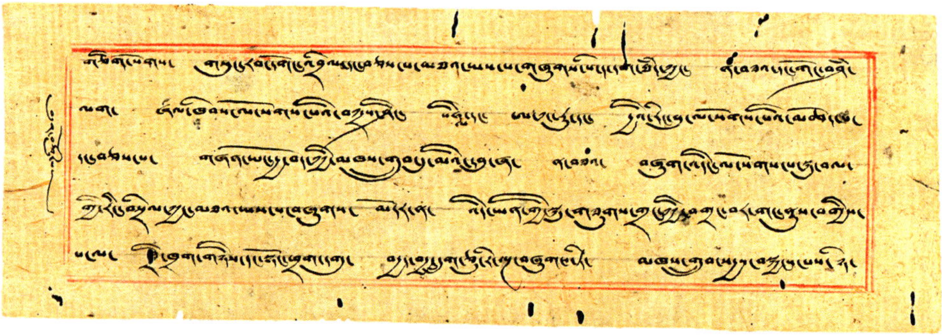

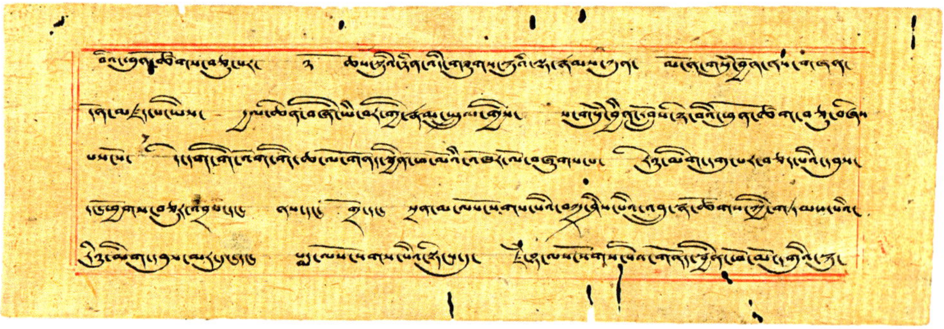

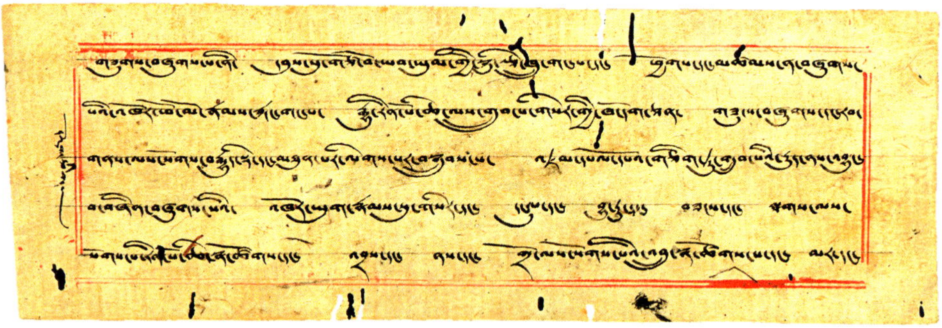

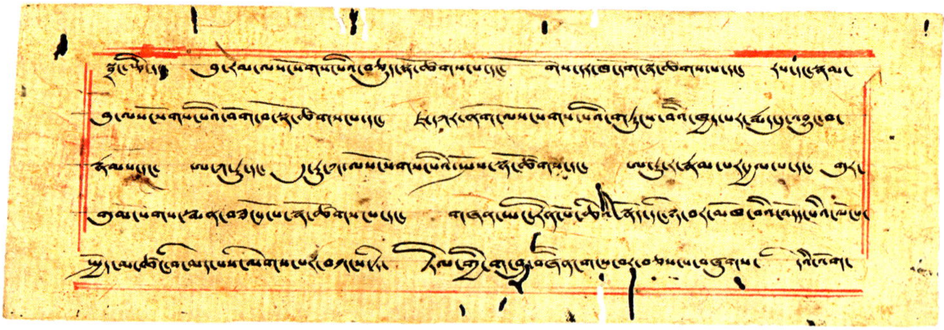

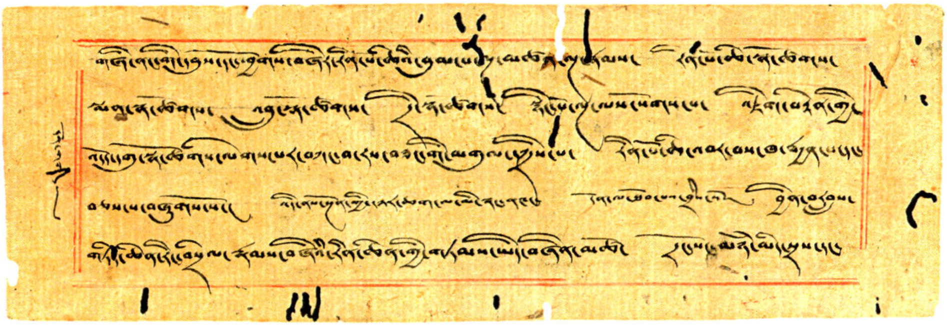

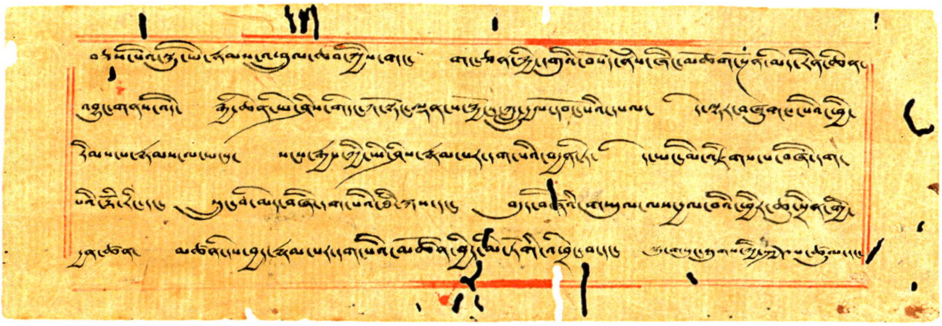

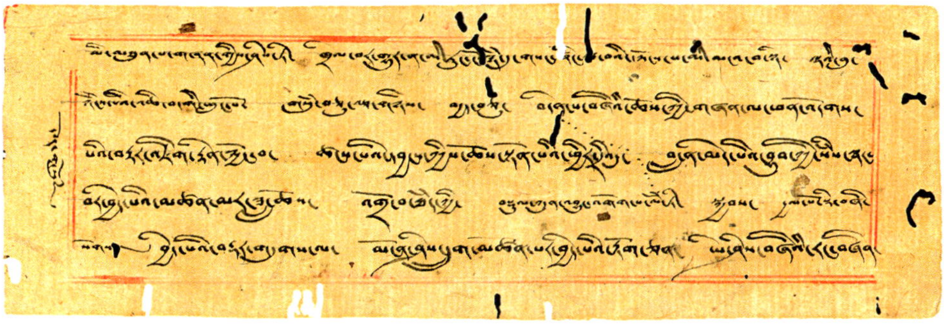

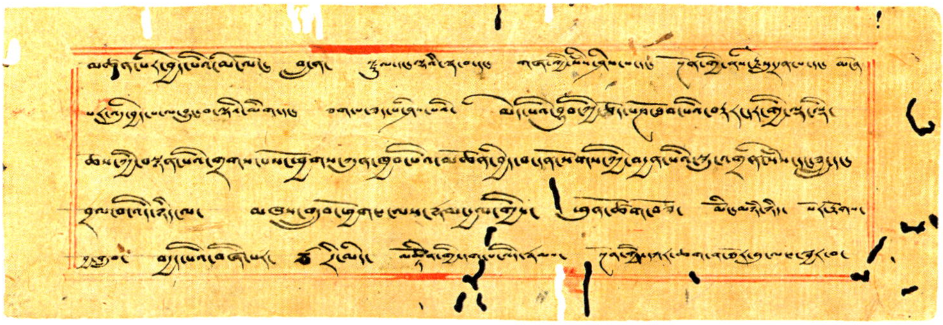

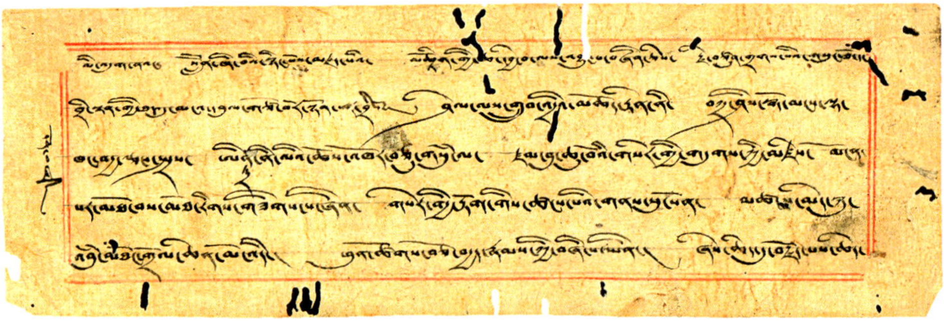

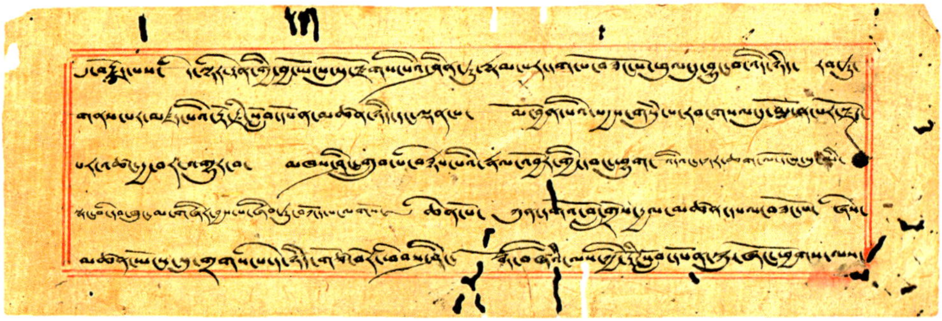

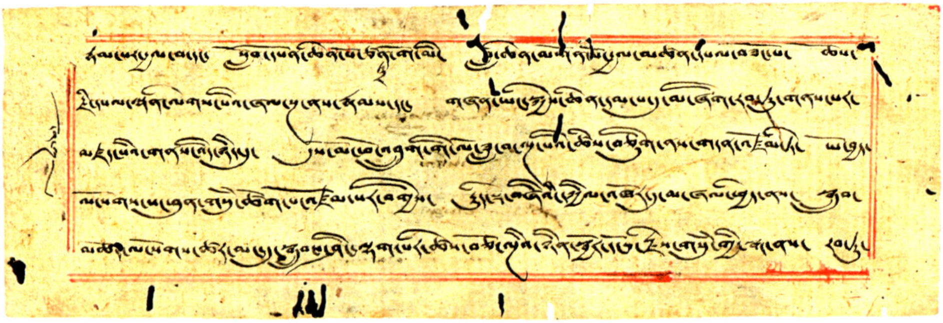

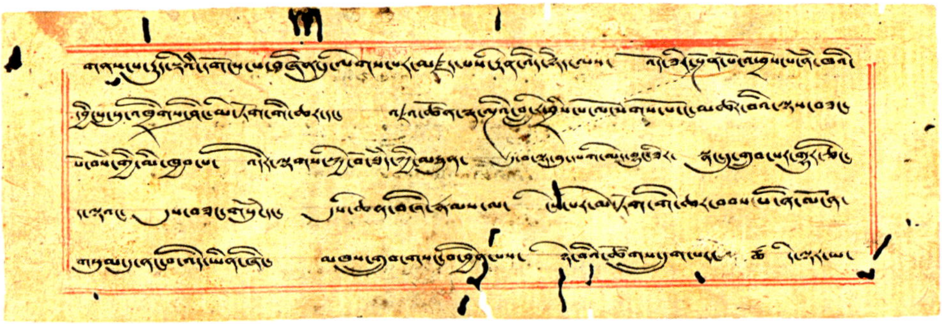

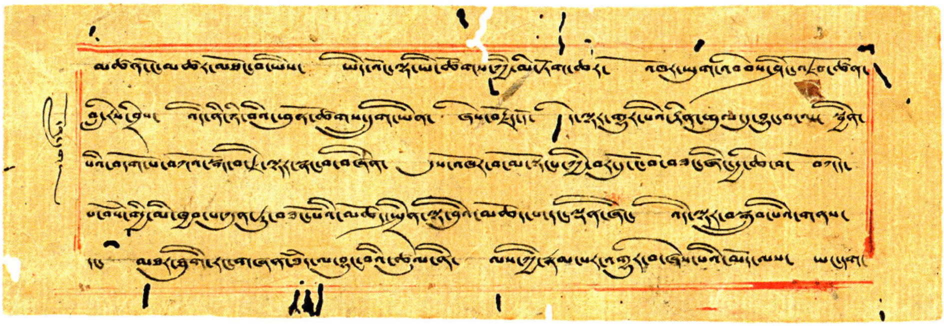

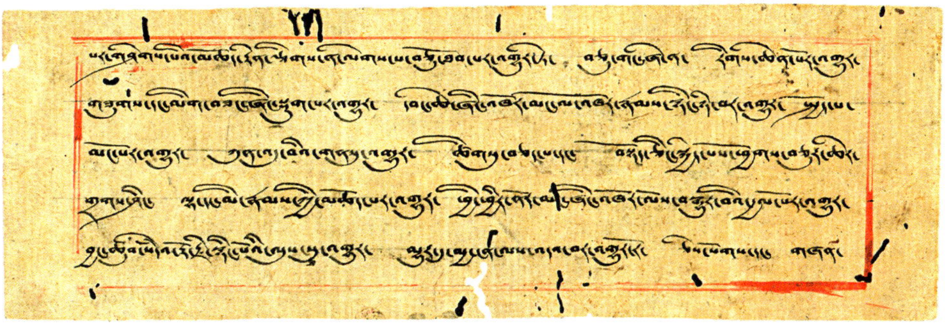

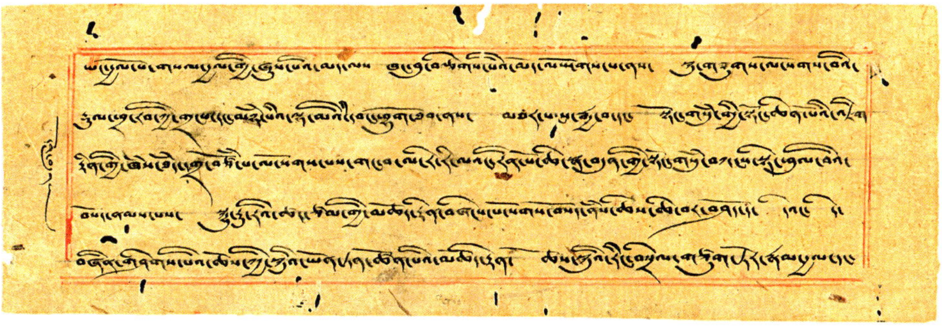

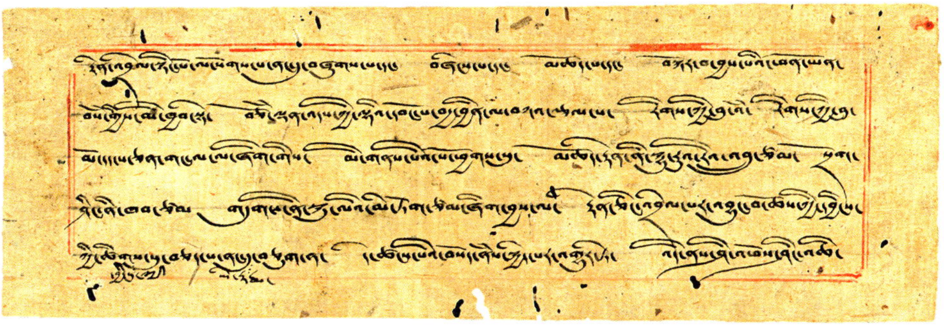

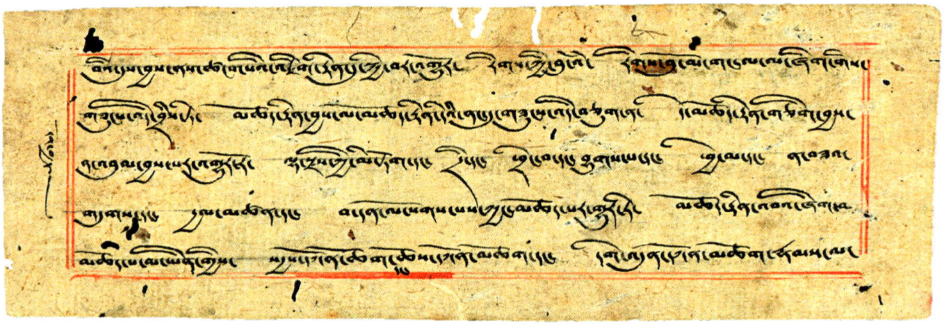

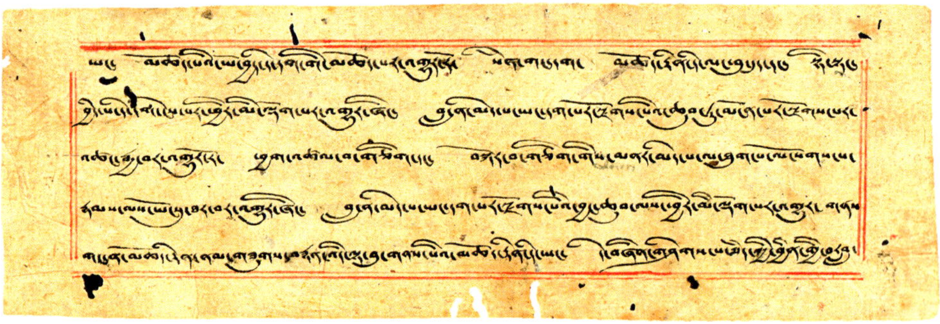

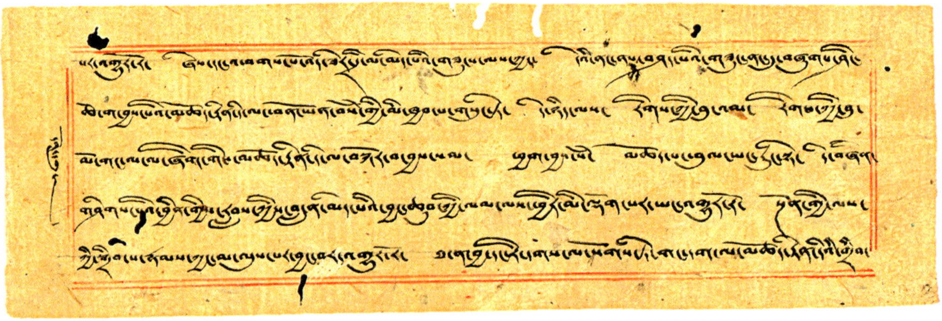

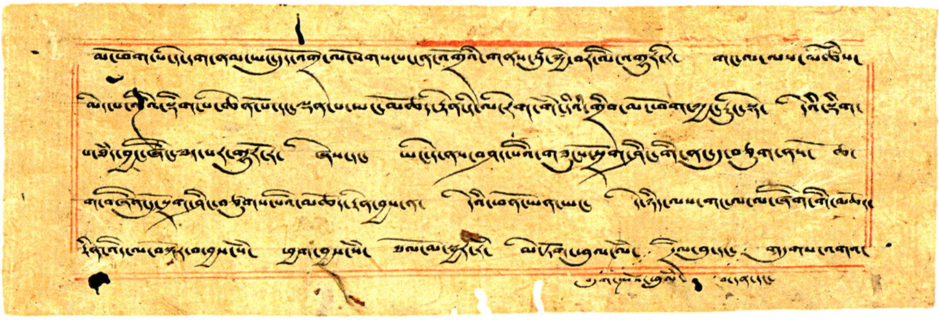

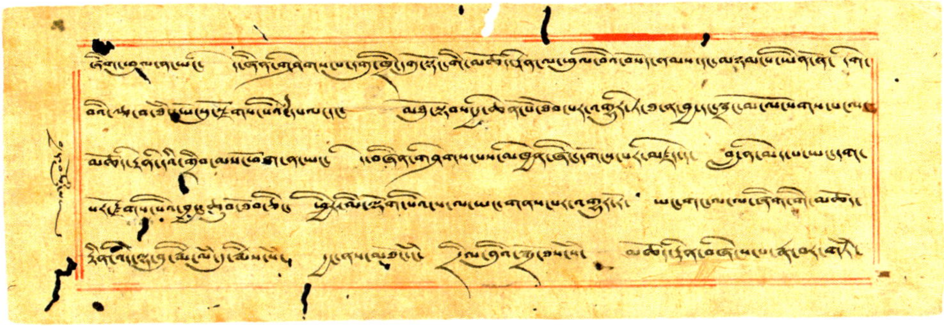

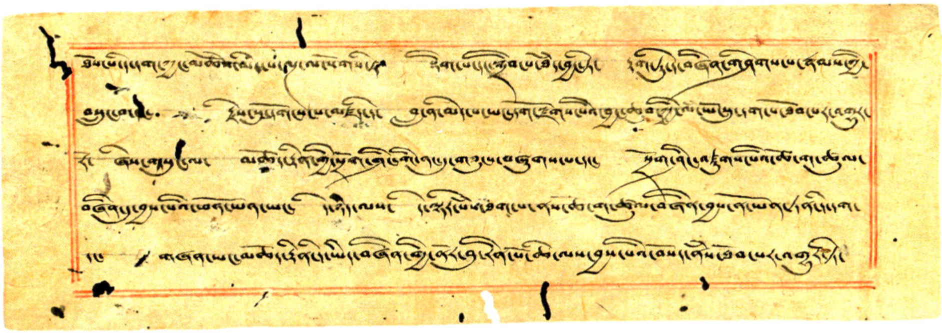

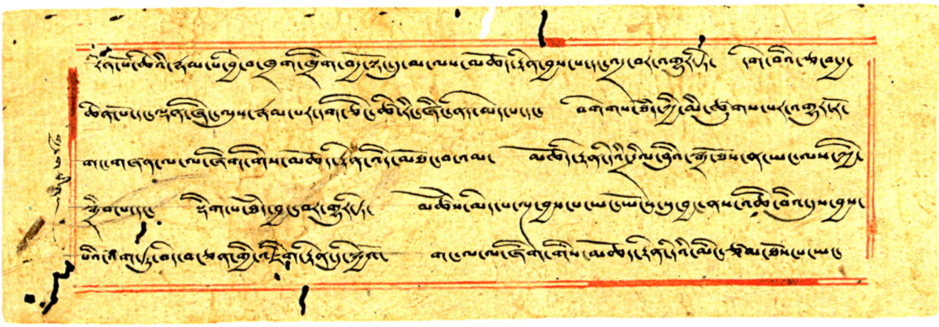

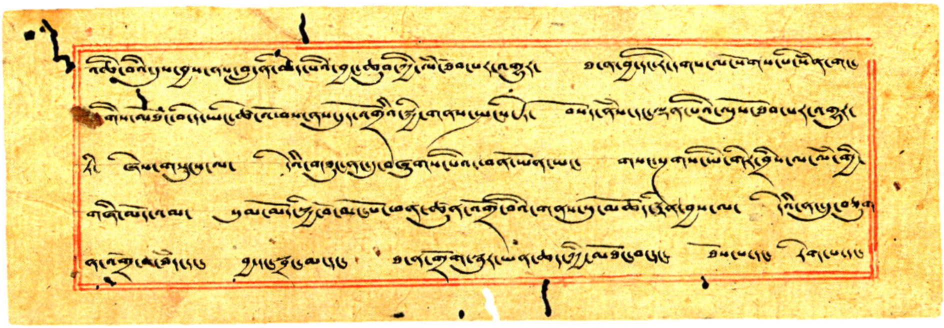

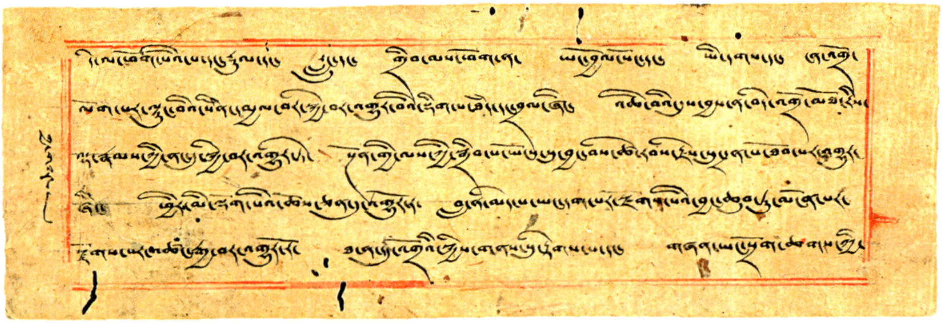

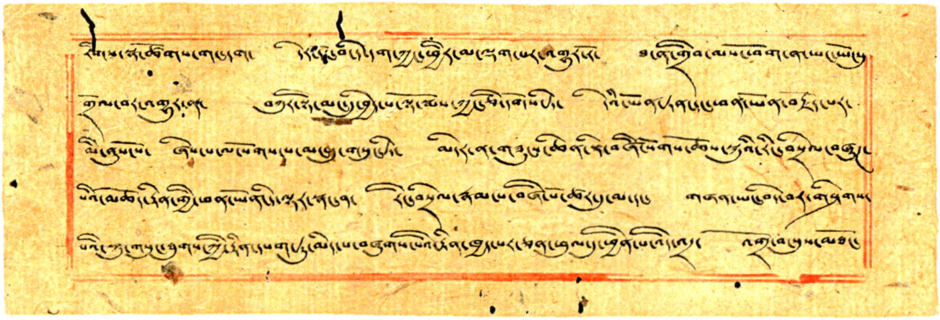

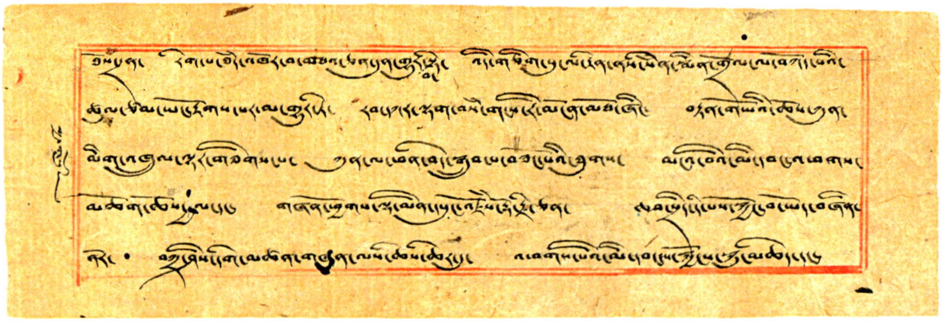

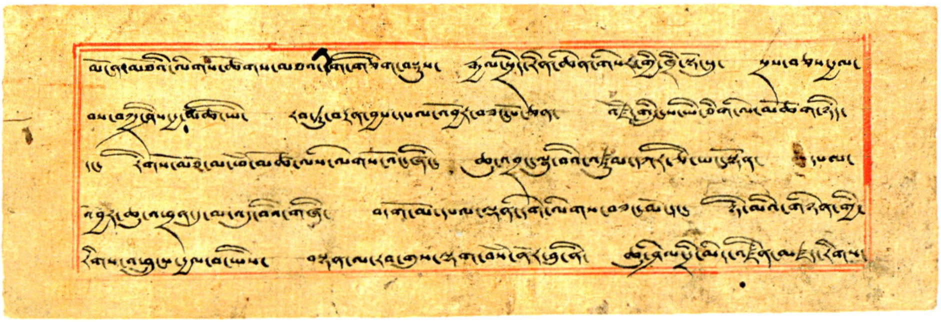

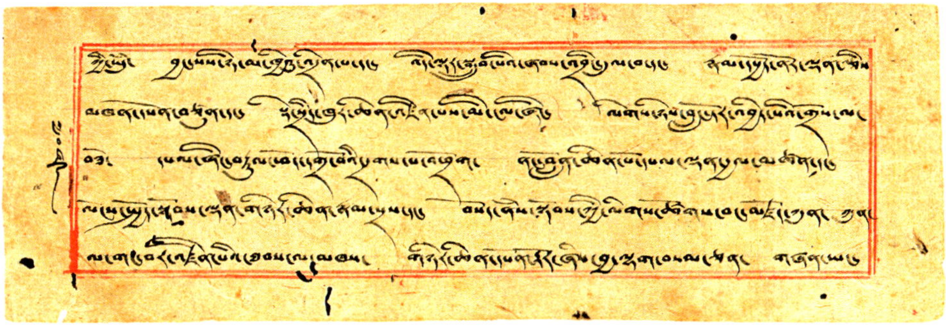

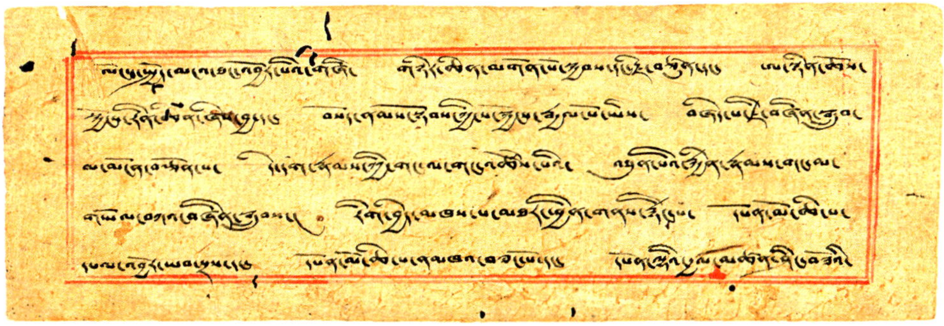

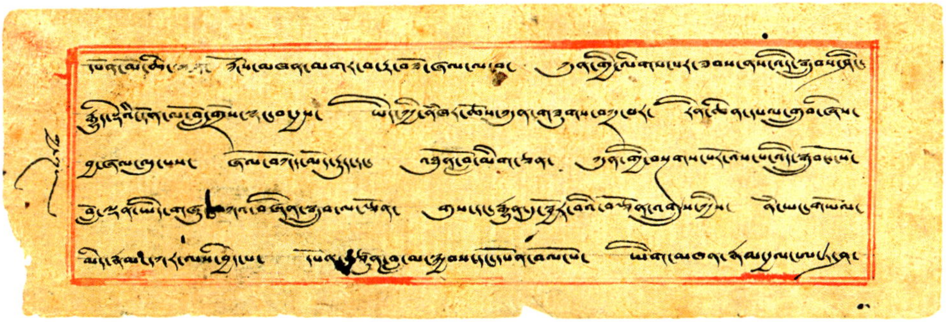

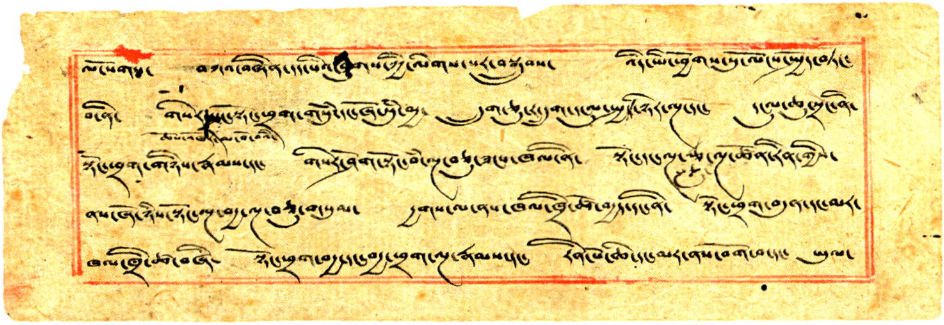

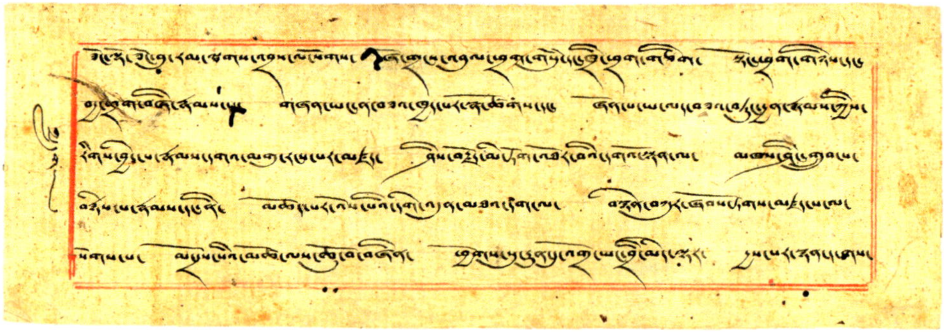

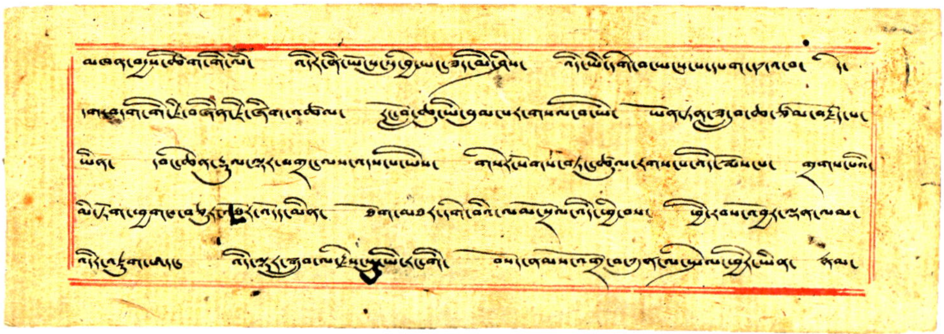

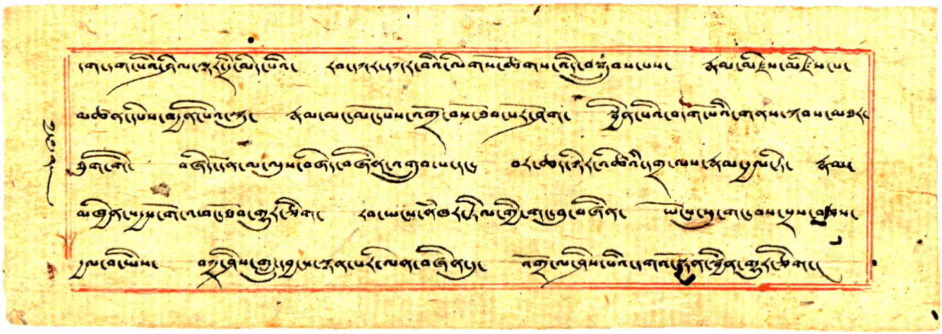

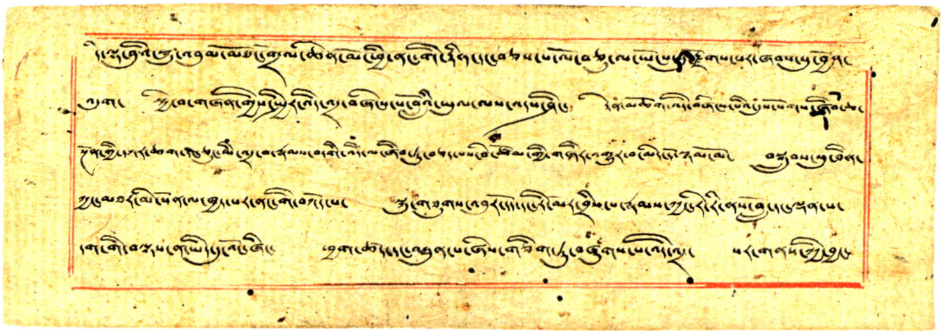

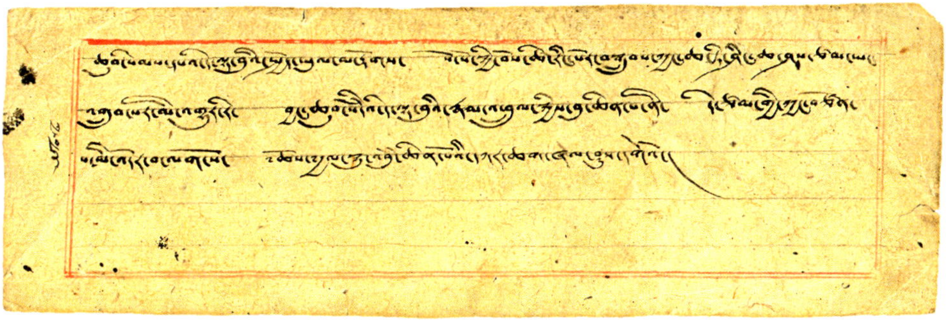